AF142802

Heinrich Gottlieb Francke

Neue Beiträge zur Geschichte der Staats,

Lehn- und Privatrechte der Lande des Kur- und fürstlichen Hauses Sachsen

Heinrich Gottlieb Francke

Neue Beiträge zur Geschichte der Staats,
Lehn- und Privatrechte der Lande des Kur- und fürstlichen Hauses Sachsen

ISBN/EAN: 9783743601727

Hergestellt in Europa, USA, Kanada, Australien, Japan

Cover: Foto ©ninafisch / pixelio.de

Heinrich Gottlieb Francke

Neue Beiträge zur Geschichte der Staats,

Neue Beyträge

zu den

Geschichten, Staats- Lehn- und Privat-Rechten

der Lande

des Chur- und Fürstlichen

Hauses Sachsen,

gesammlet

von

Heinrich Gottlieb Francken.

Erster Theil.

Altenburg,

in der Richterischen Buchhandlung 1767.

Vorrede.

Ich habe in der Vorrede des fünften Theils der beliebten Kreysigischen Beyträge zur Historie der Sächsischen Lande mich verbindlich gemacht, dieselbe unter dem Titel: Neue Beyträge zu den Geschichten, Staats= Lehn= und Privat= Rechten, auch öconomischen Zustande des Chur= und Fürstlichen Hauses Sachsen, fortzusetzen. Um also diesem meinen Versprechen nachzukommen, erscheinet nunmehro der erste Theil dieser Fortsetzung, in welchem zwar nicht alles vollkommen erfüllen können, was in obangezogener Vorrede zu leisten versprochen, indem vor dißmal aus den Sächsischen Staats= und Lehn=Rechten, auch öconomischen Zustande der Chur= und Fürstlichen Sächsischen Lande, keine Abhandlungen zu liefern vermocht. Und da es, wegen der öconomischen überhaupt schwer halten möchte, auch

ins

ins künftige dieserwegen der Erwartung des g. L.
ein Genüge zu leisten, hingegen sonsten von die=
ser jetzigen Mode=Wissenschaft täglich mehr und
mehr Schriften erscheinen; so verhoffe um so
viel mehr gar leichte von dem g. L. Verzeihung
zu erhalten, daß in Ansehung derselben, dasjeni=
ge schwerlich, oder doch nicht sogleich in dem fol=
genden Theile meiner Beyträge, werde lie=
fern können, worzu mich anheischig gemacht,
weiln man doch schon mehr über den Ueberfluß
als Mangel der oconomischen Abhandlungen zu
klagen, triftige Ursachen hat, indem die Welt
damit anjetzo recht überschwemmet wird. Das
Staats= und Lehn=Recht aber betreffend; so wer=
de den Mangel der dahin einschlagenden Abhand=
lungen des gegenwärtigen Theils, in den künf=
tigen zu ersetzen mich bemühen, wenn es anders
der göttlichen Vorsehung gefällt, mir dazu Leben
und Gesundheit zu verleihen.

Hiernächst erkenne mich wiederum gleich an=
fangs ganz besonders verpflichtet, denjenigen
Werthesten Herrn Gönnern und Freunden öffent=
lich Dank abzustatten, die auch zu diesen ersten
Theil meiner neuen Beyträge gründliche
und gelehrte Abhandlungen einzusenden gütigst
beliebt. Ich gehe noch weiter, und ersuche Die=
selben, von wegen des sonderbaren Nutzens, so
dem Publico dadurch zuwächst, gleichsam publi-
co nomine, mich noch ferner mit dergleichen zu
beehren.

Nach diesen vorausgeschickten Vorerinne=
rungen, will ich nun auch die im gegenwärtigen
Theil

Theil enthaltenen Abhandlungen etwas genauer beschreiben. Den Anfang machet

I.

Diplomatarium Lauchense.

Dieses und das nachfolgende Diplomatarium schreiben sich noch von dem seeligen Herrn *M.* Kreyſig her. Ob er das gegenwärtige selbsten gesammlet, oder von einem andern erhalten, kann aus Mangel sicherer Nachrichten, nicht bestimmen. Aus dieser und andern Ursachen habe auch beyde ohnverändert gelaſſen, und weder etwas hinzu, noch davon gethan. Unter den Uhrkunden des gegenwärtigen *Diplomatarii Lauchensis*, scheinen mir folgende besonders merkwürdig, nemlich p. 18. No. 18. das von dem Landgrafen Friedrichen dem Städtgen Lauche ertheilten Stadt-Recht d. a. 1409. und nicht d. a. 1419. wie in der Staats-Geographie Tom. VI. p. 1128. und Herrn D. Büschings neuen Erdbeschreibung Tom. III. p. 2696. der Ausgabe von 1757. 8. irrig angegeben wird, ferner p. 29. No. 25. die Bestätigung desselben, von Herzog Heinrichen von Sachsen d. a. 1540. p. 40. No. 36. eine Uhrkunde vom Landgraf Ludewigen von Heſſen, d. a. 1431. Darinnen er bekennet, daß auf Geheiß Herren Friedrichs Siegmund Heinrich und Wilhelms Gebrüdere Herzogen zu Sachsen, und ihres Vettern, Herrn Friedrichs, Landgrafen von Thüringen, die von

Lauche

Vorrede.

Lauche ihm eine rechte Erbhuldigung gethan, p. 63. No. 48. so da zeiget, daß Herzog **Wil-helm** zu Sachsen an. 1448. **Lauche** und **Oberndorf** zu dem Amte **Eckartsberge** ge-schlagen, dahingegen sich **Lauche** anjetzo bey dem Amte **Freyburg** befindet, und endlich ganz vorzüglich, p. 103. N. 74. als welche ohne Benennung des Jahres und Tages, ausgefer-tigte Uhrkunde die **Freyheiten vnde Gerech-tigkeit, Gesetzte** 2c. und, unter dieser Auf-schrift, die *Statuta* von **Lauche** enthält, oder vielmehr, wie aus deren genauerer Betrachtung ganz deutlich zu ersehen, einen Auszug derselben. In dem Eingang wird unter andern angeführet, daß der Landgraf **Fridrich** diesem Orte Stadt-Rechte ertheilet, und solche Herzog **Wilhelm** bestätiget. Die Beschaffenheit der Sprache und Schreibart lassen ganz wahrscheinlich muthmaßen, daß dieser Auszug der **Lauchischen Statu-ten**, in dem XV. Jahrhundert verabfaßt wor-den. Von der **Erbfolge, Testamenten, Gerade** findet man gar nichts darinnen, und überhaupt eben so wenig, welches verdiente all-hier angeführet zu werden, wohl aber einige dunk-le Redens-Arten. Also möchte wohl schwer zu errathen seyn, wie viel am Gelde eine **Windi-sche Marck** damaln ausgemacht. Nun folgen

II.

Diplomata Schlothemensia collecta a N. L.

Wer der unter den Buchstaben N. L. ange-zeigte Sammler dieser 30. Uhrkunden sey, habe ich

ich niemalen in Erfahrung bringen können, bin also auch nicht im Stande, von selbigem etwas anzuführen. Unter denselben scheinet mir p. 132. No. 19. die wichtigste zu seyn. In selbiger bestätiget der Pabst *Clemens V.* dieses Kloster, und nimmt es in seinen besondern Schutz. Am Ende heißt es: *Datum Avinioni X. Kal. Maji Pontificatus nostri anno quinto,* ohne Anführung der ordentlichen Jahr-Zahl. Den Schluß dieser Uhrkunden machet ein sehr kurzes Verzeichnis einiger Pröbste und Priorimarien dieses Klosters.

III.

D. I. F. K.

Summarische Nachricht von der Verfassung derer Gesetze, Rechte und Ordnungen in den Hochfürstlichen Sächsischen Landen der Erneſtinischen Linie.

Der Verfasser dieser nützlichen und wohlgeschriebenen Abhandlung ist der jetzige Herzogl. Sachsen-Hildburghäußische Rath und Geheimde-Secretarius, Herr Johann Friedrich Robe von Koppenfels, von dem bereits in dem sechsten Theil der Kreysigischen Beyträge No. XI. p. 389. seq. eine gelehrte Abhandlung anzutreffen, von welcher und deren Herren Verfasser ich in der Vorrede nur besagten sechsten Theils das nöthige berühret. Die gegenwärtige beschreibet, in einer angenehmen Kürze, jedoch gründlich, die Geschichte derer in der Herzoglich

* 4 zoglich

zoglich Sächsis. Ernestinischen Landen üblichen geistlichen Lehn = bürger = und peinlichen Rechten, nebst den Proceß= Ordnungen und Land=Ständen. Am Ende ist beygefügt ein Extract aus dem Hochfürstl. Sachsen = Hildburghäusi= schen Landschafts = Gebrechens = Ab= schied, d. d. 6. Jul. 1744. Art. XI.

IV.

Kurze Nachricht von dem Ursprung und den vornehmsten Schicksalen des Eise= nachischen Stadt=Rechts.

Diese Nachricht habe ich selbst entworfen, und zwar als eine Einleitung zu den Eisena= chischen Statuten, welche sogleich darauf folgen. Ich habe sie gröstentheils aus denen sehr gründlich geschriebenen Eisenachischen wöchentlichen Nachrichten von Poli= cey = gelehrten und andern Sachen, vom Jahr 1752. zusammengetragen, dabey ich geglaubet, um deßwillen dem g. L. dadurch kei= nen unangenehmen Dienst zu erweisen, 1.) weiln diese nur berührte Eisenachischen wöchent= lichen Nachrichten sich in wenig Händen be= finden, und 2.) die Eisenachischen Statu= ta auf diese Art eine mehrere Erläuterung be= kommen.

V.

V.

Eisenachische Stadt-Statuta vom 1sten Mart. 1670.

Es hat selbe der Herzog Johann Ernst vor sich und seine Herren Brüder, Johann Georgen und Bernhardten, ingleichen in Vormundschaft seines unmündigen jungen Herrn Vetters, Wilhelm Augustens, bestätiget. Sie sind sehr weitläuftig abgefaßt, weichen aber von den gemeinen Sächsischen Rechten wenig ab.

VI.

Zuverläßige historische Abhandlung von dem Hochadelichen und nun gräfl. Linde-nauischen Dorfe und Rittergute Ma-chern und dessen Besitzern, in ältern und neuern Zeiten, durch M. S. S.

Diese mit sonderbarem Fleiß ausgearbeitete Abhandlung ist von eben demjenigen Herrn Ver-fasser entworfen worden, von dem sich diejenigen herschreiben, welche in dem sechsten Theil der öfters angezogenen Kreysigischen Beyträge sub No. VII. IX. und X. p. 210. 345. und 366. sqq. befindlich sind. Da ich nun schon bey Ge-legenheit, derselben in der Vorrede des nur jetzt gemeldeten sechsten Theils, den Verdiensten dieses gelehrten und sehr fleißigen Mannes Ge-rechtigkeit wiederfahren lassen, und selbigt gebüh-rend dem g. L. angepriesen; so möchte es dem-selben mißfallen, anjetzo eine weitläuftige Wie-

derho-

derholung davon zu machen. Die gegenwärtige
Abhandlung beschreibet die Schicksale des Ritter=
gutes Machern mit einer sonderbaren Sorg=
falt und Genauigkeit. Auf diese wird, bey er=
ster guten Gelegenheit, der zweyte Theil der=
selben folgen, so da die Geschichte des Hoch=
adel. und nunmehro Hochgräfl. Linde=
nanischen Hauses darstellen wird, und nun
schon größtentheils ausgearbeitet ist.

VII.

Project von Einrichtung der Königl. Pohln. und Churfürstl. Sächs. Ritter=Acade= mie in Alt=Dreßden Anno 1726.

Dieses Project hat zum wenigsten den gu=
ten Nutzen, daß es zu einem Muster von der=
gleichen Errichtungen dienen kann.

VIII.

Von denen Herren von Koldiß M. R.

Von dem Herrn Verfasser gegenwärtiger
Abhandlung kann ich anjetzo weiter nichts anfüh=
ren, als daß von demselben in allen Theilen der
Kreysigischen Beyträge auserlesene und
wohlgeschriebene Abhandlungen anzutreffen, und
daß also derselbe dadurch den wohlverdienten
Ruhm erlanget, sich um die Geschichte hiesiger
Lande auf eine ganz vorzügliche Art verdient ge=
macht zu haben. Die Ausarbeitung der ietzigen
Abhandlung selbst ist der vorigen in allen voll=
kommen

kommen gleich, und mit eben der Sorgfalt und
Genauigkeit ausgearbeitet.

Was ich endlich bereits am Ende meiner
Vorrede zu dem sechsten Theile der Kreysi-
gischen Beyträge wegen der Druckfehler an-
gezeiget, muß allhier, leider! wiederholen und
abermal einige derselben anführen, die theils
selbsten, auch ohne die MSte mit den gedruckten
zusammen zu halten, als welches wegen Abwe-
senheit in meinem Vermögen nicht gestanden, theils
die Herrn Verfasser bemerket. Also sind annoch
in dem mehrmalen berührten sechsten Theile
der Kreysigischen Beyträge folgende Stel-
len zu verbessern, und nach Gelegenheit zu ergän-
zen, nemlich:

Bey dem verkürzten Innhalt, nach der Vor-
rede No. 7. lies p. 212. statt 210. Im Werke
selbsten aber p. 215. lin. 12. lies Dom-Dechan-
ten statt Dechants, p. 216. gehet der §. 3. erst
an mit den Worten: Man hat auch von solchen
Groitzsch rc. p. 217. in den letztern 3 Zeilen
soll es heißen: Es hatte Graf Esico in Merse-
burg vom Kaiser einige Oerter und Districte,
als Beneficia, nemlich Wurzen rc. p. 218.
lin. penult. l. Bihin, Pouch rc. statt p. 121.
l. 222. pag. ead. in der Not. e ist dem Worte
extat annoch beyzufügen, Jo. Gottlieb Krau-
fii Diff. I. et II. de Theoderico Buzicco eius-
que genere et patria Witteb. 1730. n. 31. Ej.
Diff. (III.) de Origine Domus Sax. e pri-
moribus Vet. Germ. Witt. 1735. 4. und als
Diff. IV. Posth. de Theoderici hujus statu,
rebus

rebus et obitu, ex Mst. im fünften Theil
der Kreysigischen Beyträge n. X. p. 287.
seq. p. 238. in n. 1. lin. l. l. Archiep. st. Rep.
p. 243. bey der Not. i. ist noch hinzu zu setzen
S. Müllers Sächs. *Annal.* ad h. a. p. 247.
lin. 12. l. Comitissae, st. Comitis suae p. 251.
not. b. lin. 2. l. XXX. st. XIII. p. 264. lin.
penult. §. 2. sub No. II. ist dem Worte erstere
annoch beyzufügen, geb. 1516. soll ein Sohn Ja-
cobs v. P. auf Petershein und Cracau ge-
wesen seyn: S. *D. Carpzovs* Ober-Lauß.
Ehren-Tempel, *Part. II. f. 172.* wo ein
mehreres von diesem Hochadel. Geschlechte ste-
het, p. 265. lin. 19. ist nach 1561. annoch hinzu
zu setzen: wird von dem *Carpzov* l. c. als ein
Bruder des allhier sub N. II. erwähnten Ca-
spar von Ponikau angeführt, pag. ead. lin.
23. et 24. No. IV. muß heißen: Herr Caspar
von Ponikau, der andere, geb. 1582. den 21.
Jul. besaß auch Obergruna. Er mag Anno
1607. abgeschieden seyn, p. 266. not. n. adde
p. 222. die p. 270. lin. 5. gesetzte Not. 5. gehö-
ret, zu den lin. 6. befindlichem Worte, vorhan-
den, p. 271. lin. 14. nach dem Wort Groitzsch ist
annoch hinzuzusetzen, unbeschadet, p. 285. lin. 8.
lies Ruhmwürdige statt Tugendwürdige p. 347.
lin. penult. l. Kießlingischen Beyträgen von
A. u. U. statt, diesen Beyträgen, und in der
Not. e. lin. prim. 392. st. 729. indem die bey-
den Abhandlungen von der verbotenen Priester-
Ehe anfänglich in die Kießlingische Beyträ-
ge von alten und neuen theologischen
Sachen,

Sachen, bestimmt gewesen, da aber solche ein-
gegangen, von dem Herrn Verfasser zu dem
sechsten Theil der Kreysigischen Beyträ-
ge hochgeneigt communiciret worden, p. ead.
lin. 19. l. David st. Conrad p. et lin. ead.
ist hinter das Wort Machern annoch zu setzen
S. Dietm. Chur-Sächs. Priestersch.
P. II. p. 828. p. 350. lin. 2. l. lactucis st. lactu-
ris p. 351. n. k. lin. 1. l. de his st. delisit p. 352.
not. l. lin. 1. lies: siehe auch von ihm die Kieß-
lingischen Beyträge, vom Jahr. statt die
Beyträge von Augsp. p. 353. beym §. 6. lin. 2.
l. Johannes st. Johannis p. 355. n. u. lin. 1. l.
der in den Kießling. Beyträgen vom A. u. N.
des Jahres 1760, st. der in den Beytr. vorigen
Jahres, lin. ead. hinter VI. St. ist annoch zu se-
tzen p. 638. sqq.   Endlich habe in dem gegen-
wärtigen ersten Theile der Neuen Beyträ-
ge bis dato nur noch folgendes zu verbessern
vor nöthig erachtet, nemlich p. 20. lin. 10. l. Heym-
lichin st. Heynrlichin, p. 41. lin. 7. nach dem
Worte Marggraven mangeln die Worte, von
Miessen, p. 287. lin. 26. l. *Borintizi* st. *Borin-
zi* p. 311. lin. 14. l. Beulitz st. Peulitz. Sollten
sich derselben noch mehrere finden, die jedoch viel-
leicht ein jeder gar bald einsehen kann; so ver-
hoffe der g. L. werde selbe selbsten hochgeneigt ver-
bessern.   Wie bald endlich wiederum ein Theil
der gegenwärtigen Neuen Beyträge erschei-
nen werde, kann so genau nicht bestimmen, es
wird solches gröstentheils auf die gütige Aufnah-
me des geneigten Lesers ankommen, als wel-
che

Verkürzter Inhalt.

che den Herrn Verleger zu einer baldigen Fortse-
tzung aufmuntern wird, denn an mir, meinem
Fleiß und Bemühung soll es niemaln erman-
geln. Geschrieben in der Leipziger Jubilate-
Messe. 1767.

Heinrich Gottlieb Francke.

Verkürzter Inhalt.

I.

Diplomatarium Lauchense.

I.

B. Poppo zu Bamberg williget, daß Oberndorff von Scheidingen ausgepfartet werde. 1239.

I n nomine sanctæ & individuæ Trinitatis. *Poppo*, Dei gratia *Babenbergensis* ecclesiæ electus. Notum esse volumus omnibus Christi fidelibus, quod *Heinricus* miles de *Rolbce* (Röliß) ad nos accedens humiliter petivit, quatinus villam *Oberndorf* una cum ecclesia, quam ibidem in prædio suo construxit, de nostra voluntate eximere deberet ab omni jurisdictione parrochiæ nostræ in *Scheidingen*, in cuius terminis sita est. Affirmans, quod eam de bonis suis sic velit dotare, ut sacerdos ibi residens vitæ necessaria possit habere. Nos vero petitionem suam salubrem & honestam reputantes, laudabili proposito suo licentiam

A nostram

noſtram adhibuimus & conſenſum. Ita tamen, quod
prædictæ parrochiæ, ad quam de jure ſpectabat,
pro reſtauro manſum apud *Wenningen*, qui ſingulis
annis ſolvit XII. ſolidos & II. maltra frumenti, con-
ſerat perpetualiter poſſidendum. Præterea, quod
jus patronatus in eadem eccleſia ſe recognoſcat de
manibus noſtrorumque ſucceſſorum recepturum.
Hujus autem facti teſtes ſunt *Livpoldus Rinsmulus,*
Fridericus de Muchel, *Vlricus de Petenberc*, canonici
Rabenbergenſes, *Cunradus de Fletebach*, *Egeno de Hal-*
ſtat, *Anno* & frater ſuus *Albertus*, *Arnoldus*, *Eberhar-*
dus de Muchele, miniſteriales eccleſiæ. Et ne ſu-
per eo dubium in poſterum oriatur, præſentem pa-
ginam inde conſcriptam, & ſigilli noſtri appenſione
munitam dictæ eccleſiæ in teſtimonium erogavimus.
Datum apud *Muchel* & actum anno gratiæ M. CC.
XXX VIIII.

2.

Erzbiſchoff Siegfried zu Maynz confirmirt die Auspfar-
rung des Dorffs Oberndorff von Scheidingen. 1241.

Sifridus, Dei gratia ſanctæ *Magundinenſis* ſedis Ar-
chiepiſcopus, & *A.* præpoſitus Sanctæ Mariæ
in *Erfordia*, Vniverſis præſentem litteram inſpectu-
ris, ſalutem in eo, qui eſt omnium vera ſalus.
Tenore præſentium cupimus eſſe notum, quod di-
lectus in Chriſto *Heinricus* miles de *Roilz* eccleſiam
in *Oberindorf* a filiali ſubjectione, qua parrochiæ in
Schidingen fuit aſtricta, de conſenſu & voluntate
venerabilis confratris noſtri, epiſcopi *Babinbergen-*
ſis, præfatæ parrochiæ patroni, per exemptionem
fecit liberam & ſolutam per unum manſum ſuum
ſitum in *Wennigin* reſtaurum matrici eccleſiæ faci-
endo.

endo. Ad cujus militis ſupplicem inſtantiam incli-
nati, exemtionem præſcriptam gratam & ratam ha-
bentes, ecclefiæ in *Oberindorf* parrochiam in omni-
bus ecclefiaſticis ſacramentis contúlimus & conceſ-
ſimus pleno jure, ita, quod præfatus miles & ſui
hæredes in præfata ecclefia in *Oberindorf* jus habe-
ant patronatus. Vt autem hujus rei notitia certior
habeatur, & nulla ſuper ea ſuboriri valeat quæſtio
nocitura, præfentem litteram confcribi fecimus, &
figillorum noſtrorum munimine roborari. Datum
Erfordiæ, anno incarnationis Domini M. CC. XLI. VI.
Nonas Julii, Pontificatus noſtri anno XII.

3.

**Ein Titularbiſchoff giebt der Kirche zu Laucha
Ablaß. 1335.**

Nos Frater *Theodericus*, ordinis Cyſtercienſis, Dei
gratia Epiſcopus ecclefiæ *Dyoniſienſis*, univerſis
Chriſti fidelibus hanc paginam viſuris ſalutem in
Domino Jheſu Chriſto. Cupientes ecclefiam in
Lucbowe congruis honoribus a Chriſti fidelibus eo
devotius frequentari, Omnibus igitur vere pœni-
tentibus, confeſſis & contritis, qui in die dedica-
tionis anniverſario, & in nativitate Domini, Reſur-
rectionis & afcenfionis die, necnon in omnibus ſo-
lemnitatibus beatæ Mariæ virginis, & in aliis feſtis
principalibus Ecclefiam prædictam cura devotionis
acceſſerint, qui ſecuntur corpus dominicum, dum
ad infirmos portatur, vel qui cimiterium pro de-
functis orando circuiverint, vel quoquo modo ma-
nus porrexerint adjutrices, nos de omnipotentis Dei
gratia, & beatorum Petri & Pauli apoſtolorum me-
ritis confiſi, quadraginta dies criminalium de in-

juncta

jun.cta eis pœnitentia mifericorditer in Domino re-
laxamus. Datum anno Domini M. CCC.XXXV. in
die Sancti Prothafii martiris.

4.

Der Maynzifche Vicarius giebt der Kirche zu
Laucha Ablaß. 1343.

Nos Frater *Henricus de Appoldia*, Dei & Apoftolicæ
fedis gratia Epifcopus Ecclefiæ *Lauacenfis*, ge-
rentes vices in Pontificalibus Reverendi — *Henrici*,
fanctæ *Moguntinæ* fedis Archiepifcopi, recognofci-
mus in hiis fcriptis, Quod omnibus vene pœniten-
tibus, contritis & confeffis, qui ad Ecclefiam S.
Mariæ in *Locbow* in feftis infra fcriptis, fcilicet Na-
tivitatis &c. caufa devotionis accefferint, vel qui
cimiterfum dictæ ecclefiæ orando pro fidelibus de-
functis circuiverint, vel qui corpus Chrifti aut
oleum fanctum, cum portatur infirmis, ibidem fe-
cuti fuerint, feu quid ad fabricam, luminaria, aut
alia ornamenta Ecclefiæ prædictæ manus porrexe-
rint adjutrices, quandocunque vel quotienscunque
aliquod præmifforum fecerint, de omnipotentis —
confifi quadraginta dies criminalium, annum vena-
lium, & carenam unam ex parte dicti Dni *Henrici*
Epifcopi *Mogunt.* quadraginta dies — ex parte no-
ftri de injunctis — relaxamus. Datum anno Do-
mini M. CCC. XLIII.

Hanc indulgentiam difcretus vir Dominus *Dyt-*
marus plebanus de *Karlsdorf*, filius *Alberti de Goluz-*
cen, ob falutem animæ fuæ, fuorumque parentum,
videlicet patris & matris, & omnium fidelium de-
functorum dictæ Ecclefiæ *Lucbowe* comparavit.

5. Die

5.

Die von Oberndorff præsentiret einen Pfarrer
zu Oberndorff. 1358.

Honorabili viro Domino Officiali præposituræ Ec-
clesiæ S. Mariæ *Erfordensis*, *Conrado Krafto*, &
Her. de Oberndorf, obsequii & honoris, quantum
possunt. Ad ecclesiam parrochialem in *Oberndorf*
vacantem ex libera resignatione ultimi plebani ejus-
dem Ecclesiæ, cujus jus præsentandi ad nos dino-
scitur pertinere, discretum virum *Her. Grozen* vo-
bis duximus præsentibus præsentandum. Rogantes
humiliter & devote, Quatenus ipsum de eadem ec-
clesia instituere & ad eandem investire dignemini,
pure propter Deum, cum solempnitatibus debitis
& consvetis. Hæc vobis, & omnibus, quorum in-
terest vel intererit, sub sigilli videlicet mei *Her.*
proprii, & ego *Conradus* prædictus careo sigillo pro-
prio, unde sigillo *Theoderici de Lusbouwe* fruor in
præsenti. Datum anno Domini M.CCC.LVIII. X.
Kal. Febr.

6.

Ertzb. Gerlach zu Maynz erlaubet einem Clerico die
Ordines zu nehmen, von wem er will. 1358.

Gerlacus Dei gratia sanctæ *Maguntinæ* sedis Archi-
episcopus, Sacri Imperii per Germaniam Archi-
cancellarius, Dilecto nobis in Christo *Hermanno* di-
cto *Groze*, clerico nostræ diocesis, salutem in Domi-
no. Vt a quocunque Archiepiscopo vel Episcopo
noto vel Catholico, sedis apostolicæ unionem & gra-
tiam, ac executionem sui officii habente, omnes
sacros Subdyaconatus, Dyaconatus ac presbitera-
tus ordines, statutis a jure temporibus, recipere va-
leas, Ipseque tibi hujusmodi ordines libere conferre

possit,

posfit, tibi & ipfis, dummodo aliquid canonicum
non obfiftat, præfentibus licentiam impartimur.
Datum *Elteuil* V. Id. Novembris, anno Domini Mil-
lefimo Trecentefimo Quinquagefimo octavo.

7.

Eberhard von Gleina vermacht 5. Mandeln Geldes zur Pfarre nach Oberndorff. 1358.

Jch eberhart von Glyna bekenne an deseme vffen
briue alle den, dye en sen oder horen lesen, daz ich
met wol bedochten mute, vnd met rate myner vrunde
habe gegeben wunf mendeln geldes ewiges zcinses, dye
do sint gelegen vf den velde vnd in dem dorf zcu plese-
nicz, an dye pfarre zcu obirndorf. Dez sal eyn schok,
wer do pherrer ist, vnd eyn mandele den heyligen zcu
eyme ewigen lichte, vor alle myner eldern sele, vnde
vor otten sele mynes bruder, dem got gnedic sye. Den
zcins hat gegeben Dytterich Gelferat von Luchou, von
hermans wegen und gelferatis syner bruder, den Got
gnedic sye. Daz habe ich vorgenante eberhart in my-
nen len, vnde globe daz in guten truwen den pherrer
vnde dem Gotishus vor genanten vor zcu holdene zcu
getruwer hand. Ouch glabe ich eberhart vnde der vor
genante Dytterich, daz gut ge eygent zcu schaffene, so
wir erste num, ane orgelist. Waz daz kost, daz sul wir
beyde tragn. Were iz, daz vnser ich eyn vor bile, dez
got nicht en wolle, so soldes dez kint tun eder andre
sone erben. Der vor genanten rede sint gezcugen der
erberman der probist von pfinberg Conrat, craft sin
bruder, herman von obirndorf, vnd herman groze.
Daz dyse vor genante rede ganz vnde stete blibe, dez
henge ich eberhard vnde Dytterich vorgenanten zcu ey-
me rechten vrkunde vnse insegele an desen brif, der do
gegebin ist nach gotis, geborten Tusend iar vnde dry-
hundert

hundert iar, indeme achte vnde wunfzcigeſten iare, an deme vritage in der gemeyntwochen aller globigen ſele.

8.
Die Kirche zu Laucha verkauft 6 Acker Feld.
1384.

Ich Clawes Thyger, konegunt myn Elyche wertyn, bekennen vffelichen an dißem Bryſſe, daz wyr ſchuldyg ſynt rechtir ſchulde, myd geſamptir hant, der kerchin vnſir lybin drouwen zcu Luchowe vnd den Altir luten da ſelbins Nun ſmale ſchag geldis gutir lantwere, genge vnde gebe, Sobindehalbin phennyng vor den gro-ſchin, vor ſechs acker landis, dye ſye vns myd rate vnde myd wißen Ern hannes pherrers vnde andere yrre guten nakebur vorkaufft habyn, vnd dye wir geregte vzgekorn habin zcu vnſern zcwen lybin. alleyne decz ſelbin geldis ſullyn wir vnde wullyn vnde gelobin bezcaln drye ſmale ſchog uff den Neſtin ſente Mychdels tag, dye andern drye vff den neſtin ſente Michaelis tag obir eyn Jar, dye leſtin drye uff den neſtin ſentte Michaelis tag obir zcwey Jar, Myd ſulchir vndirſcheyt daz wir von den vorbenantin ſechs ackern ychem geſchoz gebin ſollin, Sundern waz wir obir dye ſechs ackere gehabe moch-tin an guten, in felde edir in Dorffe, da von ſulle wir ſchezſin vnde wachin, vnde alles rechtin phlegin, glych eynem andern. Vor daz vor benante geld ſeczte wir on zcu borgen vnſe libin frunt vnde nakebur vor dye Erſtin drye ſchog Hanſen kauhartyn, Apeln Apczels vnde Hanſen kunen, vor dye andern drye ſchog boptin zcumphen, Ernſten ſcheſers vnd Petir Gorrepuz: vor dye leſtin drye Nyckeln Borghardis, hanſen kawhartin vorbenamnten, vnde Clauſen Thychern ſelp ſchuldygen vnde vorbeſchrebin, Myd ſulchemſte bekentnyſte, ap dez

egenannten Clawſes edir ſyner wertin ſelp ſchuldygen
zcu kort were, daz got nicht ye wolle, daz ſich vnſer vor
benanter Altir lute vnde Nakebure dez lecztin geldis
herhole ſoldin an ſynen guten, wo ſie mochtin, ane we-
dirſprache alle vrre vor beſchrebin borgen.   Vnd wir
Börgen allgemeyne, als wir vor beſchrebin ſten, Be-
kennen, daz wir gelobyt habin vnde gelobin myd vnſer
allir wyſſin vnde guten willin, mit geſampter hant,
glich als wir daz vor benante geld beſchrebin ſten, vnde
ſuſſen vnde wullen alle vor vnde nach beſchrebin rede-
ſtucke vnd artickel ſtete vnde gancz vnd vnvorbruchlich
haldin, ane argeliſt.   Obir daz wolle wir vor dachtin
Clawes Thyger vnde konegunt myn wertin ſelpſchuldi-
gen wenne got obir vns gebutyt, daz her doch daz noch
lange wende, daz alle vnſir gute vnde habe, dye von
vns vor lazen werdin, in velde edir in dorffe, komen
vnde vallen zcu vnſer lybin vrowen zcu luchowe, ane
wedir rede alle myner frunde, zcu ſel gerethe myr vnd
myner wertin, alſo verre, als myne egenannten borgen
yrs gelobis entloſyt ſynt. Czu orkunde ꝛc. drvczen
hundirt Jar, darnach in vyr vnde achzcygiſten Jare,
an dem neſten Suntage nach dez heyligen blutivs tage.

9.

Die Carmeliter nehmen den Pfarrer zu Laucha
in ihre Brüderſchafft. 1389.

In Chriſto Jeſu ſibi dilecto domino *Johanni* plebano
in *Luchowe*, Fr. *Fridericus* de *Nurnberga*, Prior pro-
vincialis ordinis fratrum beatæ Mariæ Dei genetri-
cis de *monte Carmeli*, per *Alemanniam ſuperiorem*, *Bo-
hemiam* & *Vngariam*, ſalutem in Domino ſempiter-
nam.   Exigente veſtræ devotionis affectu, quem
pia fratrum relatione ad noſtrum ordinem intellexi-
mus

mus vos habere, omnium missarum, orationum,
prædicationum, vigiliarum, jejuniorum, abstinen-
tiarum, disciplinarum, laborum, ceterorumque bo-
norum omnium, quæ per nos & fratres nobis com-
missos operari dignabitur clementia Salvatoris, vos
participem facimus & consortem in vita pariter &
in morte. Adicientes nihilominus & de gratia
speciali concedentes, ut, cum obitus vester in no-
stro provinciali capitulo fuerit memoria recitata,
Idem pro vobis fiat, quod pro nostris defunctis fra-
tribus ibidem communiter fieri est consvetum. In
cuius reus testimonium sigillum nostri provinciala-
tus officii præsentibus est appensum. Datum *Nurn-*
berga, in nostro provinciali capitulo, Anno Domini
M. CCC. LXXXIX. In die Assumptionis Mariæ vir-
ginis gloriosæ.

10.
Confirmation einer Vicarie zu Lauche. 1395.

*L*udewicus de Ginsforte, præpositus Ecclesiæ S. Se-
veri *Erffordensis*, & provisor Allodii Archiepi-
scopalis ibidem, *Maguntina* diocesis, Commissarius
ad infra scripta a Reverendissimo — *Conrado* Archi-
episcopo *Moguntino* specialiter deputatus, Vniver-
sis Christi fidelibus præsentium inspecturis Salu-
tem in eo, qui est omnium vera salus. Instaurati-
onem, erectionem, fundationem & dotationem per-
petuæ vicariæ sive primissariæ ætatis consecrati in
honore beatissimæ Mariæ virginis, sanctorumque
Nicolai Episcopi & Katherinæ virginis, siti in ec-
clesia parrochiali opidi *Luchouwe*, dictæ diocesis,
cum competentibus redditibus, pro congrua unius
sacerdotis pro tempore existentis sustentatione, per
providos & discretos viros, Magistros consulum &

A 5

totam

totam univerſitatem hominum dicti opidi *Luchouwe*
motu pietatis factas & dotatas, dum tamen ſine
præjudicio dictæ parrochialis eccleſiæ & cujusli-
bet alieni juris injuria factæ ſint, ratas habentes
atque gratas, eas auctoritate præfati domini Ar-
chiepiſcopi, nobis in hac parte commiſſa, præſen-
tibus in Dei nomine confirmamus & approbamus.
Eximentes nihilominus dictam vicariam & omnia
bona ad ipſam ſpectantia, quantum in nobis eſt,
ab omni exactione cujuslibet ſecularis poteſtatis.
Jus vero patronatus ſive præſentandi ad dictam vi-
cariam ſive primiſſariam, quotiens, illam vacare
contigerit, damus illi vel illis, cui vel quibus in
literis dotationis deſuper editis id extat reſerva-
tum. In cujus rei teſtimonium ſigillum noſtri pro-
viſoratus præſentibus eſt appenſum. Datum *Erf-
fordiæ*, ipſo die S. Severi Epiſcopi, anno Domini
Milleſimo Trecenteſimo Nonageſimo quinto.

Mit eben dieſen Formalien iſt ein anderer Brief vor-
halten, darinn die Vicaria altaris in honorem glo-
rioſi corporis Chriſti, ſanctorumque Jacobi & An-
dreæ Apoſtolorum, nec non ſancti Georgii marti-
ris — per providos & diſcretos viros *Henricum Eldiſte*
& *Theodoricum Rebog*, proconſules, *Henricum Smed* &
Nicolaum Telecz, altermannos dicti opidi *Luchowe* factos
&c. Datum in vigilia Symonis & Judæ Anno Domi-
ni Milleſimo Trecenteſimo Nonageſimo octavo.

II.

Der Maynziſche Weihbiſchoff weihet einen Altar
zu Laucha. 1397.

Reverendiſſimi in Chriſto patris & Domini Domi-
ni *Johannis*, Dei & apoſtolicæ ſedis gratia Ar-
chiepiſcopi *Maguntinenſis*, *Nicolaus Yponenſis* Epiſco-
pus,

pus, per *Thuringiam, Haffiam* & *Weftualiam* & per *Saxo-
niam* Suffraganeus, & in pontificalibus commiffarius,
die Jovis, vicefima octava menfis Decembris, in ho-
norem facratiffimi corporis Chrifti, ac fanctorum
Andreæ, Jacobi apoftolorum, & Georii martiris,
ad petitionem & procurationem domini *Jacobi de
Valva*, veri plebani, *Henrici Fabri, Nicolai* dicti *Te-
lecz*, vicariorum parrochialis ecclefiæ in *Luchow*, pie
& pure propter Deum recognofcimus confecratum,
& in divinis officiis inibi conficiendis, auctoritate
noftra confirmatum. ob quorum devotionem &
merito omnibus & fingulis huiusmodi altaris fan-
ctis inclinantibus, flectentibus, intuitu eorundem
manum adjutricem porrigentibus, in ornamentis &
neceffariis pro divinis largientibus, contritis & con-
feffis, fingulis in eorum feftivitatibus, quadraginta
dierum & unam carenam, de noftra auctoritate
cum indulgentiis in eadem ecclefia confvetis, pro
indulgentiis cuilibet indulfimus, & præfentibus
perpetuis temporibus fingulariter indulgemus. In-
fuper dedicationem prædictæ parrochialis ecclefiæ,
alias in craftina die beatiffimæ Mariæ virginis na-
tivitatis peractam & celebratam, ex certis caufis,
defectibus & indebitis incidentibus, per eundem
plebanum & vicarios allegatis coram nobis & dedu-
ctis, in diem Dominicam proximam immediate fe-
quentem poft feftum nativitatis Mariæ transpofui-
mus & transtulimus celebrandum, ad quam omnibus
vere pœnitentibus &c. Demum vero, & in fignum
dominicæ pacis, omnibus quibuscunque utriusque
fexus in miffis prædictæ ecclefiæ poft confecratio-
nem, & per presbiterum ofcularum in altaris fa-
cramentum pacem fanctiffimi crucifixi in tabula ad
hoc depicta & deputata accipientibus, easdem in-
dulgentias indulgemus. Datum & actum anno Do-
mini

mini Millefimo trecentefimo XC. feptimo, die Jovis,
in *Luchow*, XXVIII. fupradicta. In cujus rei tefti-
monium & inviolabiliter præmiſſa obſervanda ſigil-
lum noſtrum præſentibus duximus muniendo im-
pendendum.

12.

Der Rath zu Laucha ſtiftet einen neuen Altar.
1398.

Ich Jacobus vor dem Tore pharrer czu luchow be-
kenne yn diſem offen briffe allen guten luten, daz
Henrich Eldiſte vnd Dithrich Robog, Burgermeiſte-
re, Henrich Smed, vnd Nickel Telecz, alterlúte, med
myn guthen willen, nach Begerunge der ganczen ge-
meyne der Stad czu Luchowe haben geſſifftet eynen
Altar gote czu lobe, vnd allen guten luten czu troſte,
dy ere Almoſin darczu gereicht haben, ader noch rey-
chen wollen, Sie ſynt an dem leben ader an dem tode.
Der altar ouch gewyet vnd gewerdiet yſt In ere dez
heiligen lichenam, Sente Jorgen, Sente Jacoſz
vnd ſente Andree der Czwelfsboten. Ouch iſt der al-
tar angehoben noch myne willen vnd geheyſſe, vnd ha-
ben dy erſte lehen dez altars gelobit czutunde noch my-
ner Begerunge eyme Bederben priſtere, der mir vnd
en eyntrechtiklich, behegelich yſt. Hir vmme habe ich
en vorſeen vnd derlaßen genczlich der wederſtatunge der
Kirchen. Vnd laße vorbaz den obgenanten Burger-
meiſtern dy lehen dez genanten altars ſry czutunde
eyn bederben priſter, dem ſu dez dorch gotis willen
gunne wollen. Vnd wil ſu yn keynen Stugken ader
ſachen dez obgeſcreben altars hindern, da ſu eyn phar-
rer ane erd rechte mochte gehindern. Vnd der ſelbi-
ge altar iſt vfgeſaczt, alſo daz der Priſter, dem der
altar gelegen yſt, yn der kirchen mir vnt mynen nach-
kome-

komelingen, nach gemeyner gewanheit, alſo andere
vicarien eren pfhernern, behulffen ſynt yn eren pharren.
Dy Meſſe deʒ obgenanten altars ſal man anhebe nach
dem opphergeſange der hvemeſſe.   Deʒ cʒu Bekent-
nis ꝛc. geſcrebiñ nach ꝛpi geburt tuſend drẏ hundert Jar,
in dem achte vnd nunczigiſten Jare, an ſente fabiani
vnd ſebaſtiani tage, der heiligen Merterere gotis.

13.

Albrecht ſvon der Weidin vermacht 2 Pfennige jähr-
lichen Zinß zur Frühmeſſe. 1399.

Jch albrecht von der widin vnde alle meine erbin be-
kennin uffintlich an deſme affin briuin, allin den,
dy ön ſen, horin adir leʒin, daʒ ych mit gutin willin
vnde mit wöl bedachtin radte gegebin habe dorch got
cwene phenge geldis ewigir gerliger erbe czinʒe cʒu der
dru meſſe cʒu luchow, daʒ ſich eyn bruherre deſto bacʒ
der nert, daʒ des vor genanten Albrechts von der wi-
din vnde alle ſinir erbin der vor genante dru meſſe ſal
got vor en bittin in alle ſinin meſſin.   Der cinß der
get von eynne wiſſentlichin haue, der da gelegin iſt be-
nedin deme rathuʒe da ſelbins   Vnde ich vor genante
Albrecht vnde alle mine Erbin vor cÿe mir iccund vm-
mÿt vnd ewiclich der vor geʒrebin cinʒe ſu numer mer
cʒu verderne an allir leyge argeliſt.   Bi diſſir gift ſint
geweſt her Nicclaus volcmar cʒu dem mal brumeſſer,
her Heinrich Helmbrecht vicarius in derſelbin kerchin,
Johannes pattelunt, bergermeyſtir daſelbins, vnd ni-
ckil munkos, (mulros) di daʒ gehort vnd geſen habin.
Cʒu merer ſicherheyt ꝛc. tuſint Jar dri hundirt Jar,
in dem nun vnd nuñcigiſtinn iare, an der mittewochin
nach iohannis.

14. Con-

14.

Conrad vom Tanrode belehnet Eberharden von Gleina.
1402.

Wyr Conrad Herr czu Tanrode, gefeßin zcu Stuf-
forte, Bekennen vnd thun kunt offinpar In de-
fem briffe, daz wyr dorch gunft, bete vnde getruwen
Dinftes wilin Eberhardis von glina vnfers mannes, eme
recht vnd redelichin gelegen han vnd lyhen med kraft
Defes briffes, Solche gute, dye fyn fater von vnferm
fater feligin zcu lehn gehat hat, vnde hie nach gefchre-
ben ften, Mit namen vyrdehalbe huffe landes, cwo
wefen vnd cwelff agker hulczes gelegin yn deme flure
zcu luchowe, vnd eynen wingarthen gelegin an deme
Berge zcu lefemdorff. Ouch fo bekenne wyr, das
wyr der Erbern frauwen vor Bertrade Eberhardes
vorgenant eliche frawen dy vorgefchreben guthe gelegin
han vnde lyhn yn defeme keginwertigen briffe zcu eyme
rechtim lieb gedinge, ane geferde, vnd fal fich der guthe
gebruchin zcu erir libzcucht, wyle fy lebet. Dez zcu
eyme 2c. virczenhundert Jar, yn deme andern Jare,
an deme Donerftage nach deme heilgin oftertage.

15.

Landgraf Balthafar belehnet Heinrich von Herben mit
einigen Gütern in der Lochauer Gegend. 1404.

Wir Balthafar von Gottes gnaden Landgraue in
Doringen und Marggraue zcu Miffen, Beken-
nen und thun kunt offentlichen mit diffem brieue, Daz
Wir durch annemes Dinftes willen, den vns geftren-
ge Ritter er Heinrich von Herde gethan had, vnd er,
vnd fyne Erben Vns in czukünftigen Zciten thun follen,
yn vnd fyne libes lehens Erben begnadt vnd belehnt
haben, begnaden vnd belehnen fie auch mit diffem fel-
bin

bin brieue mit den noch geſchrieben guten vñd zcinſen,
die Hans Tümpeling ſeliger von Vns zcu lehen gehabt,
vnd vns von ym lediglichen los geſtorben ſint. Czum
erſten in Deme flure zcu Luchauwe mit anderhalbir
huſin Landis, eyner wieſen, eynem krutgarten, zcwei-
en kleynen holzirn, eynem kleynen Wyngarten, vnd
in deme Stetichen zcu Luchauwe mit eyner halben huſe
vnd eyner hofeſtad, vnd haben demeſelben ern Heinri-
chen von Herde fürdir die gnade gethan vnd ge-
gunſt, die genenten gute zcu beerben vnſirn Burgern
daſelbis zcu Luchauwe, nemelichen Diteriche kalewitz,
Hanſe Voite, Heinriche Titzels, Clauſe hunen vnd
yren Erben jerlichen vff ſente Michaelis tag, zcu rech-
tem Erbezcinſe zcugeben zcwei ſchocke groſchen von den
vorgenenten andirhalbir huſe eynem holzichen, deme
Wyngarten der Wieſen krutgarten vnd deme halben
hofe in deme vorgenenten Stetichen Mathiſe Schult-
heißen vnd ſynen Erben die vorgenente Hofeſtad vnd
dauon jerlichen vff Vaſnacht zcwei huner zcugeben.
Vnd Clawſe Hubiſchman vnd ſynen Erben daz an-
dire vorgenente Holzichen vnd dauon jerlichen vff
ſendte Michaelis tag vier hunre zcu geben. Darnoch
ſo haben Wir auch den vorgenenten ern Heinrichen
von Herde vnd ſyne libes Lehens Erben belehnt vnd be-
gnadt mit den nochgeſchrieben jerlichen Zinſen die vns
auch lediglichen an erſtorben ſint von deme obgenenten
hanſe Tumpelinge ſeligen. Tzum erſten geben jerli-
chen zcu ſendte Michaelis tage eyn frauwe genent die
ſchreibern von eyme hofe achte ſmale groſſchen,
Titzel ruche von eyme Hofe vier ſmale groſſchen, Con-
rad Trumeſdorff von eyme hofe drizcehen Phennige,
kauwart von eyme hofe drizcehen Phennige vnd zcwei
hunre, die Kochyn von eyme hofe drizcehen Phennige,
Heinrich von kaw von eyn Wieſen andirhalb Pfund
Wachſes, dazſelbe Wachs der obgenente er Heinrich
mit

mit vnſirn willen vnd verhengniſſe gegeben had zcu der
Pharrekirchen zcu Luchaw Ewiglichen darzcu zcuvol-
gen.   Vnd hans kortzcayl von drittehalben akirn
Landis driel Phennige vnd vier hunre, Claws becker
von eyme holtzichen zcwey hunre, Nickel Titzels von
eyme halben Ackir Landis zcwene Phennige. Lip-
puchs von vierdenhalben Ackir Landes vierdehalben
Phennig, Vnd zcu Heroldiſhuſen auch erbezinſes
jerlichen zcwelff groſchen eynen ſcheffel Weißes vnd
drie hunre.   Vnd die vorgenenten jerlichen Erbzinſe
alle, ſollen deme vorgeneßten ern Heinriche von Herde
vnd ſynen Liebes Lehens Erben volgen zcu rechten Man-
lehn von vns vnd vnſirn Erben die zcuhaben emphahen
gebruchen vnd zcu verdynen als Lehngutis recht vnd
gewonheit iſt ane geuerde.   Vnd haben des zcu orkun-
de vnſir Secret wiſſentlichen an diſſen brieff laſſen
hengen.   Der gegeben iſt zcu Wymar noch Chriſti
geburten vierzcehen hundirt darnoch in deme vierden
Jare am dinſtage nach vnſir lieben frauwen tage den
man nennet Aſſumptionis.

16.

Die von Rockhauſen verkauffen eine Wieſe zu Bendorff. 1404.

Wir Herman, ernfrid vnde eyler gebruder von rog-
huſen zu wieſehiß geſeſſin, vnde alle vnſer erbin,
bekennen offentlichen in deßim geinwertigen briue, vnde
thun kunt alle den, die yn ſehen, horn adir leſin, das
wir eynnträchtiglichen mit vnſerme guten vorrathe, wiſ-
ſen vnde willen, recht vnde redlichen vorkouft habin
vnde verkouffen mit orkunde diſſes briues, deme be-
ſcheiden manne hanß hildebrande burger zu nuenburg,
vnde alle ſinen erben, eyne weſe gelegin zcu bennen-
dorph genand die große halbe weſe, die vnſer vater
ſelige

ſelige uff vns geerbit had, vnde wir on die vorkouft vnd
gegebin habin vor funf vnd achczig ſchog guter moſſne-
te groſſchen, die ſumme groſſchin her vns gereite nücz-
lichen vnde wol beczalt had, vnde wir das gelt in vn-
ſern merglichen nucz vnde fromen wiſſentlichen gewand
habin.   Vnde geloben in guten truwen die vorgenan-
ten kouffere bie der vorgenanten weſen ſy zcu behaldene
vnde zcu gewerene vor eyme iczlichen, der ſy anſpreche,
geiſtlichen adir wertlichen, wie das komen mochte, ane
alle argeliſt vnde geuerde.   Des ſal vns der vorge-
nante hans hildebrand adir ſine erben alle Jar ierli-
chen uff ſente michahels tage zcu zcinſe reichen vnde ge-
ben fuenf ſchillinge phennige, alſo in der Herren Lande,
vnd bie namen zcu nuenburg genge vnd geneme, vnde
eyne gemeyne phennig were iſt, ane argeliſt vnde ge-
uerde.   Ouch gelobin wir vorgenanten vorkouffere in
deßin briue vor vns vnde vnſer erbin, ab der vorgenan-
te vnſer kouffer adir ſine erbin benotiget odir bewegit
worden, das ſy die vbgenante weſe muſten adir wol-
den vorkouffen adir verſeczen, das wir ſy daran nicht
hindern noch ſchaden ſullen, ſunder wir ſullen vnde wol-
len ſy lien vnde vorſchriben deme, odir den ſy die weſe
vorkouften adir vorſeczten, glicher wiſe, alſo wir ſy on
gelegen vnde vorſchriben habin ane allirlenge wedirrede,
argeliſt vnde geuerde.   Des zcu orkunde ꝛc. der gege-
ben iſt noch gotis geburt virczenhundert Jar, darnach
In deme vierden Jare, an ſente mertins abunde des
heiligen biſſchofs.

17.

1 4 0 7.

Officialis Præpoſituræ Eccleſiæ b. Mariæ *Erffor-
denſis*, plebanis in *Kirchſchidingen*, cæterisque re-
quiſitis, Salutem in Domino. Veniens ad nos dis-

Fr. Beytr. I. Th.   **B**   cretus

cretus vir *Albertus Trupitz*, presbiter, nobis ad ec-
clesiam parrochialem sancti Georgii in *Obirndorff*,
vacantem ad præsens ex libera resignatione Domini
Conradi Snyter, presbiteri, novissimi rectoris eius-
dem, per strenuum virum *Karolum Knüt*, armige-
rum, ad quem Juspatronatus seu præsentandi asse-
ritur pertinere, præsentatus, petens, ut ipsum *Al-
bertum* ad dictam ecclesiam investire dignaremur.
Verum quia nobis non constitit, neque constat, an
alicujus alterius intersit præsentare, Quare vobis
mandamus, quatenus dominica proxima post festum
Epiphaniæ Domini, & dominica post ipsius festi
octavam Epiphaniæ immediate sequentem, in vestris
& dicta *Obirndorff* ecclesiis de dictis præsentato &
præsentatore faciatis publica proclamationum edi-
cta, Citantes quoque omnes & singulos, si qui sint, qui
sua duxerint aut crediderint interesse, ut feria secun-
da proxima post diem beatæ Priscæ virginis coram
nobis compareant ad proponendum & allegandum,
si quid ipsis competierit pro jure suo, Cum inti-
matione, quod, sive venerint, sive non, nos in dicto
proclamationis negotio procedemus prout justum
fuerit procedendum. Quorumvis absentia seu con-
tumacia non obstantibus. R. liter. sign. Datum
anno domini Millesimo Quadringentesimo VII. Idus
Januarii.

18.

Das Städtgen Laucha bekommt Stadtrecht. 1409.

Wir Friderich von gotis gnaden Lantgraue Indo-
ringen, vnde Marggraue czu Miessin der Zünger,
bekennen vnde thün fünd vff intlichin mid dießem brieue
vor vns vnde vnße erbin, daz wir mid wolbedochtem
müte

můte vnde gůtem vorráte vnsere liebin getrůwen vnde
heymelichin besunnen vnd bedócht habin gebrechen vn-
de noitdorfft vnsers Stetichins Lůchaůw, vnde habin
den Bůrgern gemeynlichin da selbis, die ytzund sin, vn-
de hernach in czukunftigen czyten Ewiglichin worden,
Stadfrieheit vnd recht gegebin, vnde gebin yn die auch
mechtiglichen mit dießem brieue, die zcůhabin vnde
der zcugebrůchen, mit allen Eren, srieheiten, vnde ge-
wonheiten, als die vnsere Burgere zců Salcza habin
vnde gebrůchin, zcurichten vnd zcustráffen vmb wane
máße, vnrechte wagen, scheffel, vnde úbir allerhande
vngehebe vnde vntógende fleisch vnde spise, als daz zcu-
richten vnde zcu strafen haben die obgenanten vnsere
Burgere zců Salcza.   Wir gebin yn auch macht
Rete vnde Schepphen zcukießen vnserer Stad dasel-
bis zcůluchaůw vóre zcusin vnd an vnserm gerichte zcu
siczzen vnde der eyne bestetigunge Jerlichin vón vns
zcunemen, alle sache vorczustehen vnde zcůhandeln als
daz gewónlichin vnde den von Salcza obgenant gebů-
rit.   Sie sullin auch ire vngehorsamen mitebůrgere,
die yn ire frieheite vnde gewónde brechin, vnde vnge-
horsam weren, macht haben zcu straffen vnde zcůbů-
ßen, vnde die handwerke zcůbesorgen vnde czůbestellen
mit vormunden vnde allen sachen, als des macht vnd
czuthune haben die obgenanten von Salcza.   Alle
ánder sache, die die Rete zcůlůcháw eyntrechtigli-
chin erkennen, die der selbin vnser Stád bestis sin czů-
straffen vnde czůhandeln, daz nicht tůbe, noitságe, mórt
nach hals adir hand angelangen mag, das sullin sie
zcurichten vnde czůhandeln habin, als daz auch die me-
genante vnsere burgere zců Salcza czuthune habin.
Sunderlichin habin wir den obgenanten vnsern Bůr-
gern zcůlůchaůw gegebin vnde bestetiget zcwene Jar-
márgkte alle Jar zcůhabin, zcůhalden vnde der czůge-
bruchen mid allen Eren, rechten, frieheiten vnde ge-

wonheiten, als andere vnsere Stete in deme lande zcu
doringen die Jarmargkte habin, die halden, habin, vnd
gebruchen, der eyner antreten sal vff den Suntag nach
vnsers Herrn lychams tage, vnde stehen vnde weren
bis vff die Mittewochin nest darnach vnd den tag gancz
vß, der ander Jarmargkte antreten sal vff den Syntag
noch Sente Bartholomei tage, vnde stehen vnde we-
ren drie tage darnach gancz vß, ane geuerde. Hie bie
sind gewest vnde geczugen vnsere liebin getruwen vnde
Heynrlichin der Edel Graue Gunther von Schwarcz-
burg, herre czu Arnstete vnde Sundershusen, vnde die
gestrengen Thile von Sebeche vnser hofemeistir, Er
Buße viczthum vnser Marschalk, Heinrich von Wicze-
liebin der Elder, Herman von Heilingen der Elder, vn-
ser wirthynn hofemeistir, vnde andere erber lute gnug.
Vnde das die obgeschribin Stadtrechte, frieheite vnde
gewonheite der obgenanten Städt luchaw vnd vnsern
burgern daselbis czu Ewigen geczieten mit allen rechten,
frieheitin vnde gewonheiten, als vnsere Stad vnde
Burgere czu Salcze obgenant die haben, gehalden sul-
len werden, von vns, vnsern erbin, nachkommen vnsern
Amptluten, andern den vnsern, vnd allermenlichin, des
habin wir derselben vnser Stad Luchaw vnde Burgern
daselbis dießin Brieff gegebin Czu vrkunde vorsigilt mid
vnserm furstlichin anhangenden Ingesigil nach Cristi
geburte vierczenhundert Jar vnde darnach in deme
Nunden Jare, am Montage nach Sente lucie tage
der heiligen Jungvrouwen.

19.

Die von Heselern verkauffen einige Güter an den Rath
zu Laucha. 1410.

Jch gelffard vnd hans genant von Heseler, vnd alle
vnser erbin bekennen in dißim briue allen die on
sehen, horen adir leßin, dgz wir eintrechtiklich mit wol-
bedach-

bdachten mute, Recht vnd redelichin habin vorkouft
alle vnßer czinße vnde gutere, dy wir habin In felde
vnd ſtad zu luchouwe, Sunderlich die czinße vnde gu-
tere, dy wir ern Heinrich von herde vnde ebirharde
von glina abgekouft habin, ſy ſint vßwendig der ſtat,
adir wo ſy ſiczen, vnd auch Sunderlich zcu Heroldiſ-
rode, waß der ſcheinborge geweſt iſt, den Burgermei-
ſtern vnd ganczer gemeine der ſtad zcu luchauw, vnd
alle eren nachkomen.   Ouch habe wir den genanten
Borgermeiſtern vnd der ganczen gemeine vnd alle eren
nochkomen vorkouft vir hofe gelegen da ſelbens zcu Lu-
chouw, vnd ouch agker gelegen in felde zcu Heroldiſro-
de, daz habe wir von vnſerm herren von nuemborgk;
alzo daz die genanten Ratlute die genanten gut, die wir
habin von vnſerm Herren von nuemborgk, zcu vns,
adir wer von vnſern erbin der eldiſte von Heſſeler ge-
nant iſt, zcu der lebin neme ſullin erbeklichin, vnd ſullin
vns da von Reiche zcu Jerlichen czinße eynen ſmalen
groſchin, ouch ſullen vns die genanten Ratlute darobir
eynen bryff geben, daz erbeklich von vns zcu nemen,
Daz wy haben von vnſerm herrn von nuemborgk, alzo
hie vor geſchrebin iſt.   Deße vorbenomete zinße vnd
gute habe wir genante vorkouffer den egenanten koup-
fern gegebin vnd vorkouft vmme virdehalp hundert
ſchogk nuwer cruce groſchin fryberger Muncze, dy da
genge vnd geneme vnd vnuorſlagen ſind, daz gutlich
zcu beſtellene, weme wy daz heyßin, hundert nuwe
ſchogk, uff die neſtin zcukunftigen wynachtin zcu beczal-
ne, hundert nuwe ſchogk uffden neſtin zcukünftigen
walporis tag, vnde anderhalp nuwe ſchogk zcu beczaln-
ne uff ſente michelles tag obir eyn Jar.   Ouch alles,
daz man vns noch zcu louchouwe adir zcu heroldiſrode
an vorſeßin czinßin adir lehengelde noch ſchuldig ſy, da
ſullen vns dy genanten kouffer zcu beholffin ſin, daz
vns das wert.   Daz wy genänten vorkouffer deſen

kouff

kouff ſtete vnd gancz halden wollen ane geuerde, biz
daz die genanten kouffer dieſes kouffs von vnſerm gne-
digen herrn deme lantgraffin briue vnd beveſtigunge
brengen magen, des habe ich gelffard von Heſſeler, deß
ich hannes von heßeler vnd alle vnſer erbm met an ge-
bruch; myn ingeſegel laſſin drugke Zu deſen uffin bryff.
Datum anno Dnj M. cccc. decimo, In vigilia mar-
garethe virginis.

20.

1 4 1 2.

Ich Ditherich Calwitz vnde nickel beyger ycund Ra-
tiſmeiſtere, andre alle vnſere geſchworne dry rethe
der ſtad zcu luchowe, Riche, arme, Jung vnd alt
der ganczin gemeyne dnſelbins, Bekennen — daz wir
vorkouffen — ern heinriche von Clynis pherrer zcu ſente
Othmers kerchin zcu nuenborg, Gerharde von Clynis
ſyme bruder, vnd Mathyan von Embrica ſyner ſweſter
ſone czen vngerſche gulden, vmme hundert vnde czwen-
zig guldin.   Datum vierezenhundirt Jar, dar nach in-
deme zcwelften Jare, an deme frytage neſt vor der
phingiſtheylgen tagen.

21.

Die von Heßeler verkauffen etliche Güter an die Stadt
Laucha. 1414.

Ich Gelffard von Heßeler der Eldir, Hans, Heinrich,
Conrad, Gelffard vnd Jürge gebrüdere genant
von Heßeler, vnd alle vnßer erbin bekennen vffentlich
in diſſin bryffe, vnd thun kund alle den, dy on ſehen,
adir horen leße, daz wir eyntrechtiklich mit wolbedach-
ten mute recht vnd redlich vorkouſt habin vnd vor-
kouſſin mld craft diſſes bryffes alle vnßer czinße vnd
guthe,

guthe, dy wir gehad habin in felde vnd ſtad zcu Lu-
chouw vnd ouch in felde vnd dorff zcu heroldiſrode, dy
wir zcu lehn habin von deme erwerdigin in got vater,
biſchoff vnd herre zcu Nuemburg, dy by namen der
Scheynborge geweſt ſint, geſucht adir vngeſucht, wy
dy genanten czinße vnd guthe namen gehabe magen,
den Erſamen wiſen ratluten der ſtad zcu Luchouw vnd
der gantzen gemeyne daſelbens, vnd alle oren nachko-
men, dy genanten zinße vnd guthe vns dy obgenanten
von Luchouw myt andern guthen, dy ſy vns och abge-
kouft habin, alzo daz ore haubptbryſſe vzwiſin, gereyte
nuczlich vnd wolbeczalt: habin vnd ſagin ſy der becza-
lunge myt craft diſſes bryſſes ledig vnd loß, dy benu-
mettin czinße vnd guthe habe ich Gelffard von Heßeler
vorgenant der eldir, gelegen den obgenanten Ratluten
vnd gemeyne zcu Luchouw, zcu eyme rechtin erbe erbe-
klich zu beſiczen, vnd ſullin myr, adir wer der eldiſte von
Heßeler genant iſt, reiche vnd gebe eynen ſmalen groſ-
ſchin ewigen erbeczinßes alle Jar jerlich uff ſente mi-
chels tag vnuorczoglich ane arg, dar vmme wir vorge-
nante von Heßeler dy obgenanten von Luchouwe keyn
Deme megnanten erwerdigen in Got vater biſchoff vnd
herre zcu Nuemborg abir Capittele czircz adir Nuem-
borg vorweſen ſullin, mit allin dinſten phlegin vnd dy
obgenanten von Luchouw nicht. Ouch wen myn
Gelffard vorgenant des eldern numme iſt, daz got
lange fryſte, ſo ſullen dy obgenanten Ratlute dy ege-
nanten czinße vnd guthe vordir zcu lehin neme von vn-
ßern erbin, wer der eldiſte von Heßeler genant iſt, vnd
ſullin vns davon zcu lehen gebe alzo vel, alzo hyevor
zcu czinße geſchrebin ſtehd. Ouch iſt ſunderlich bethe-
Dingit, wer es daz wir genante von Heßeler der genan-
ten ſmalen groſſchin czinßes vnd lehen imande vorkouf-
tin, vorwechſeltten adir vorgebin, wy daz queme, ſo ge-
habin wir vorgenanter von Heßeler den genanten czins

vnd

vnd lehen an den obgenanten von Luchouw in ſulchir
maße zcuuorwyſende, daz dy, den wir den genanten
czins vnd lehn vorkouffin, vorwechſeln adir vorgebin,
keyn deme megenanten erwerdigen in got, auch vor-
weſin ſullen mit allen dinſten phlegin, alzo hy vorge-
ſchrebin ſted, vnd dy obgenante von Luchouw nichts.
Des zcu eyme bekentnyſſe vnd gantzer beſtygunge daz
alle deſſe obgeſchrebindie arttikelé von vns vorgenan-
ten von Heßeler, ſthete vnd gantz vnuorbruchlich ſullin
gehaldin werde, habe ich vorgenanter Gelffard der el-
dir und Hans von Heßeler vnſer Ingeſegylle, der ich
Heinrich, Conrad, Gelffard vnd Jurge vnd alle vnſer
erbin mit on gebrouchen, wiſſentlich laßin henge an diſſen
uffin bryff, der geſchrebin iſt nach gotiſ geburt virczen-
hundert Jar, danoch in deme virczendin Jare, an den
myttenwochen nach Inuocauit.

22.

Verkauff etlicher Güter an Bürgersleute. 1416.

Ich Volgmar von Luchouw bekenne vor mich vnd
alle myne Erbin uffintlich in diſſin briffe, vnd thu
kund alle den, dy ön ſehin, adir horn leße, daz ich mit
gutem wolbedachtin mute vnd mit rate myner frunde
den beſcheidin luthen hanße Kunnen, Dittherich Bei-
ger, Burgern zu Luchouw, vnd alle orn-erbin, recht vnd
redlich erblichin vorkouft habe eyn holtzgewechſich mit
der ortfeſtin genant der Beigersberg, vmme hundirt
ſchog groſchin, der zcu den geczietten dry groſchin eyn
nuwin geoſchin gethan habin, vnd vmme vi groſchin
derſelbigin were. Dyrſelbigen genante Summe geldis,
mich die genanten kouffer vor ſich vnd ore Erbin nucz-
lich vnd wol beczalt habin, vnd ſage ſy vnd orre erbin
der genanten ſummen geldis mit luthe diſſis briffes
qwid ledig vnd loß, vnd rede und globe vor mich vnd
　　　　　　　　　　　　　　　　　　　myne

myne erbin den genanten kouffern vnd alle ore erbin,
in daʒ genante gut numerme ʒcu ſprechinde, daʒ ſy an
erme kouffe beſchedige mage in keyne wiß geiſtlich noch
ʒwetltlich, daʒ ſelbige genante gut ich vorgenante volmar
von Luchouw von mir ſelbins uffgenamen habe, vnd habe
daʒ gelegin vnd lyhe mit craft diſſis briffis dem egenanten
hanße Kunnen vnd Dittherich Berger ʒcu eyme rechtin
erbe vnd fordir oren erbin, adir weme ſy daʒ gut vorkou-
fin, adir vorgebin, erblich liehin wollin vnd ſullin vmme
magliche lehin vnvorcʒoglich, ane arg vnd geverde, von de-
me megenanten guthe myr adir myner erbin dy egenan-
ten kouffir reiche vnd gebe ſullin ewigis erbcʒinſis ſechs nu-
we groſchin alle Jar ierlichin uff ſente michels tag, ane
hinderniſche vnd ane vorcʒog. Darumme ich vnd myne
erbin dy genanten kouffir vnſir manne ſullin vnd wolen
vortheidinge glich andern der vnßirn, dy guthe von uns
habin, wenne vnd wy digke ohen des not geſchiet, Wer
es auch, daʒ der obir lehnherre des genanten gutes dy
obgenanten kouffir adir orre erbin an longitte von des
vorgenanten gutiſ wegin vmme dinſtis phlege adir be-
the, daʒ globe ich vorgenanter Volgmar von Luchouw
vnd myne erbin ʒcuuorweſinde, vnd dy obgenanten
kouffir, noch orre erbin nicht, vnd ſullin vnd weln den
obgenanten kouffern, ore erbin vnuorcʒoglich vnßir
cʒinße den kouff halde vnuorſpruchlich allir dinge alzo
vorgeſchrebin ſthed. Des ʒcu bekentniße vnd orkunde
alle diſſin geſchrebinden Arttikel, dy von myr Volg-
mar Luchouwe vnd alle myn erbin ſthete vnd ganʒ ſul-
lin gehaldin werde, habe ich myn Ingeſegil wißintlich
gehangin on dißin uffin briff, der geſchrebin iſt nach go-
tiß gebort vircʒenhundirt Jare, danach in deme ſech-
cʒinden Jare an der mitwochin noch deme Suntage
alz man ſingit in der heiligin kirchin Letare. Kein-
wertig diſſis koufs ſind geweſt die beſcheiden luthe ker-
ſten hache vnd Cunrad Kunne, der Junge, dy daʒ geſe-
hin vnd gehort habin. B 5 23.

23.

1 4 1 8.

Wir Friderich von Gotis gnaden Lantgraue Jn
Doringen Marggraue zcu Miſſen vnd Pfaltz-
graue zcu Sachſen der Junger, Bekennen vnd thun
kund vffentlichen mit dießem brieffe vor vns alle vnßer
erbin vnd nachkomen, das vor vns komen ſind vnßer
burger zu Luchauw, vnd haben vns vorbracht vnd vor-
kundiget wie das ſie vmb gemeynes nuczes, fromen vnd
beſſerunge willen vnßer Stad Luchauwe gekoufft ha-
ben von Ebirharde von Glyna, vnßerm Erbern manne
vnd getreuwen, vier huffe artlandes, drie weſen, zcwelff
acker holzes vnd anderhalbem gulden zcinßes gelegin in
den felden und fluren vor derſelben vnßer Stadt Lu-
chauw. Der genanten gute eyner huffe, eyne weſe,
ſechs acker holczes vnd eyne gulden geldes von vns zcu
rechten lehen gehen, vnd vnßer lehngute ſind. vnd drie
höffe, zcwo weſen, ſechs aker holzes vnd eyn halb gulden
geldes. da von deme Edeln Conrade von Thanrode
zculehen gehen, vnd auch furder von vns zculehen ruren,
als von einem obirſten lehen Heren, vor Sebinde halb
hundert rinſche gulden, mynre fünff gulden, die vor-
gnante huffe landes eyne weſe, ſechs aker holzes, vnd
eyne gulden geldes, die von vns zculehen gehen, Der
gnante Eberhard von Glyna vor vns williglichin vff-
gelaſſen had, vnd er vnd die obgnanten Burger zcu
luchauwe vff beyde ſyten vns demitiglichen vnd vleli-
chin mid allem vließe gebethen haben, Jn des kouffes
zcuginnen vnd geſtoten vnd vnßern willen gunſt vnd
vorhengtemße darczu zcugebin vnd yn die mergnanten
huffe landes, weſen, holtz vnd eynen gulden geldes zcu-
uorerben. Also haben wir angeſehen ire vließige de-
mutigen bethe und beſinnen vnd betracht gemeynen
nucz, fromen vnd beſſerunge vnßer burger vnd luts,

vnd

vnd vnſer Stad zculuchauw, vnd auch vmb getruwen
:dinſtes willen die ſy vns von beyden ſyten gethan ha-
ben, vnd ſy, ire erbin vnd nachkomen vnß vnd vnßer
erbin fürder in zcukunfftigen zcyten thun ſullen vnd mü-
gen, zcu ſulchen kouffe vnßern willen, gunſt, vorheng-
keniße, gegebin, vnd die vorgeſchriben huffe landes,
weſe, holcz vnd gulden geldes, dy von vns zculehen ge-
hen, von dem obgnanten Eberharde von Glyna vffge-
nomen, vnd die furder vnßern Burgern gemeynlich zcu
luchauwe, die iczund ſind, adir hernach zcu ewigen zcy-
ten ſin werden, zcu rechtem erbe geſrihet vnd gelihen,
vnd recht vnd redelichin vor erbet habin, gebin, frihen,
lihen vnd vorerben geinwertiglichen in crafft dieſes
brieffes und vnßer fürſtlichen gewalt, vnd voriziche
vns daran vnßers rechts, das wir vnßer erbin vnd
nachkomen daran gehaben müchten von vnßer Ritter
lehen wegen, vnd auch vmb drie huffen landes, zcwo
weſen, ſechs acker holczes, eyne halben gulden geldes,
diz von deme Thanrode zculehen gehen, vnßer willen,
gunſt vnd vorhengniſſe vff vnßer recht, das wir daran
gehaben müchten von der obirlehen wegen, darczu ge-
gebin haben, yn die zcuuuerbinde von dem ſelbin von
Thanrode, als ſich das gebürd, ane geuerde. Alſo
das ſij die vilgenanten vier huffen landes, weſen, hol-
zes, anderhalben gulden geldes, mit allen rechten eren,
nuczen, fromen vnd beſten furbaßmer von vns, vnßer
erbin vnd nachkomen zcu rechten erbe vnd erblichen ha-
ben beſiczen, der gebruchen vnde genißen vnd vordynen
ſullen, alſo erbisrecht vnd gewonheid iſt, ane alle In-
ſprache, hinderniße, argeliſt vnd geuerde. des zcu rech-
ten Orkunde vnde warin bekenteniße haben wir Fri-
derich lantgraue zcu doringen obgenante vnßer Inge-
figel wieſſentlichin an dießem brieff laßen hengen. hie
bij ſind geweſt vnd gezügen vnßer heymlichin vnd lie-
ben getruwen der Edel Graue Friderich, von Biche-
linge,

linge, Here zu wyhe, houemeister, Er friczsche von
wangenheym, Er Diterich von Wiczeleiben Thile von
Sebech vnd ander Erber late gnug. Gegebin zcu der
Sachsenburg nach cristes geburte vierzcenhundert Jor
darnach in deme achzcenden iaren an deme montage
sendte Ciriacen tage, des heiligen merterers.

24.

Kauff etlicher Felder. 1418.

Ich Volgmar von Luchouw bekenne vor mich vnd
alle myne Erbin vnd thu kund alle den, dy dißin
briff sehen, adir horn lessen, daz ich mit guten wil-
lin vnd rate myner frunde recht vnd redlich in vorkouft
habe ffunff huffe artland, dorvir huffin zcu lehen
gen von mynen gnedigen Hern deme Langgraffin,
vnd eyn huffe von deme Edln etn Conrad von Tan-
nenrode mit allin Eren, nuzin vnd fryheitten vnd wer-
din, alz ich dy in deme felde zcu Luchouw gelegin, gehad
vnd besessen habe, den vorsichtigen wisin luten, Rat
und Ratismeistirn czu Luchouw, vnd alle orn nachko-
men. Des obgenanten gutes globe ich vorgenante
vorkouffer dy obgenanten myne kouffer gutlich zcu
wernde vnd zu entwernde keyn iedermenlichin alzo digke
alzo des not gschiet vnd alzo lange also daz gewonlich
vnd recht ist, ane geuerde, davor setze ich vorgenanter
vorkauffer den obgenanten mynen kuffern czu Burgen,
myne lieben frunde Nickeln von Luchouwe mynen Bru-
der vnd Ebirharde von Glyna gesessin czu Burgschi-
dingen, dy mit mir reden vnd globen mit gesampther
hand alß gutte Burgen. Vnd wir genanten Burgen
bekennen, daz wir williklich Burgen werdin vnd wor-
den sint vor den vorgenanten kouffer vnd entwerunge
vnd vor alle geschrebinde attikel disses briffs, vnd wir
globen, ob an de vorgeshen kouffe vnd werunge kyn
Intrag

Intrag were adir wurde, daz wir daſſelbens vf-
richten vnd entweren wullen vnd dy genanten vnſir
kouffer nicht, wo wir des nicht teten, alſo digke alſo des
not geſcheit, alſo daz dy gnanten vnſir kouffer vns dac-
zu muſtin vormane mit wortten adir briffin, welchir
lut dy weren, adir ſich vnſſir gute vnd habe mit gerich-
te vnd rechte darvmme vndirczogen adir phentte, daz
ſullen ſy von vns vnd vnſen erbin adir frunden gencz-
lich vnuordacht vnd ane wandel bliben, ouch ab vn-
dir vns Burgen ich eyner abgynge von todiswegen, daz
got gnediklich fryſte, ſo rede vnd globe ich vorgenan-
ter vorkouffer vnd Burgen, dy noch leben, den obge-
nanten kouffern eynen andern guten vnd alczo gewiſ-
ſen Burgen, an des vorgangen ſtad czu ſetzen in vir
wochen allir neiſt darnach, wen wir des erſt vormant
werdin. Wo des nicht geſhege, ſo haben wir den ge-
nanten kouffern ſulche gunſt getan, daz ſy vns ane ge-
uerde dazu mage dermane, vnd ſich czu vnſern gute
halde, in aller maſſe alſo hie vorgeſhriben ſted, vnd ſich
daran czu derholden alle vres mogeliches ſchaden, den
ſy daruff teten, adir getan hetten, ane geuerde. Daz
alle diſſe vorgeſchrebin rede, ſtugke vnd artikil deſſes
briffes gantz vnd gar gehalden werdin, des czu eyme
waren bekentniſſe vnd ganczer ſicherheit habe ich vorge-
nanten vorkouffer vnd wir megenanten Burgen vnſir
iglich beſundirn ſhen Ingeſegill mit guten willen ge-
drugt in diſſen uffen-brijff, der gegeben iſt noch gotis
geburt vierczenhundert Jar, darnach in deme achczen-
den Jare, an ſente Vlriches tage des heiligen biſchoffes.

25.

1 5 4 0.

Von Gotts gnaden Wir Heinrich Herzogk zw
Sachſſen, Landgraf in Dhuringen, vnnd Marg-
graf zw Meyſſen, Bekennen vnnd thun kunth offent-
lich

lich mit diesem briefe, vor vns vnnd vnnsere Erbenn,
Das vnns vnßere lieben getrawen, die Burgere vnn=
ßers Stodt zu Laucha eynen pergamenen brief fürge=
legt, daraus wier befunden, das nach Gottes geburth,
tausent, vierhundert, vnnd in den Reunden Jare, der
Hochgeborne Fürste Her Friderich Landtgraf in Dhü=
ringen vnnd Margrafe zu Meyssern seliger, sie die bur=
ger zu lucha mit Stadtfreyheyten begnadet, vnnd dar=
gebenn mit zweyenn Jäermargten Jeders Jars verse=
henn, als den eynenn vf den Santagk nach vnnßers
Herren Leychnams tage,   den andern vfn Sontagk
nach Bartholomei zuhalten, vnd habenn vns dorauf
vnderthenigk angefurht, das wir gwdig nachgebenn,
welten darmit angeprygte zweene mergkte, mechten ver=
legt, vnd nehmlich der eyne vfn Sontag nach Egidy,
der ander vf Mitfasten ader Sontags Letare gehalten
werden.   Weyll wir dan Jhnen zw yhrer wolfarth.
geneygt, habenn wier solchs gnediglichern nachgebenn,
bewilliget vnd zcugelaßen, die angezeigten zween Jar=
mergkte, wie oben vermeldt alle Jare zuhaben, zuhal=
ten, vnd darzugebrauchen, mit allen Jren Rechtenn,
freyheyttenn vnd gewonheyten, als andere vnnsere stedte
zcu lannde zcu Dhuringen die Jarmargkte habenn,
der eyner eynntretten soll Sontags nach Egidy vnd ste=
hen vnd wehren biß auf die mitwoch negst darnach,
vnd dry tagk ganz auß, der ander Jarmargkt antret=
ten soll, vfn Suntagk Letare, vnd stehen vnd wehren
Dry tage darnach ganz auß, ohne geferde, hierbey seindt.
gewest vnnsere Rethe vnnd liebenn getrawen, Antho=
nius vonn Schönpergk, Her Wenceslau Narwmänn,
Canczler, her Wolfgangk von Luttnhaw beyden der
Rechte Doctores vnnd andere vnnsere Man vnnd
Diener gnugk glaubwirdige.   Zw vrkunde habenn
wier vnnser Jnsigell ann diesem brief henngen, vnd ge=
benn lassenn zw Dreßdenn Mitwoch nach Philippi
vnd

vnd Jacobi nach Chriſti geburth Tauſent fünfhundert
vnnd im virzigiſten Jare.

26.

Volckmar von Laucha verkaufft der Stadt Laucha
etliche Felder. 1419.

Ich Volgmar von Lucchouw Bekenne vor mich und
alle nyne Erbin, vnd thu kunt In dißme vſſen
Briffe geinwerttigklichen alle den, dy on ſehen odir
horn leſſe, daz ich met woldachten mute, met guten
willen vnd rathe myner ſrunde ffunff huffen vrtlandiß
vnd weſen, dy ich gehad habe, In den ſelden vor der
ſtad luchouw, met allen eren fryheitten, lehen, nutzen
vnd werden, alß ich dy bißher gehad habe, Recht vnd
redlichen vorkouſt habe den wiſen vorſichtigen luthen
kerſtane ſnappen, Conrade Borgen, Burgermeiſter der
ſtad luchouw, allen oren nachkomen, vnd der ganczen
gemeyne daſelbens: vnd habe on dy genanten ſunff
huffen landiß gegeben vor ſoben hundert guter Reyni-
ſcher gulden, vnd vor xxv. gulden derſelbigen were, dy
mir dy genanten Burgemeiſter vnd Rathlute, dy Bur-
gere vnd ouch dy ſtad Ezu louchouw guttlichen vnd
genczlichen, recht vnd wolbeczalt haben. Der genan-
ten ſummen geldiß ſage ich vorgenante volgmar von
louchouw vnd alle myne erben dy obgenanten Burger-
meiſter, rathlute, Burger, vnd dy ſtad gemeyne zcu
luchouw qviet, ledig, vnd met Crafft diſſes Briffes loß.
Des Ezu eyme Bekentniße vnd ganczer orkunde ꝛc.
Der Gegebin iſt nach gotis geburt virtczenhundert Jare,
danach Indem nunczenden Jare, am Dunriſtage nach
dem Suntage Eſto michi.

27. Qvit.

27.

Qvittung über 1000. fl. 1420.

Fridrich landgraue Jn doringen vñd Marggraue
zcu Mieſſin der Junger.

Wir bekennen vñd thun kund vffintlichin mid dißem
brieue vor vns vñd vnſer erbin, Soliche thuſind
guldin, als vns die Borgere zcu luchow von der bethe
vñd berne wegin, dij wir yczund in vnſerm lande ne-
men, gebin ſulden, das ſie vns die genczlichin vñd wol
bezcalt habin, Nemelichin ſechshundirt gulden, die ſie
dem Viczthum zcu Erffurte bezcalt haben, dauor ym
ſechczig gulden geldis vnſer Jarrenthe bij yn vorſchri-
ben waren, zcwihundirt zcwene guldin vñd zchen gro-
ſchin, die ſie vns gereide in vnßir kamern bezcalt, vñd
hundirt ſtebin vñd nuenczig guldin l. grl. dauor ſie vns
luchauwer bier in vnſern hoff vßgerichtid haben, vñd
ſagen ſie der Summen thuſind gulden bern geldis qwyt,
ledig vñd loß, Jn Craffte dißis brieues. Des zcu be-
kenteniße habin wir vnſer Jngeſigel wiſſentlichin an di-
ßen vffin brief laßin drugken. Gegebin zcu Egkirß-
berge, am mittewochin nach Miſericordia Dni, anno
Dni. M°. cccc°. viceſimo.

28.

Qvittung an den Rath zu laucha über 532. Rhein.
Gulden. 1421.

Jch Dittherich Schatte, Lutold von glyna, vñd hein-
rich kuſcheberg, bekennen vor vns vñd vnſir erbin, vñd
thun kund uffentlichin in diſßin uffen brieffe, vor alle
den, dy oen ſehin adir horen leße. Daz vns dy Rad-
lute der Stadt Luchouw vor ſich, yre nachkomen, vñd
vor dy gancze gemeyne da ſelbius funffhundert guter
Rinıſcher

Rinischer gulden vnd zwyundrißig gulden houbtgeldiß,
vnd Sunderlich sechczig gulden czinses, alles von des
gutesiwegin Eberhardiß von glyna, gutlichin, Recht
vnd wolbeczalt habin. vnd wir sagen dy obgenanten
Radlute, dy Burger vnd gancze gemeine der genanten
Sumen houbtgeldiß vnd czinse met Craft diff is Brief-
fes quied, ledig vnd loeß. Des zcu eyme Bekentniß
vnd orkunde disses Brieffes habe ich vorgenante Ditt-
herich schatte, lutold 2c. der gegebin ist noch gotisgeburt
virczenhundert Jar, da nach Indeme eynvndczwenczig-
stem Jare, an der mytwochen nach sante mertinstage
des heilgen Bischoffz.

29.

Herr Proße zu Qverfurt leihet an etliche Bürger zu Laucha etwas Holz. 1421.

Wir Protcze Edler Herre zcu Quernffurd thun kunt
an disseme vffin Brieffe, daz wir den bescheiden
luten, dy hir nach mit namen geschrebin sten, vnd alle
Burger sint czu Luchouwe, Ezu Rechtem Erbguteuor-
kouft habe, vier vnd firczig acker holczes, dy gelegn sint
In deme golffir tale, vnd daz vorgeczietten der kunte
gewest ist, vnd wir haben iclichem go den acker met
deme ertbodeme vmme ane eynen vert dry gulden ge-
geben. Des selbigen egenanten holcz han wir nickele
ernste achtehalben acker vmb czwu genße, Frideriche
Fischere dryttehalben acker vmb eyne ganß, Hermanne
Fischere dryttehalben vmb eyne ganß, hanße smede
czehen acker vmb vier genße, hanße henczin neuen acker
vmb virdehalbe ganß czu cinße geleyhen. Dy czinß
genße vns die egenanten kouffer, ere erbin, adir wer des
megenanten holczs Besitczer ist, adir daz vndir ome
had, alle Jar ierlichin uffe sente Margareten tag vff
vnsir Borg Schidingen reiche vnd gebe sullen. Darczu

wir ſu wollen vortheidinge czu rechten, glich andern vn-
ſin mannen, dy vnſir Beſeſſin ſint, vnd guthe von vns
haben. Ouch alzo, daz ore erbin adir ore nachkomen-
den dy ſich ſulchir acker, alczo obgeſchrebin ſted, gewere
wullen, dy lehen von vns emphaen vmb mageliche le-
hen gewinne vnd neme ſullen, alz dicke alz ſich daz vor-
ſterbit adir vor want werdit. Der lehen wir noch
vnſe erbin med ſolchin czinſen, nicht vor laßin noch vor-
laßin haben, ane geuerde vnd ane argeliſt. Czu or-
kunde vnd ſichirheit haben wir vnſer Ingeſegil wiſſent-
lich henge laſſe an diſſin vffin briff, der Gegeben iſt
noch criſte vnſes Hern geburt virczenhundert iar, dar-
nach In deme eyn vnczwenczigiſtem Jare, an deme fry-
tage nach deme Suntage, alz man ſinget In der heil-
gen kerchen Letare iheruſalem.

30.
Lehnherrlicher Conſens zum Verkauf einiger Güter.
1421.

Wir Conrad von gatiß gnaden Edler Here von
Thanrode bekennen in deſſem vffin briffe vor vns,
alle vnſir Erbin und nochkomen, vnd vor alle den, dy
diſſin brieff ſehen, horn, adir leſſin, daz vns haben vor-
kundiget vnd vorbracht vnſir manne vnd getruwen
Ebirhard von Glúna vnd Volgmar von Luchouw, wy
daz ſy vor ſich vnd yre erbin dorch ors nutzes vnd not-
dorft willin, den Burgern zcu Luchouw vnd der gantzen
gemeyne daſelbins recht und redlichen vorkouft haben,
nemlichen Ebirhard von Glyna drye hueffe landiß,
zwe weſen, ſechs acker holtz, eyner halben gulden geld
zinſes, vnd volgmar von Luchouw eyne hueffe Landiß
vnd weſen, vnd waz darin alles gehort, daz vnſir le-
henguthe ſint, vnd habin vns gar vleißlichen gebeten
zcu ſulichem kouff vnſir gunſt und willen zcu geben, vnd
Dij

dy gud von ön uffneine, vnd den Burgirn lihen. Alzo
habin wir angeſehen derſelbigen vnſir manne willigin
dinſt vnd vleißliche Bethe vnd notdorſt, vnd haben
ohenczu ſulichem kouffe vnſir willen gunſt vnd vorheng-
niſſe gegeben, vnd dy genanten guther von ohen uffge-
nomen, vnd haben dy ouch alzo durch bethe willin vn-
ſirs lieben gnedigen Hern Ern Friderichß des Jun-
gern, lantgraffen in Duringen vnd Marggraffe zcu
Miſſin zcu rechtem erbe lehen, gelegen und lihen ön met
Craft diſſes brieffes, den Erſamen wieſen Rad vnde
Ratiſmeiſtirn zcu Luchouw, yren nochkomen vnd der
gantzen gemeyne daſelbins, met yren nußen vnd wirden,
freyheit, vns vordir dauon nicht zcu thunde noch zcu
leiſten, denn alzo hienach geſchrebin ſted. Wenn ein
Herre von Thanrode von todiß wegen vorfellit, daz
got gnediklich lange fryſte, ſo ſullen die Radlute der
obgenanten ſtad Luchouw, an deme, welchir der eldiſte
Herr von Thanrode werdit, dy lehen ſuchen vnd neme
obir daz egenant gud, vnd ſullen ym dauone der lehen
zcu getzugniſſe gebe nicht mer denn eynen Ryniſchen
gulden, ane geuerde, vnd ſullen daz alzo vßhalden, wenn
vnd wie dicke des not geſcheit. Alzo habin wir den
obgenanten Radluten vnd der gemeyne zcu Luchoun
daz egenante gut gelegen vnd ingeeygent, durch des ob-
genanten vnſers gnedigen Herin des lantgraffen bethe
willin vor vns, alle vnſire erbin und nachkomen beſthe-
tigit, vor volbort vnde zcugelaßin, vnd wullen dez alzo
yre Herren vnd gewere ſin, in rechte zcuvor thedingen
glich andern vnſern manen, dy guthe von vns haben,
wenn ohen des noet geſchiet, ane geuerde. Des zcu
bekentniße vnd bewiſunge vor vns vnd vnſir erbin ha-
bin wir vnſir Jngeſigil wiſſentlich met guten willen
laßin henge an diſſen vffin brieff, der gegebin iſt noch
gatiß geburd virtzenhundert Jar darnach in dem
eyn vn zwenczigiſtem Jare, an der Mitwochen noch
C 2 ſente

sente Filiani tage vnd syner geselleschaft der heiligen
Mertrer.

31.

Der Rath zu Laucha verspricht einige Güter von denen
von Tannrode zu Lehen; zu nehmen.

1 4 2 3.

Ich kerstan Borge vnd hans kune Ratismeister zcu
luchauw, vnd alle vnsir nachkomen. Bekennen vor
vns, vnsir gancze gemeine daselbins.   So alz vns vn-
sir gnediger Herre Er Conrad edelir herre von thanrode
zcu rechten erbe gelegen vnd Ingeeygnet hat Sulche
guthe, alzu wir Ebirharde von glyna vnd volgmare von
luchowe abgekoust habin, Also daz des edlen vnsers
lieben gnedigen herrin obgenant lehn brieff, den her uns
dar obir gegeben had, eygentlich vßwieset, dy lehn wir
vordir zcu solchen guthen suche vnd neme sullen, Noch
dem alz der obgenante iczunt vnsir gnedigir herre Er
Conrad edlir herre von tanrode von todißwegen ab-
ginge, daz om god gnediklich lange fryste, den zcu ey-
nem andern, welchir dar nach der Eldiste herre von
thanrode werdit, vnd sullen om darvon der lehen czu-
geczugnisse gebe nicht mer den eynen Rynischen gulden,
vnb sullen daz alzo vß halden, wenn vnd wie dicke des
not geschiet, daz god y gnediklichen lange fryste. Des
zcu eyme Bekentnize vnd orkunde diffis Briffes haben
wir vorgenanten Ratismeister vor vns vnd vnsir ge-
meyne vnser stad Sigill laffin henge andiffin uffin
Brieff, der gegeben ist nach gotiß geburtt virczenhun-
derttiar, danach in dem eynvnczwenczigisten Jare, am
Sunabinde noch Kiliani et sociorum.

82. ℔gr.

32.

Lbgr. Friedrich erlaubet zu Laucha ein neues Rathhaus und Markt anzurichten. 1423.

Wir Friderich von gotes gnaden lantgraue Jndorin-
gen vnd Marcgraue zcu Miſſen der Junger, Be-
kennen vnd tun kunt mit dieſem briue gein allermencli-
chen, vor vns, alle vnſere erben vnd Nachkomen, das
wir angeſehen vnd bedacht haben vliſſige bete vnd ge-
truwe dinſte, die vnße lieben getruwen die Borgere vn-
ſer Stat Luchaw vns angeleit, vnd dicke williclichen ge-
tan haben, vnd noch furbas in kunfftigen zcyten tun
ſollen, vnd haben dorumb vnd von beſundern vnſern
gnaden, denſelben vnſern Borgern, den fryen hof, den
ſie haben mit vnſer gunſt vnd willen vmb volkmarn
von Luchaw gekauft, gelihen, gegunnet vnd erloubet zcu
einem Rathuſe vnd marckte zcu machen. Lihen, gun-
nen vnd erlouben Jn das alſo mit craft diß briues,
Alſo das ſie das zcu ewigen zcyten zcu ihrem Rathuſe
haben, vnd doran gantz vnd vollkomelichen gebruchen
vnd geniſſen aller friheite, die ſie vor an ihrem Alden
Rathuſe gebrucht, gehabt vnd herbracht haben, onge-
uerde. Dartzu haben wir Jn auch die ſunderliche
gunſt vnd gnade getan vnd erloubet, das ſie Jr alde
Rathus verkouffen, vnd zcu höfen machen mugen, noch
irer Stat beſten nutze, von einem iglichen vngehindert,
ane argeliſte vnd anegeuerde. Des zcu warem or-
kunde geben wir Jn dieſem offen brief, der mit vnßern
Jngeſiegel verſigelt vnd gegeben iſt zu Wymar, noch
Chriſti gebort virtzenhundert Jar, darnach in dem
dry vnd zwintzigſten Jare, des fritags in der pfingſt-
wochen.

 33. Vor-

33.

Vorſchrift vor die baufällige Kirche zu Laucha. 1423.

Judices generales per *Thuringiam* conſtituti, vniver-
ſis & ſingulis dominus Abbatibus, Prioribus, Præ-
poſitis, Archipresbyteris, Plebanis, Viceplebanis,
Cappellanis & divinorum Rectoribus quibuscun-
que, noſtræ jurisdictioni ſubjectis, Salutem in Do-
mino ſempiternam.   Cumque etiam ecclefia parro-
chialis in *Luchouve* dedicata & conſecrata in hono-
rem gloriofiſſimæ virginis Mariæ, aliqualiter pro-
pter nimiam ejus vetuſtatem corruit in ædificiis,
caſulis, libris, campanis, calicibus, aliisque orna-
mentis ad divinum cultum ſpectantibus, defectus
multiplices patiatur, & præſertim proviſores ejus-
dem intendunt eandem etiam ræædificare & aliqua-
liter dilatare, quod absque Chriſti fidelium ſub-
ventione nequeunt perducere ad effectum. Quare
vos omnes & ſingulos in Domino noſtro Jeſu Chri-
ſto exhortamur, vobisque nichilominus in virtute
ſanctæ obedientiæ firmiter & diſtricte præcipiendo
mandamus, Quatenus nunccios dictæ ecclefiæ, cum
ad vos præſentibus noſtris literis muniti pervene-
rint, Chriſti fidelium veſtrorum parrochianorum
elemoſinas petituri, benevole, & absque cujuslibet
muneris exactione, admittatis, & elemoſinas petere
& colligere perpendatis, veſtros ſubditos inducen-
tes, Quatenus ipſis nunccils de bonis ſibi a Deo
collatis manus porrigant adjutrices, In remiſſionem
ſuorum peccaminum, ut per hæc & alia opera pie-
tatis, quæ Domino inſpirante fecerint, valeant hic
a malis protegi, & in futurum ad æternæ felicitatis
gaudia ſalubriter introduci.   Præſentibus noſtris
literis a data præſentium computando usque ad fe-
ſtum Nativitatis Chriſti proxime affuturum, & non
ultra,

ultra, valeturis.　Datum anno Domini M. CCCC
XXIII. die Sabbathi poſt Dominicam Cantate, no-
ſtro ſub ſigillo præſentibus appenſo.

Jo. Giſeleri, Not.

34.
1 4 2 5.

Wir Friderich von Gotis gnaden lantgrave In do-
ringen, Marggrave zu Mieſſen vnd phaltzgrave
zcu Sachſen, Bekennen vnd thun kund vffintlichin mit
dieſem briue vor vns, vnſer erbin vnd nachkomen, das
wir den Erſamen vnſern lieben getruwen Burgermei-
ſtern Radluten und burgern gemeynlichin vnſer Stad
luchaw die iczund ſin aber hernach inczukunfftigen zcie-
ten ſien werden, die ſunderliche gnade gethan, vnd yn
recht vnd redlichen vor erbet haben dieſe nachgeſchri-
ben Zcinſe vnd gute, die vnſer Ritterlehen geweſt ſind,
nemelich vier ſchog vnd zcwenczig groſchin nuwes gel-
dis Zerlicher Zinſe daſelbis zcu luchaw, an hofen, ackern
vnd weſen in Stad vnd felde gelegen, die ſie dem ge-
ſtrengen herman Eyler vnßerm lieben getruwen vnd
ſinen erben abgekoufft haben, vnd die auch derſelbe her-
man Eyler vor vns williglichin uffgelaßen had, Gnade,
gun, vorerben vnd liben yn auch gemwertiglichin mit
craffte dieſes briues die obgeſchriben zcinſe vnd gute
furdermer von vns vnßern erben, erbnemen und nach-
komen zcurechten erbe zuhaben vnd bie vnſer Stad
ewigliche zcubliben ane allerley hinderniße vnd Inle-
gunge vnſer erben, erbnemen, nachkomen, vnſer ampt-
lute, vnd der vnßern, ane argeliſt vnd geuerde, des
zcuorkunde vnd bekenteniße haben wir vnſer Inſigel
wiſſentlichin an dieſen briff laſſen hengen, hie bie ſint
geweſt vnd geczugen die Edeln vnd Geſtrengen vnſer
heymelichin Rethe vnd lieben getruwen, Grave Fride-

C 4　　　　　　　　　　rich

rich von Bichelingen vnser hoffmeiſter, Albrecht von
harras vnſer Marſchalk, heinrich von witzleiben der
Elder, Gorge von heitingiſborg vnd ander Erbar lute
gnug. Gegebin zcu Wymar am montage in der
Cruczewoche nach Criſtigeburt virczenhundert Jar dar-
nach In dem ffunff vnd zwenczigſten Jare.

35.

Obligation auf 400. Rhfl. 1425.

Jch Herman Eyler von Roghuſin Bekenne vor mich
vnd alle mye Erbin, vnd thu kund offentlichin in
diſſeme Brieffe, alle den, dy on ſehin adir horn leße,
daz ich mit wiſſin vnd guten willen den Burgermei-
ſtern, Rad vnd Borgern gemeinlichin zu luchouwe
Recht vnd Redlichin vorkouft habe nuen guldin geldiß,
xlvj alde groſchin, lvij hunre, zwene ſcheyne vnßlediß,
mynre eyns virteils, vier phunt wachß, daz ich allis in
felde vnd ſtad czu luchouw gehad habe, vnd nemlichin
uffe dritzen gulden Ewigiß geldiß gerechnet, iſt, dauor
my dy genanten Burgermeiſter, Rad und Burgere
gemeynlichin czu luchouw virhundert gude Reyniſche
gulden Recht vnd wol beczalt habin, vnd ſage ſy vnd
alle yre nochkommen der obgenanten virhundert gul-
den Ewig quied, ledig vnd loß. Des czu Bekentniße ꝛc.
virczenhundert Jar, da nach in deme funfunczwenczi-
giſten Jare, am montage nach franciſci conſeſoris.

36.

1 4 3 1.

Wir ludewig von gotiſgnaden lantgraue zu heſſen,
Bekennen offintlich mit dieſem vnſern uffin brie-
fe vor allen luten, die en ſehen adir horen leſen, Als
die Erſamen vnd wyſen lute, Ratiſmeiſter, Rade vnd
Burgere

Burgere gemeynlich der Stad luchauw vns vnd vn-
ſern erbin eyne rechte erbehuldunge getan han, von ge-
heiſſze wegin des hoich gebornen furſten hern Frede-
richs, Hern Sygmunds, hern Heinrichs vnd hern
Wilhelms gebrudre, Herczogen zu Saßen, vnd hern
Frederichs Ires fettern, alle lantgrauen in doringen
vnd Marggrauen, vnſer liebin Ohemenn, daz wir den-
ſelben burgern gemeynlich geredt vnd reden in dieſem
brieffe, weres, daz ſie an vns adir an vnſer erbin quwe-
men, nach dem als ſie vns gehuldigit vnd geſworen
han, das wir ſie dann by allen Iren rechten, eren,
wirden, allen guten gewonheiden vnd herkommen laſ-
ßin, vnd ſie getruwelich daby behalden ſoln vnd woln,
ane intrag vnd ane geuerde. Was auch die verge-
nanten vnſer liben oheim von Saßen, von Doringen,
vnd von Mieſſen an der egenanten Stad vnd burgern
Renthe virſchribin vnd virwyßet hetten, ſie adir Ire
lybeslehinſerbin, noch daran verſchrebin adir virwyßen
worden, darIn ſoln noch enwoln wir adir vnſer erbin
nicht grieffen, noch dawidder tun in keynewyß, Sun-
dern wir ſoln vnd woln das vnuerruckt halden in al-
lermaße, als das virſchrebin vnd virwyſet iſt, abe das
an vns qweme. hätten auch die vorgenanten vnſer
ohemenn von Saſſen, von Doringen vnd von Mieſſen
die vorgenante ſtad vnd burgere gemeynlich aber Iren
eynchen beſundern virſaczt, ſie adir Ire libeſ lehins er-
bin nach yn, noch virſeczen wurden vor ſchulde, die ſie
kuntlich erwyſen muchten, des ſolden vnd wulden wir
adir vnſer erbin ſie gutlich abenemen vnd entledigen,
abe ſie nach lude der Bruderſchaff zcuſchen den obge-
nanten vnſern ohemen vnd vns an vns quwemen ſun-
der alle geuerde vnd an argeliſt. Des zu vrkunde han
wir vnſer Ingeſegel an dieſen brieff tun hencken. Ge-
bin uff Sonabent nach allir heiligen tage, Nach Criſti
geburte vierczehinhundert darnach in den eyn vnde dri-
ßigiſten Iaren. C 5 37. Ver-

37.

Vergleich zwischen Volckmar von Laucha und der
Stadt Laucha. 1431.

Am sunabinde nach lucie, nach Cristi geburd viertzen-
hundert vnd darnach ym eyn vndrissigestin Jar
haben geteidingt dy gestrengen Gerhard marschalck zcu
Goßinsted, heinrich sungke Schoßer zcu Wymar,
Claus Muner geleitzmann zcu egkersberge, vnd Ber-
thel Syman uf eyne siten, von der von luchauw wegin,
Jahen von Heynitz itzund voit zcu Nuemburg, Johann
von Schala Schoßer daselbist, friderich von Balge-
stede vnd Erfard eyler uff dy ander siten, von volck-
mars von luchauw wegin, vmme sulche schuld, sehede
vnde zweytracht Als der genante volckmar zcu den von
luchauw schrifftlichen sine schulde gesatzd, daruß dy von
luchauw ire Anwort schrifftlichen gethan habin, uf
das recht der Sachen aller sachin vnd gerechtigkeit, dy
polckmar von luchauw meynte zu habine zcu der Stad
vnd gantzen gemeyne zcu luchauw Jung vnd ald, habin
wir obgenante teidingeslute Semptlichin mittenander
in frundlichen Dingen den obgenanten volckmar von
luchauw vnd alle sine erbin, vnd die genante Stad lu-
chauw vnd gantze gemeyne, gentzlich, gutlich gesuned
vnd gericht, vme alle stugke vnd schulde, Reethe vnd
gerechtikeit, benannt addir unbenand nichtes usgeschlos-
sin, dy her addir syne erbin von alder gehabd hettin
adir gehabin mochtin zcu luchauw, Also das dy genante
Stad luchauw dem genanten volckmar von luchauw
funfftzig schog newir gl. vff den nestin zuckomenden sente
Jacoffs tag, den man nennet Jacobus major, reichin
vnd beczaln sullin, dy der Gestrenge gerhard marschalck
zu Goßirstede geseßin, ditheriche Pardiße zcu erforde
von syne wegin uf sulche zit beczaln sal vnd wel, Als
her das gereth vnd gelobt hat. Daruff had der ge-
genante

genante volckmar dy genante Stad luchauw vnd alle
ire nachkommen in keywertikeit vnſer egenanten Teu-
dingeſlute alle dy genanten ffunczig ſchog gl. qwid, le-
deg vnd los geſait, vnd iſt vorder geteidingd, das dy
genanten Borgere von luchauw den hochgeborn fürſten
hern ffriderithe, lantgrauen In doringen ꝛc. vnßern
gnedigen hern, bethen ſullen, volckmare von luchauw zcu
lehene bynnen Jar vnd tage nach datum deſes briffes
evn Aneual czweyer hyndtert gulden werd, vnd ſullen
yn ſulche gud vnd aneual ledeclichen bynen iare vnd ta-
ge yn ſyne lehin vnd gewere ſchigken, doch alſo, ab.
ſich der nicht vorfile, addir nicht geſchee wynnen ſul-
cher kit, das denen der genante Gerhard marſchalck
darnach ubir Jar vnd tag nach der vorgangen kit de-
me genanten ditherithe Pardiße hundert Riniſſche gul-
dien reichm, gebin ſal vnd wel. uf ſolche teidinge vnd
berichtunge had der genante volckmar von luchauw
von ſin vnd ſyne erbin wegin alle Anſprache, ſehede
vnd czwytracht abgethan, nichts usgeſchloßin, als das
obinberurd iſt, vnd dy genanten von luchauw haben
auch abgethan vor ſich und ihre nachkomen alle ſehede
vnd Zweytracht, die ſie auch zcu ym gehabt habin.
by ſulchin teidingen vnd richtungen ſind geweſt dy er-
bern vnd geſtrengen ytel eyler Borgmann zcu Nuem-
burg, hans von leyhe, voit zcu yſenberg, Heinrich vnd
Otte von Nißemyncz, Herman von Roſpach, Tikze
Scharte, Conrad Hildbrand Borgermeiſter zcu Nu-
emburg, vnd Nigkel von Hondorff richter daſelbiſt, vnd
ander fromer lute vel, den da wol zcu glouben iſt.
Gegeben zur Phorten vnder vnſern genanten Teidin-
geſluten angehanden Inſigeln mit namen Gerhard
marſchalck, Heynrich ſungke, Claus Münre vnd Ber-
thel ſyman vff eyne ſiten, Jochen von Heynik, Johann
von Schala, ffriderch von Balgeſtede vnd erffard eyler
vff dy andern ſiten, des wir andern mit yn gebruchin.

38. Ablaß

38.

Ablaß für die, so der Donnerstags-Meſſe zu Laucha
beywohnen. 1432.

Nicolaus Dei & apoſtolicæ ſedis gratia Epiſcopus
Vernenſis, Reverendiſſimi — *Conradi* Sanctæ *Maguntinæ* ſedis Archiepiſcopi, per *Thuringiam* &c. Vicarius omnibus & ſingulis — Quoniam, ut ait
Apoſtolus, omnes ante tribunal ſtabimus &c. —
Vt igitur Dominus noſter Jheſus Chriſtus in eccleſia
parrochiali opidi *Luchowe*, *Maguntinæ* diocefis, per
Miſſam ſpecialiter, quæ cantari ibidem ſolet ſingulis feriis quintis In honorem & venerationem Corporis Chriſti, omnibus & ſingulis eandem miſſam
cantantibus, nec non qui eam devote audierint, vel
quinquies *Pater noſter* & *Ave Maria* oraverint, aut
qui oblationes aliquos ad laudem Dei ibidem obtulerint, aut pro ornatu eccleſiæ antedictæ manus porrexerint adjutrices, aut qui cimiterium ejusdem eccleſiæ pro ibidem ſepultis fideliter orando circuiverint, totiens quotiens hoc fecerint, XL. dies indulgentiarum — relaxamus. Datum *Heſeler*, anno
Domini M CCCC XXXII. feria ſexta poſt Dominicam Jubilate, noſtro ſub ſigillo præſentibus appenſo.

39.

Die Herren von Qverfurt leihen denen von Scheidingen 5½ Huſe zu Oberndorff. 1437.

Wir Gebbehard vnde Brun gebrudere Eddelen herren zcu Quernffurtte, Bekennen vor vns vnde
vnſe erben In diſſen uffin briffe, vnde thun kundt allen,
die en ſehen addir horen leſſen, das wir mid wolbedachtem muthe vnde criſtlichem Rathe vnſers erbarn
rathes

rathes zcu vnſern uodtſachen den geſtrengen vnßern lie-
ben getrewenn Otten, karle vnde ditteriche gebrudern
genant von Schidingen, ſechſtehalbe huffe artlandeß,
alle weſewachs, kolgarten, hoppegarten, alle zcinſſe
vnde renthe an gelde, hunern, genſen, an kornne vnde
an haffern, zcu oberndorff In felde vnde In dorffe,
waß wir deß darſelbigiſt biß her gehad haben, med
dinſte vnd gerichte ubir hals vnde hand, In felde vnde
dorffe, vnd aller gerechtickeit, eren, Nuczen vnde wer-
den, ſo das von vnßern Eldern vff vns komen iſt, vnde
wir bis her gehad haben, Recht vnde redelichen vor-
koufft haben vor Thuſend volgenge Rinſſche gulden,
vnde vor hundirt alde ſchogck an groſſchen addir an
phennigen, vnde vnſ In deme kouffe loß gelaſſen haben
funffczich guldenn, die vnßer lieber vater ſeliges gedech-
teniſſes orem vater ſeligen vor eynen henghest, ſo wir
bericht ſind, ſchuldigck was. Sulchs geldes ſy vns
reyde vnde woel betzald haben thuſend volgenge Rin-
ſſche, der wir ſie danne med Crafft diſſes briffs ledigck
vnde loß ſagen. Sundern vor die hundirt alde ſchogck
ſullen vnde wullen ſie vnß yren briff geben, vnde wul-
lenn ſullichir genanter guthere vnde gerechtikeid ſie ſo
lange geweren, alſo wir das durch recht zcu thunde
pflichtigck ſind. Vnde haben den genanden gebru-
dern von Schidingen ſemptlich ſulliche genante gutere
med allen nuczen, eren vnde werden, ſo vorbeſchrebenn
ſtehet, zcy rechteme ritterlehene gelegen, vnde geſampet
met an dem geſtrengen karle vome hagen zcu wennyn-
gen czcchem, alleyne zcuſyme liebe, vmb yrer bethe wil-
lenn. Vnde belihen ſie ſo ſemptlich gnediglich med
Crafft diſſes briffs, darvon ſy danne vnſern getruwen
Manne ſin, ſich keygen vnß vnde vnſe herrſchafft hal-
den ſullen, Alſo getruwe man ſich billiche keygen yren
erbe herren halden, ane geuerde. Vnde an ſulchen ge-
ſampeten lehen ſal ſie nicht vorhindern noch beſchey-
digen

digen ſunderunge addir teylunge yrer huſunge, koſt vnd
wonunge. Sulliche genante gutere ſich danne von vns
vnde vnſer herſchafft von wegen vnſer Borgck Querns
ffurd zcu lehene ruten ſullen, wie dicke des nod geſchyd.
Vnde wullen ſulche lehen vnde Manſchafft zcu vnſir
Borgck Quernffurd behalden, vnde der darvon nicht
porwiſſen. Vnde wir haben den genanten vnßern lieben
getruwen die gunſt vnde gnade gethan, daß ſie vß dem
genanten Artlande vord vererben mogen andirthalbe
huffelandeß, vnde dar enpoben nicht meher. Des zcu
warem orkunde haben wir genanter herr Gebehard
vnſe Ingiſigil vor vns vnde vor den genanten vnßern
lieben bruder, vnde vor vnßir beyder erben, des wir alle
hirane gebrauchen, heiſſen hengen an diſſin briff, Der
gigeben iſt nach Criſti vnßers herren geburth thuſend
Jar vnde vierhundirt, darnach In dem ſebenvnde
driſſigſten Jare uff den dinſtag nach Quaſimodo-
geniti.

40.

Abſolution derer zu Laucha wegen eines Proceſſes. 1438.

Judices Sanctæ *Maguntinæ* ſedis plebanis in *Egkirſ-*
berge, in *Obirndorff* & in *Luchow,* ceterisque ple-
banis & divinorum Rectoribus, *Maguntinæ* diocefis,
ſalutem in Domino. Expofitum nobis extat non
ſine gravi querela, nomine ac pro parte diſcreto-
rum, prudentum ac honeſtorum virorum *Alberti*
Koyn alias *Sachſe,* Sculteti, ac Proconſulum & Con-
ſulum, *Nicolai Munre* Theolonarii, *Helwici wltur, Ny-*
colai ejus ſocii, præconum ibidem in *Luchow, Johan-*
nes Mul & ejus legitime, Quod quidam *Johannes*
Geylfuſs, qui ſit inconſtans & vagabundus, valde in-
poſſeſſionatus, cujus etiam ſtabilem ſive fixam peni-
tus ignorent manſionem, neque ſciant, ubi ipſius
copiam

copiam five præfentiam confequi valeant, five re-
perire atque habere, Ipfos omnes & fingulos jam
dictos cum certis noftris proceffibus monitorialibus
atque pœnalibus requiri fecerit five procuraverit
atque moneri, prout in forma: Quibus, inquam,
huiusmodi noftris proceffibus ipfi rei parati funt &
effent parere realiter & cum effectu, fi & in quan-
tum dicti actoris copiam five præfentiam haberent,
aut fi fcirent, ubi ipfum reperire poffent. Eftque
nobis propterea nomine, ac pro parte dictorum re-
orum humiliter fupplicatum, Quatenus præmiffis
attenticis fibi de remedio oportuno cum noftri de-
creti interpofitione providere noftro ex officio di-
gnaremur. Nos vero hujusmodi fupplicationem
rationabilem atque juri conformem reputantes, Ef-
fectum proceffus noftri monitorii alias, ut præmit-
titur, ad inftantiam dicti *Johannis Geylfufs*, contra &
adverfus *Albertum*, Proconfules, Confules, *Nycolaum*,
Helwicum, *Nycolaum*, *Johannem* & eius legitimam, reos
fupra dictos, ut fic per nos fulminati & emisfi, tol-
lendum, caffandum atque revocandum duximus, pa-
riter & tollimus, caffamus atque revocamus in Dei
nomine per præfentes. Mandantes vobis omnibus
& fingulis fupradictis, prout requifiti fueritis, feu
alter veftrum quomodolibet fuerit requifitus, qua-
tenus hujusmodi noftræ monitionis effectum ut fic
fublatum, caffatum atque revocatum publice nun-
cietis. Et nihilominus decernendum duximus at-
que decernimus præfentium tenore, quod fi in po-
fterum nobis infciis, five noftra ex inadvertentia,
aut alias modo quocunque, nonnullos proceffus ex-
communicaterios, aggravatorios, monitoriales five
pœnales ad inftantiam dicti actoris contra & adver-
fus reos fupra dictos, communiter vel divifim in
genere aut in fpecie, per nos decerni fulminari &

emitti

emitti contingeret ſive contigerit per ſurreptionem,
Hos nullius roboris vel momenti, aut alicujus effi-
caciæ eſſe volumus atque decernimus per præſen-
tes neque talismodi proceſſus per vos dominos ple-
banos aut aliquem alium executioni debitæ aliquo
modo demandandos eſſe, nec demandari debere ſive
curari, neque contra ipſos reos per nos ad dicti
actori inſtantiam de cetero fore ac eſſe procedendum,
dum, neque ipſi actori aliquos proceſſus conceden-
dos, niſi prius ipſe actor nobis præſtat ſive præſti-
terit cautionem ydoneam atque ſufficientem de ſtan-
do & parendo juri coram nobis, ac de Judicem ſi-
ſtendo & judicato ſolvendo cum ſuis clauſulis & ca-
pitalis conſvetis, prout in forma. Et ſi circa hu-
jusmodi noſtri proceſſus fulminandi ſive fulminati
emittendi, ſive ut ſic per nos emisſi de hujusmodi
præſentis noſtri decreti revocatione expreſſam fe-
cerint ſive facient mentionem expreſſam, hos uti-
que volumus atque mandamus, ſi & diem modo ad
vos pervenerint, debitæ exeeutioni fore ac eſſe de-
mandandos. Actum & datum anno Domini
M CCCC XXXVIII. die XX. menſis Julii.

41.

1 4 4 3.

Officialis præpoſituræ eccleſiæ beatæ Mariæ *Erf-
fordenſis*, plebano in *Luchow*, ceterisque requi-
ſitis Salutem in Domino. Ad eccleſiam parrochia-
lem in *Oberdorff* vacantem ex obitu quondam domini
Johannis Telicz, ultimi rectoris ejusdem, honorabi-
lem dominum *Nicolaum Heſeler*, presbiterum, per
Strenuum *Karulum, de Schidingen*, armigerum, ad
quem jus præſentandi pleno jure dinoſcitur perti-
nere, legitime præſentatum, proclamatione debita
præmiſſa,

præmiſſa, viaque omnibus & ſingulis ſe de cetero
opponere volentibus præcluſa, ac etiam juramen-
tis ſolitis & conſvetis a dicto præſentato receptis,
aliisque ſervatis ſolempnibus ſervandis, per librum,
quem tunc in noſtris tenemus manibus, inveſtivi-
mus, & in Dei nomine inveſtimus per præſentes,
Mandantes vobis, quatenus accedatis, quo fuerit
accedendum, & dictum dominum, ut ſic inſtitutum,
in & ad dictæ eccleſiæ poſſeſſionem realem, corpo-
ralem ducatis & actualem, facientes ſibi de fructi-
bus, redditibus, juribus & obventionibus ejusdem
univerſis integre reſponderi, & a parrochianis
obedientiam & reverentiam debitas exhiberi, adhi-
bitis circa hæc ſolempnitatibus debitis & conſvetis,
Datum anno Domini M CCCC XLIIII. die IX. men-
ſis Junii, noſtro ſub ſigillo præſentibus appenſo.

Theodericus Fabri, Notarius
ſubſcripſit.

42.

Die von Scheidingen verkaufen der Stadt Laucha
das Dorf Oberndorf. 1444.

Wir Otto vnd Karll von Schidingen Gebruder,
Bekennen mit diesem offen briue vor vns vnd alle
vnser Erbin, vnd erbnemen, gein allermenclichen, das
wir mit willen und wiſſen der hochgebornenn Fürsten
vnser gnedigen Herren von Sachsen, vnd des Edeln
Hern Brun Herren zcu Qwernfert, vnser gnedigen
lieben Hren, vnd mit gutem wohlbetrachtem rate vn-
ser magen, frunde vnd gonner, verkoufft haben vnd
verkouffen Incrafft dises offenbriues erblichen vnd
ewiglichen vnser veterlich erbe den Sedilhoff vnd das

dorff vnd flur Oberndorff, mit allen Gerichten, Ober-
sten vnd Nedersten, was wir der daselbist gehabt ha-
bin, vnd gewonlichen frondinsten an den Menren, vnd
mit zcehn schocken alder grosschin, rechter erbezinse,
Nuen Huffen dry virtil erbhafftiges Landes, sechs vnd
funffezig ackern wesewachs, sechzig ackern Holczes,
funff ackern wesewachs dagensiet der unstrat, zweyen
ackern winwachs, Hiedissiet der vnstrat, fünffthalben
ackern Hophgarten, zweyen fischweyden, sechs vnd
funffzig michels Hünern, anderhalben Pfunde wachs,
zcwelffthalben Scheffel Kornes, die zcu der Pharre ge-
horen Bybrisch maßes, mit allen wertlichen Lehn, vnd
gebin daryn das Kirchlehn mit allin garten, reynen,
widen, Puschen, wassern weyden, vnd sunderlichen mit
allen Zcugehorungen, gnant vnd vngenant, gesecht vnd
vngesucht, nichts ußgeslossen, sundern in allermaße vnd
volkomlichin, als Cristoffel von schidingen vnser lieber
vater sellger sollichm Sedilhoff, Dorff vnd flur, mit
Iren Zcugehorungen, benant vnd vnbenant, von zcwy-
en Partien nehmlichen von vnßerm gnedigen Heren
von Kwernfort, vnd von den knuten zcuhouff gekoufft,
by syne lebin herbracht vnd vff vns gerbit hat, vnd
mit allen fruchten, die daruffe stehn, ader legen anege-
uerde, Den Ersamen wisen luten, dem Rate vnd der
Stat Luchauw vnd allin Iren nachkomen, vor Nuen
vnd zcwenczegisthalb hundert gulden an Golde, die sie
vns gnuglich vnd wohlbestalt habin. Vnd wir ver-
kouffen yn sollicke gutere als obgerurt ist, Semptlichin
als sie legen, also ab daran icht mynner ader mer fun-
den wurde, dann diese vorgeschreben zcal cyns Iglichen
stugs Inheldet, darumb sullen sie vns, nach wir sie,
nicht anlangen nach beteydingen, anegeuerde. Vnd
wir haben Sollicke Hoff, Dorff, gutere vnd Gerech-
tiketi zcu Oberndorff, was der ist, sie sind benant ader
nicht, semptlichen, als sie legen, vnd volkomlichen, als

Die

die vnser lieber vater selliger hat. Innegehabt, vor den
obgenanten vnsern gnedigen Hern uffgelaſſin, vns der
ewiglichin vorczegen, vnd verczihen vns ſolcher guter,
als obgerurt iſt, vnd alle der gerechtikeit, die wir daran
gehabt habin, vor vns, vnser erbin, vnd erbnemen, mit
vnd incrafft diſes briues, vnd haben die, den von Lu-
chauw Jugeentwertet, die vortmer erblichin vnd ewi-
glichin Innczuhabin vnd der zeugebruchin, wie yn daz
nuczlich vnd eben iſt, ane alle vnſer, vnſer erben vnd
erbnemen hinderniſſen aber Jnſprach, ane alle argeliſt
vnd anegeuerde.   Wir reden auch vnd globen Incrafft
diſes offenbriues, das wir der gnanten Stadt, vnd
burgern zu Luchauw, ſollichen obgerurten Hoff, Dorff,
vnd gutere wollin vererbit vnd vereygent ſchicken, von
vnßerm gnedigen Herrn von Qwernfort, ſond von vn-
ſerm Hern dem Abt vnd dem Gotſhuſe zcu Reinſdorff,
was ſie daran lehn aber des zcthun habin, alſo das er
gnaden die der Stat zcu Bürgergute machen vnd
vortmer zcu ewigen gecziten, keynerley dinſt, lehn,
aber gerechtickeit an ſollichen obczudretin gütern habin,
Sundern ſich aller gerechtickeit vnd anwartunge daran
vor ſich, yre erbin vnd nachkomen ewiglichen verczihen,
vnd die der Stat Luchauw verlaſſen, vnd verſchribin
ſullin, vnd wir wullin yn des Jrer beyder eigens briue
darober ſchicken, vnd daz alles tun uf vnſer eigen koſt,
vnd ebinture.   Wir haben auch vnſer gnedigen Hern
von Sachſen gebetin, yn auch yrer gnaden gerechtickeit
an ſollichm gütern zcubereygen, das ſie dann von den-
ſelben Jren gnaden, vff Jre koſt brengen ſullen, alles
angeuerde.   Was auch briue aber gerechtigkeit aber
kuntſchafft, by vnßern lebin, aber nach vnßern tode
funden wurden, dieſe obgnantin gütere anrurende, die
ſullin gein dieſer verſchribunge keyne macht habin, vnd
vns nach vnſern erbin aber erbnemen furder nichts zcu
hulf komen, anegeuerde.   Wir obgnantin, Otto vnd

D 2   Karll.

Karll von schidingen, reden auch vnd globen in guten
wuren truwen vor vns vnd vnser erbin mit disemselbin
Briue, das wir die von Luchauw sollicher gutere, als
obgerurt ist, ane schäden gewehren wullin, vnd gewerten
sie der mit crafft dieses offenbriues vor allin vnßern er-
bin, erbnemen, angeborne frunden, vnd allen vnßern
genoßin, die mit vns semptlichen, oder andere damit
belehnt weren, als rechter Were gein disin obgnantin
recht vnd gewonheit ist ane allegeuerde.   Es sind ouch
ettliche zcinsechin, die vnßers liebin vaters seligen ge-
west sind, vnd als wir meynen Indise gutere zcu
Oberndorff nicht gehort habin, dieselbin zcinsechin ha-
bin wir obgnantin von schidingen noch ußewendig dises
kouffs behalden, und die Stat Luchauw sal sich dar-
czu nicht zcihen, sundern sie sullin vns dieselbin zcinse-
chin, die mit namen hirnach geschreben stehn, folgen
lassin, nemlichin zu friburgk, sechs nuwe gl. zcinß vnd
anderhalben steyn vns letis, Item zcu Bomißrode, eynen
gulden geldes von eyner hufen lands, die lyte zcu mochel
funffczehn gl. vnd sechs huner zcu Ochlicz, drie Phunt
wachs vf dem Rathuse zcu mochel, Eyne gans zcu monch-
rode, vnd drie huner zu Rolicz. Item die Burger zcu Lu-
chauw, sullin ouch von Jrem Rathuse, alle Jar Jerlichen
gebin sechs vnd drißig alde grosschin vnd vier michels hu-
ner,zcu vnßers lieben vater Jargeczit vnd begengnisse,wor
wir dy wisin, dacz dann ouch ewiglichin sal gehalden wer-
de, ane alle widersprache, anegeuerde. Wir obgnantin
Otto vnd Karll von schidingen reden auch vnd globin In-
crafft dieses offen briues, vor vns, vnser erbin und erbne-
men,Das wir der Stat und Burgern zcu Luchauw, disin
kouff vnd diesin kouffbriff genczlichm vnd vnverbrechin
anegewerre halden wullin und sullin, ane Jren scha-
den, vnd wider disin kouff vnd kouffbrif, nichts zcudir-
dencken, anczuhebin ader zcuthun, damit sie mochten
hiran geirret oder beschediget werden, hirynn alles
                                                        ußge-

ußgeſchloſſin, alle geuerde, alle ſchedeliche liſte, vnd genauwe ſuede, anegeuerde.   Vnd wir habin das zcu bekenteniſſe, vnd Stéter haldunge aller obgerurten artickel, vnſer Iglicher ſin eigen Ingeſigel, an dißin offen kouffbrif, wiſſentlichin gehangen.   Hirby ſind geweſt, vnd haben geteydingt die Geſtrengen und Erſame Criſtian von Hayn, Houtmann zcu Friburck, Hans von tuchern, Lorencz von Rolicz, Hans von Almenhuſin, vnd Rithard, Gleitſmann zcum Eckerſperge, vnd mer gloubwurdiger Lute.   Gegeben, am mitwochin nach Bartholomei Apli, Anno dni milleſimo qvadringentheſimo qvadrageſimo qvarto.

43.

Der Abt zu Reinsdorf macht 1½ Huſe zu Oberndorf zu Bürgergut. 1444.

Wir bertholdus von der gnaden gotes apt zcu reynſtorff, Hermannus priör, oſſuwaldus cüſter, vnde die gantze ſammelunge alt vnd junck darſelbens, bekennen vor vns vnd alle vnßer nachkomen mit diſſen vffin briue keyn aller mennilichin, daz wir durch anlegener begerunge des Edlen herrn brunen Herrn zcu quernforth, vnßern gnedigen liebin Herrn, vnd von vliſiger bethe wegen der geſtrengen otten vnd karle von ſchidingen gebrudere, ſolche anderthalbe huſe landes vnd ſeches agker breit weſen, als die itzund genanten von ſchidingen von vns vnd vnßerme goteſhuße zcu lehen habin, gelegen.   In dem ſlure zcu oberndorff, von on uffgenomen vnde zcu borger gute gemacht, vnd die der ſtad und borgern zcu luchouw vnd alle erey nachkomen ewiclichin vor erbit vnde vor eygent habin, lihen vor erbin vnd vör eygen on die ewiclichen, mit vnd In crafft diſſes vffin briues, alſo, das vnßir goteſhuß reynſtorff,

wir

wir vnd alle vnßer nachkomen vort mehir keynerley
lehen, dinste, gerechtikeit adder anwartunge an den
vbgenannten anderthalben hufen landes vnd seches
agker breit wesen habin sollin noch wollen, sundern die
stad vnd borger zcu luchouw vnde alle ere nachkomen
sollen sulche anderthalbe hufen, seches agker wesen, vnde
was gerechtikeit an den gutern zcu oberndorff gehabit
habin zcu ewigen gezciten Jnne habin als ere eygen
gud, vnd die lehen von orme rathuß als digke sie zu
lehin salle komen, ane vnß irs gotishus, vnßir vnd alle
vnßir nachkomen Jnsprache addir hinderniße, ane
argelist vnd ane geuerde.   Deß zcu waren bekentniße
habin wir vnßir eptige vnd vnßir samelunge Jngesigel
wißentlichin an diesen vffin briff laßen hengen, der ge-
geben ist nach cristi vnßirs Herrn gebort virczenhun-
dert Jar, darnach Jn deme virvndevirczigisten Jar,
am montage matthei.

44.

Gr. Bruno zu Qverfurt eignet der Stadt Laucha das Dorf Oberndorf. 1444.

Wir Brun edeler Herr zcu Qwernfurd, Bekennen
vor vns vnßer erbin vnd nachkommen, das vor
vns komen sind die gestrengin vnser libin getrewen
Otto vnd karln von Schidingen gebrudere, vnd habin
vns vorbracht, wy daz sy den Hoff vnd das Dorff zcu
Oberndorff mit allen zcugehorungen zcu erbe vorkouff
haben der stadt vnd borgern zcu Luchaw, vnde habin
auch solchin hoff vnd dorff oberndorff mit allen zcuge-
horungen, was des von vns zcu lyhen gehyrt, vnd mit
yn vnßer liber getruwer hanß von tuchern, der mit yn
semptlich Müthin was, auch alle samptlich vnd wit-
liglichen vffgelaßin, vnd vns mit gutem vliße gebetin,

yn

yn dy gnade zcu thune, der gnanten Stadt Luchaw
Soliche guter zcu borgern gutern zcu machene, vnd yn
dy ewiglichin zcu vor eigen. Als habin wir angeſehin
anmeine willige dinſte, die vns er vater ſeliger vnd ſyr
zum dickermal gethan, vnd yre bliſigen bethe vnd ſun-
derlichin willin, den vns dy gnanten von Schidingen
zun zcumal auch hirbmme bewißet habin, vnd haben mit
wiſſen vnd wolzetigen rathe vnd bedachte vnßir heime-
lichin rethe vnd libin getruwin den obgnanten hoff vnd
dorff Oberndorff vnde alle zcugehorunge, dy von vns
zcu lehene ruret, bon yn vnd hanßin von tuchern vffge-
nomen, vnd dy gnante Stadt und borger zu lauchawe
damit begnadet, vnd yn das zcu borger gute gemacht
vnd ewiglichin vor eygent. Wir machin auch ſoliche
obgerurten guter der ſtadt vnd borgern zcu luchawe
vnd alle yren nachkomen zcu rechter borger gute, vor
erbin und vor eigen yn dy ewiglichen in der allerbeſten
form vnd wiſſe, als daz ymer crafft vnd macht geha-
bin kan geywertlichin mit vnd yn crafft dißis vffin bri-
ues, Alſo das dy mehir gnanten guter der hoff, dorff,
flor, gerichte vnd alle zcugehorunge zcu Oderndorff,
Als das Otto vnd karl von ſchidingen der ſtadt lucha-
we vorkoufft habin, nach luthe eres kouffbriues, erbli-
chin vnd ewiglichin der ſtadt und borgern zcu luchaw
ſyhen vnd folgen ſal, vnd vnſer herſchaft von Qwern-
furd, wir, vnßer erbin vnd alle vnßir nachkommin ſollin
nach willen an ſolchin obgenanten gutern furd mehir
keynerleyge dinſte, gerechtigkeit adder antwertunge ha-
bin, Sundern dy ſtad vnd burger zcu luchaw, vnd
alle ere nachkomen, ſollen ſoliche guter zcu ewigen zcyten
ynne habin gerugetlichin beſitzen vnd gebruchin, als er
eygin gudt, vnd dy lehin von orem ratiſhuße, als dicke
ſie zcu lyhin falle kemen, ane vnßir herſchafft, vnßir
erbin vnd nachkomen ynſprache ader hindirniße, ane
argeliſt vnd ane geuerde. Des zcu warin bekentniße
D 4 habin

habin wir vnßer eigen Jngeſegel wiſſentlich vor vns,
vnſer erbin vnd nachkomen an dißin vnßern vffin briff
laſſin hengin.   Hirbey ſind geweſt vnde gezugen vnſer
heimlichen rethe und liebin getruwin Hans knuth der
elder, dittherich von Amſtorff vnd andere glouwerdi-
ger luthe.   Gegeben nach chriſti gebord tuſend vir-
hundert yar, darnach yn deme vir vnd virtzigiſten yar,
dem Montage Mattei Apoſtoli et evangeliſte.

45.

Qvittung über die Zahlung vor Oberndorf.
1445.

Wir Otto vnd Karll, von Schidingen, gebrudere
bekennen mit diſem offenbriue vor vns vnd alle
vnſer erben gein allermenclichin, Als wir die Burck
vnd das dorff Oberndorff, mit Jren Angehorungen,
nach lute des kauffbriues, verkoufft haben, der Stat
vnd gemeyn zu luchaw vor Nun vnd zwenczigiſthalb
hundert, rinſche gulden.   Das vns die Burgemeiſter
vnd Rethe, derſelbin Stat luchaw Sollche obgnante
Sumen, Nuen vnd zcwenczigiſt halb hundert gulden,
kouffgeldes, vor Oberndorff, als, obgerurt iſt, genzli-
chen wol vnd zcudancke bczalt haben, das vns wol ge-
nuget.   Vnd wir gnannten Otto und karll von Schi-
dingen, gebrudere, vnd alle vnſer erbin Sagen die
ictzgenanten Burgermeiſtere Rete vnd gancze Gemeyn
der Stat luchauw vnd alle Jre nachkomen, ewiglichen
vnd genczlichen qwid, ledig vnd loß.   Sollicher ob-
gnanten Sum Nuen vnd zcwenczigiſt halb hundert,
rinſche gulden, vnd alles des, das ſie vns von ſolliches
kouffs wegen, des guts Oberndorff, pfflichtig ader
ſchuldig geweſt ſind, nichts vßgeſloßin, ane geuerde,
Vnd wir geben yn, des zcu bekenteniſſe diſſin offen
qwit-

qwitbrif, daran wir beyde vnſer Iglicher ſin eigen In-
geſigel wißentlichin habin gehangin. Hirbey ſind ge-
weſt, vnd geczugen, Die Geſtrengen vnd erſame
Jungher Criſtann vom hayn. Amptmann zcu Friburck,
Jungher Lorencz von Rolicz, Richard gleitſmann, zcum
Eckartſperge, hans luckv, ſchultheiß daſelbſt, hanß pi-
ſter, burger zu halle, Nickel hoffmann, vnd hans har-
tunck, Burgermeiſter zcu luchauw, hans ſmit, Dre-
wiſch, Wiſicz, Claus, Hobſchmann, Henrich, Harnaſch,
Ratkompan, Andres botſcher, Statſchriber zu luchauw,
vnd ander mer gloubwirdiger lute. Gegeben am mit-
wochen, ſanct Symon vnd Jude abint der heiligen
zcwölfboten. Anno Domini milleſimo qvadringen-
theſimo qvadrageſimo qvinto.

46.

Vermehrung des Calands zu Laucha. 1445.

Wir Ratſmeiſtere Rete vnd gantz Gemeyn der Stad
Luchauw bekennen mit dieſerk offen briue vor vns
vnd alle vnſer nachkomen, Alſo als eyns teils vnſer
Ratkompann vnd mitburger Etwelangezeit Eyne lobe-
liche Calantbruderſchaft bißher by vns gehabt, vnd alle
dörnſtage eine geſungin meße von dem heiligen lichnam,
vnd auch Etliche vigilien haben laßen halden. Eyns
teils von Irem eigen gelde vnd der Burgerſchafft Al-
moſen. Als ſint ſie nuczumal eyn wurden mit Rate
vnd wißin des wirdigen Hern vnſers pharrers Solli-
che meße zcu eyner newen vicarie anhebende zcu wer-
den, Gote dem almechtigen, marian Syner liebin
mutter, vnd dem hiligen lichnam zcu lobe vnd zcu eren:
vnd allin vnſern Eldern, vnſer vnd allin criſtgloubigen
ſelen zcu troſte vnd ſelikeit, vnd von der bruderſchafft
Almoſin Solliche vicarie zcu ſtifften vnd dy meßen zcu

D 5 meren

meren vnd daz gotsdinst, nach allem vermogin, vnd sie
habin vns gebetin, daz wir vns solicher stifftunge von
Jrer wegin wullin annemen vnd dy tun von der bru-
derschafft Almosin, vnd doriber bestetigunge schicken.
Also als dise nachgeschrebin artickel luten, dy sie vns
nach Jrer begerunge beȝeichent gegebin, vnd Jr an-
dacht vnd leȝsten willin darauf gesaȝt habin, daȝ also
ȝcu halden, vnd anders nicht.   Zcum erstin So sullin
der siȝinde Rad diese vicarien lihen ȝcu ewigin geczi-
tin vnd dy lehn sal tun der Ratsmeister, der deȝ Jaris
ȝcu obirst siȝet mit syner Ratkompann Rate vnd wil-
lin. vnd wer es, daz meȝ personn, dann eyner, vmb
daz lehn betin, wilch personn dann Allermeist stymme
hat von dem Rate, der sust noch lute dises briues ge-
schickt ist, vnd dise stifftunge haldin wil, dem sal
der Ratsmeister daz lihn: vnd wilch personn dann
also dy meistin stymme gedien, aber man sust eyn wir-
det daz lehn ȝcu tun, derselbe sal ȝcuuor an dem Rate
obgnant vnd der stat Redin vnd globin, In dise
bruderschafft vnd stifftunge williclichin, In ȝcutgehin,
vnd alle artickel dieses stifftbriues ȝcu haldin, vnd ȝcu
liden, ane widerrede. vnd dornach so sal man dem, der
daz also gelobt hat ȝu haldin, die lehn tun vnd anders
nicht.   Auch sal derselbe personn gewcite prister sin.
Aber ye In demselbin Jare als er belehnt ist, Prister
werdin, vnd anders nergin, dann ȝcu luchauw wonhaff-
tig siȝen, vnd solliche vicarie selbs officiren, Aber durch
eynen andern, wann er deȝ krangheit halben syns libes
nicht getun mochte, vnd der vicarien nicht verwechsel
ane wißen vnd willin der lehnherrn. Sundern wann
er der nicht mer wolde vorstehn,   So sal er diȝ ledi-
clichin vff laßin dem siȝende Rate. vnd wer es, daȝ
eyn besiȝer diser vicarien diser artickel dises briues
nicht hilde, An wilchen artickel dan der vicarius sumig
wurde, darumb mögin In der Rad besendin, aber Jm
schribin,

schribin, vnd yn bittin, sich rechtigfertig zcu haldin Jn
difer Stifftunge, vnd Jn den articeln, darynn er su-
mig wurden were. vnd wurde denn der vicarius Sol-
licher gebrechin nicht rechtfertig bynn zweyen monden,
dy nechst volgetin nach difer vermanunge, So mogin
der Rad mit vorhengniße vnd durch macht dez besteti-
gers, den sie darynn anruffen sullin, der yn denn dez
gonnen wil, Ane Jntrag difer stiftung vnd Jrer lehn-
schafft, dy gnantin vicarien vß gehnde den zween man-
den, Eyne andern beqwemen personen lihn, der yn dise
stifftunge heldet, nach lute difes briues. vnd darumb
sal sy Jener vicarius, der sich versumit hatte, nicht vet-
dencken nach anlangin, vnd sine befehunge Jm vorge-
tan Sal dann vort mer kein macht habin, ane ge-
uerde. Der vicarius sal alle dornstage halden Eyne
gesungin meße von dem heiligen lichnam, vnd dy vigi-
lien zcu den begegnißin. So sal der begegniße
zwey sin, nemlichin Eyns am achten tage nach dez hei-
ligen lichnams tage, daz ander iim aduent, vnd zcu
Jglichem sal man dez abindes halden vigilien langsam
vnd ordelichin, vnd dez morgens drie gesungin meße,
als nemlichin, Eyne gesungin meße von dem heiligen
lichnam, Eyne von vnser liebin frauwen, vnd eyme von
allin gleubigen selen, vnd vnder den drien gesungin
meßen sal man bestellin gelesin meßen, Als vil als man
prister gehabin kan. Dy meßin alle sal dy bruder-
schafft verlone, ane die dy dem vicario zcustunt. vnd
nach den meßin sal man gedechtniß haldin aller glou-
bigen seelen, als gewonlich ist, vnd almosin gebin, als
die bruderschafft vermag. by sollichen vigilien vnd
meßin dy Calantbruder alle personlich sin sullin, vnd
Jglicher eyne kertzin Jn syner hant habin, vnd dy tra-
gin, biß in der vigilien das venite, vnd Jn der meße
daz kyrieleison gesungin ist, vnd vnder allin stillmeßin.
Vnd wilcher sollicher vigilien vnd meßin, vnd auch dy

andern

andern meſſin durch daz Jar am dornſtage verſumete,
er hette dann loube ader wehre von erhafftiger ader li-
bes noit vorhindert, der ſal gebin zcu bußin zcum ge-
luchte, als das geſaßt iſt. vnd wilcher In der vigilien
daz venite, vnd In allin meſſin durch daz Jar das kyri-
eleiſon verſumet, der ſal halbe buße geben. vnd welche
feſt man den heiligen lichnam mit dem ſan vnd creußin
pflegit zcu tragen, vmb die kirchen ader anderswo, So
ſullin die Calantbruder In Eyner proceßion zween vnd
zwene dem heiligen lichnam vorgehen, allernehſt den
ſchulern ordelichin mit Iren kertzin, vnd ſich ſal keiner
daran verſumen ane loube ader rechte noid, by der ob-
gnantin buſſe. vnd die nuweſten czwene bruder ſullin
der czweyer großin kertzin wartin, vnd dy tragin mit
dem Cruß vor der bar, vnd wo dez noit iſt dy, wile ſie
dy nuweſtin ſind. Wer auch vortmer In dy bruder-
ſchafft komen wil, der ſal gebin eyn phunt wachs zcum
geluchte. vnd waz man mer gutir gotlicher vnd lobe-
licher gew eit erdachte ader machte, dy ſal man hal-
din, als ab dy In diſem briue ſtunden, Anegeuerde.
Doch daz man daruber beſtetigunge behalde dez geiſt-
lichin obirſtin richters, dem daz zcuſteht. Sa ſal man
eyn vicario Jerlichin vff ſanct walpurgen tag von ſolli-
cher meſſe als obgerurt iſt von dem rathuſe gebin Eyne
lotige marck ſilbers, ader daruor ſebin ſchog aldergro-
ßchin lantwere, vnd wy manche meſſe maun vort mer
zcu der vicarien ſtifftet, So ſal Igliche haben an dem
Rathuſe eyne lotige margck ader als vil geldez als ob-
gerurt iſt. Vnd als manche marcke als man zcu der
vicarie macht vff dem Rathuſe, Als manche meſſe ſal
der Vicarius haldin. Was meſſin auch zcu der-
ſelben vicarie Inczukunfftigin cziten geſtifft werdin dy
ſullin Itzunt alle beſtetiget ſin, Igliche vff eine lotige
marck, ader vor dy marck als vil geldez, als obgerurt
iſt. So mag auch eyn vicarius Iglichs Jaris als vil
gebren

gebrew tun, als eyn burger, vnd er sal daz bir mit den
faßin verkauffin vnd nicht taffern halten. Man sal
auch vnßern pharrer zcu widderstatunge von vnßin
Rathuse vff walpurgis reichin vnd gebin Ein alt schog
groschin, vnd Im sal blebin eyn weseflegck gelegin bey
der pharre wesin, daran er dann sal gnuge habin vor
alle messin, dy zcu diser vicarien gestifft werdin. Als
habin wir obgenantin Rad vnd gantz Gemeyne zcu
luchaw angesehin der gnantin Calantbruder vlißige bete
vnd habin solliche formundeschafft ober dy vicarie vffge-
nomen, vnd wir Redin vnd globin vor vns vnd alle
vnser nachkomen, daz wir solliche marck silbere ader
geldez, In massin als vorberurt ist, wullin ewiclichin
vnd Jerlichin reichin vnd gebin zcu sollicher tageczit,
als vorgeschreben stet, eyme Jglichein rechtembesitzer
diser vicarie, der es heldet nach lute dises stifftbriues.
Vnd waz vns dy calantbruder furder In antwertin
zcu messin vnd gotsdinsts zcu stifftin, daz wullin wir
anlegin nach lute dises briues vnd Jrer begerunge als
gute formunden. Wir wullen ouch dem vicario sine
husunge, dy Im dy Calantbruder kouffin sullin frihe
vnd vnbesweret haldin, als geistlicher houe recht vnd
gewonheit ist, vnd Im siner gebrew zcu statin vnd dem
pharrer sin restaur gebin vnd volgin lassin, In massin
als obgeschrebin stet. Vnd wullin lehn vnd alle articfel
dises briues haldin vnd gehaldin nemen, vnd daczu vor-
derlich sin. So wir best mogin, daz solliche vicarie mit
messin vnd andern gotsdihste moge gebessert werdin,
vnd sy hanthabin by allin lobelichen gewonheiten, dy
Itzunt gesatzt sind adir hirnach gesatzt werdin. Vnd
wir betin vnßern gnedigen Hern von mentz vnd sine
Erhafftigen gewaldigin, Solliche nuwe stifftunge nach
lute dises stifftbriues also zu bestetigin, daz daz also vnvor-
brechlichin von allin sietin sulle gehaldin werdin. Des
zcu waren bekentnisse, daz wir alle stucke vnd articfel,

die

die vns zcustehn haldin, sullin vnd wullin, habin wir vnser Stad Jngesigel an disem offen stiffts brif gehangin, Der gegebin ist am Sontage sancte Trinitatis, Anno Domini millesimo qvadringentesimo qvadragesimo qvinto ꝛc.

47.

Der Mayntzische Commiſſarius confirmiret eine Vicarie zu Laucha. 1445.

Iacobus Hartmann, Decretorum Doctor, Canonicus eccleſiæ ſancti Severi *Erffordenſis,* Commiſſarius in ſpiritualibus generalis per Terminos *Thuringie, Haſſiæ, Saxoniæ* &c. a Reverendiſſimo in Chriſto patre ac domino noſtro domino *Theoderico,* ſanctæ *Maguntinenſis* Sedis ſpecialiter deputatus, univerſis ac ſingulis præſentes noſtras litteras inſpecturis, Salutem in Domino ſempiternam. Inſtaurationem, erectionem, & dotationem perpetuæ vicariæ ſive altaris in honorem Dei omnipotentis, Ejusque glorioſæ virginis matris Mariæ, nec non vivifici & ſaluberrimi Sacramenti Dei noſtri J. C. per providos viros, Proconſules & Conſules opidi *Luchouw* in ecclesia de conſenſu plebani ibidem erectam, auctoritate dicti domini noſtri Archiepiſcopi *Maguntinenſis* nobis conceſſa, tenore præſentium approbamus, confirmamus, atque in beneficium eccleſiaſticum erigimus per præſentes, Ipſamque vicariam cum omnibus redditibus, Juribus & proventibus ſuis, quantum in nobis eſt, ab omni exactione ſeculari poteſtatis eximendo, Jus vero patronatus ſive præſentandi, quotiens ipſum altare ſeu vicariam vacare contigerit, Illi ſeu illis, cui vel quibus literæ Inſtaurationis deſuper confectæ conferunt reſervantes,

vantes, dummodo absque præjudicio dictæ ecclesiæ
parrochialis facere exiſtunt. In cuius rei teſtimo-
nium ſigillum noſtrum præſentibus eſt appenſum
eſt. Datum anno Domini Milleſimo quadringente-
ſimo quadrageſimo quinto, Dominica poſt feſtum
ſancti Johannis Baptiſtæ.

48.

H. Wilhelm ſchlägt Laucha und Oberndorf ins Amt Eckartsberge. 1448.

Wir Wilhelm von gots gnaden Hertzog zu Sach-
ſen, Lantgraue In doringen vnd Marcgraue zu
Miſſen Bekennen vffentlich an dieſem briue, fur vns
vnd vnſer erben, vnd thun kund allermenniglichen, als
vnſer lieben getruwen der Rad vnd die burger vnſer
Stad Luchaw derſelben vnnſer Stad zu ſunderlichen
nutze fromen vnd gedyen das dorff Oberndorff mit
ſinen zcugehorizen, durch vnnſer willen, gunſt vnd ver-
hengniß erblich gekoufft, an ſich bracht, vnd von vns
voreigend erlangt haben, Alſo das ſie bißher dauon
allczyd zu vnnſer aber vnnſer Amptlute zu frieburg
begerunge zwene ſchutzen zu dinſt dahin gein freiburg
haben mißen ſchicken. nach dem dann luchaw mit
folge, gerichten vnd ander gerechtikeyten von alders
her In vnſer Amt zu Eckerſperg gehord had, vnd
nach gehorit, So haben wir durch fliſſige bethe des
Raths vnd der burger vnnſer Stad Luchaw, vnd ſun-
derlicher bequemlichkeyd willen das gerichte zu obern-
dorff vnd ſollichen dinſt der vorgnanten zweyer ſchutzen,
auch oberbethe vnd alle pflicht, die vnnſer Ampt zu
frieburg vor an dem dorffe vnd flure zu oberndorff
aber in der Stad flure zu luchaw gehabt hat, Nu In
vnnßer ampt zu Eckerſperg gelegit vnd gewießt, legen
vnd

vnd wiesen von vnnser furstlichen macht gegenwertiglich
In Crafft dieß briues Also das sich die von luchaw
mit sollichem dinst der zweyer schutzen, auch mit an-
der fronunge, vberbethe, vnd aller pflichte von des dorffs
vnd flure zcu oberndorff vnd luchaw wegen, vor In vn-
ser ampt gen frieburg gehord, von dato dieß briues nu
furd mer ewiglich vnd vnwiderrufflich an vnnser Ampt
zcu Eckersperg halden, vnd damit gewertig sin vnd
blieben sullen, Inmaßen sie vor In vnnser ampt zcu
frieburg gewertig gewest sind, vnd vnnser amptlute zcu
frieburg sullen furder In vnnser Stad und floren zcu
luchaw vnd zcu oberndorff nichts zcuthun nach zu gebie-
ten haben.   Vnd sollich vnnser veranderunge sal durch
nymande widersprochen, sundern allewege vnuerruckt
gehalden vnd vollbracht werde, hir Inn vßgeslossen
alle argelist, Intrag vnd geuerde.   Des zu rechtem
vrkunde vnd bekentnis haben wir vnnser Insigel fur
vns vnd vnser erben wissentlich an diesin Brieff thun
hencken.   Geben zcu Wartperg, vff Sanct Michels
tagk Nach Cristi vnsers herren geburtte virczehenhun-
dert Jar vnd darnach In dem acht vnd viertzigsten
Jaren.

49.

1 4 5 1.

Judices sanctæ *Maguntinæ* sedis causam, quam *Hanß
Ebirhart* & *Nicolaus Kril*, ut actores, contra &
adversus *Triczonem Fischer*, *Johannem Ruchen* senio-
rem, & *Johannem Hartung*, ut reos, de & super quo-
dam prato, Et ipsam actionem coram nobis prose-
qui inceperunt in judicio, Nos de consensu *Haſo-
nis Ebirhart*, unius actoris coram nobis personaliter
comparentis, prudentibus viris Proconsulibus &
Con-

Confulibus opidi *Lucha*, quibus caufam hujúsmodi
commifimus denúo audiendam, cogno-
fcendam, & fententiam eorum in hujusmodi caufa
latam exequendam & debitæ executioni demandan-
dam, committendam duximus & committimus per
præfentes infra terminum duorum menfium proxi-
me futurorum. Et admittentur ibidem teftes ydo-
nei ac aliæ probationes pro uberiori probatione per
dictos actores caufa in hujusmodi facienda legales,
per noftro in judicio fieri confvetum eft. Et co-
operabuntur dicti noftri in hac parte commiffarii,
quod dicti actores de cetero ad nos recurrere non
cogantur, Scientes propterea vobis repofitam coro-
nam juftitiæ, quam reddat vobis juftus Judex in illa
die. Provifo tamen dictis actoribus, qui per hor-
refcentiam & metum dictum locum accedendi pro-
pter adverfariorum potentiam allegant & favorem,
de fecuro, libero & fufficienti Salvo conductu eun-
dem locum pro expeditione caufæ & negotii hujus-
modi, adeundi, ftandi & redeundi fibi per dictos
reos procurando. Datum & actum anno Domini
M. CCCC L primo, die XVI. Septembris.

50.

1 4 5 5.

Nos frater *Hermannus* Dei & Apoftolicæ fedis gra-
tia Epifcopus ecclefiæ *Citrenfis*, in pontificali-
bus Reverendiffimi— *Theoderici* fanctæ *Moguntinæ*
fedis Archiepifcopi vicarius, recognofcimus per
præfentes, Quod cooperante nobis gratiæ Spiri-
tus Sancti in parrochiali ecclefia beatæ Mariæ virgi-
nis in *Luchow* confecravimus quoddam altare fitum
quafi in medio ecclefiæ ejusdem, in honorem Cor-

poris Chriſti, ſanctæ Crucis, Fabani & Sebaſtini
martirum, & Othiliæ virginis, cum tabulo ſuper
eodem altari depoſita, nec non duabus ymaginibus
beatæ Mariæ virginis, etiam in eadem ecclelia exi-
ſtentibus, adhibitis ſolempnitatibus debitis & con-
ſvetis. Omnibus vere pœnitentibus, confeſſis &
contritis, qui coram prædicto altare, tabula & yma-
gine una beatæ Mariæ virginis per nos conſecrata,
ut præfertur, devote dominicam orationem, ſcil.
Pater noſter & *Ave Maria,* ſeu alia Antiphonam, Re-
ſponſorium vel Collectam oraverint, vel qui ma-
nus ſuas ad fabricam, luminaria, ornamenta, ſeu
ad quævis alia opera neceſſaria porrexerint adju-
trices, vel eandem eccleſiam in ſingulis feſtivitati-
bus infra ſcriptis &c. cauſa devotionis acceſſerint,
gratiam Dei quæſituri, vel qui Cimiterium ibidem
circuierint orando pro omnibus fidelibus defunctis
quinque *Pater noſter* & totidem *Ave Maria,* & de
mane vel in ſerotina pulſatione campanæ, ob reve-
rentiam virginis glorioſæ, triaque *Ave Maria* flexis
genibus oraverint. Inſuper cupientes Chriſti fide-
les ad pietatis opera modisque convenientibus &
Deo placitis invitare, Hinc eſt, quia Chriſti de-
voti in *Lucbow* quandam confraternitatem vivifici
ſacramenti corporis Chriſti inſtaurarunt in hono-
rem laudem Jeſu Chriſti, Ita quod omni quinta
feria apta in prædicto altari de eodem ſacramento
debeat decantari & ſolempniter celebrari. Omni-
bus igitur in prædicta confraternitate exiſtentibus,
&, dum prædicta miſſa decantatur, interfuerint, di-
vinum cultum augmentaverint, & manus adjutrices
porrexerint, & luminaria ſeu lampades ardentes ibi
ordinaverint, & juxta omnia prædicta pietatis ope-
ra fecerint, Nos de omnipotentis — relaxamus.
Datum in *Lucbow,* anno Domini Milleſimo quadrin-
gente-

gentesino quadragesimo quinto, feria secunda in-
tra octavas Corporis Christi.

51.

H. Wilhelm eignet etliche Güter zu dem Stadt-
Schoß nach Laucha. 1455.

Wir Wilhelm von gots gnaden Hertzog zu Sach-
ſen Lantgraue Jndoringen vnd marggrave zu
mieſſen, bekennen vnd tun kunt mit dieſem offinbriue
für vns vnnſer erbin vnd nachkomen, als wir durch
bete karls von ſchidingen vnſers lieben getruwen Siben
Acker wingarthen an dem Witzleibin berge gelegen
neben der Onſtrat nicht ferre poben der woſten kirchin
genant leſindorff zu erbe gemacht habin Jglichen zu
eym ſchillinge lantpfennige erbtzinſes vff Sanct mi-
chaels tag ierlich davon zu geben, das wir dem Rate
vnd gantzen gemeyn zu luchaw dieſelben ſibin Acker
Wingartten ewiglichen in yr geſchoß zu ſtehin vnd ge-
hin laſſen. wir haben yn auch darzu gegeben lehin
vnd zinße an drien Acker von den ſelben ſiben ackern,
vnd nemlich die dy itzund Jnnehaben Vlrich Brunſ-
rode zwene, und Hans luckaw eynen. Alſo das die
genant vnnſer Stad luchaw furdmer zu ewigen gezie-
ten von den ſelben drien ackern ſollich drie ſchillinge
pfenige erbzinſes vff yr rathuß Jnnemen vnd die zu
rechtem erbe lihen ſullen, als dicke die zu fallen kom-
men, vnd als vil lehinrechts darvon nemen, als dy zu
erbzinße geben. vererben vnd vereigen yn vnd allen
yren nachkomen ſollich drie acker mit lehin vnd zin-
ßen, vnd alle ſiben acker in yr geſchoß ewiglichen zu
zuſtehen, ane vnſer, vnſer erbin, nachkomen vnd eyns
ydermans Jnſprache ane alles geuerde. darkegm ha-
bin ſie vns zu ſunderlichen wohlgefallen dy zwene acker

E 2   wingarthen

wingarthen gnant der frauwenberg, dy ſie jnſemptlicher
vererbunge der Güter zu Oberndorff wider karln von
ſchidungen gekoufft, jn yr lehin geſchoß vnd zinße
bracht, vnd bißher darinn gehabt habin, aller beſchwe-
runge halbin wider ledig und frie gegeben, die wir
Nithardten Coder, vnnſerm lieben getruen vnd heym-
lichen, zu friem erbe gelihen habin, vnd die furdmer zu
ewigen zieten frie lihen ſollin, als dicke ſie zu ſalle ko-
men, anegeuerde, mit vrkunde dieß briues mit vnnſerm
anhangenden Jngeſigil vnterſigilt vnd Gebin zu wy-
mar am Dinſtage nach Viti nach Chriſti vnnſers
Hern geburt vierzehm hundert vnd darnach Jm ſunff
vnd funffzigſten Jaren.

52.

Herzog Wilhelm ſtiftet ſich zu Naumb. und Zeit ein
Seelgeräthe von Lauchiſchen Stadtrenten. 1455.

Wilhelm von gots gnaden Hertzog zu Sachſen
Lantgraue Jn Doringen und Marggraue zu
Mieſſen.

Ratiſmeiſter Rat vnd gantz gemeynde Vnnſer Stad
zu Lachaw lieben getruwen.   Wiewol vns durch
furſtlichen ſtand damit vns der Almechtige got gewir-
digt had zu eygent ſorgfeltigkeit vnd fliſs zu haben, da-
durch wir gemeynen nutz, gericht, fride vnd gemach
vnnſern landen vnd vndirthanen mogen geſchaffen,
yedoch ſind wir zufurdirſt ſchuldig zu betrachten vnd
ſurzuwenden die Ding, die da dienen zu erloſunge,
troſt, ſelickeid vnd erwerbunge ewigs lebens der ſelen.
Darumb angeſehen das in dieſer betrubten vnbeſtendi-
gen werlde das leben vnd alle irdiſche Ding vergeng-
lich ſind, vns vnd allen menſchen nichts gewiſſers dann
der

der Tod, vnd nicht vngewiſſers iſt, dann die ʒiet des
todes, auch das nymand von hynnen nichts mit ym
geʒihen |mag der ſelen ʒu gute, dann die ſcheʒe, die er
mit guten werken an ſym leben erlangt und für ſich
brengt: So habm wir von beſundern guter ʒuney-
gunge die wir ʒu dem Erenwirdigen Jn got uater
hern petern Biſchoue ʒu Numburg, vnſerm beſundern
lieben Herren vnd Frunde, Auch den wirdigen vnd
Erbarn, vnſern beſundern lieben andechtigen den
Thumprobſten, Techanden, Capitteln vnd vicarien
beider ſiner kirchen ʒu Numburg und Eʒiʒ, tragen, ſie
vnd die yren furderlich ʒu ſchuʒen vnd ʒu handhaben,
vnnſer Teſtament vnd ſelegerete vor vnnſer eldern, vor-
fordern ſeliger gedechtniß, vns, vnnſer erben vnd nach-
komen an den furſtenthumen ʒu Doringen vnd Miſſen
Jn dem vorgenantem Thum Stifft, mit dem Thum-
probſt, Techande, Capittel, vicarien daſelbs vnd yret
nachkomen, vff ewickeit vnd vnwiderruffenlich geſchafft
vnd beſtalt, yn auch darʒu ʒuſampt ander darlegunge
ʒehn Riniſcher gulden ierlicher vnd ewiger ʒinße yn
yrem preſentien meiſter oder Amptmann, furdmer von
dato dieß briues ewiglichen vff den nechſtfolgenden
Sanct walpurgen tag, vnd alſo hinfur alle Jar vff
eynen iglichen Sanct walpurgen tag bie uch uwern
erbin vnd nachkomen von vnſern rechten Stad Jar-
renten vßgerichtet ʒu werden, verſchrieben, verheißen
vnd bewieſet nach volliglicher Jnnhaldunge derſelben
vnnſer verſchribunge den genanten Thumprobſte, Te-
chand, Cappittel vnd vicarien des Thumſtiffts ʒu
Numburg darubir gegebin. Alſo das von denſelben
ʒehn gulden ierliches ʒinſes bie uch vnd andern ʒinßen,
die wir auch darʒu beſtalt haben ʒuſampt anderm gel-
de das Jn ʒukunfft darʒu gefallen mag ʒu den Meſſen
Salus ꝑꝑli, vnd Si enim, die vff ʒwo geſaʒte ʒyd alle
Jar Jn dem genanten Thum Stifft erelich ʒu halden

E 3 geordnet

geordnet sind, presentie gegebin, vnd mit dem Testa-
ment vnd Selegerete sust auch In allen sachen vnuer-
ruckt gehalten sal werden, nach eterlicher besagunge
der rechten brjue tzwischen dem obgenanten vnserm
Herren vnd Frunde von Numburg, sym Capittel da-
selbs zu Numburg, vnd vns daruber begriffen vnd gein
eynander ubirgeben.   Wir obgnanter Hertzog Wil-
helm fur vns, alle vnnser erbin, erbnemen vnd nachko-
men, verschriben, verheißen vnd bewiesen, auch sollich
egnant tzehin Rinischer gulden jerlicher tzinße vvn vn-
serm rechten Stad Jarrenten bie uch, dem vorgenan-
ten Thumprobst, Techande, Capittel vnd vicarien des
Thum Stiffts zu Numburg vnd allen yren nachkomen
vff einen iglichen Sanct walpurgen tag vff ewigkeit zu
dem angerurten Testament vßgerichtet, bezait vnd ge-
reicht zu werden vnwiderruffenlich, mit guter wissen,
recht vnd redelich geinwertiglich Begern vnd heißen
uch die obgemelten Ratismeister, rath vnd gantz ge-
meynde, die itzund sind vnd hinfurt jerlich zukunffti-
glich vnd ewiglich sin werden, ernstlich vnd vestiglich
gebietende, mit diesen brieue, das ir fur uch uwer erbin
vnd nachkomen, den vorgenanten Thumprobst, Te-
chand, Capittel vnd vicarien des Thum Stiffts zu
Numburg, vnd allen yren nachkomen Sollicher tzehin
rinischer gulden jerlicher tzinße von vnnßern rechten
Stad Jarrenten bie uch obgerurtermaße alle Jar vff
Sanct walpurgen tag ewiglich vßzurichten, zu reichen,
vnd zu bezalen von vnsern wegin anheißig werdet, vnd
uch des In uwerm eygen vffin brive verschribet, als
sich geburt, vnd yn auch sollich tzehin gulden jerlicher
tzinße von vnnsern Jarrenten vff den nechstkunfftigen
walpurgis, vnd hinfur alle Jar vff eynen iglichen Sanct
walpurgen tag vff ewickeid vnuertzuglich, vnleßlich vnd
vnuerhalden reichet andelagt vnd betzalet, ane allerley
verbietunge kumer adir geboth geistlicher adir wert-
licher

licher Hern adir gerichte, nach lawt vnnſer verſchri-
bunge, das beſagende, alle widerrede geuerde vnd arge-
liſt darJnne gentzlich vßgeſchloſſen, vnd des in keyne
wieſe verhaldet nach ſumig werdet, bey vermydunge
vnnſer, vnnſer erbin vnd nachkomen vngnade vnd
ſtraffunge, auch bannes beſchwerunge, damit die gnan-
ten Thumprobſt, Techand, Capittel vnd vicarien, alle
yre nachkomen, vnd wem ſie das beuehlen, vch ane
vnnſer, vnnſer erbin vnd nachkomen, vnd eyns yder-
mans hindernis zu betzalunge zu dringen gemechtigt ſein
ſullen. dann wir ſullich obgeſchriben Teſtament nicht
verkürtzt, gefallen adir gehindert, Sundern vffrichtig
vnd beſtendig gehalten haben wullen. Wir vertziegen
vns auch vnd thun vertzicht, fur vns vnſer erbin, erb-
nemen vnd nachkomen, der egemelten tzehin gulden jer-
licher tzinſe, an vnnſern rechten Stad Jarrenten bie
vch, zu dem obgeſchriben teſtament hinfur vff ewigkeit,
als obgemelt iſt, zuuolgen vnd zugewartten, vnd Sagen
vch der alſo daruff quid, ledig vnd los, vngeuerlich, mit
vnd Jn chrafft dieſs briues, daran wir zu Orkonde ſte-
ter veſter haldunge aller obgerurten punckte vnd ver-
ſchribunge vnnſer Jn Sigil fur vns, alle vnnſer erben
vnd nachkomen wiſſentlich haben thun hencken. Gebin
nach Criſti vnnſers Hern geburt viertzehnhundert vnd
darnach Jm funff vnd funfftzigſten Zaren Am Dorn-
ſtage nach aller heiligen tage.

53.

1 4 5 5.

Wann man alle gute wergk an hebet Jndeme namen
vnſers Herren Jheſu Criſti, So ſal mann der
ſelen ſeligkeit nicht vergeſſin. vff daz man gotes lob
deſto ſurder volbrenge vnd Jngutem weßin beſtetigen

moge

moge den lieben selen zcu troste, die diß nochgeschreben
testament angefangen, beſtetiget, dorczu gegebin habin,
adir noch gebin, ſie ſind am lebin, adir am thode, die
am leben ſind, die friſte got uff beßerung, die Jehnen
am tode, den gnade got der almechtige.   So bekennen
wir nachgeſchrebin, mit namen, Berld ſmed, Nickel
botticher, Burgermeiſter, vnd alle vnnſer mitgeſworr-
ne Ratiſmanne diß geinwertigen Jares der Stat Lu-
chaw, alle eyntrechtiglichen, mit dieſeme vnnſerm of-
fin brieue, vnd thun kundt allermeniglichin, die on
ſehin adir horen leßin, daz wir mit gutem willen, gunſt
vnd wiſſen der alden Rethe alle ſemptlichen vnd In
keginwertigkeit des wirdigen Hern Ern Johann vip-
pechs, zcuder zciet pfarner zcu luchauw, gelegin haben
vnd lehin deme Erbarn, togentlichen hern Ern peter
hannßpiße, priſter, vnnſerme diner der ſchule vnd auch
der kirchen, den altar vnd bicarie gelegin In der Pfar-
rekirchen daſelbns, dor do gewihet vnd gewedemet iſt
In die ehre des heyligen waren lichnams vnnßers her-
ren iheſu criſti, Sanct Jorgen, Sanct Jacoffs vnd
Sancti Andree der heyligen zcwelffbothin, den gnan-
ten Altar die Burgermeiſter mit Rathe vnd wiſſen orer
Ratiſkumpanen des Jares bie on ſiczende, vnd mit
volworthe der alden Rethe zcu lehin habin vnd eyner
alleyne nicht. Sulche lehin wir deme gnanten Ern
Peter hannſpiße vnnſerm bicarien gelegin vnd dieße
nachgeſchrebin artigkel dormit alſo Ingegebin habin,
daz gnante lehin Inweßin zcubehaldin vnd zcubeſiczin,
als hirnach geſchreben ſtet.   Item zcum erſtin, daz er
daz lehin vnd bicarie In liblicher beſiczung habin ſal
ſelbs perſonlichen, vnd nymandes anders vermyten
noch verwechſeln, adir an keynen andern perſonen,
durch andern wegk kommen laße, Es were dann,
ob om got der almechtige ſin weßin alſo gebeſ-
ſern mochte, daz er ſich duncken ließe, daz lehin wer
                                              ym

ym zeugeringe In besiczung zcu haldin, Alßdann moch-
te her komen sur eynen siczenden Rath des Jares, vnd
daz lehin deme Rate geruwiglichen ane allen wider-
standt wider heyin gehin laße vnd vff sagin andes Ra-
tes handt, In maßin er daz enphangen had, da durch
der Rath oter lehin icht vorforczit adir geswechet
werdin, daz der gnanter vicarius, vnser diner, iczundt
besiczer der megnanten vicarie also vff genomen, gereth
vnd gelobet had, stede, gancz vnd In alle ehren vn-
uorbruchlichen zcuhaldin. Vnd ich Petrus hannspiß
vicarius rc. Bekenne, daz ich diß gnante lehin von den
Erhafftigen den Rethin zu Luchauw, myn gunstigen
lieben hern, also uff genomen vnd empfangen habe, ge-
rede vnd gelobe alle obgeschrebin stugke vnd artigkel diß
briues stete, gancz vnd mit hulffe gotis des Almechti-
gen vnuorbruchlichen zcuhalden, one alle argelist vnd
geuerde, nach deme daz instrument von deme wirdi-
gen hern Ern Johannsen Alsleuben Thumhern zu Be-
bra, als von eyme offinbarin schriber hiruber gegebin,
clerlichen vßwiset. Vff daz alle diese rc. Vnd ich
Petrus hanspiß habe gebethin den wirdigen hern Ern
Johann vippech den pfarn doselbns, sin Insigel vmb
merer sicherheit willen stetir haldunge bie des Ratis
vnd der Stat Insigel zcuhengen an diesen offin brieff,
daz ich Johann vippech pfarn vmb bethe willen also mit
hieran gehangen habe vnd bekenne, daz alle dise artigkel
vnd vertracht geschen vnd volkomelichen mit mynen
willen vnd wissen geschen vnd Gegebin ist Anno domi-
ni millesimo Quadringentesimo quinto, seria tercia
post viti martiris.

54.
Vertrag zwiſchen dem Rath zu Laucha und einem Vicario daſelbſt. 1456.

Wir Wernherus Baldewini in geyſtlichin vnd welt-
lichin Rechtin Doctor, vnde Heinrich glenen-
borch der Junger Borger zcu Erffurt, bekennen offint-
lichin, in deſſin vnſern vffin breffe, vor allin den, die
diſſin breff ſehin addir horen leßen, Das wir nach
Criſti gebort vnßers Herren in deme ſechß vnde ſunff-
tzigeſtin Jare der mynner czal czwiſthin den Erbarn
Herrn Johann matſtete pherner zcu vttenßhuſen vnde
vicario zcu luchawe vff eyne, vnde dem Erßamen Ra-
the zcu luchaw vff dye andern ſyten yn fruntlichin Din-
gen vorteydinget haben, Alſſo das alle vnde yoliche
ſchelunge vnde czweytracht ßo dye genanten partyen
vndereynander gehat habin, ſullin gantz vnde gar abe
ſyn, vnde der genante Her Johann matſtete ſal vff
ſente mertins tag des genanten Jars addir achte addir
virtzehin tage vngeuerlichin dornoch uff ſyne vicarie zu
luchawe, die von deme genanten Rathe zu lehin gehet,
czyhen vnde perſonlichin doruff ſitzin, vnde dye myt
meſſin vnde anderme gotis dinſte nach luthe der In-
ſtauratien vorhagen. So ſullin die genanten von lu-
chaw one auchſtatin vnde gunnen ane allerleyge Inla-
ge zcu bruwen, vnde andere ſyne gerechtikeit, nach
Inhalde der mergenanten Inſtauratie zcu gebruchen.
Vnde wann der genante Herr Johann matſtete deme
alßo nicht tede, vnde nach der obgenanten tageczyt uff
ſyner megenanten vicarie zcu luchawe nicht perſonlichin
ſeſſe, addir ſitzin, vnde die vorhagen wulde noch vor-
hagette, Sundern ſich darvon czoge, ßo ſol er willig-
lichin ſolche obgenante vicarie noch uff laßin deme Ra-
the zcu luchawe in ſyne macht, das ſie die eynem an-
dern lyhin mögen, der ſulch lehin nach Inhalde der
Inſtau-

Inſtauratie vorhage, ane wedirrede, by ſulchim vor-
teydinge ſint geweſt, dye Erßamen vnde wyeßen Her
Cornelius Cirxße in geyſtlichim Rechte Baccalaurius,
Her Johann kipß in den frygen kunſten meyſter, vnde
Lampertus vens, vffinbarſchriber, geczuhen von deme
genanten Hern Johann matſtete dor zu gebethen.
Des zcuworim bekentniße habe ich wernherus doctor
myn Signet vnden an deſſin vffinbriffe gedrucket, des
Ich Heinrich glenenborch gebrechens eynes eygen Sig-
nets Hirzu methe gebruche.

55.

Contract mit einem Steinmeßen. 1465.

Nota, vff hute dinſtagk In den heilligen phingeſta-
gen Nach der geburt vnßers hern Alſo Man ſchri-
bet Tuſent vierbundert Jar, dornach der mynner zall
In deme funff vnde Sechczigiſten Jare, Iſt der Rath
zcu Luchaw mid Sampt den altirliithen daſelbiſt vnßer
lieben frauwen kirchen eyns wurden mid meiſter hanſen
fiſſcher eyn ſteynmetze wonhafftigk zcu kahell, vnde
Ime vordinget etliche ſteyne zcu hauwen zcu eynen Nu-
wen kor, den ſie da meynen mid gotis hülffe An czu hebenn
vnde zcu vollbrengen, In maſſen hirnach ſchriftlichen vol-
gen iſt. Nemlichen daz man Ime ſal geben von eynem
ſchöck ſteyne Sechs Alde ſchogk Landtwere, genge vnde
gibe vnd vnuorſlagenn, dornach von eyner elle genant
ſchreckſtucke Sechs alde gröſſchen. Wan her abir hiewe
thöre von vier ader funff ſtucken Adder Anetfange, daz ſall
Allis dienen In dy ſchogk ſtücke vnd den glich zcu lönen.
Dez ſollen öme dy Altirluthe ſynen eygen geczugk vnd ſpi-
tzenn vnd mid ſtahel halden, ſo vil dez nodt ſyn wirdet,
dortzu eyne eigen hirberge ſchickenn, dor Innen her vnd
ſynen knechten nacht ruge gehaben moge. Dez zcu
orkunde

orkunde had iglich part eyne cziddeln eyne von den an-
dern gesnethin mid Jren mercklichen czeichen.   Actus
ut supra.

56.

1468.

Nos frater *Iohannes* Dei & apoftolicæ fedis gratia
Epifcopus ecclefiæ *Syronenfis*, in pontificalibus
Reverendiffimi — *Adolffi* fanctæ *Maguntinæ* fedis Vi-
carius generalis, Notum facimus vniuerfis & fingu-
lis Chrifti fidelibus, Quod providus & honeftus
vir *Nithardus Coder*, magifter cameræ Illuftriffimi
principis & domini, domini *Wilbelmi*, Ducis *Saxo-
niæ*, Lantgravii *Thuringiæ* &c. nobis expofuerit,
Qvod qvondam qvidam presbyter *Nicolaus Scriber*,
primiffarius in ecclefia parrochiali opidi *Luchaw*
pro teftamento fuo in qualibet ebdomada celebrari
conftituit & ordinavit tres miffas, fcilicet fecunda
feria miffam pro omnibus fidelibus defunctis, qvar-
ta feria miffam de gloriofiffima Virgine Maria, &
fexta feria miffam de fancta cruce, nec non qva-
tuor anniverfaria pro genoloya fua & omnibus fide-
libus defunctis in anno obfervanda, fupplicando
humiliter, qvatenus Indulgentias omnibus Chrifti
fidelibus ad dictas tres miffas & anniverfaria con-
venientibus, & orationes fuas devote dicentibus,
concedere & dare dignaremur. Nos igitur mifericor-
dia motus, omnibus Chrifti fidelibus, confeffis
& contritis, qvi ad celebrationem prædictarum mif-
farum nec non vigiliarum convenerint, & a princi-
pio usque ad finem permanferint, orationesque
fuas devote oraverint, aut manus fuas adjutrices
porrexerint, de omnipotentis — relaxamus. Da-
tum

tum ipſa die Mariæ Magdalenæ, anno Domini Mil-
leſimoqvadringentelimoſexageſimooctavo.

57.

1 4 6 9.

Hans Miſſener, Jorge vom Hayn und ihre Frauen
nehmen auf (auf dem Hauſe zu Naumb. beym
Hubenlohe) von Gebeharten, Hanſen vnd Bernde
von glyna funfzig ſchock alter grwſchen.   Ludewigk
ſcherer Richter v. g. hern von Numburg. 1469. in
Oſterheiligen Tage.

58.

Inſtauration dreyer Meſſen auf dem S. Cathari-
nen-Altar zu Laucha. 1471.

In nomine domini Amen.   Wir Vlrich Brunßrot,
Lorentz Eldiſte, Itzcund diß iar Burgermeiſter,
hans zobecker vnnd Adam greſe, kemerer, Benedictus
Weſſel, Ratiſkumpan, darnehſt alle vnnſer gesworne
Rathmann, Bekennen vnnd thun kundt mit duſſem
uffin briue, daz wir vmb ſunderlicher gunſt, gnade
vnd begerunge Im letztin abſcheide des wirdigen hern
Ern nicolaus ſchreibers gotſeliger, vnd beſunder be-
trachtunge dieſſer werlde vorgenglikeit des lebens, zcu
troſte vnd erloſunge aller gloubigen ſelen, Habin wir
obgenanten Burgermeiſter von vnnſer Stadt wegen,
mit wolbedachtem mute eyntrechticlichin in vnnſer pfar-
kirchin zcu luchaw, Auch mit gunſt des wirdigin hern
Ern Johan vipech, vff die zceit vnnſer pfarrer vnd
ſehelwarter, eyn ewigk lehin, das vor des eyn elemoſi-
natn geweſt iſt, nemlich mit dreien meſſin, zcu hal-
denn vff dem altar Sentt katherina, eyne vff den mon-
tagk,

tagk, vmb aller gloubigen Selen willen, die ander vff
die mitwoch von dem henpthern, vff den frytag vom
heilgen cruce, vff dem genanten altar vnd in der pfar-
kirchin zcu luchaw Sentt katherinen, deme gnantin Ern
nicolaus Scriptoris gotseligen, seynen eldirn vnd al-
lin, die auß seyn geslechte gescheydin sindt, allen glou-
bigen selen zcu troste.   Derban dann eyn itzlicher vica-
rius, dem duß lehin furder nach dusser belehunge gele-
gin wirdet, zcu ewigen zcinsen habin sal von den drey-
en messin Ezwey vnd zcwentzig alde schogk groschen rech-
tir lantwere, halbp uff walpurgis vnd halb uff micha-
elis, vff vnd an vnserm Rathuse, von vns vnd allen
vnnßern nachkomen gentzlich gehaldin sal werdin, ane
geuerde.   Auch sal eyn itzlicher, dem der Rath sullch
lehin vnd vicarie liehed, Prister seyn, vnd ßo balde uff
vnd in die besitzunge zcihen, vnd sulch lehin haldin, di-
wile her libet vnd lebit, vnd sal auch das mit messin
vnd mit gotis dinst selbst ane notsache halden, vnd
bsundern in den hochcziten der fest dem pfarrer in seym
adiutorio helffin, alzo ander vnser vicarien fleissig hal-
din vnnd uersorgin, wie hir vnnden, vnd obin geschre-
bin stehet, vud sulch lehin nicht verbueten nach vermi-
ten nach durch keyne nuwen funde vnd artikel, wie
man die erdenckin muchte, dem Rathe nach dem le-
hen zcu schaden verwandeln solle.   Sundern wan her
sulch lehin vnd gotisdinst nicht lenger haldin wil, noch
doruff sitzen oder bleiben, Szo sal er dem Rathe zcu
luchaw sulche lehin in orem sitzcendem, Rath ane alle
geuerde vnd argelist, vnd alle behelffe vnd widderrede
gutlichin ufflaissen.   Wan das alzo geschen ist, dann
ßo sal eyn itzlicher bestetigeter sitzcende Rath zcu lu-
chaw sulch lehin mit sulchen puncten vnd artikeln, vnd
nach laute dusser stifftunge eynem andern pristern lihen,
nach der Rethe vnd gemeyne erkentniß, Szo ufft vnd
dicke des wirdet noth seyn, ane geuerde vnd argelist.

Das

Das banne itzundt ſulch lehin zcum erſtin von dem Jr-
barn hanſe beringer, Schoſſer zcu wymar, dem wir-
digen Hern ern Johann Portegal gelegin iſt, vnd ſul-
che belehunge bekrefftigen wir von vns vnd vnnßer we-
gin mit duſſer Inſtauration uff dußmal. vnd darnach,
wan ſulch lehin uffs nehiſte widder loß wirdet, Szo
ſal eyn itzlicher ſitzender Rath zcu luchaw ſulch lehn lie-
hin ford vnd fordan, nu vnd zcu ewigen getziten, ane
Jdermans Inſprache. Nu das duſſe Inſtauracion
mit alle yren puncten vnd artifeln Stete vnd feſte ſal
gehaldin werdin, Haben wir den wirdigen Hern ern
hinriche Winter gebethin, Sulch lehin von wegin
vnnſers gnedigen hern von mentz zcu beſtetigen, des
uerſigelte beſtetigunge wir habin. Vnd zcu merer
haldunge habin wir vnnſer Stat Luchaw Secret wiſ-
ſentlich vnden an duſſe Inſtauracion gehanngen. ge-
ſchenn vnd bekrefftigt vff dornnſtag nach michael, An-
no tuſent vierhundert ym eyn vnd ſobinzcigſten iare.

59.

Confirmation einer Vicarie. 1471.

Henricus Comes in *Swartzpurgk*, Canonicus eccle-
ſiæ *Maguntinenſis*, Proviſor Curiæ Archiepiſco-
palis *Erffurdenſis*, Commiſſarius ad infra ſcripta a
Reverendiſſimo in Chriſto patre & domino noſtro
domino *Adolffo S. Maguntinenſis* Sedis Archiepiſcopo
ſpecialiter deputatus, Vniverſis & ſingulis, ad
quos præſentes noſtræ pervenerint literæ, Salutem
in Domino ſempiternam. Cum itaque quondam
dominus *Nicolaus Scriptoris* presbiter, dum in huma-
nis ageret, *Maguntinenſis* dioceſis, ad Dei omnipo-
tentis, & totius cæleſtis Curiæ laudem atque præ-
conium, nec non in ſuæ & ſuorum genitorum, pro-
genito-

genitorum, fingulorumque de parentela fua ab hac
luce fublatorum, atque fidelium animarum falu-
tem & peccaminum remiffionem, quandam perpe-
tuam vicariam ad altare S. Katherinæ fitum in par-
rochiali ecclefia opidi *Lucbaw*, dictæ diocefis, certis
annuis cenfibus & redditibus de tribus miffis in
eodem altari feptimanatim celebrandis, pro fuften-
tat one congrua Rectoris ejusdem pro tempore exi-
ftentis, accedentibus ad id confenfu, fcientia & vo-
luntate plebani parrochialis ecclefiæ opidi *Lucbaw*
prædicti, Providis viris Confulibus & Proconfuli-
bus ejusdem opidi, ultimæ fuæ voluntatis hora
imminente, commiferit fundandam, inftaurandam,
erigendam & dotandam, prout & quemadmodum
in fundationis, inftaurationis, erectionis & dotati-
onis literis defuper confectis latius reperitur conti-
neri.   Vnde nos pio dicti quondam fundatoris af-
fectui ac ultimæ voluntati occurrentes, fundatio-
nem, inftaurationem, dotationem & erectionem
hujusmodi ratas & gratas habentes, Easque dum-
modo absque præjudicio juris alieni cujuscunque
procefferint, auctoritate fupra dicti Reverendiffimi
domini noftri Archiepifcopi *Maguntinenfis* nobis in
hac parte conceffa, & qua fungimus, approbamus,
confirmamus & autorizamus Dei nomine præfenti-
um fub tenore. Eximentes vicariam eandem cum
fingulis fuis cenfibus, redditibus, proventibus,
juribus, pertinentiis & emolumentis, ab omni one-
re & poteftate feculari.   Jus patronatus vero live
jus præfentandi præfatæ vicariæ illi vel illis, cui
feu quibus in prædictis fundationis, inftaurationis,
erectionis & dotationis literis refervatum fore di-
nofcitur futuris perpetuis temporibus refervantes.
In quorum evidens teftimonium noftri Proviforatus
Sigillum præfentibus eft appenfum. Datum &
                                                        actum

actum anno Domini Millesimo quadringentesimo septuagesimo primo, die vero quarto mensis Octobris.

E. Breithart, notarius.

60.

Herzog Wilhelms Spruchs wegen einer Streit-Sache. 1473.

Wir Wilhelm vonn gotsgnaden Hertzog zu Sachsenn, Landgraue In Doringen vnd Marcgraue zu Miessen. Als der Rath zu Luchaw etliche Spruche gein Baltazarn Codern gesatzt Er sein antwort darauf gethan, vnd dor auf vns als scheidesrichter komen, Wie dan schulde vnd antwert vns deßhalben vbergeben, Innhaltend sind, vnnsern rechtspruch daruber zu thun. Befinden wir darunder einen spruch tunckel, In dem das der Rath zu yn clagen, er habe etliche guter vnder sich, die da vor der Stadt geschoßt haben, vnd sein antwort darauf gesatzt, das er der guter vnder ym nicht wiße, mit vorbehaltem seiner antwort, wo ym die namhafftig gemacht wurden, Darauf geben wir yn diesen entscheid, Das die von Luchaw sollichen Spruch lawter setzen, vnd die guter benennen, Balthazarn Codern den zusenden, der sein antwort darauff machen, Ir igliches In vierzehin tagen antworten, vnd vns alsdann schulde vnd antwort uberschicken, Wullen wir sie darnach nach allen surprachten schulden vnd antworten, durch vnsern rechtspruch entscheiden. Zu vrkunde haben wir diesem vnnsern entscheid glichs luts vnder vnsern angedrucktem Insigel beydenteilen versigelt geben zu Wymar auf freitag nach kiliani et sociorum ejus martirum, Anno dnj millesimo quadringentesimo septuagesimo tercio.

61.

1 4 7 3.

Ich hannß hanßuß Burger zcu Luchaw vnd Anna
meyne eliche Wirtynne bekennen eyntrechticlichen
vor vns vnd vnnßer erbin vnd erbnemen, vnd thun
kunth an dißen offin brieffe, das wir recht vnd redelich
vorkouffen vnd vorkoufft haben den wirdigen hern
pfarner vnd vicarien zu luchow vnd oren nachkomen
adder wer dißßen brieff mit orem willen vnd wißßen
Innehat, ein alt schog Zerlichs czinßes Lantwere vmb
ffunfftzehn schog der selbigen were, Die vns bereyt
nützlich vnd wol beczalt sint, an eyner halben hufen
landes von den wirdigen hern er Niclaus Stoybe El-
dißen vnd Thůmhern zcu Nuenburg, obedienciario
Thuringie vnd Saxonie, zcu Lehn Stehet vnd gehet,
vnd wir habn die kouffere an das Erbe der vorgnanten
halbenhufen alzo gewonlich ist gebracht, vnd an das
zcu rechtem erbe schreibn vnd bekennen laßen. Gere-
din vnd globin an dißem kouffe der halbnhufen Landis
vnd Zerlichs czinßes rechte were zcu seyne an allerleye
ansprache, vnd die gnante halbehufe mit czinßin, ge-
schoßße vnd dinsten vnd allen pflichten Zerlichen zcu
vorweßen, So das die kouffere dor vmb vngemanet
vnd vnbeschediget sollin bliben, ane geuerde. Das
benante schog Lantwere Zerlichs czinßes reden vnd
globn wir obgnanten vorkouffere in guten waren traw-
en den gnanten kouffern vnd iren nachkomen, aber wer
dißßen briff mit yren guten wille Innehat, alle Zar
vnvorkozelich gutlich vnd gentzlich zcu leisten vnd zcu
betzalene, also, uff Sontag nest vor Petri vnd Pauli
der heiligen Apostelln an all widderßprechen. weres
aber sache, das ich obgnanter hans Hanßuß, Anna
meyn eliche wirtynne vnd meyn erbnemen solichs czinßs
                                                    also

also obin berurt ist seumig werden vnd nicht zuhilden
uff solche gedachte tageczeit, mochten den die gnanten
pfarner mit sampt dem Vicarien mich vordern
geistlichs adder wertlichs gerichts, das ich dann allis
dulden vnd leiden sal vnd wil ane widderrede. Auch
habn wir verkoffere vns die freyheit behalden das wir
solchen zcinß nemlich ein alt schg geldes Lantwere wid-
der abekouffen moge, vmb funffzehn alde schog müntze
Lantwere, wen vns das beqveme sein wird angeuerde.
zcu merer sicherheit das alle punct vnd artickel ste-
ticlich gehalden sollen werdn habe ich hans hanßpiß
Anna meyn eliche wirthynne vnd meyne erbnemen
Den wirdign hern von Niclaus Stoyben Eldistin
Thümhern vnd obedienciarien der kirche Nuemburg ge-
bethen Sein Sigill lassen hengen an dißen offen brieff,
Der dann gegeben ist nach Crist geburt Tausint vier-
hundert vnd dornach In dem drey vnd virczigisten
Jare, uff Sonnabenth Johannis vnd pauli der heili-
gen Merterer.

62.

Einsetzung eines neuen Pfarrers zu Oberndorf.
1 4 7 6.

Officialis præposituræ ecclesiæ beatæ Mariæ vir-
ginis *Erfurdensis*, plebanis & divinorum Recto-
ribus nobis subjectis, ceterisque requisitis, Salu-
tem in Domino. Vacante pridem ecclesia parro-
chiali S. Georgii & aliorum sanctorum in villa
Oberndorff, ex libera resignatione Domini *Conradi
Currificis*, ultimi Rectoris ejusdem, Honorabilem
virum dominum *Nicolaum Hofeman*, clericum *Ma-
guntinensis* dioceßis, nobis per prudentes viros Con-
sules & proconsules opidi *Luchauw*, ad quos jus

præsen-

præsentandi pertinere dinoscitur, præsentatum, proclamatione judiciali duntaxat præmissa & recepto juramento solito, ad eandem ecclesiam parrochialem instituendum & investiendum duximus per libri traditionem, ac instituimus & investimus Dei nomine per præsentes. Vobis sub debito obedientiæ mandamus, qvatenus eundem dominum *Nicolaum* in dictæ ecclesiæ possessionem realem, actualem & corporalem ducatis, facientes eidem de omnibus & singulis redditibus, fructibus & obventionibus ejusdem integre & plenarie responderi. Adhibitis circa hoc solemnitatibus debitis atque consvetis. Datum anno Domini M CCCC LXXVI. die XXIIII. mensis Aprilis, sub sigillo nostro hic appenso in testimonium præmissorum.

63.

1 4 7 9.

Jch Balthazar Coder Bekenne vor mich vnd mynen Bruder melchiar, vnd vnsir erbin gein allermeniglich, nach dem ich den ersame, wisen, dem Rathe zu Luchaw mynen friehin sedelhoff Jn der stat Luchaw mit aller siner frieheid, nach vßwisunge der kouffczedel yn daruber gegebin, vnd auch furstlicher verschribung, verkoufft, vnd doch Jn dem selbin kouffe den andern hoff mit syn garten vnd vmbfange myn Bruder, mir vnd vnsern erbin zu manlehin guts frieheid vßgeczogen vnd enthalden habe, das ich yn Jn trumen zcugesagt hab vnd zu sage geimwertiglich mit diesem briue, wann wir solchen hoff vor vns selbs vnd vnser erbin nicht langer habin, das wir den alsdann zu schoßbarem gute, vnd anders nicht, verkouffen noch verwenden sullen nach wullen. Alle geuerde hirJnne vßgesloßin. Zu Vr-
kunde

kunde vnd ſteter haldunge habe ich yn myns bruder
handſchryfft myner ſollen macht vnd dieſen briff myn
Ingeſigil verſigelt. gebin Am ſontage trinitatis Anno
2c. lyyiy mo.

64.

Kaufbrief des Oberhofs. 1479.

Ich Baltaßar Coder Bekenne vor mich, melchiar
meynen bruder, Alle vnnßer beider erbin vnnd erb-
nehmen, in dieſſem uffenbriue vor ydermenlichin, die
yn ſehen adir horen leeſen, das ich recht vnnd redelich
uerkaufft habe vnnd verkewffe in crafft dieſſes briefes,
meynen vnnd meyns bruders freyen ſedilhoff in der
ſtat Luchaw, den man nennet den obirhoff, mit alle ſey-
ner freyheit grundes vnnd bodems biß an den nuwen-
hoff nach laut der kawffzcedil, als den meyn lieber va-
ter ſeliger, ich vnnd meyn brueder bißher ynne gehat
vnnd beſeſſen haben, darzcu die garten genſeyt der
mure, vnnd eyne fiſchweyde, vnnd wil furder keynen
freyen hoff nach houeſtat ſulchs freyen erbgutes In der
Stad luchaw haben nach behaldin, den Erßamen vnnd
wieſen luten den Burgermeiſtern, Burgern vnd der
Stat luchaw, vnnd habe ohn den mit den gartin vnnd
der fiſchßweyde gegebin vor zcwei hundert vnnd ffunff
vnd vierzig riniſch e gulden, die ſie mir gutlich vnd wol
zcu danck bezcalt vnnd vergnuget habenn. Sage ſie
ſulcher zcwei hundert vnnd funff vnnd vierzig gulden
vor mich, meynen bruder melchiar, alle vnnſer beider
Erbin Quidt, ledig vnd loiß. Sulches kouffes des be-
numpten hoefes, der garthen vnnd der fiſchßweyde
Rede vnnd globe ich von meyn vnnd meyns bruder
wegin dem obgnanthin Rathe burgern vnnd der Stat
luchaw des eyn rechter gewehir zu ſeyne, vnnd habe ſie

des

des an den Amptman zcum Eckirßbergk an die kehin
bracht mit eyn Caphanen ierliches erbzcinſes, Der ſie
Dormit alzo yn meyner kegenwertikeyt von amptswe-
gin beſehint hat.   Ich habe yn auch den ſurſtlichen
brieff meyner gnedigſten vnnd liebin hern ubir ſulche
guter mit ſampt meyns bruders Melchiars verwille-
briue ubir geuntwurt, den ſie ynne habin ſullen, doch
vnnſcheedelich dem freyen erbe ſur der Stat, vnnd den
Jhenen, den ich daz uerkaufft vnnd gewerth habe.
Des zcu Orkunde ꝛc.   Gegebin nach xri geburth vier-
tzennhundert, darnach yn Nuhen vnnd ſobintzigſten
Jare, Am dinſtagk nach der heylgeu dreyualtikeit tage.

65.

1 4 8 o.

Wir Wilhelm von gotts gnaden Hertzog zu Sachſſen
    Landgrabe In doringen vnd marggraf zu miſſen
Thun kunth offintlich an dieſem briue ſur vns vnd vn-
ſere erbin allermeniglich Nach dem vnſer getruwen
Burgermeiſter vnd Rath vnſer Stad kuchaw ſer ſich
vnd yre nachkomen zcwentzig Reiniſher guldeu Jerli-
cher lipzinße vff yrem Rathuſe au yren Renten, zinßen
vnnd geſthoßen Hermann Ryman, Caſpar Ryman
ſym breder vnd hannſen Ryman des gnanten Caſpars
ſon zu erſt vff des vorgnanten Hermans lib vnd lebe
tage vnd nach ſym tode vff Caſpars vnd hannſen Ry-
mans beider vnd iglichs leibe vnd lebetage iglichs Ja-
res halb vff walpurgis vnd die ander helffte vff micha-
elis gein Numburg zcu reichen vnd zubezcaleu ſur zcwey-
hundert guter Riniſcher gulden verkaufft vnd mit dem-
ſelbem kauffgelde etlich wider kauffliche zinße gein dem
Capittel zu Numburg vnſer Stad zu gut abgelegt ha-
ben, vns demutiglich betende, ſollichs zu bewilligen,
                                                        Als

Als haben Wir yr demütige bete zusampt gemeldter vrsache angesehin, vnser willen gunst vnd verhengnis zuvorgerurte kouffe gegeben, vnd bekennen den obgnanten herman Ryman zu sym libe vnd lebetage, vnd nach sym tode Casparen vnd hannsen Ryman zu yrer beyder vnd yr Iglichs libe vnd lebe tagen sollicher zwentzig Rinischen gulden Jerlicher Lipzinse alle Jare vff vor gemeldte tagezeit von Burgermeister vnd Rath zu luchaw vnd ihren nahkomen an yren Rathause von yren Renten zinßen vnd gesthoßen vngehindert zuhaben In zunemen vnd zugebruchen fur zwey hundert Rinisthe gulden vnd nach laut des kauffbriues doruber sagende, gekaufft geinwertiglich In krafft dieß briues zu vurkunde mit vnsern hiran gehangen Insigel fur vns vnd vnser erbin versigelt. Geben zu Wymar vff Sonnabend octaua Sancti martini Anno Dbmini Millesimo Qvadringentesimo Octuagesimo.

68.

Der Rath zu Laucha nimmt von denen Altaristen zu Naumb. 210. Schock auf. 1484.

Wir hans Quetzsch vnd lorentz Hernachs, Burgermeister, Lorentz eldiste, kemmerer, Nicol brunßrot, ratiscompann, Kirstan gotschalgk, hans Koch, Matthis gointzschs, vnd Anders gans, alle geschworne rathmanne, mit sampt der gantzen gemeyne, Junck vnd alt, arm vnd riche der stadt Luchaw, bekennen vnd thun kundt allen die ohn sehin aber horen leßen, das wir mit wolbedachtem mute, vorrathe, wissen, willen vnd vollborth vnser aller mittenander recht vnd redelich vorkaufft habe, vnd vorkeuffen mit crafft diesses briues den wirdigen vnd Jrborn Herrn, Ern Hermann Schencken, Ern heinrico molitoris, Ern Fronis

F 4 Hecht

Hecht vnd ern vdalrico kolbe, altariſten vnd beſiczern
der altarn vnſern lieben frawen Sanct Barbaren, Do-
rotheen, Thome vnd katherinen, die do gehoren In den
nuben kore der Thumkirchen czur Numburgk, allen
yrem Nachkomen vnd beſiczern derſelbigen altarn, In
zukunfftigen gezeiten vnd zu getruber handt den Ern-
werdigen Herrnn Thumprobſte, Techande vnd
Capittel gemeyniglichen der genanten kirchen zur
Numburgk vnd allen yren Nochkomen, dryczehen al-
de ſchock zinſes, ye czwenzigk nube groſchen vor eyn
ſchock, aber al vil rechter lantwere den groſchen, ane
geuerde rechter Jargulde vnd ewiger zinſe an vnſerm
rathuſe, zinſen, renthen vnd zugeſellen Do ſelbeſt zu
luchaw, die wir yn vorkaufft vnd gegeben haben vor
czweyhundert vnd czehen ſchock, ye zwenzig nube gro-
ſchen vor eyn ſchock rechter landtwere, die ſie vnß mit
bereitem gelde Nußlich vnd wol zudancke bezalt haben,
vnnder ſullicher Summa geldis czweyhundert vnd ze-
hen ſchock ſint geweeſt, vnd die genanten hern haben
vnß nußlich geantworth vnd wol bezalt vierczigk gul-
den an guten riniſchen golde, alle volkomelich an ge-
wichte vnd togelich an golde. Die wir obgenanten
burgermeiſter, rathmanne vnd gemeyne an vnſer
Stadt luchaw Nuß vnd frommen, wiſſentlich gewandt
haben, die genanten drieczehen ſchock jerlicher vnd ewi-
ger zinſe wir obgenanten Burgermeiſter, rathmanne vnd
gantz gemeyne der genanten ſtadt Luchaw geloben In
guten waren truben vor vnß vnd alle vnſer Nochkomen
gutlichen zu reichen, vnd den vorgenanten altariſten,
yren Nochkomen vnd yren getrubehenden vf der ſryheit
des Thumeß do ſelbſt zur Numburgk vff vnſer koſt vnd
ebenthure zu bezalne von vnſerm rathuſe halb, als ne-
melich Sobendehalb ſchock vff wynachten neſt komen-
de, vnd die ander helſte vff petri vnd pauli neſt dor-
noch folgende, vnd alſo furdt alle jhor jerlichen In zu-
kunſ-

kunftigen gezeiten ane allen vff czogk Intragk, argelist
vnd geuerde.   Sunderlichen haben die vorgenanten
Altaristen vnß vnd vnßern Nochkomen sulche gunst vnd
fruntschaft gethan, das wir dy vorgenanthen dryczehn
schock geldis widder keuffen mogen von vnserm rat-
huse vmb czweyhundert vnd czehen schock Sulcher
were, als obin geschreben stehet, wanne vnd zu wil-
cher zeit vns das ebenth vnd bequeme ist, vnd wenne
wir oder vnser Nochkomen; Burgermeister, Rathman-
ne vnd gemeyne, die genanten zinse widder keuffen
wollen, das solln vnd wolln wir ohn eyn virteil jars
vor dem zinstage zu vor vor kundigen vnd vff sagen.
vnd wanne die vff sagunge also vor vns ader vnsern
Nochkomen geschiet, Szo globen wir den obgenanten
Altaristen vnd getrubehenden die genanten zweyhun-
dert vnd zehn schock mit solicher werde Sie widder zu
bezalne vnd oblesunge zu thunde, In mossen an golde
vnd rechter landwere, als wir von ohn vffgenomen
vnd empfangen haben, ane alles geuerde, mit sampt
den betageten zinsen, die sich dorauff geboren, gutli-
chen widder zugebende, vnd vff der fryheit des Thu-
meß zu bezalne, ane alleyley widderrede vnd geuerde.
Vnd wanne wir sie auch bezalen, Szo sullen sie vnß
dissen briff widder antwortn oder vnsern nachkomen
geben ane geuerde.   Auch wo die bezalunge der obge-
nanten zinse jerlichen vff Iczliche tagezit nicht gesche-
ge, als oben gescrebin stedt, ader das heubtgelt mit
sempt den zinsen vff die tagezeit noch der vff sagunge
nicht bezalt wurde, was danne die obgenanten altari-
sten oder or nochkommen, schadens dorauff teten, custen
oder zu In der an czerungen noch reisen vnd botelone,
den schaden geloben wir gutlichen ohn widder zu richtene,
vnd gentzlich vber vnß zu nehmen, als dicke als das noth
geschiet, ane widderrede, argelist vnd geuerde.   Auch
sullen wir obgenante schuldiger noch vnser nochkommen

F 5   nicht

nicht geſtaten die obgenanten zinſe zu vor ſprechene, noch
zu vor kommern Icherley hern Noch perſon, waß we-
ſen ader wirdikeit ſie weren, geiſtlich ader wertlich,
noch mit keynen andern ſachen ader reden, wie man
die ymmer erdencken ader genennen mochte, den alta-
riſten zu ſchaden, Sundern wir ſollen wullen ſie gutli-
chen vnd gentzlichen bezaln, ane allen oren ſchaden, als
oben geſchreben ſtehet, ane geuerde.   Auch vor zihen
wir vnß obgenante ſchuldiger, vor vns vnd vnſer nach-
kommen, aller hulffrede vnd fryheit, wie man die ym-
mer erdencken konde, die vnß zu hulffe komen mochten,
an der bezalunge der obgenanten zinſe vnd heupt geldes
der vor genanten altariſten zu ſchaden.   Des zu Vr-
kunde vnder merer ſicherheit — der gegeben iſt noch
xpi geborth vierzehen hundert jhar, dor nach ym vier
vnd achzigiſten Jhar, am ſonnabent nach viſitacionis
marie glorioſiſſime virginis.

67.

Stiftung einer Vicarie. 1494.

In Gotes namen Amen. Wir Gregorius konne,
itzt pfarher zcu Muſchewitz, vnnd Hans melcke-
uoß, burger zcu luchawe, Bekennen vnnd thun kunth
mit dieſſem vnnſerm offenbrieſe Allen vnnd iglichen, die
yn ſehin, horen ader leeſen, das wir mit wolbedach-
tem muthe, zceitlichen vorrathe, willen vnnd gunſt
Aller vnnſer maghe vnnd frunde, vnnd biſundern mit
wieſſen der Erſamen, weyſen, des Raths zu Luchaw,
vnnſer lieben hern, Auch auß ſunderlicher zu laßunge
vnnd verwillunge der wirdigen vnnd Erbarn hern Te-
chants, Senioris vnnd gantzen Cappittels der Stifft-
kirchin zcu Bibra, zcu lobe vnd wirdickeit Goth dem
almechtigen, Marien ſeyner gebenedigeten mutter, vnd
allen

allen glewbigen selen, Gestifft vnnd gefundirt habin,
Stifften vnnd fundiren geinwerticlich mit dieſſem brie-
fe Eyne ewige vicarie vnnd eynen altar In der pfar-
kirchin zcu luchauwe In nach folgender weyse vnnd
forme. Item czum erſten wollin vnnd ſollin wir auff
vnſer eygen koſt vnnd zcerunge Einen nuwen altar In
die kirche zcu luchauw buwen vnnd ſetzen laſſen an ende
Dorhyn Er bequemet, vnnd von dem pfarrer, Rathe
vnnd alterluten des gewieſet werden, der danne ſal ge-
wihet vnnd gewidemet werdin In die Ere der aller hei-
ligſten vnnd hochwirdigſten Jungfrauwen Marien Go-
tis gebererynne, Sancti Mauritij vnd Sancti Wolff-
gangi der heiligen merterer. Dartzu vnnd darubir
haben wir geſtifft vnnd ſtiefften geinwerticlichin zcwo
ewighe meſſen, der eyn vicarius eyne alle mitwochin
zcur ſruemeſſe von vnnſer lieben frawen, mit Jngele-
geten Collecten vor alle glewbige ſelen zcu bitten, hal-
den vnnd leeſen ſal. Die andere ſal er halden vnnd leſen
alle freitage zcu der hoemeſſe von dem heiligen Crutze ader
von dem leyden Criſti. Vnnd wir wollen vnnd habin
verordenth vnnd geſchickt zcu yber meſſen alle Jar Jerli-
chen Eyne lotige margk ſilbers ewiges zcinſes, Solcher
zcinß eynem vicario deſſelbien lehens iglichs Jars auff
zcwotagezeite, Nemlichin die Helffte auf Sanct walpur-
gen tagk, vnnd die andre Helffte auff Sanct michaelis
tagk gefallen ſal. Vnnd Solche vicarie vnnd lehin Sal
mir Gregorio konnen zcum Erſtenmale zcu meynen lebe-
tagen folgen, vnnd ich wil ſolch lehin vor mich vnnd mey-
ne eigene perſon Jnne habin vnnd behalden ane eynes
Jdern verhindern, die zcwo meſſen beſtellen, vnnd mich
des zcinſes, den wir darzcu gemacht vnnd verordnet ha-
bin, halden, vnnd des vor myne eigene perſon zcu mey-
nen lebetagen gebrauchen. Szo ich aber nach dem willen
gotis verſterbe vnnd verſtobin byn, Szo ſollen dy Erſa-
men, weyſen, der Rath zcu Luchaw vnd alle yre nachkom-
men

men zcu ewigen getzeitin Solchs lehins vnd vicarie Pa-
troni vnnd lehin herren seyn vnnd bleybin,   Solchs
alz offte vnnd dicke die lehin felligk werdin, von yrem
Rathuse eynem fromen prister, dartzu Tuchtigk, zcu
dem sie die gunst habin, vnnd der ynen gefelligk ist,
luterlichen vmb gotes willenn, vnnd nicht anders, rei-
chen vnnd lihen.   Die macht vnnd Crafft gebin wir
yn volkomelichin In vnnd mit Crafft diesses briues.
Vnnd welchem prister alzo solch lehin nach mir Grego-
rio konnen vom Rathe zcu Luchaw obgnant gelegin
wirdet, der sal personlich doruffe wonen vnnd sitzen,
die messen selbist haldin, das nicht permutiren noch
verwechseln ane wissen vnnd willen des Rats zcu Lu-
chaw.   Unnd wo er daß lehin nicht furder dechte zcu-
haben vnnd zcu behalden, Szo sal er das dem Rathe
ane allen behelff widder auflassen, die es danne furdt
ynem andern pristere In forme vnnd masse, wie obin
birurth ist, verlihen mogen.   Wir haben auch vor das
Restaurum, das Sich von solchen lehin vnnd vicarie
Zerlichin geburen wil, dem pfarrer zcu luchaw gereicht
vnnd gegebin zcwelf rinische gulden, die sal der pfar-
rer mit Rathe vnnd wiessen der Hern des Cappittels
zcu Bibra an Zerliche zcinse legin vnnd anwenden den
pfarrer zcu gute vnnd besserunge.   Vnd alßo sal eyn
iglicher vicarius desselben altars von eynem pfarrer der
Restaur halbin zcu ewigen getzeiten vnbeteydinget bley-
bin.   Wir wollin vnnd sollen auch dem vicario Eyne
beqweme behusunge schicken vnnd buwen, dorynne
eynen fromen prister zcymlich ist zcu wonen, vnnd der
vicarius, dem solch lehin gelegin wirdet, Sal auch
eynem pfarrer zcu hoen festen mit ministriren beholffen
seyn, Nach ander vicarien weyse vnnd gewonheit.
Das alle stucke vnnd Artikel diesses briues Stete, gantz
vnnd ewiclichen sollen gehalden werden, Des zcu or-
kunde habin wir Gregorius konne vnnd hans melcke-
uaß

uaß gebeten die Erſamen, weyſen, den Rath zcu Lu-
chau Ir Ingeſigil vnnden an dieſſen brieff zcu hengen,
Das wir der Rath zcu luchaw vmb fruntlicher bethe
willen der obgedachten Ern Gregorien konnen vnnd
hanſen Melckeuaß gethan, vnnd vnnſer Stat Inge-
ſigill wiſſentlich vnnden an dieſſen brieff gehenget habin,
vnns vnnd vnnſern nachkomen ane ſchadin. Der ge-
gebin iſt nach Criſti vnnſers liebin hern geborth Tau-
ſentt vierhundert, darnach ym piervnndneünßigiſten
Jaren, am dinſtoge In den heiligen pfingſtenn.

68.

Vergleich zwiſchen der Geiſtlichkeit und Rathe
zu Laucha. 1495.

Czu wiſſen, daß wir vorweſer des doringſchen lands
gegen Miſſen geſlagen, hans von werther, Ritter,
voigmar koller zu egkirßperge amptman, Guntherus
Boeße, techandt, Caſpar Simonis thumherre zu
Bebra, In voller mach des capitels daſelbſt, In ge-
brechen, ſo ſich zwuſchen Ern georgen Thumpel, Ern
Johan arnolt, Ern niclaus beyer, vnd er Jobſt ku-
men, pharrer vnd vicarien der kirchen zu luchawe, an
eynem, vnd den Erſamen Rathe da ſelbſt, andirs teyls,
gnuglichen gegen eynander vorhoredt, vnd ſie vmb die
Jerlichen gebrawe vnd allir gebrechen gnuglichen ent-
ſcheiden, wie hernach uolget. Zum erſten, das der ge-
nante pharrer vnd alle ſeine nachkommen zu Beſſerunge
ſeiner pharre Ein gancz biere iglichs Jares zu brawen
macht haben ſal. des gleichen den genanten vicarien
vnd iren nachkomen ebindt, ſo ſollen ſie is vnd eyn ig-
licher irer nachkomen, ſo ſie in den brawhauſern kon-
nen gefertiget werden, den vorweſern der brawhauſer,
wo er gedengkt zu brawen, verkundigen ſal, Ime von
dem

dem feluigen, wo das brawhaus vnuorthan, ane wei=
gerunge vorgunſt vnd zugelaſſen werde. Wo is adir
vorthan, ſollen die ſeluigen herren adir ire Nachkomen
die nheſtin dar noch zugelaſſen werde. Vnd was der
pfarrer adir vicarien der genanten gebrawe zu yrer
hußhaldunge nicht bedurffen, mogen ſie mit ſoßen vor=
kauffen, doch alſo von den brawen adir pfannen lone
ſollen pfarrer vnd vicarien gleich eynem andern burger
zu luchawe pflegen vnd reichen. Des ſal das capitel
zu Bebra, der pfarrer vnd vicarien zu luchawe, vnd yre
nachkomen ſich des, wie obingeſchrieben, alſo zukunffti=
glich zu halten, von Sigeler des mentſchen hofes zu erſ=
furdt eynen conſenß adir vorwilligungs brieff dar vbir
zugeben vßbringen. Is ſal auch der Rath zu Luchaw
nach ihren vormogen gotis dinſt helffe ſtergken, vnd
dar ane ſein, das durch ſie ader die yren anſelegedecht=
nis adir bruderſchafft kein hinderniße vnd abebruch ge=
ſchee. Is ſal ſich der Rath keinerley geſcheffte an In=
nemen, vßgeben adir abebrechen mit kauffen vnd ver=
kauffen, ane des pfarrers gunſt vnd willen vnderzcihen,
vnd ſo vil Jne bewuſt vmb die zcechinhafftigen agkir,
weſen, holtzir, adir andir gutir zu der pfarre gehoren,
ſollen ſie zuvorreynen vnd zuvorſteynen anweyſung
thun, nach yrer vormogen, das ſich der pfarrer des ſei=
nen wiſſe zu halten. Auch die yren dem pfarrer ſein
Sprengegelt, adir andere gebore zu pflogen nicht vor=
ſchutzin, Sundern vff ſein erJnnern zuweiſen ſich ge=
gen yne der billigkeit zu halten. Der Rath ſal die
amptleuthe adir formunden vor dem pfarrer vnd Jne,
alle Jare zu der rechnunge vermogen, de Jn des pfar=
res gegenwertigkeit zu horen, Auch andir geiſtliche ge=
ſcheffte ane ſeinen beiweſen nicht handeln, Sundern mit
ſeinem willen vnd wiſſen thun, vßgeſchloſſen die vicarie,
die von Rathe da ſelbſt zu luchaw zu lehen gehen, ſollen
ſie ane yren pfarrer, den ſie ittzundts haben, adir zu=

kunfftig

kunfftig irkrege werden, zuuorlehen haben, dar an sie eyn
iglicher pfarrer nicht Irren adir hindern sal. Sollen
auch die ammechte, adir altirleuthe vff des pfarrers an-
synnen was In der kirche notturftig veil ist, an kasseln,
bucher, koerrogken, Corporalien, vnd andern dingen zu
gotis diaste gehoren, anhalten, nach des gotis haus
vormogen gnuglich zu schigken. Auch sollen sie dem
pfarrer alle Instauratien, so is die notturfft surdert,
sehen adir horen lasse, dar vs zu lernen, wes vnd wie
sich die vicarien adir altaristen halte sollen. Vnd ob
sich die vicarien adir andir der kirchen dyner widder
settzig machten, sollen sie dem pfarrer, der billigkeit
naech zu straffen, beistendig sei. Widderumb sal Im
der pfarrer keyne nuwe gewonheit vffbringen, Sundern
wan das noet ist, die heiligen sacrament vmb gotis
willen den leuthen brengen vnd reichen, da vor nicht
mehir begeren, dan was Imе vs wilkore gegeben adir
bescheiden wurde. Von den kindern, knechten vnd
meiden bigilien vnd messen zu singen an vier alten gro-
schen, von werthe adir wertynne, die da schaff haben,
an eynem schaeffe, adir wer des schaffs nicht hette, sal
er an eynem alden par huner gnuge habe, sie dar vmb
zu keyner andern pflicht dringe. Wil ymants seinen
verstorben frunde etwas guts naech thun, sal zu yrer
koer stehen, vnd ab sie das thun wollen, sollen sie is mit
dem pfarrer bestellen, durch sich selbst adir andir prie-
ster zu halten. Von den vier wochen vnd drissigsten,
vigilien vnd seelmesse zubestellen sal sich der pfarrer an
zcehen nuwe groschen, oder eynen halben schogke lant-
wehir benügen laesse. Mit dem schulmeister vnd kir-
chener mogen sie vffs nheste, als sie konnen, dingen.
Den armen elenden vorstorben mentschen sal der pfar-
rer mit seinen dynern vmb gotis willen, vnuorlonet von
lecztin zu der erden bestaten, vigilia vnd selemesse die
vier wochen vnd den drissigsten, als yn zustehet, naech
halten,

halten, das loen von den almechtigen gote empfhaen.
Is sal auch eyn iglicher pfarrer keynen der kirchen dy-
ner, als schulmeister, alterleuthe, bawmeister, formun-
den, adir andir, ane vnd hinder dem Rathe vfnemen,
halten, adir die zubecrefftigen sich vnderzcihen, Sun-
dern mit des Raths wissen vnd willen gescheen. Szo
er adir an dem schulmeister etwas veil hette, sal vff des
pfarrers anregen, wie zimlich, abegestalt vnd vorhuth
werde. Vnd so der pfarrer vnd der Rath zu luchaw
In solchin adir andern zukunfftig zweitrechtig wurden,
das sie der vnderlangk nicht entragen mochtin, sal
svlchs mechtiglich vff das capitel vnd eynes ammecht-
mans zu egkirßberge bei zu thun gestalt werde, durch die
yre gebrechen mit beidirteyl wissen gutlich, adir wo sich
geboret, rechtlichen sollen entscheiden vnd beigelegt wer-
den. Das solchs allis wir obinvormeldet, von vns
obingeschrieben beredt, vnd von parten bewilliget, ha-
ben wir zu sicherung vnd zukunfftiger haldunge dissen
brieff gleichs lauts gezwuifacht, dem pfarrer vnd vicari-
en zu luchawe eynen gegeben, den andern dem Rathe
da selbst gelassen, vnd vnser Sigille wissentlichen dar
an gehangen. Gescheen vnd gegebin nach xxi vnsers
lieben herren gebort Tausent vierhundert, dar nach
Im funffvndenuhenzcigstin Jare, Am dinstage nach
palmarum In der heiligen fasten.

69.

Confirmation einer Vicarie. 1497.

Symon *Voltzke*, Decretorum Doctor, S. Severi Can-
tor, & B. Mariæ *Erffordensis* Eccleſiarum Cano-
nicus, Reverendiſſimique in Chriſto patris & domini
noſtri, Domini *Bertholdi*, Dei gratia Sanctæ *Mogun-
tinæ* ſedis Archiepiſcopi, Sacri Rom. Imp per Ger-
maniam Archicancellarii ac principis electoris Si-
gillifer

gillifer in *Erffordia*, Nec non Commiffarius ab eodem domino noftro Archipræfule ad infra fcripta deputatus, Vniverfis & fingulis has noftras literas vifuris & audituris, falutem in Domino. Decet ea, quæ ad honorem altiffimi proceffiffe dinofcuntur, & illibata perfiftant, oportunis munire præfidiis, illosque favere profequi fingulari, quos vitæ ac morum honeftas, aliaque laudabilia probitatis & virtutem merita multipliciter recommendant. Cum itaque Dominus *Gregorius Ronne*, plebanus in *Muf-chewitz*, & *Johannes Melckewafs*, opidanus in *Luchow*, de animarum fuarum falutes cogitantes, ac temporalia in fpiritualia, & tranfitória in æterna felici commercio commutare cupientes, de bonis a Domino Deo fibi collatis unam perpetuam vicariam, in honorem omnipotentis Dei gloriofiffimæque virginis Mariæ, ad altare in ecclefia parrochiali in *Luchow*, in honore gloriofæ virginis Mariæ, & fanctorum Mauritii & Wolfgangi martirum, confecratum, pro uno perpetuo vicario, qui ebdomatim duas perpetuo, unam Quartis feriis de beata virgine, & aliam feptis feriis de fancta cruce celebrare habebit, miffas, quantum in eis fuit, fundarunt feu ordinarunt, ac pro fallario vicarii miffas hujufmodi pro tempore legentis, quindecim florenorum renenfium annuos & perpetuos redditus, & habitationem honeftam affignarunt, prout in literis inftaurationis & dotationis defuper editis vidimus & cognovimus contineri. Nobisque humiliter fupplicari fecerunt, ut fundationi five ordinationi & affignationi prædictis pro illarum fubfiftentia firmiori robur confirmationis adjicere, Nec non Jus patronatus five præfentandi perfonam Idoneam ad dictam vicariam, quotiens illam vacare contigerit, Proconfulibus & Confulatui in *Luchow*, prout in dictis inftaurationis literis

teris cautum est, reservare & concedere, aliasque in
præmissis oportunæ providere dignaremur. Nos
igitur *Symon* Commissarius ante dictus, pium prædi-
ctorum fundatorum prepositum in Domino com-
mendantes, hujusmodi supplicationibus inclinati,
auctoritate supra dicti Reverendissimi domini nostri
Archipræsulis *Moguntini* nobis commissa, & qua fun-
gimur in hac parte, accedenteque venerabilium do-
minorum Decani & Capituli Ecclesiæ *Bibracensis*
consensu, fundationem, ordinationem & assignatio-
nem prædictas confirmamus, auctorisamus, ratifi-
camus & approbamus, ac jus patronatus sive præ-
sentandi ad eandem vicariam, quotiens illam vaca-
re contigerit, Proconsulibus & Consulatui in *Luchow*,
jus vero instituendi ad eandem vicariam nobis, aut
nostris in officio successoribus reservamus, conce-
dimus & assignamus. Eximentes eandem vicariam
cum omnibus suis bonis, censibus & redditibus
præsentibus & futuris ab omni onere & potestate
seculari. Et nichilominus ad vicariam hujusmodi
ab ejus primæva fundatione sive erectione, vacan-
tem, honorabilem dominum *Nicolaum Hoffemann* in-
stituendum & investiendum duximus ac instituimus
& investimus Dei nomine præsentibus, Vniversis
ac singulis præsentibus requisitis mandantes, qvate-
nus eundem dominum *Nicolaum* in & ad corpora-
lem dictæ vicariæ possessionem inducant & actua-
lem, ac de fructibus & redditibus, proventibus,
juribus & obventionibus universis integre respon-
deant, & faciant ab aliis integre responderi. In
quorum omnium & singulorum fidem & testimoni-
um præmissorum sigillum nostri Commissariatus præ-
sentibus est appensum. Datum anno Domini Mille-
simo quadringentesimo Nonagesimo septimo, die ve-
ro Sabbathi, vicesima octava Januarii.

70.

1 5 0 4

Wir hirnach geschreben hans koch vnd veit roten,
bergk, Bürgermeister, Michael metze, kemmerer,
baltasar patzet, ratiskompen, Jheronimus burgen,
Berlt freydentzail, Adam schroter vnd Vlrich von
gewissen, alle geschworne rathmanne disses jars, mit
den vndern zweyen reten, Sampt der gantzen gemeyne
Zung vnd alt vnd aller vnser nachkomen offentlich
                              arm vnd riche der stadt luchaw beken,
ney vor vnß — das wir vorkeuffen den wirdigen vnd
erbarn hern Hermanno schenken, Ern Vlrich kolben,
Ern martino koch, Ern Johanni Rosenberger, Cle,
mentisten und belente in der kirchen zu Numburgk, dry
gute reinische gulden jerlichs zinses — vor sunffczigk
gute wolwichtige rinische gulden. — der gegeben —
funffzehen hundert, dor Noch Im vierden Jare, am
Sonnabent Sanct michaelis abent des heiligen ertz
engels.

71.

Der Ertzbischof zu Mayntz confirmirt 5 Altäre zu
Laucha. 1 5 1 8.

Albertus dei gracia Sanctae Moguntinensis Sedis
    ac Magdeburgensis ecclesiae Archiepiscopus, Prin,
ceps elector Sacri Romani Imperii per Germaniam
Archicancellarius et Primas, administrator Halber,
statensis, Marchio Brandenburgensis, Stettinensis,
Pomeranie, Cassuborum, Sclauorumqve Dux, Burg,
grauius Nurenbergensis ac Rugiae Princeps. Vni,
uersis et singulis praesentes nostras literas inspecturis
salutem in domino sempiternam. Inter humanas
dispositiones illas potissimum paterno amplectimur

G 2   affectu,

affectu, per quas diuinus cultus in dei ecclefia augmen=
tatur. Sane pro parte honorabilium nobis dilecto=
rum Proconſulum opidi Luchaw noſträ Moguntinen=
ſis diocefis expofitum eſt, Qualiter Infra ſcripta al=
taria, videlicet Corporis Chriſti, Catharine, Sancti
Nicolai, Sancti Andree Apoſtoli, nec non Sancto=
rum Wolfgangi et Mauricy in parochiale ecclefia pre=
ſati opidi Luchaw ſita, per eosdem proconſules pro eo=
rundem ac Conciuium eorum filijs actu in ſacerdocio
exiſtentibus aut infra anni ſpatium ad id promouen=
dum abilibus, reditibus annuis, modo et forma infra
ſcriptis, ſatis ſuperque dotata et erecta ſint, videlicet
qvod poſſeſſores prefatorum altarium, Et primo álta=
ris Corporis Chriſti Jam dicti ſingulis diebus domi=
nicis, Martis et Mercurii, miſſas diurnales legere,
Lune vero de animabus, Jouis de corpore chriſti, nec
non Saturni de beata virgine hys tribus diebus ma=
tutinales miſſas decantare, debeat, Et pro hujusmodi
vnere prefati Conſules opidi Luchaw cuilibet poſſeſſori
quadraginta Florenos annuatim tradere et aſſignare
teneantur. Preterea quilibet eiusdem altaris poſſeſ=
ſor domum Clerico ydoneam habeat, et vineam pro
nunc ad id pertinentem, Secundo poſſeſſor altaris
ſancte Kathrine ſingulis diebus dominicis miſſam di=
urnalem, Lune de animabus, Martis de patrono
eiusdem altaris, miſſas legere, nec non diebus veneri
miſſam de ſancta Cruce decantare debeat, Et ſint cen=
ſus eiusdem altaris annuatim viginti octo floreni,
qui per dictum Conſulatum poſſeſſori eiusdem ſimiliter
tradi debeant. Tercio poſſeſſor altaris ſancti Nicolai
ſingulis diebus Martis, Jouis et Saturni miſſas ma=
tutinales, necnon Mercurii miſſam diurnalem legere
teneatur, Et habeat annuatim decem et ſeptem ſexa=
genas Monetä Schnebergenſis et ſeptem groſſos, quos
prefatis Conſulatus ei tradere debet. Item ſiluiolam
juxta

juxta prefatum opidum Luchaw ſitam et vineam eidem
altari pronunc applicatam. Quarto quod poſſeſſor
altaris Sancti Andree Apoſtoli ſingulis diebus domi-
nicis miſſam de ſancta Trinitate matutinalem, Mer-
curii ſimiliter miſſam matutinalem decantare, et vene-
ris miſſam diurnalem legere debeat et teneatur. Et
ſint Cenſus et bona ejusdem altaris viginti vnus flo-
reni decem et ſex groſſi, per dictum Conſulatum poſ-
ſeſſori annuatim perſoluend, et vinea ad idem altare
jam pertinens. Quinto quod poſſeſſor altaris ſancto-
rum Wolfgangi et Mauritii ſingulis diebus lune miſ-
ſam de animabus diurnalem, nec non ſingulis diebus
Martis, Mercurij et Saturni ſimiliter miſſas diurna-
les legere teneatur. Et ſint cenſus et redditus eius-
dem altaris viginti dua Sexagena, quarum quatuor-
decim ex pago Wehningen et octo a duobus Ciuibus
Opidi Luchaw qvotannis numeranda, Quodque ſin-
guli prefatorum altarium poſſeſſores ydoneas domus
habeant ac perſonaliter reſidere teneantur, quod ſe ita
facturos cirographo proprio prefatis conſulibus exhi-
bendo profiteri debent. Quare fuit nobis pro parte
eorundem Conſulum humiliter ſupplicatum, quatenus
Inſtaurationes et dotationes dictorum altarium in be-
neficia eccleſiaſtica erigere et confirmare dignaremur.
Nos vero de permiſſis ſufficienter informati attenden-
tes requiſitionem huiusmodi inſtam, rationi et religinoſ
noſtre conſonam, Quare predictas Inſtaurationes,
erectiones et dotationes ratas et gratas habentes, eas-
dem auctoritate noſtra ordinaria approbavimus, au-
ctorizauimus et ordinamus tenoreque preſentium ap-
probamus auctorizamus, admittimus et confirmamus,
fructus et redditus eorundem altarium titulo eccleſi-
aſtico ac libertati eccleſiaſtica aſcribentes, et Jus pa-
tronatus ſeu preſentandi prefatis proconſulibus Opidi
Luchaw totiens, quotiens prefata altaria vacare con-
G 3   tigerit,

tigerit, futuris temporibus refervantes.   Noftris ta-
men Moguntineque noftre et dicte parrochialis ecclefi-
arum, ac cuiusuis alterius superioritatibus et Zuribus
in premiffis semper saluis et illäfis manentibus.   Da-
tum noftro fub fisillo die ultimo Menfis Februarii,
Anno Domini Milleſimo quingenteſimo decimo octauo.

72.

1 5 0 8.

Auf Sonnabent katherine virginis Anno xv c octaus
haben die Erßamen weißen, Burgermeiſter, Rath,
Samt den alterluthen vnd dem wirdigen Herrn Geor-
gen Tumpel pfarrer, meiſter vrban, vier galmfenſter
vnd alle gerechtickeit, wihe ſich zu Tormfenſtern geburt,
vordinget: Nemlich vor funffzehen alde ſch.   Sulchs
zur Sicherheit haben Szie diſſer Ziddeln zwu außey-
ander gezwiffacht, den alterlutten Eyne, vnd meiſter vr-
ban Eynne geben. vnd gescheen vts.

73.

1 5 26.

Von Gottes Gnaden wir Georg Herzogk zu Sach-
ſen 2c. Thun kund vnd bekennen, Nachdem und
als zwiſchen Unſern liebn getreuen den von Rockhauſen
zu Kirchſcheidungen an einem, und dem Rath zu Lu-
chau, andres Theils, Irrung und Gebrechen die aufge-
richtete Feimſtätt uf der Scheidinger Gemeine, die
trift vf den höltzern der Hayn vnd Burckſtedel genant,
belangende, gehalten, welche wir beſichtiget, und wir
beyde Theil darauß alſo entſchieden und geweiſt haben,
Nehmlich daß obgedachte von Rockhauſen die uſge-
richtete

richtete Feimstatt wiederumb sollen abthun, und an statt derselbigen zu einen Zeichen der Obergerichte, so wir Ihnen uf bemelter Scheidinger Gemeinde gnädiglichen geließen, eine Seul ufrichten, und die Gerichtsfalle, so uf derselbigen Gemeinde vorfallen, zu Kirchscheidungen laſſen rechtfertigen, Was aber ſonſten obgemelten Rath, Gemeine und Einwohner zu Lauchau, uf obgedachter Scheidinger Gemeinde und der Hölzer zuſtendig, und vor alters herbracht, Es ſey mit Abhauung des holtzes oder anders, das ſoll Ihnen hiermit ingeſambt und beſonders unbenommen ſeyn. Es ſollen auch die von Rockhauſen Treibens, Hutens und Weidens uf benantn höltern, wenn ſie abgehauen und itz uf den Burgſtädel, ob es wollte wieder ufkommen, vier Jahr lang enthalten. Aber nach ausgang der vier Jahre, und wie ſie ſonſten dem holtze, mit der trift und huthe gebrauchen, wie es vor Alters herkommen, und damit dieſer gebrechen endlich entſchieden vnd vertragn ſein und bleiben. Treulich ohne Geſehrde. Zu Uhrkunde ſteter und veſter haltung haben wir dieſen Receß mit unſern herfürgedruckten Secret anfängl. beſiegeln, beyden Theilen zuſtellen, und darauf, uf der von Rockhauſen Anregen, mit unſern anhangenden Ingeſiegel becräftigen laßn und geben Leipzigk, Sonnabent nach Quaſimodogeniti, Ao 1526.

74.

Dis Sint fryhelte, Statuta vnde Gerechtigkeit Geſettze.

Da die Stadt Luchaw von den ediln graffen zcu vrllamundt, In den gezithenn, Herren des oſterlandes geweſt, mide gefriehet ſindt, begnad vnde begabet iſt, nach der rethe zcu den gezithen geweſt, vnde der gantze

gemeyne

gemeyne willckor. So dannen der Hochgeborne Ir-
luchte furste, Herre fridderich von gotis gnaden gnaden
landgraffe in doringen, marggraffe zcu miessenn zcu-
den getiethenn, guant der Zungere Herre worden ist,
dez osterlandis, vmb sunderlicher gunst, heymelikeit,
vnde liebe willen, had her sy furder gefriehet, vnde mid
stadrechte begabet, In allir masse dy stadt Saltza ge-
friehet vnnd begabet ist, alle sache zcu handeln, zcu
Straffen vnd zcu richtenn, vßgeflossen, vier Sachenn
also nemlichnn waz dube, nothzagk, morth, halß addir
handt angelangen magk, waz ubir disse vier sache zcu
handeln, zcu straffenn, vnde in der stadt luchaw zcu
richten ist, vnde auch in irern marcke, vff deme selbe,
dez sall der rath von vnßeren gnedigen Herrenn beste-
tiget, gantze macht vnde zcu thunde habenn, nachdeme
daz vnßer leginden orkunde, vns von den genanten,
vnnßerm gnedigen Herren, darvbir gegebinn, klerlichenn
Inhalden, vnde vßwiesenn, vnde nu furder, durch den
Hochgebornen Irluchtigsten fursten, vnsern gnädigen
Herren Herrn Wilhelmen Hertzogk zcu Sachßenn,
landgraffe in doringen vnd Margkgraffen zcu Miessen,
vnßern gnedign lieben Herren von Fursten zw Fur-
sten bestettigtt, also bestetiget, daz her nach keyner sy-
ner gewaldigenn, vns dy, vortzugkt addir vorrugkt nach
gebrochen addir vorkurtzigen Sollen, vnde wir Bur-
germeister diß jans der Stath Luchaw, vnde der gantze
Rath, von vnßerme gnedigen Herrn bestetiget, vnde
alle vnßern Nachkommen am rathe, vnde dornach dy
gantze gemeyne wüllen dy Selbien Statuta, fryheite
vnde gesetze by der Bosse darvff gesatzet, halden, vnde
von eynem Iderm eyneclichem by vns in der gnanten
vnßern Stadt, her sy burger addir nicht, gehalden ha-
ben, In allir masse hirnach Schrifftlichenn volgit vn-
de geschriebenn stehit.

Item

Item. Wan die Burgermeiſter Eynen medeburger
beſenden, vmbe waſer Sache es ſy, der Inheymiſch iſt,
vnde nicht en kӱnipt, addir ſuſt, den Burgermeiſtern
jn ttemeliᷤm Sachenn, do her billiche gehorſam jenen
ſyn ſelde, vnnd vngehorſamen iſt, denſelbigen vngehor-
ſamen, Sꝗl man jn der Stad gehorſam triᷤenn, den
her, dannen eynen tagk vnde eyne Nacht, haldin Sall,
vnde dornach eyn ſolches der ſtud vorwandelnn, Nach
Irkanttniß dez Rathis wy billich iſt.

Item oꝰch en ſall keyn bürger den andern vor ge-
richte beklagn, her habe on dannen vor erſt vor deme
Rathe gehabt, by der obgerohrten Buſſe, Alſo by ſy-
nen gehorſame, geſche eß dannen dꝛ eyner vor deme
rathe gehabt, by der obgerohrten buſſe alſo by ſynen
gohorſame, geſche es dannen dꝛ eyner vor deme Ra-
the neyn ſpriche, vnde dornach vor deme gerichte be-
kentte, derſelbige iſt nicht wirdigk dꝛ man on vor ey-
nen mide bürget nennet, Sundern man ſall ön noch
tzwiſpeldiger tzungen hertlichenn ſtraffen,

Item. Wilch burger den andern vor deme rathe
ligen, addir ſuſt mit unvornunfftigen, vntzüchticlichenn
worttenn, vor deme rathe, addir andirſſwo obir ferth,
der ſal, ffünff ſchillinge phennige alſo balde gebenn, by
der ſtad gehorſam, dy der Stadt halb volgen ſollen,
vnde deme Rathe halb.

Wilch burger den andern an ſyner geburt beſchil-
det, es ſy vor deme Rathe addir uff der gaſſenn, addir
ander ende, adder burgerßhuſern dꝛ dy ere ane lan-
get, brenget der Zehnen vor den Rath, der ön geſchul-
den, addir miſſehandelt had, vnde bekennet Ihener der
wort, der ſall der ſtadt fünff ſchillinge phennige gebenn,
alſo balde geben vnde Ihenen wandeln nach dez Ratiß
irkentniß nach deme dy wort belangen. ꝛc.

Item. Eyn Iglicher Er ſy burger addir nicht, der
Sall in deme Rathuß vnnd uff deme Rathuß, alſo uff

der

der Stadt frieheit, frede huldin, vnde haben, vnde wer
dor vbir der Stad frieheit vnd friede, brechen wurde
eyner an deme andertiß, den sal man straffen nach
rechte, also eyn echtern deß gehorsames der frihеit vnde
des friedes.

Item alle felscheryen alſo an ſpiſe kauffe vnnd ge-
meynen kauffe, also an niaſſen, nemelichem an vnrech-
ten ſcheffiln biermaſſenn, Oelmaſſenn, Saltzmaſſenn, ad-
dir wy dy maſſe namen gehaben mögen, vnnd auch
Sundirlich an gewichte daz fälſch wiere, by weme man
daz finden wurde, den ſal man ſtraffen nach Wichbil-
des Redſte daz iſt Stadtrecht, vnde dyſelbige pena iſt,
dry windiſſche margk, dy dannen machenn nach dieſer
weher Sechs vnde driſſigk ſchillirig phenuiſſige, addir
huth vnde hare daz ſtehit zcu der Rathmanne för, wilch
ſy haben addir nemen wuſtenh nach deme dy recht
halden.

Item alle marcktage daz Jar vbir by vns in vnßere
Stadt, Sindt gefryet vnde Sullen fry ſyn, Alſo daz
nymandt den andernn vorletzen, addire mit wortten
vbir ſarenn ſall, noch mit keynen werckin, nach waffen,
dy do kampffrar Sindt, vnd wer abir die Freyheith
darober brieche, addir brechen wurde, der liſt darumb
die buße der ſtadt, nach dy thad iſt.

Item wir wullen ouch, vnde gebiethen daz, das keyn
vorkeuffer, Er ſey Bargir addir nicht, deme gemeynen
volke, an korne, putter, Eygern, keßen, hontern, addirn
wy der ſpeiſe kauff, namen gehaben magk, Jchtis zcu
ſchadenn vffkeuffenn, der wiſch ſy danne nydder geleyth,
wer abir diß nicht alſo halden wurde, deme Sall man
daz ſelbige nemen, daz her vnder deme Wiſch alſo ge-
kaufft had, vnde man ſall jme daz nicht widder geben,
Sundern daz armen luthin, nach des Ratiß willenn
irkenttniß geben.

Jedoch

Jdoch So magk eyn Jglicher Jnwonender burger, der zcu kauff ſlagen phlyd, ſelle vnde garn, addirn andern kauffmanſchatz, der jn den ſpiſe kauff nicht anlanget, der mag vnder deme wiſſche kauffenn, daz man eynem freinden nicht zcu geſtathin Sall ꝛc.

Wilch Burger zcu Luchaw jn vnßer Stath unbeqweme ſeuwer Stede had, alſo küchen, Oeffene, darren, addir wy dy namen gehaben mögen, dy nach dez Ratiß erkentniß vnbequeme ſind, dy ſall man abe thun.

Nach dez Rathes geheiße, vnde dornach den Rath dartzu heiſſche, ab her ſy beqveme gnugk gemacht had, wer abir daz alſo nicht thun vnnd halden würde qweme darvon jcheyn ſchade, dy Buße mag jme zu ſwern werdin, nachdeme daz vor mer geſchen iſt ꝛc.

Wilch Burger deme andern abe Erth addir abe Sneth thudt, an ſynen ackir, jn weſen, jn garthen, jm holtz, addir wy der ſchade Namen gehaben magk, den ſchaden ſall man dy gaßmeiſter beſehen laſſen, vnnd wirdern vnd wer daz alſo vbir komen wirt, der vor buſt alſo balde der ſtath dry ſchillingk phennige, alſo dicke daz geſcheet, vnnd den Gaßmeiſtern eynen ſchillingk phennige, dy den ſchaden geſehen habinn, den mogen ſy vortzeren, vnde darnach jhenen wandels phlegenn nach dez Rathiß jrkenttniß.

Jtem, wen dy tzyt kumpt, daz mau Wyne in den Mosten zcu kouffen phliget, So magk eyn Jglicher burger, er ſy rich addir arm, tzwy faß wyns alſo nemelichenn vor Sente Martins tage, vnnd nicht darnach vbir ſyn Gewechſſe zu kouffen vnd nicht mir, vnd ſal y von deme faße der ſtath zcwene nuwe groſſchenn zu der Nider lage gebinn, vnnd wan her den Wyn ſchenckt, eynen ſchillingk phennige, dem rath von jedeme faße zu ſchencke rechte gebinn.

Jtem.

Item. Wan man eynen nuwen Rath, von vnßerm gnedigen Herrn beſtetiget, vorkundiget, vnde haldunge zu thune phliet, da ſal eyn jrlicher vnſer Midebürger, Er ſy Rich addir arm, alt addir jungk, nach deme jme daz vorkundigen wirt, der ſal kegenwirtigk ſyn ane allen behelff, addir entſchuldigunge, jß were dannen mit wiſſen vnnd willen dez Rathis, der diz zu thunde hette, wer aber daz alſo nicht halden wulde, addir würde, der Sall alzo balde, fünff ſchillingk phennige vorfallen ſyn, dy man dannen vnuerſchonet, von einen iglichen alſo balde furdern ſall.

Item. Wer do Bier feile had, der ſal eynen jglichen ſyn volle Maß gebinn jn deme huße, vnd vß deme huße, vnnd hinder wen man doz qweme, vnd nicht enthede, daz ſal her buſſen mit ſunff ſchillingk phennigen alzo balde ꝛc.

Were abir daz biermaß zu klyne daz ſall her buſſenn mid eynen phunde phennigenn.

Wieres auch daz eyn wynwirt, daz maß nicht voll gebe, daz Sall her jauch mid eynen phunde phennigen gebuſßen.

Were abir daz wynmaß zu kleyne, daz ſulde er, gebuſſen mid eyner marck.

Alle dy Zehnen, dy mid der elle, addir mit deme gewichte meſſen, addir wegen, dy ſullen jre rechte ellen vnde gewichte habenn, by der buſſe eyn phundt phenninge, wer abir damide mid vnrechte funden wirt, der hat zu vor an, dy ellen vnnd gewichte verloren, vnnd darnach die buſſe vorwircket.

Sulche vorgnante Stuck had eyn Rath, ane hülfe vnd ane clage eynes Amptmans zu rechtvirtigen.

Item wurde ein Ratißkumpan addir ein mideburger von den Ratißmeiſtern, by gehorſam, vff das rathhuß, addir ſuſt zu jn zu komen verbothet, vnnd nicht qweme, den mochten ſy vff eyn thor jn jren gehorſamen
wyßen,

wyßen, Ginge her dannen jn sulchen gehorsam nicht, addir ab her, jn den gehorsam gegangen wir, vnnd ginge ane Sunderliche loube, der Ratißmeistern vnnd Rathiß, widder daruß, den hildet man vor eynen vngehorsamen burger, vnde man mochte sich darvmb zu jme haldin, jn nach jrkenttniß des Rathis zu straffen.

Item daz Oell verkaufft man nach deme gewichte by phundenn.

Item wan Eyn Burger den andirn addir Eyn vßwirdigenn eynen burger beklayth, vor deme Rathe, vmb gelthafftige schult der Sall entwurtten, deme kleger, vnnd wez her, jme dannen bekenntlichen ist, daz sal er by sechs wochen vßrichtunge thun, kumpt dannen der clegern vßgehende den sechs wochinn widder vor den Rath, vnnd klaget ime sy nicht wille gemacht, Alß dannen sal der Rad senden eynen gaßmeister zu deme schuldiger vnnd Jme sagen lasse, daz her sich mit jme vortrage deme schuldigk ist, vnnd jme willen mache, thut her dez nicht, begert dannen Jhener hülffe vor deme Rathe, So sal sich eyn iglicher Sittzender Rath, bethen den schultheißen, deme Cleger hülffe zu thune, wann ome dannen dy hülffe, also geschen ist, So magk her dy phande vorsetze, addir vorkouffe vor syn gelt, vnnd synen schuldigern, dy besserunge nach wisen. Magk her abir sulche phande nicht vorsetzen, noch vorkouffen, So sall her dy phande, selbir behaldenn, vor syn gelt, vnd dy besserunge sal stehenn vffs Ratis Jrkentniß. Wiren auch die phande nicht gut gnugk, So sal man Jhme furder phande helffen so vil daz her syner schult, volkomelichenn dorane bekomen magk.

Czu wissen daz wir der Rath durch aldir redelicher Jnkomenen gewonheit, vnnd mid crafft Jnhaldunge vnßer statuta, eynen jglichen Burger, vor syne pflichtigunge burger rechtis zu thune, vnde daz stete vnde gantz zu halden, also dannen eyn Jglicher burger, Jn vnßers

gnedigen

gnedigen hernn vnd vnßerer ſtadt, luchaw vns Rethen
geholt, vnnd geſworn had, daz dannen ſulch burger-
recht, Eyde vnnd haldunge, gantz vnuorruckt, ſtete, vnd
gantz gehalden werdin, Alſo habin wir mid wiſſen
vnnd willen, dez erhafftigen vnnde wol wyſen hans
Beringerß, itzt ſchoßßer, vnßß gnedigen Herren, zcu
Wymar pena vnnd ſtraffunge dorvff geſatzt, Eynen
Jglichen, der ſulche verphlichtigunge, Eyde, vnde ge-
lobde berüchigk wurde, dy zu lyden, vff ſulche ſtatuta.

Statuta nach vßwiſunge dez ſtadboches, darInnen
klerlichen zu vorſtehen, Jgliche gebrüchliche ſtucke ge-
ſchreben, In maſſen ſchrifftlichen hirnach volgin.

Nur eynen Jglichem beſunderin grüntlichem zcu Jr
nennen dy pena, dar vff geſatzt, dy vff ſulchs brechens
halbenn, ſynes burger rechtis gemacht, vndez geſatzt iſt,
vff wilche tzyd eyn iglicher Midebürger ſyn burgerrecht,
vorrucket mit wortten, addir werckin, warhaffticlichen
vorbracht wurde, dannen derſelbige zu vormiden vnde
nicht jn eynen Jare zu bruwen, vnde daz Jar das
bruwehuß nicht zu jrſuchen, vnde darnach vßgehende
dez jaris, ſulche ſyne vorwirckunge, der Stad vnd deme
Rathe, mid ſulcher vormidunge des bruwens ſullen dan-
nen gebuſt habe.

Aber alle dy Jhenen beſundernn, die da nicht bier
ſchriben lieſſenn vnnd bruweten daz dy ſullen der ſtad
v. alt ſchogk zur buſe gebin, bruchlikeith der ſtadt buſſen
mit funffte halben alden ſchogke, ane alle gnade, vnd
ſolche boſſe dannen an der ſtad gebuw, vnd vromen ſall
gelegit werde.

Wurde Sichs abir begebin, daz eyn iglicher, meynte
ſulche pena nicht zu halden, nach luthe vnßers ſtadbo-
ches, vnde darvbir bruwete vnd meynte ſulcher ſtatuta
vnnd geboth nicht zu halden, derſelbige ſal tzwiueldige
buſſe liden vnnd gebenn, Eß en ſy dannen, daz her an
gnade, valle kegin den Rethin, do mogen jene die

Reth-

Rethe gnade ertzeigen, ab jn daz ebindt vnnd be-
qweme ist.

Ouch sullen selche geboth vom deme Rathe eynen
Jglichen vorbruchlingen manne, mundlichen selbir ge-
saget werdo, addir vnser ssod boch vff deme Rathuß,
den schriber lesen lasse, vnnd daz nicht vff eynen stad
knecht zu vorlassen, vnnd wan dannen daz von eynen
Jglichen bruchlithen, nicht gschee, vnnd gehalden wur-
de, dannen sal der Rath den selbigen von stundt jn den
gehorsame heissen gehen, vnnd darvß nicht gehen, sulche
vorgeschreben zwyfache dusse werde dannen vbir gege-
binn, vnnd daz Jar nicht zu brixve ⅋c.

Item also sal eyn iplicher bestetiger rath der von vn-
ßerm gnedien Herrn bestetiget wirt, dem nuwen rathe
den ayd lasse staden.

Item Wir schweren, gothe, dem almechtigen, vn-
ßerm gnedien Herrn Hertzuge Walhelm, der stad Lu-
chaw, dar Jsme der gantzen geheyn, arm vnd riche, dy
czu der stad luchau gehorn, daz wir recht wollen moh-
ten, vnd vnrecht wernhen, also ferne wir deß bolenden,
vnd erkenne mogin, daz nicht lassin, durch lieb, noch
durch leyd, durch gnfft, durch gabe, durch fruntschafft
noch durch mage, nach durch keyner hande sache, also
vnß god helffe, vnd alle heyligen.

Item an derselbige stad sal der alde rad vnnd was czu
den rethin gehoritt dem nuwen rathe wider schweren
dyssen eyd.

Item Wir schwern dem nuwen rathe gehorsam czu
sine vnd beholffin zcu allir gerechtigkeit, vnnd czu allin
notin dy sy von der stad wegen antrifft, czu nacht vnnd
czu tage wome sy vnß deß vermanen vnd deß nicht wol-
lin meldin fronnden nach fremden, iß sy danne jn ge-
swornnen sitczende rathe den rath vnd gemeyn belan-
get, also vnß god helffe vnd alle heyligen.

75.

Laucha.

H. Heinrich confirmirte nach H. Georgens Abſterben dem Rath und Gemeynde der Stadt ihre alte Herkommen, Dresden Montags nach Erhardi 1540. Zeugen die Räthe Herr Balthaſar von Ragewitz, Dechant zu Freyberg, Herr Wentzel Naumann, Doctor, Canzler, und Hans von Heinitz.

H. Auguſtus als Admin. dem nach gemachter Sonderung Lucha zugefallen war, conf. alles Merſeburg Mittwochs nach Miſ. Dom. 1545. Zeugen die Räthe Chriſtoph von Maltitz, Herr Hier. von Kiſewetter, Doct. Canzler, George von Kannewurff, Marſchalck.

Der Adminiſtrator ertheilte die Confirmation, wie ſie vormals H. Friedrich 1409. 1423. H. Wilhelm 1448. H. Friedrich 1441. H. Auguſt 1541. und Chf. Chriſtian 1586. ertheilet, Dresden 10. Mart. 1593. Zeugen Herr David Peifer, zu Goſigk, der Rechten Doctor, in Vormundſchafft verordneter Rath und Canzler, Abraham Bock zu Kliphauſen, Heinrich von Bünau zu Nedeſchitz, Herr D. Johann Badehorn, Herr D. Daniel Müller, Herr D. Johann George Gödelmann, George von Schleinitz zu Stauchitz, Walther Lüttichau zu Kmehln.

Chf. Chriſtian II. ertheilte dergleichen Confirmation, ſub d. Dresben 1. Jun. 1607. Zeugen die Räthe Bernhard von Pölnitz zu Schwarzbach und Lindenkeutz, Geh. Rath und Canzler, George Ulrich von Ende, zu Bertelsdorff, Hans Adolph Bock zu Kliphauſen, Joachim von Dölau zu Rupertsgrün, Frantz von Rechenberg, Johann von Quingenberg, zu Wenigen Auma, Herr D. Chriſtoph Richter, Herr D. Ludwig Perſen.

Chf. Johann George ertheilte dergleichen Confirmation ſub d. Dresden den 24. Jun. 1612. Zeugen
die

die Räthe Wolff von Lüttichau, zu Krwehlen, George Ulrich von Ende, Joachim von Döhkau, zu Rupertis, grün, Johann von Qvingenberg, zu Wenigen, Auma und Haßelberg, Herr D. David Döring, Herr D. Joachim Ziegler, Sebastian Friedrich von Kötteritsch zu Sitten, Herr D. Joseph Avenarius.

II.

Diplomata Schlothemensia

collecta

a

N. L.

I.

Albertus, Comes Gleichensis, appropriat Sanctimonialibus in Schlotheim bona quædam sita in Bilstete 1292.

Nos *Albertus Comes in Glichen*, recognoscimus tenore presentium, publice protestantes, quod bona quædam sita in villa *Bilstete*, valencia anno septem solidos monete *Northusensis*, antam unam & quatuor pullos, quæ *Hermannus* dictus de *Almenhusen* de manu nostra tenuit, jure feodali de consensu & pia permissione omnium heredum nostrorum ad honorem Dei & salutem nostram & nostrorum parentum conventui Sanctimonialium residenti penes civicatem *Slotheim* in loco, ubi inventum fuit corpus Christi, jure proprietario, & ea libertate, qua dicta bona possedimus, in his scriptis offerimus perpetua possidendæ. In cujus rei testimonium presens scriptum nostri sigilli arra dedimus communitum. Datum anno Domini M. CC. XCII. In annunciatione dominica.

2.

Johannes de Cruceburch donat Sanctimonialibus Schlotheimensibus sex Maldra Avenæ. 1293.

Nos *Johannes*, filius *Guntheri Dapiferi*, *dicti de Cruceburch*, felicis memorie, una cum fratribus nostris & sororibus in his scriptis recognoscimus publice protestantes, nos sex Maltra avene mensure *Erfurtensis*, quam in villa *Hogen* possidere dignoscimus, ad claustrum sanctimonialium in *Slotheim* dedisse pro memoria & salute ejusdem patris nostri, ibidem sepulti, in perpetuum jure proprietario possidendum, nobis tamen tali conditione servata, quod predicte avene mensura, si claustro prefato unum mansum tria maldra *Erfordensia* hyemalis annone singulis annis persolventem emptione, vel alio modo quocunque & jure possidendum ordinabimur, ad manum nostram certissime revoletur, sin autem, nullatenus acceptabimus avenam nominatam sepius in nostros usus mancipare. In cujus rei certitudinem & perpetuam firmitatem præsentem literam jussimus nostri sigilli robore communiri. Testes sunt Dn9 *Herm. de Mila*, Dn9 *Hermannus Stranz* de *Thulstete*, Dn9 *Fridericus & Berthog* fr. suus *de Struzberch*, *Gyselherg de Graba & Netscho*, milites *de Slotheim*, Dn9 *Johannes*, plebanus de *Bliderstete*, Dn9 *Berthold Vappo* & Dn9 *Wernherus de Holzutere* & alii fide digni. Datum anno Dni M. CC. XCIII. In die Sancti Egidii.

3. *Her-*

3.

Hermannus, Fridericus & Cunemundus de Sundershau-
fen tradunt fanctimonialibus in Schlotheim duos man-
fos fitos in Groffen Melra & alia quædam
bona. 1294.

Nos *Hermannus*, *Fridericus* & *Cunemundus de Sun-*
dershufen recognofcimus in his fcriptis publice
proteftantes, quod duos manfos fitos in campis ville
Lokinfufre adtinentibus, quos a nobis *Bertramus* mi-
les *de Melre* majori tenuit jure feudi & quos frater
Gerhardus de Slotheim libi, forore fue, domine *Mar-*
garete, & conventui fanctimonialium ibidem in
Slotheim ab eodem *Bertramo*, milite, emptione com-
paravit, quos etiam nobis prædictus *Bertramus* una
curia & uno manfo, fito ibidem in *Melre* & duobus
manfis in campis ville *Vrbeche* fitis, & jure proprie-
tario poffeffis, nobis his omnibus relignatis libere &
eisdem fufceptis a nobis denuo jure feudi concam-
biendo reftauravit predictis fratri *Gerhardo*, forori
fue *Margarete* & conventui fanctimonialium refigna-
mus & damus poffeffione quieta & jure proprieta-
rio in perpetuum poffidendos. Cujus rei teftimo-
nium prefens fcriptum confcribi facientes dedimus,
noftri figilli robore communitum. Datum anno
Dni M. CC. XCIIII. In die Sancti Sebaftiani.

4.

Fridericus de Wernrode donat cænobio in Schlotheim quatuor
marcas & dimidium. 1302.

Vt facta hominum, que legitime fiunt, in finem de-
bitum, rata perfeverent & inconvulfa, neceffe
eft, ea literis conferuari. Nos igitur Dei gratia *Con-*
radus, prepofitus, *Adelheydis*, prioriffa, nec non con-
ventus cænobii fanctimonialium in *Slotheym* recogno-

fcimus,

scimus, & ad cunctorum notitiam cupimus perveni-
re, quod strenuus vir, dnus *Fridericus* miles, dictus
de Wernrode, prudenter sibi suisque in posterum pro-
videns, nobis in subsidium quatuor marcas & dimi-
diam ad coemenda quedam bona, sita in villa *Melre*,
nostre ecclesie perpetuo profutura, contulit, ita sa-
ne, ut videlicet de eisdem bonis duabus filiabus suis,
Gertrudi & Mechtildi, nostris consororibus dimidiam
marcam, hoc est, unicuique fertonem usualis argen-
ti, absque retractione qualibet, quoad vixerint, an-
nis singulis in festo S. Michaelis fideliter persolva-
mus, que tamen cum domino vocante migraverint,
prefatus censas nostro conventui perpetuo deser-
viet, & ex tunc prefati militis ac vxoris ejus *Ger-*
trudis jugem memoriam peragemus in pleno officio
defunctorum anniversarium ipsorum solempniter
observantes. In quorum omnium certitudinem fir-
miorem presentem literam nostris sigillis fecimus ro-
borari.   Acta sunt hec anno Domini MCCCII. cir-
ca festum purificationis Sancte Marie.

5.

Conventus ecclesia Reinhartsbrunnensis vendit sanctimo-
nialibus S. Maria Magdalena in Schlotheim
bona quadam. 1304.

Dignum & salubre inventum a nullis ambigitur,
    acta ad hominum honesta causa memorie per-
hennis scriptis inseri, ne ea caligine oblivionis ex
effluxu continuo temporum & brevi humane vite
statu emergentis contingat obfuscari.   Hinc est,
quod nos *Hermannus*, dei gratia Abbas, & *Christianus*,
Prior, & *Theodericus*, Cellarius, totusque conventus
ecclesie in *Reinhersburn*, tam presentibus, quam futu-
ris

ris cunctis, quibus presentium tenor exhibitus fuerit, recognoscimus & certissime profitemur, nos religiosarum dominarum, ordinis Sancte Marie Magdalene, conventui in *Slotbeym*, omnia nostra bona his campis nostris attinencia, scilicet in *inferiori Mestete* & *Superiori* in lida, cum omnibus juribus, & pertinenciis, pro viginti sex marcis & dimidia marca exeminati argenti possessione perpetua vendidisse, quietudine & mera libertate, sicuti ipsa bona nostra ecclesia & nos hucusque possedimus, in perpetuum possidenda, habito super eo nostri conventus bono consensu integro & favore. Volumus etiam & promittimus in his scriptis predicto conventui horum bonorum a nobis emptorum debitam Warandiam facere & condignam. Ut autem cuidam de hac nostra venditione non soboriatur aliquod dubium, sepe dicto conventui presens scriptum sigillorum nostrorum robore dedimus communitum. Testes huius rei sunt *Henningus*, Caconicus ecclesie S. Marie in *Erfford*, dictus *de Aquis, Conradus*, Canonicus in *Dorlon*, dictus *de Graba, Conradus*, Plebanus S. Mauricii in *Erfford*, Dn9. *Petrus*, Sacerdos de *Mestete*, Dn9. *Heinricus*, Plebanus, in *Hoyngen, Bertbous, Fridericus, Heyno, Guntberus* ..... & *Guntberus de Wilirstete*, dni *in Slotbeym, Ditmarus*, miles, dictus *Scapa*, & *Theodericus*, dictus *Puer*, ac alii quam plures fide digni. Datum *Erffordie* anno dni MCCCIV. in die beati Thome, Apostoli.

6.

Henr. de Ebeleben protestatur, nihil sibi juris ratione advocatie competere in Mestedensibus aliisque bonis, item in allodio Boyckendorfensi, qua Sanctimoniales in Schlotbeim a cænobio Reinbartsbrunensi coëmerant. 1306.

Nos *Heinricus*, miles & dn9 in *Ebeleybin*, recognoscimus, & presentibus publice protestamur, quod

a fide

a fide dignis & antiquis noftre provincie incolis fu-
mus plenarie inftructi & edocti, ac omni amputató
dubio fufficienter informati, quod ratione advoca-
tie, cui nunc in *Hain* ex parte illuftris principis &
dni, *Henrici ducis Brünfvicenfis* prefidemus, nihil juris
habere poffumus, nec habemus, in bonis, fitis in vil-
la & in campo *Meftete*, que bona prepofitus & fan-
ctimoniales in *Slotheim* fibi a dno Abbate & a con-
ventu ecclefie in *Reinhartesborn* rite & racionabiliter
emptionis titulo compararunt, unde deinceps iis-
dem monialibus & fue ecclefie nullum impedimen-
tum feu gravamen inferre volumus, nec inferri per
noftros fubditos aliqualiter permittemus, nec etiam
in allodio, feu bonis in *Boykendorf*, que dicte monia-
les pluribus annis poffederunt libere & quiete, no-
bis aliquod jus poffumus vfurpare, fed easdem fan-
ctimoniales non folum in predictis bonis, verum et-
iam in omnibus aliis, quibuscunque eis proficere
poffumus fideli corde ob remunerationem divinam
volumus & libenti animo cupimus promovere, & fe-
cundum noftram poffibilitatem diligencius defenfa-
re. In cujus rei evidenciam & certitudinem am-
pliorem prefentem literam fepefatis monialibus no-
ftro figillo dedimus communitam.　Teftes premif-
forum funt dn9 *Wernberus*, prepofitus in *Marketfuz-
za*, *Nycolaus*, miles *de Ebeleyben*, *Theodericus Zengeftock*,
frater *Conradus* de *Erich* & alii fide digni.　Datum
anno dni MCCCVI. XI. Kal. Sept.

7.

*Heinricus, Dux Brunfuicenfis, donat & remittit fanctimoni-
alibus in Schlotheim omnem canonem cenfualem, fibi alias
in bonis dictæ ecclefiæ in Meftete competentem.* 1308.

Dei gratia nos *Heynricus, dux in Brunfwich,* reco-
guofcimus Chrifti fidelibus ac univerfis præfen-
tem

tem paginam inspecturis, quod nos omnem canonem censualem nobis in villa *Meftere* a bonis conventus ecclefie de *Reinbardesborn* cedere delentem, ex matura deliberatione propter deum contulimus & dedimus fanctimonialibus in *Slotbeym*, monafterio beate Marie Magdalene deo feruientibus die ac nocte fideliter & devote, certiflime confifi, quod devotius exiftant, memores noftri, & quod ipfarum meritis & precibus falus noftra tam in morte, qaam in vita debeat adaugeri. Ne ergo noftra ab fic aufe timorationis filio infringatur, prefentem literam inde confectam dedimus, figilli noftri munimine roboratam. Datum anno dni MCCCVIII. feria quinta poft dominicam, in qua cantatur Letare.

8.

Compofitio inter Hermannum de Almenhufen &
conventum in Schlotheim. 1309.

Ea, que fiunt in tempore, ne fimul labantur cum tempore, neceffe eft literarum teftimoniis perhennari. Unde nos *Hermannus*, dictus *de Almenhufen*, univerfis, ad quos prefens fcriptum pervenerit, cupimus fore notum, quod compofitione fufcepta inter religiofum dnum prepofitum & conventum in *Slotbeym* ex parte una, & nos ex parte altera, omni caufe impetitionis impugnationis, five cujuscunque infeftationis cenfeatur, abrenunciavimus & amplius fide data dictum dnum Prepofitum & conventum & omnia fua honorifice promovere promifimus, quod vulgariter vórbere unð eþre dicitur, litibusque omnibus ceffantibus & fopitis. Ut hec firma & rata permaneant, præfentem paginam

noftri

noſtri ſigilli munimine dedimus roboratam. Et nos
Al. & H. domini oppidi in *Nünheylingen* rogati ex
parte dicti *Herm. de Almenhuſen* ſigillạ noſtra appen-
dimus in predictorum teſtimonium & evidentiam
ampliorem. Hujus rei teſtes ſunt honeſti viri, vi-
delicet dn9 *H.* Plebanus in *Nynheilingen,* Dn. *Al.* Sa-
cerdos dictus de *Blankenberc,* dn9 *H.* Plebanus in
Hoyngen, Her. miles, dictus *Canis, Her.* dictus *Lupus,*
G. de Apinheylingen, alii plures fide digni. Acta ſunt
hec in *Nunheylingen* in domo ibidem Plebani. An.
dni MCCCIX. octava Laurentii Martyris.

9.

Herwardus de Scharfenſtein vendit ſanctimonialibus in
Schlotheim decimationem ſuam in Groſſen Melra.
1311.

Nos *Herwardus,* dictus *de Scharfenſtein,* cunctis
Chriſti fidelibus, tam futuris, quam preſentibus,
ad quos preſens ſcriptum, pervenerit, cupimus fo-
re notum, quod decimationem totalem, tam annone,
quam pullorum, quam in villa *majori Melre* poſſedi-
mus, traditam nobis a *Wernhero de Struzberg,* dicto
ante Valvam, ſocero noſtro, cum dna *Bertrade,* filia
ejusdem, uxore noſtra legitima, & donatam de ma-
turo propoſito & conſilio provido predicti *Wernheri,*
aliorumque amicorum noſtrorum vendidimus juſto
venditionis tytulo & perfecto, dno. *Conrado,* Præpo-
ſito, *Adylheidi,* Prioriſſe, conventui ſanctimonialium
de *Slotheim* & cenobio eorundem integraliter cum
omnibus juribus & libertatibus, quibus ipſam poſſe-
dimus, temporibus perperuis posſidendam, requiſito
& habito favore bono & pleno conſenſu prenomi-
nate *Bertradis,* uxoris noſtre, & omnium heredum
noſtro-

noftrorum, nec non predicti *Wernberi*, foceri noftri
& omnium heredum & coheredum ejusdem fuper
eo, Et ut etiam omnis erroris & impedimenti fcru-
pulus circa prehabitam venditionem noftram am-
putetur, nos predicte decimationi fimul cum uxore
noftra predicta & cunctis noftris heredibus, ac et-
iam una cum eodem *Wernbero*, focero noftro, & cum
omnibus fuis heredibus, videlicet filiis & filiabus
fuis, ac omnibus, quibus poffet effe in pofterum
fpes future fucceffionis ejusdem decimationis, re-
nunciavimus, & in perpetuum renunciamus per
prefentes, firmiter nihilominus & fideliter promit-
tendes eisdem dno. *Conrado*, Prepofito, *Adylbeydi*,
Prioriffe, conventui & cenobio prefato debitam &
completam marandiam faciendam fuper predicta
decimatione, cùm judiciali etiam relignatione in
omnibus locis, in quibus neceffarium vifum fuerit
& opportunum. Nos itaque volentes, ut ea, que
per nos in predicta venditione gefta funt & feria-
tim defcripta, indubitata memoria & perpetuo ro-
bore fulciantur, præfentem literam ex his confe-
ctam, precibus noftris intervenientibus fecimus ho-
norabilium virorum figillis appenfis, videlicet Dni
Conradi, Prepofiti de *Cella*, Dni *Henrici* Prepofiti de
Ammenrode, & Dni *Heynonis*, *Dapiferi de Sletheim*, evi-
dentius roborari. Et nos jam predicti cum fiducia
proteftamur, nos ad preces *Herewardi* memorati fi-
gillis noftris appenfis prefentes firmiter confignaffe.
Hujus quoque venditionis teftes funt honorabiles
viri, Dn9 *Conradus*, Prepofitus de *Cella*, dn9 *Henri-*
cus, Prepofitus de *Ammenroda*, dn9 *Conradus*, facer-
dos, focius ejusdem, *Otto* miles de *Scharfinftein*, &
Theodericus de Wachftede. Item nobiles viri, dn9
Bertbous, dn9 *Heyno*, *Dapiferi de Slotheim*, *Ditmarut*
Scopa & *Syffridus de Tennißete*, milites, *Theodericus Puer*,

H 5

Lude-

Ludewicus Montarius & alii fide digni. Datum anno dni M.CCC.XI. III. Non. Septembr.

10.

Heredes de Schlotheim confirmant fundationem cœnobii in Schlotheim, a parentibus & patruis ibidem erecti, item jus patronatus & alia beneficia eidem cœnobio ab iisdem collata. 1312.

Vergentis in senium seculi corruptela quidquid in tempore agitur, lapsu temporali corrumpitur. Igitur ad cautelam futurorum consveverunt facta hominum scriptorum testimonio confirmari. Sane nos *Hermannus, Guntherus, Anno, Heyno,* filii *dapiferi Bertboi,* & *Guntherus, Fridericus* & *Konemundus,* filii *Guntheris* dni *de Slotheym,* attendentes vitam laudabilem, morum honestatum & famam multiplicem religiose observationis, dni Prepositi, Priorisse & conventus sanctimonialium monasterii beate Marie Magdalene, ordinis S. Augustini in ponte *Mulhusen,* ex devota & provida deliberatione & communi consensu tam nostro, quam heredum nostrorum & omnium illorum, quorum interest, jus patronatus parochialis ecclesie & capelle in *Slotheim,* quod ad nos pertinere dignoscimur, cum omni jure, utilitate & pertinentiis, que nobis in predictis competere videbantur, pure & simpliciter propter deum predicto conventui liberaliter concedimus, tribuimus & donamus, sperantes in domino per eundem conventum in loco predicto ad decus & honorem ecclesie & animarum nostrarum salutem, cultum divini nominis augmentari. Et ideo ipsi conventui cenobium seu conventum sanctimonialium de ipsorum ordine faciendi apud nos cum omni immunitate, libertate

bertate & honore, que cuilibet domui religioſe or-
dinis ipſorum competit; & in perſonis & in loco, li-
beram tribuimus facultatem.   Vt autem hec noſtra
tam devota quam liberalis conceſſio, ſub donatio
irretractabilis tam a nobis, quam a noſtris heredi-
bus, tam preſentibus quam futuris, imo inviolabi-
lis in perpetuum perſeveret, ad eternam rei memo-
riam & in luculentam notitiam & præſentium & fu-
turorum hanc paginam ſuper predictis confectam
ſigillorum noſtrorum munimine dedimus robora-
tam.   Acta ſunt hec *Slotbcim* preſentibus fratre *Al-
berto*, Gardiano fratrum noſtrorum de *Mulhuſyn*, fra-
tre *Bertoldo*, Priore in *Iſennacbo*, fratre *Chriſtiano*,
plebano *nove civitatis* in *Mulhuſyn*, dno *Courado*, ple-
bano in *Slotbeim*, *Henrico*, plebano in *Ebelcibyn*, *Reyn-
bardo*, plebano in *Volkerode*, *Conrado* milice *de Immeb-
lingen*, *Ditmaro Vulture*, *Ditmaro Netſchen*, *Giſelero
de Graba*, & *Syffrido de Tenſtede*, militibus de *Slot-
beim*, *Henrico*, dicto *Moriſen*, *Friderico* Prefecto, *Tbeo-
derico* Patruo juniori, *Eckardo*, dicto *de Silvernbuſin*,
& *Holvico* Magiſtro fori, & aliis quampluribus fide
dignis.   Anno dni M. CC. LXXXV. pridie Idus Julii,
regnante Romanorum *Rudolpho*, indictione decima
tertia.   Nos itaque *Guntberus* miles dictus *de Willer-
ſtede*, una cum fratre noſtro *Cunemundo, Ludolfus, Hen-
ricus*, plebanus in *Kirchelingen*, & *Ludolfus* junior, filii
dni *Heynonis de Slotbeim*, *Henricus* dictus *Sluno*, cum
filiis noſtris, *Buſſone, Henrico, Gunthcro* & *Alberto*,
Guntbenus, filius dni *Guntberi* dicti *Furezicb de Slot-
beim*, *Jobannes* & *Fridericus*, filii dni *Friderici de Stru-
big*, dni *de Slotbeim*, videntes & attendentes animo
diligenti pium & devotionis affectum patrum & pa-
rentum noſtrorum predeceſſorum, quem pro
gloria domini ad divinum cultum habuerunt,
cum oſtendentes in eo, quod apud ſe conventum
virgi-

virginum confecrarunt, ad laudem & honorem divi-
num plantare ftuduerunt, conferentes & donantes
eisdem locum habitationis & jus patronatus ecclefie
fue in *Slotheim*, & fubfidium fuftentationis fue cum
aliis pluribus beneficiis & libertatibus jam prehabi-
tis liberaliter & in perpetuum confervandis, contifi
certiffime ipfarum facris meritis & precibus in vita
prefenti proficere, ac in anima poft mortem apud
deum precipue adjuvari.   Nos igitur de predictis
firmam fidem piis folatiis habentes, ac etiam con-
tendentes patrum & parentum predictorum noftro-
rum facta, in quantum nobis divina dederit gratia,
imitari, cupimus & volumus prefatum conventum
omni ftudio, auxiliis & defenfionibus contovere,
confiliis & promotionibus adjuvare, cunctis propter
deum & Criftum per memoratos predeceffores no-
ftros pie factis & geftis, in conceffionibus, donatio-
nibus & libertatum indultis & datis firmis & incon-
vulfis perpetuis temporibus, nobis irrevocabiliter
annuentibus ac cunctis noftris heredibus, perman-
furis.   Hec proteftamur, & promittimus, nos cum
cunctis heredibus noftris, teftibus prehabitis affum-
tis, & figillis noftris cum figillis predictorum pa-
trum & parentum noftrorum literis prefentibus ap-
penfis & roboratis, firmiter obfervare.   Acta funt
hec anno dni M. CCC. XII. Duodecimo Kal. Decembr.
regnante dno Henrico Imperatore Romanorum, in-
dictione X.

II.

*Albertus de Neinheilingen donat monafterio Schlotheimenfi
duos manfos fitos in Neinheilingen.* 1317.

*A*lbertus miles, dictus in *Nunheylingen*, *Andree* Pre-
pofito & *Adelheidi* Prioriffe totique conventui
albarum dominarum ordinis S. Auguftini domus in
Slotheim.

Slotbemi. Ea femper facere, que ad meritum per-
fectum & honorem valeant redundare ad petitio-
nem *Heynrici* dicti *Hunt*, & *Elizabeth*, vxoris fue le-
gitime, & *Hermanni* filii fratris fui, vobis et ecclefie
veftre in *Slotbeim* duos manfos fitos in campo ville
Nunbeylingen, quos hactenus in pignore de meo con-
fenfu habuiftis, approprio & do in vfus proprios in
his fcriptis. In hujus rei teftimonium hanc literam
vobis & monafterio veftro in *Slotbe* juffi mei figilli
munimine roborari. Hujus rei teftes funt *Cruntillo*
dictus *de Gebere, Luphridus* dictus *de Tiletcbe, Herman-
nus,* cognomine *Tintilman.* Datum anno dni M. CCC.
decimo feptimo, VII Kalend. Febuar.

12.

*Guntherus de Slotheim commutat quosdam agros cum
fanctimonialibus ejusdem loci.* 1318.

Nos *Guntberus,* dn9 *de Slotheim,* dictus *Sureyzich,* re-
cognofcimus lucide, cupientes, cunctis Chrifti
fidelibus, quibus prefentes exhibite fuerint, fieri
manifeftum, quod ex pleno confenfu heredum, feu
coheredum noftrorum, cum dna. *Adylheide,* Prioriffa
domus in *Slotheim,* conventu fanctimonialium & fra-
tribus proviforibus dicte domus fecimus concam-
bium five permutationem cum quibusdam agris ex
manfis noftris, in campo *Slotheim* fitia, noftre proprie
hereditatis fitu agrorum predictorum competente
nobis & hoc hinc & inde depofcente. Nos igitur
agris memorate partis videlicet Prioriffe, conven-
tus & fratrum proviforum predicte domus, qui funt
in numero fex & dimidius, acceptatis & receptis,
commutando damus, adfignamus & tradimus eisdem
agros totidem ex manfis noftris predictis titulo pro-
prietatis

prietatis & totius libertatis in perpetuum posfiden-
dos, transferentes in ipfos omne jus & dominium,
quod nobis huc usque competebat, five deinceps
poffet competere in agris memoratis.   In cujus per-
mutationis robur & perhennem memoriam prefen-
tem dedimus literam figillo noftro & figillo patrui
noftri *Guntheri*, dicti *de Willerftete* evidenter robora-
tam.   Teftes *Johannes* Domicellus, dictus *de Byen-
bach*, *Henricus* dictus *Lantofe*, *Bertoldus Tankal*, *Henri-
cus Morifin*, *Albertus de Heilingin* & alii quam plures
fide digni.   Datum anno dni M. CCC. XVIII. prid.
Cal. Octob.   Situs agrorum, quos permutavimus,
talis eft.   Nos dedimus predictis dominabus VI.
agros & dimidium juxta *novum Molendinum*, quod
fuit quondam noftrum.   Item unam aream dedi-
mus eis cum forore noftra, fitam in *antiquo foro.*
E contrario recepimus ùnam Gelengam fitam con-
tra molendinum dne *de Willirftede* & vadentem ver-
fus deme Wifeberge, habentem III agros in furati,
Item unam Gelengam fitam contra plateam, qua
itur verfus *Melre* continentem fimiliter III agros.

13.

*Albertus Slune vendit fanctimonialibus Schlotheimenfibus
aliquot bona in Hoyngen.* 1319.

Ego *Albertus*, dictus *Slune*, Plebanus in *Majori Melre*,
lucide profiteor in his fcriptis, quod unum man-
fum & dimidium, fitos in campis *Hoyngen*, cum vo-
luntate ac libera permiffione fratrum meorum, *Johan-
nis* & *Henrici*, ac eorum heredum, vendidi conventui
fanctimonialium albarum dominarum in Orto Dei
prope *Slotheim*, cum omnibus pertinentiis, fructibus,
utilitatibus & juribus tam intra villam, quam extra,
ficut ipfos dudum poft obitum patris mei, cujus
anima

anima feliciter requiescat, quiete & pacifice possedi, vendidi nihilominus conventui prenotató specialiter & divisim dimidium forensem avene, quem habui in manso *Hoingen*, ipsis a patre meo legato pro salute anime sue ac memoria perhenni, una cum predictis bonis, videlicet manso & dimidio, titulo perpetue proprietatis possidendum. In cujus rei evidentiam presentes meo sigillo, ac fratrum meorum sigillis, *Johannis* & *Henrici*, feci firmiter communiri. Et nos prefatus *Johannes* & *Henricus* recognoscimus, predictam venditionem & emtionem cum nostro consensu & favore, ac nostrorum heredum ipsis jam requisitis & plene consentientibus fore factam, & in cautionem pleniorem hec literis nostris sigillis consignasse. Testes hujus sunt dn9 *Henricus*, plebanus civitatis *Schlotheimensis*, *Eckehardus*, plebanus in *Kirchelingen*, *Ger.* dictus *Tunkel*, *Heinr. Landscade*, *Heinr. Morisen*, *Th. Stopus*, *Henr.* dictus *Hünt*, *Henr. de Blanckenberg* & alii quam plures fide digni. Actum anno dni M. CCC. XIX. in die beati Marie Evangeliste.

14.

Nos Prior, Priorissa totusque conventus sanctimonialium monasterii Orto Dei prope *Slotheym* recognoscimus & ad universorum notitiam cupimus pervenire, quod cum reverendus pater & dn9. dn9. *Petrus, Archiepiscopus Maguntinus*, ecclesiam parochialem in *Slotheym* nobis & ecclesie nostre Orto Dei bene dicte cum omnibus juribus & pertinentiis adpropriavit & incorporavit, consensu honorabilium virorum, domini decani & capituli ecclesie *Maguntine* unanimi accedente, nos in hac parte paternum dilectionis affectum ac utilitatem ecclesie nostre intuentes plenius & per presentes promittimus dicte ecclesie
Maguntine,

Maguntine, & nos hanc ecclesiam noftram prefenti-
bus perpetuo obligamus dare & folvere duo talenta
cere ponderis *Erffordenfis* in fignum appropriationis
five incorporationis, annis fingulis in fefto beati
Martini Epifcopi, quæ eidem ecclefiæ dabimus &
prefentabimus *Maguntie* fub noftris & ecclefie no-
ftre laboribus & expenfis.   Dat. anno Dni M. CCC.
XIX. duod. Kal. Maji.

15.

Henricus & Conradus Lupi donant Sanctimonialibus
Schlotheimenfibus bona quædam in pago Keule. 1322.

Nos *Henricus*, miles, *Conradus*, famulus, fratres,
dicti *Lupi*, prefentium tenore, publice reco-
gnofcimus & ad notitiam plurimorum volumus per-
venire, quod voluntate & unanimi confenfu fra-
trum noftrorum, *Theodorici* & *Iohannis*, ac filiorum
noftrorum, *Conradi* & *Henrici*, ac filiarum noftra-
rum, *Mechthildis* & *Mechthildis*, dedimus de noftris
bonis propriis unum manfum, fitum in campis fu-
perioris ville, dicte *Kula*, & unam aream, fitam
in eadem villa contra occidentem, cum omnibus
utilitatibus in campis, & in filvis, & pratis, & in
pafcuis, nec non cum omnibus juribus, quibus nos
predictum manfum & aream huc usque habuimus,
conventui fanctimonialium, fororum penitentum,
ordinis S. Auguftini prope *Slotheim*, tali conditione,
in perpetuum poffidendum, quod matri noftre ad
tempora vite fue quatuor Maldra annone, duo
maldra bracii & unum talentum *Mulhufenfium* dena-
riorum omni anno benevole miniftrabunt.   Si vero
predictus conventus ab omnibus noftris vel heredi-
bus, feu ab aliis quibuscunque perfonis aliquam
impedi-

impeditionem poftmodum pro predicto manfo & areæ
fuftinuerit, illam nos debemus penitus amovere.
Teftes funt *Eckebardus*, plebanus in *Kircheylingen*,
dn9 *Henricus*, miles *de Wie*, *Ghifelerus de Scherren-*
berg, *Albert. de Indagine*, *Henricus Houtman*, villanus
in *Kula*, & alii quam plures fide digni. In hujus rei
teftimonium fecimus prefentem literam figillo dni
Henrici, militis, fratris noftri firmiter roborari. Dat.
anno dni M̄. CCC. XXII.

16.

Heinrichs von Blanckenberg Seelenvermächtnis
ins Clofter zu Schlotheim. 1332.

Wir der Prabift.... *Albeit*, die Priörin, und all die
heilige Sammunge zu *Slotheim*, bekennen an
diefene uffen briue, daz herr *Henrich von Blanken-*
berg mit alme Rechte, mit alme Nuzze, allen Eigen-
fchafft zu uns hat gekauft vir Ackor Velde gench
des gutis das da ift gewelt herrn *Heinrichs Landfch.t-*
den, daz fal und wil he befize di wile, daz he lebit,
ane allerley Hinderniffe, daz gebit he uns und unfine
Gotishus, nach fine tode vor fine Seelen vor fines
Vaters Sele, vor einer *Albeide* Seele und vor eine
Iutharde Seele, und vor alle glaubige Seelen und vor
al finer Eltern Seelen, zu einem ewigen Selegerethe.
Daz dife Rede ftete und ganz werde gehalten, da
geben wir über unfen Brif gezeichnet mit unfen In-
gefegeln. Dit is gefchehen nach Gotis Geburt
thufent Jar, dri hundert Jar in dem zwey und
drizigiften Jare, an dem Sontage, fo man finget
Exurge.

17.

*Das Cloſter zu Schlotheim verſchreibet Sophien von Bal-
deſtete eine jährliche Einkunfft ad dies vita.* 1342.

Wir *Eckebart*, Prabeſt, *Mechtylt*, Priorin unde alle
dy heylige Samenunge zu *Slotheym*, bekennen
an deſeme uffen Brive, daz wy *Sophyen von Balde-
ſtete*, unſer geiſtlichen Sweſter haben herſtat dry
Schillinge Pfenning Geyldes, dy or gevalle ſolden
von Gute, daz wy geben den Vrowen zu *Salza*,
unde haben or dy bewyſet an eyme Hofe zu *Slot-
beym* vor der Stat, den üzund *Herman Wepener* von
unſer weyn hat, dy wyle, daz ſy lebet, geruwelich-
en inzunehmene, darnach ſo ſall er weder an uns
trete. Daz diſe Rede ganz unde ſtete werde gehal-
ten, da gebe wy ober deſen Brif, gezeichnet mit un-
ſer Ingeſegeln. Deſe Brif dy iſt gegeben nach Go-
tes Geborṭ Tuſend Jar, dryhundert Jar, in deme
zwey und virzygeſten Jare, an Sente Peters tag,
des heiligen Apoſteln.

18.

*Herman Kegels Vergleich mit dem Cloſter zu Schlot-
heim, und deſſen Verzicht auf verſchiedene ihrer
Güther.* 1343.

Wir *Herman Kegel* bekennen an deſem uffin Briue,
daz wie met willen unde met Rate unde von
Bete unſer Huſvrowen, *Heynrichs*, unſes Sons, alle
unſir Kind, al unſir Erben, al unſir An Erben, ſun-
derliche met Rathe *Wernbers Atzels*, unde andir un-
ſir Vründe uns haben gütliche getynt umme alle
den Krigk unde Kriges Vrſache umme alle die An-
ſprach die wir gehet haben, odir gehaben mügen

zcu dem Gotteshufs, unde zcu der Sammenunge
Slotheym, funderliche tun wir eyn recht ewig ver-
zceichtniſſe an eyner halben Hufe zcu *Meldre* uf
dem Velde, an vunfzeik. Ackirn uf den *Heygenberge,*
unde an al irme Gute, daz ſi izund beſizzen in Vel-
de, in Dorfe, unde an allen Steten. Daz deſe Rede
ganz unde ſtete blibe, da gebe wir on obir deſen
Brif gezeychnet met den Ingeſegeln der Erbern Lü-
te, herrn *Rüdigers,* unde herrn *Henrichs vonme Ha-*
gen, unde herrn *Kurtes von Thalheym,* der izunt ein
Vogit es zcu *Kula,* unde wir vorgenanten her *Rüdi-*
ger, her *Heinrich* unde her *Kurt* bekennen, daz wir
durch Bete *Hermans Kegels,* ſiner huſfrowen, unde
ſines Sons, unde aller ſiner Erben unſe Ingeſegele
alle zcu eyme Bekentniſſe der vorgeſchreben Rede
haben gehangen an deſem Brif. Datum anno dni
M. CCC. XLIII. in vigilia S. crucis & exaltationis
feſto ejusdem.

19.

Clemens, Papa, monaſterium monialium B Mariæ in op-
pido Slotheim confirmatione & protectione ſua
dignatur. 1346.

Clemens, Epiſcopus, Servus Servorum Dei, dilecto
filio, Prepoſito, & dilectis in Chriſto Abbatiſſe
& toti conventui monaſterii monialium b. Marie
virginis in Orto Dei prope oppidum *Slotheim* per
prepoſitum ..... gubernari, ordinis S. Auguſtini
Maguntine dioceſeos, ſalutem & apoſtolicam benedi-
ctionem. Cum a nobis petitur, quod juſtum eſt &
honeſtum, tam vigor equitatis, quam ordo exigit
rationis, ut id per ſollicitudinem noſtri officii ad
debitum perducatur effectum. Ea propter, dilecti

in

in domino filii, veftris juftis poftulationibus grato
concurrentes affenfu, perfonas veftras & locum, in
quo eftis divino obfequio mancipati, cum omnibus
bonis, que in prefentiarum rationabiliter poffide-
tis, aut in futurum, preftante domino, juftis modis
potueritis adipifci, fub beati Petri & noftra prote-
ctione fufcipimus, fpecialiter autem terras, deci-
mas, domos, poffeffiones, vineas & alia bona veftra
omnia, ficut ea jufte & pacifice obtinetis, vobis &
per nos monafterio veftro auctoritate apoftolica con-
firmamus & prefentis fcripti patrocinio committimus,
falva in prædictis decimis moderatione concilii gene-
ralis.   Nulli ergo omnino hominum liceat hanc pagi-
nam noftre protectionis & confirmationis infringere,
vel ei aufu temerario contraire.   Si quis autem hoc
attemptare prefumferit, indignationem omnipoten-
tis dei, & beati Petri & Pauli, Apoftolorum ejus, fe
noverit incurfurum.   Datum *Avinioni* X. Kal. Maji,
Pontificatus noftri anno quinto.

20.

Boffe Slune thut gegen den Probifte zu Schlotheim für den
Landgerichte Verzicht über ein Stück Holtz, die Sündre
genant. 1357.

Ich *Rudolf von Lengefeylt*, Voyt zu *Kongesbrucken*,
Sonder, Lantfreybate, unde *Bertoldus*, Schriber, be-
kennen uffenlichen an deffem Brive, daz vor uns an
rechter Dynckftat, czu rechter dynczit fin gewelt
dy Erwerdigen Herren, Her *Boffe Slune*, uf eine Siten,
met eme fin Patere, und uffe dy andere Site der Pra-
bift von *Slotheim*, unde hat der egenante Herr *Boffe*
Slune von finer wegin unde von alle finer Erbin
und Freunde wegn ufgegeben dem vorgenanten Pra-
bifte unde dem Klofter zu *Slotheim* vor unfes Herrn
Gerichte

Gerichte des Landinges das Holz uf der *Sündere* met dem seylt Ackere, der dorwore lit, unde darczu gehört, da wir dem vorgenanten Gotishus unses vorgenanten herrn Frede aber gebaven haben festiliche, an Argelist. Des find Gezügen die erbern Lüte, her *Johannes von Byrnbach*, her *Jan von Lengefeylt*, Rittere, *Tizel von Heylingen*, *Henrich von Heylingen*, *Henrich Landschaden*, *Jan von Lengefeld* und andere guttin frommen Lüte. Daz ist geschen nach Gotes Geburt tufend Jar, dry hundert Jar in den sebin und funfzigisten Jare, an de Vrytage vor den Pfinfest Wochen.

21.

Nos *Hartmodus*, Prepositus, *Elizabeth*, Priorissa, totusque conventus sanctimonialium monasterii in *Slotbeym*, Ordinis penitentum b. Marie Magdalene, *Moguntine* diocefeos, prefentibus constare volumus universis, quos tres libras cere| in festo beati Martini Epifcopi hyemali honorativiro, Magistro *Fabro* Ecclefie *Magunt.* pro tempore existenti, fingulis annis in perpetuum virtute cujusdam incorporationis de ecclefia parochi in *Grozen Meller* dicte diocef. nobis facte, prefentare tenebimur *Maguntie* nostris laboribus & expensis. In cujus obligationis & prefentationis testimonium figilla nostra prefentibus funt appenfa fub anno dni M. CCC. LIX. in octava Epiphan. dni.

22.

Monasterium Slotbeimenfe vendit canonicis ecclefie Jechaburgenfis cenfus & reditus fuos in pagis majore & minore Brüchtern &c. pro XL talentis denar. Nortbufenf. & novem folidis. 1366.

In nomine domini, Amen. Nos *Henricus*, Prepofitus, *Yfentrud*, Priorissa, totusque conventus sanctimonialium in *Slotbeim*, ordinis penitent. recognofcimus scimus publice tenore presentium omnibus ac singulis hanc literam inspecturis, quod gravati onere debitorum, bona deliberatione prehabita, & unanimi consensu & ob utilitatem nostri monasterii notorie evidentem honorabilibus & discretis viris, dno *Gerhardo de Küzeleybin* & *Gottfrido de Assla*, Canonicis ecclesie *Jechaburgensis*, vendidimus & vendimus rite rationabiliter & perpetue bona infra scripta & que infra scripti censuales in villis & in campis infra scriptis a nobis & nostro monasterio in *Slotheim* jure hereditario, seu alio quouismodo hucusque possederunt & tenuerunt, videlicet in villis & in campis *majoris & minoris Bruchtirde, Westirn Engelde, superioris Spire* & in *Hoen Ebera* pro xti talentis denariorum *Northus.* et novem solidis denariorum jam nobis traditis, numeratis & integraliter persolutis, primo in *Bruchterde majori* unum mansum in campis ejusdem ville & unam curiam in ipsa villa, quas tenet & possidet *Th.* verme Kerchove, & solvit de ipsis quolibet anno in festo S. Michael. unum solidum denarior. *Northus.* & unum pullum. Item unum dimidium mansum & unam curiam, quas tenet & possidet jure hereditario *Nycol. Nuvesezen*, & *Henr. Magdeburg*, & solvunt de ipsis quolibet anno unum solidum denar. *Northus.* Michael & unum pullum in carnisprivio. Item in *Bruchtirde majori* & campis ipsius ville dimidium mansum & unam curiam, quas tenet & possidet *Henr. Grosse* & solvit V solidos denarior. *Northus.* Michael. & duos pullos in carnis privio. Item unum mansum & unam, quas tenet *Albert. Wuner*, & solvit quolibet anno XIV. solidos denarior. *Northus.* Michael & duos pullos in carnisprivio. Item unum quartale mansi, quod tenet *Conrad Billeyp* & solvit quolibet anno unum solid. denar. *Northus.* Michael. & unum pullum in carnisprivio.

vio. Item unum quartale manſi, quod tenet *Bertold.*
de Melre & ſolvit quolibet anno tantum dimidium
ſolidum denar. *Nortbuſ.* Michael. & unum pullum in
carnisprivio. Item dimidium manſum, quem te-
nent heredes *Job. Piſtoris,* qui ſolvunt quolibet anno
V. ſolidos denar. *Nortbuſ.* Michael. Item unum
quartale, quod tenet mater *Conradi Billeyp* & ſolvit
quolibet anno tertium dimidium ſolid. denar. *Nort-*
buſ. Michael. Item XXIV agros, quos tenet *Ditma-*
rus Billeyp & ſolvit quolibet anno V. ſolid. denar.
Nortbuſ. Michael. Item unum quartale, quod tenet
Vthilia Billeybin & ſolvit quolibet annos III. denarios
Nortbuſ. Item unum quartale, quod tenet *Guntber*
Piſtor, & unam curiam, quam inhabitat, & ſolvit
quolibet anno IV. ſolid. denar. *Nortbuſ.* Item unum
quartale, quod tenet *Nycol. Brotbeln* & ſolvit quoli-
bet anno XV. denar. *Nortbuſ.* Michael. Item unum
quartale, quod tenet *Henr. Gladiator,* & ſolvit quo-
libet anno XV. denar. *Nortbuſ.* Michael. Item unum
quartale, quod tenet *Freder. Ernſt* & ſolvit quolibet
anno XV. denar. *Nortbuſ.* Michael. Item dimidium
manſum, quem tenet *Jacob. Hotter* & ſolvit quolibet
anno IV. ſolid. denar. *Nortbuſ.* & dimidium foren-
ſem avene. Item in *Veſtirn Engelde* tres manſos,
quos tenet *Nycol.* &|*Tb.* dicti *Gun els* & ſolvunt X ſo-
lid. *Nortbuſ.* Michael. Item in *Spira ſuperiori* tres
manſos & tres curias, quas tenet *Tb. Franke* & ſol-
vit XX. denar. *Nortbuſ.* Michael. Item *Tb von me*
Ryne XXII. denarios *Nortbuſ.* Michael. Item *Tbeod.*
Seling XXVIII. denar. *Nortbuſ.* & unum pullum Mi-
chael. Item *Elizabet.K obeloycben* unum ſolid. denar.
Nortbuſ. & duos pullos Michael. Item in *Hoen-Ebera*
unum manſum, qui ſolvit quolibet anno XVIII. de-
nar. quem tenet *Albert. de Dunde, Henrich Graniz* &
Henr. Tſenache reſidens in *ſuperiori Spira,* & filii *Conradi*

Boe Elsebetben, cum omni jure, honore & utilitate, quibus nos tenuimus, habuimus & possedimus huc usque, cum approbatione & consensu superiorum seu generalii, nullum jus nobis vel nostro monasterio communiter vel divisim persone seu personis quibuscunque reservando, sed omne jus dictorum mansorum & curiarum in ipsos emptores ac possessionem eorundem, omni dolo & fraude prosternatis, nec non omnibus ac singulis bonis predictis coram judicibus secularibus ipsis emptoribus in judicio sedentibus & ipsis consentientibus in villa *Tbaba* servatis solempnitatibus ipsius judicii debitis & consvetis, renunciavimus publice & expresse, & dicta bona videlicet in villis & in campis *majori* & *minori Eruchterde,* ipsis nostris emptoribus appropriari fecimus publice & notorie. Et ipsis bonis omnibus & singulis, vt profertur, presentibus renunciamus ipsis emptoribus bona fide, & warandamus, & nihilominus privilegiis, libertatibus, literis quibuscunque nobis vel nostro monasterio concessis vel concedendis, impetratis vel impetrandis, ne hanc nostram venditionem, renunciationem, traditionem premissas quolibet impedire, annullare, recindere in toto vel in parte, nec non omni exceptioni doli mali, legis & canonis, specialiter non solute, non numerate, nec in usus ecclesie converse pecunie ac legi, que dicit, invalidum, & maxime, qua res ecclesie alligenari prohibentur, vel vendi, & specialiter canon. XII. qu. II. sine exceptione, nec non restitutionis beneficio in integrum, atque omnibus aliis & singulis, que nobis vel nostro monasterio communiter vel divisim suffragari possent, quin imo ex certa nostra omnium scientia libere & voluntarie in his scriptis renunciavimus, nec non presentem literam in testimonium & evidentiam omnium premissorum dedimus dictis nostris emptoribus sigillo videlicet
licet

licet prepofiture.& conventus noftri firmiter figilla-
tam. Teftes hujus rei funt difcreti viri *Conradus*, ple-
banus in *Thaba*, & *Henricus*, plebanus in *Holtzfuzere*, &
frater *Kriftanus*, noftri monafterii Celerarius,& quam
plures alii fide digni.   Datum & actum anno domini
M. CCC. LXVI feria quarta ante diem purificationis
virginis.

23.

Das Clofter zu Schlotheim verkauft feinen Clofter Frauen
12. Schillinge jährl. Zinfes vor fechs Pfund Mühlhäufer
Pfennige, unter Bedingung des Rückfals ans
Clofter. 1371.

Wir *Schorenbrand*, Probift, *Jutta*, Priorin, und alle
dy hylige Sammenunge des Cloftirs zu *Slotheim*,
bekennen uffenlichen an difem Brive, daz wir ver-
kaufft habin unferm geiftlichen Sweftern, *Tellenlu-*
den, *Jutten*, *Steinbuchen*, und *Yfallden*, ihres Bruders
kinde, alfo viere, alfo daffelbe kint met uns blibet,
zwelff Schillinge Geyldes jerliches Zinfes, dy wir en
bywifen, vier Schillinge an dem hofe, dy *Kerftans*
Voldemars was, de nu *Henrich Coppich* von uns hat zu
Erbe, achte Schillinge an *Hermanne Wappener*, dy he
get vom lande keyn unfeme Boymgarten in der Oy-
we, deffen felben Zins haben wir en gegeben vor fechs
Phund *Molhufen* Phenige, dy fy uns gutlichen bezalt
haben, und wy fy an unfes Gothus framen gewant
han. Were auch, daz das kint met uns nichten blebe,
fo folde der cyns fte zu der zweyen libe, als hyr vor
befchrebin ftet.   Abir wanne dy egenante Jung-
frawn vervallen, fo fal derre cynfs wedir velle
in unfe Rebentir, zu eime ewigen Selgerete und
alle iren Eltern.   Daz alle defe Rede fter und
ganz gehalden werde, das geben wir an defen brif
beyfegilt mit unfern Ingefegel, der gegeben ift nach

Crifti

Crifti Geburt drizen hundert Jar, in deme ein und
febenzigiften Jare, an deme tage Sente Petrus und
Sente Paulus der heiligen Apoftel.

24.

Prepofitus generalis monafteriorum S. Mariæ Magdalenæ
per Germaniam concedit fanctimonialibus talismodi
monafterii in Schlotheim, ut fibi de protectore
profpiciant. 1372.

Nos frater *Syffrydus*, Dei & Apoftolice fedis gratia
prepofitus generalis monafteriorum beate Ma-
rie Magdalene per Alemaniam ad Romanam eccle-
fiam nullo medio pertinentium ordinis S. Auguftini,
Prioriffe & Conventui in *Slotheym* falutem in domi-
no fempiternam. Quia per certos nuncios nobis
humiliter fupplicaftis, quatenus Dei intuitu hanc
vobis gratiam facere dignaremur, & vobis in veftro
monafterio confervatorem poffetis impetrare, qui
defenderet libertates vobis a fede datas, vos tan-
gentes in fingulari vel communi, nos vero veftras
querelas, tanquam juftas & rationi confentaneas de-
cernentes decrevimus his fieri prenarrata vobis fa-
vorabiliter indulgendo, vt premittitur, & omnimo-
dam voluntatem dando noftram, ut poffitis confti-
tuere defenfores & totiens quotiens vobis ac veftro
monafterio neceffe fuerit impetrare. Datum in
Hayn juxta *Albiam* anno dni M CCC LXXII. feria
quarta infra octav. Corporis Chrifti, noftro majori
fub figillo.

Revers

25.

*Revers Conrad Hundes, ewigen Vicarii der Pfarrkirchen
zu Groſſen Melra, als ihm das Cloſter zu Sclotheim
mit dem Pfarrlehn zu Groſſen Melra be-
gnadet.* 1377.

Ich *Conradus Hunt*, eyn ewig Vycarius der Pfarre
Kirchi zu *Groſſin Melrer*, bekenne uffelichin yn
deſin keynwertigen Brijfe, undt thue kundt allin
gutin Lüthin, dy en ſyn, horn oder leſen, daz mich
myn Frowe Pryorin, *Sophia von Baldiſte*, und die
heylige Samenunge des Cloſters zu *Slotheim* begenat
habin mit erme Lene der Kerchin zu *Groſſin Melrer*,
met alle den Rechten, alſo dy Kerche en yncorpo-
rirſt yſt, daz ſy davon behaldin zu er Notdorft un-
ſir Frauwin Sente Marien Capellen daſelbins, und
uns da gefellet von Almuſin, und von offern yn der
Kerchin, odir uſſewendig der Kerchin, daſs ſullin
ſy genzlich ynnemin.   Ouch ſal ich vorgenante
Cunrad, odir eyn Pryſter von myner wegen alle
Sünabende Meſſe halde yn der mer genantin Capel-
lin, und worde da von mynen Pfarre Lütin zu
Groſſin Melrer icht geoffert, daſs ſolte myn odir myns
Kumpans ſy, undir der Meſſe.   Wer auch, daſs von
andirn Lütin icht geoffert werde, undir der Meſſe,
odir zeyner Zit, das iſt unſir Frouwin zu *Slotheym.*
Vf das ich vorgenante *Cunrad Hunt* alle deſin vor-
genantin Redde und Artykil ſtete und ganz wolle
halde, des gebe ich unſirn Frouwen von *Slotheym*
deſin Brief vorſegilt myt deme Inſegil des geſtren-
gin Mannes, *Henrich von Dornighuſen*, Landvoyt un-
ſer herrn *von Swarzborg*, des ich im zu deſem male
gebruchin, wanne ich ſelbins nicht Inſegils habe.
Vnd alle diſin vorgeſchrebin Rede ſind Gezüge dy
erbern Pryſtere, her *Heinrich Cappich*, Pfarrer zu
Slotheym,

Slotheym, unde her *Peter Graman,* Pfarrer zu *Mestete,*
und dy gestrengin Lyte, myn Juncker *Frederich von
Eyenbach, Kerstan von Heringen,* Formünde des vorgenanten Closters zu *Slotheim,* und *Stryer von Thungede,*
Voyt zu *Slotheim,* und andir gutir Lüte vel.   Vnd
·wir vorgenantin Gezugin bekennen, daz wir durch
bete willen er beydir der Frowen zu *Slotheim,* des
Closters, und her *Cunrad Hundis* hengin unser Insegel an desin Bryf met Insegil *Heinrich von Doringhusen,*
vorgenanten, der da gegebin ist nach Crysti Gebort
dryzenhundert Jar, in deme sebin unde sebinzigisten Jare, an deme Suntage, al man singet vocem
Jucunditatis.

26.

*Verschreibung über acht Schillinge, welche das Closter
Schlotheim Eckart Seilern und seiner Frauen verkauft. 1386.*

Wir *Kerstan von Heringen,* eyn Vormünde des Clostirs zu *Slotheim, Sophsige von Baldestete,* Priorin
und die ganze heylige Sammenunge des vorgenantin Clostirs, bekennen in dessen uffin Brive, dass wir
recht unde redelichen verkauft habin achte Schillinge Geldis jerliches Zinses *Eckebarde Seylern,* und *Jutten,* siner Elichin Wertynne, dy legin an eyme hofe
in der Stadt zu *Slotheym,* zewischen *Heinriche Frize,*
unde Herr *Günther von Suntbussin,* dy vorgeschrebin
achte Schillinge Geyldes sall dy vorgenante *Jutte*
innemen zu erme Libe, und sal des egenanten *Eckebardis* Jar Gezit davon legen, und dy egenannten
achte Schillinge sall reychen unde geben Er *Gunther von Sundbusin,* oder wer den Hof ynne hat,
wann aber die egenante *Jutte* versterbet, so sal eyne
Kellnerin

Kellnerin den vorgefchrebin Zcins innemen, und fal
er beyder Jar Gezyd davon begen, unde aller Er-
rer Eldirn, unfin Frowen in Erme Rebintere. Ouch
habe wir en dy vorgenante achte Schillinge Geldes
gegeben ume' vire Pfund *Mulbufcher* Phennige, dy fy
uns genzlichen bezalet haben, und wir wiffentlichen
an unfes Gotshus Nuz gewant haben.   Dafs alle
defe vorgefchrebin Rede ftete unde ganz gehaltin
würdin von uns unde unfir Nachkomelingen, des
geben wyr dyffen Brief vorfegelt, myt unfen Vor-
münden Ingefegele, *Kerftans von Heringen*, darnach
mit unfes Convents Ingefegele, zu eime Orkunde.
Gegebin nach Crifti Geburden drizenhundert Jar,
darnach in deme fiben unde achzigfteme Jare, an
den Montage, an Sente Kylians tage.

27.

Hanns von Byenbach verkaufft dem Clofter zu Sclotheim
zwei Hufen Landes dafelbft um 60 lb. guter Land
Pfennige auf einen Wiederkauff. 1392.

Ich *Hans von Byenbuch*, und *Alheyd*, myn eliche Wertin,
und andere unfe rechtin Erbin bekennen uffenlich an di-
feme keynwertigen Brive, und thun das wiffintlich allin den,
dy ön fehin, hörin, odir lefin, dafs wir verkauft habin den
geiftlichen Lüthin, den Cloftir Vrowin zu *Slotheim*, deme
Convente gemeynlich, zwey hufe arthaftiges Landes, gelegin
in deme Feldin zu *Slotheim*, v. habin ön dy gegebin vor fetzig
Pfund guter Land Phennige, der wir genzlich und nüzlich be-
zalt fint, und wir fy an unfin Nuz und Frommen gekard
und gewant babin, und dy vorgenante Geleginheit der Hufe.
in deme Wintir Felde, fir Aker, an eine Setelen in deme
Wyndebache, dry Acker an eyme Setelen dakeyn, und geyt
an dem *Rockenfuzen* weg, dry Sateln übir den *boyngemveg*,
drittehalbin Ackir an deme *Rockenfuffer* wege, dy geyn uffe
hopfegartin tich, eyn breytin Ackir übir den *boyngen* weg.

derte-

dertehalbin Acker an eyme Satele in dem *Windebache*, und
get keyn *Meftete*, eyn Satele glich da keyn über, dry Ackern
an eyner Gelengin, by deme *Ritter Grabin*, zwene Acker
an eine Satele by deme *hoyngefehe*. In deme Sommerfelde
dry Acker an einen Gelenge, in deme *Karren*, zwene Acker
an eyner Gelengen hinder dem *höfin* keyn *kurde Rochin*,
dry fateln an eine Satele, das get übir den *Meftede* weg, ein
Satele keyn der *Richmüllen*, dry Acker an eyner Gelengin by
den *Vrbachin* wege, ouch keyn den *Richmullin* zwen Acker
an eyme fateln, an den *Vrbechin* keyn *Meftete*, fechs Acker
an eynen Gelengen übir den *Meftedir* weg, zwene Ackir an
einen Satele in deme *Windbeche*.   In der Brache dry Acker
an eine Satele übir den *Volckerode* Styg, fünf Ackere an ey-
ner Gelengin übir den *Wefeberg*, eyn Acker keyn der *Not-
ferbrücken*, zwene Acker keyn der *Richmüllen*, zwene bry-
the Acker keyn deme *Roffeborne*, dry fateln an eyne fotele
auch by deme *Roffeburne*, zwene Acker by deme *Merolde-
rade* Tyche, dertehalb Acker an eyne Satele, by deme Ty-
che keyn *Marolderade*, eyn Acker an deme *Erforthin* Ber-
ge, eyn Acker undir des *von Byenbachs* Holtze.   Ouch ist ge-
red und dy ganze heylige Sammenunge des vorbenantin Clo-
ftirs zu *Slotheim* haben mir, und mynen rechten Erbin dy
Frintfchafft und Gnade getan, uffe wilche Zit ich, odir myne
rechtin Erbin mochtin wedir gekauffin dy vorgenante zwu
hufe, und fie weder bezaldin fechfig Phund guter Land Phen-
nige, die zu *Erforte* in de Stadt genge und gebe find, zu der
Zit, fo follen fie mir und mynen rechten Erbin dy egenantin
zwu hufe weddir gebin, und folgin laffin, ane alle wieder-
fprache, hinderniffe, und ane alle Argelift.   Ouch ist gered
und geteydinget, was das vorgenante Gothufs uffe den mege-
nanten zwen hufin ererbeit hette von Früchtin, dye follen
deme Gothufse folgin, wanne ich, *Hanns von Beyenbach*, vor-
genant, odir myne rechten Erbin, den weddirkauf tetin, und
das fal fin ane alle Argelift und Geferde.   Dafs alle vorfchre-
bin Rede, Stücke und Artikel diefes Brives ftete und ganz ge-
haldin werden, des henge ich, *Hanns von Byenbach*, myn
Infegel vor mich, und vor myne rechtin Erbin wiffentlich an
deffin keynwertigen Bryf, der gegebin ist nach Gotis Geburd
drizenhundert Jar, darnach in deme zwey und nünzigisten
an der Mittewochen nach Sente Johannes tage, vor der gol-
den Phorten.

28. L..

28.

Indulgentia monasterio Schlotheimensi ab Episcopo Eistinensi concessa, quotiescunque antiphonam versiculum & collectam, in literis determinata determinaverint.

1405.

Vniverfis & fingulis Chrifti fidelibus, & prefertim religiolis dominabus, Prorifle & conveutui mo-nafterii in *Slotheim, Muguntin.* diocef. *Johannes,* dei gratia *Epifcopus Eftinenfis,* teverendiffimi in Chrifto patris & dni, dni *Johannis,* eadem gratia *Archiepifcopi Moguntinenfis* in pontificalibus Vicarius, falutem in eo, qui omnium eft vera falus. Si Deum ore pro-phetico in fingulis fanctis fuis laudare jubemur, precipue in hac laudare debemus, que nobis in re-demtionem Salvatorem genuit, dominum noftrum Jefum Chriftum. Hec enim eft ftella maris lucida, mater miferorum, fpes defolatorum, dulcis confo-latio afflictorum, ara errantium, fpes & firma falus fibi debite fupplicantium, & apud omnipotentem dominum refugium unicum, ac piiffima interventrix & advocata. Cupientes igitur ad laudem tam fanctis-fime & gloriofislime virginis Marie quoslibet Chrifti fideles devotius accendere, & falubrius exhortari, vc-bis, dum, quando & quotiens infra fcriptam antipho-nam: Recordare virgo mater domini, dum fteteris in confpectu dei, ut loquaris pro nobis bona, & ut au-feras iram & indignationem fuam a nobis; cum verfi-culo: Ora pro nobis virgo Maria, ut digni efficiamur promifforum Chrifti; & Collectam: Precamur pie-tatem tuam, piiffima virgo Maria, fupplici corde de pofcimus, ut oculis gratie tue generofius nos refpi-cias, omnia adverfantia nobis benigne repellas, & poft vite curfum nobis clementer oftendas dilectum filium tuum, dominum noftrum Jefum Chriftum; in

veftra

in veftra ecclefia publice decantaveritis, nec nôn
fingulis Chrifti fidelibus decantationi eorundem,
Antiphone, verficuli & collecte devote intereffenti-
bus, de fingulis, videlicet verficulo, antiphona &
collecta, autoritate omnipotentis Dei, Sanctorum
Petri & Pauli, Apoftolorum ejus, confifi, quadra-
ginta dies de injunctis penitentiis, & unam Karenam
in domino mifericorditer relaxamus. In cujus rei
teftimonium figillum noftrum huic carte eft appen-
fum. Datum anno dni M CCCC V. VII. Kal. Julii.

29.

*Conventus ordinis monialium S. Auguftini in Mülbufen
confentit, ut ejusdem ordinis monialium monafteri-
um in Schlotheim fundetur.* 1285.

Venerabilibus viris, dominis *Hermanno*, *Guntbero*,
Annoni & *Heinoni*, militibus, filijs *Bertboy*, *dapi-
feri de Slotheim*; *Guntbero*, *Friderico* & *Konemundo*, filiis
Guntberi, quondam militis caftri ejusdem, frater *Hein-
ricus*, minifter monafteriorum beate Marie Magdale-
ne, ordinis fancti Auguftini orationes in domino de-
bitas & dovotas. Cum a nobis aliquid petitur,
quod a rationis tramite non difcedat, digne annue-
re tenemur. Hinc eft, quod prefentibus recogno-
fcimus, quod nos ad inftantiam veftram & aliorum
amicorum veftrorum nos obligavimus & conven-
tum noftrum in *Mülbufen* ordinis memorati con-
ventum dominarum noftrarum fepe dicti ordinis
apud vos fieri in *Slotheim*, vel penes civitatem in
recognitionem tam follempnis veftre eleemofine &
in perpetuum memoriale veftrum predecefforum ve-
ftrorum. Et ut huic ordinationi plena fides adhi-
beatur prefentem cedulam juffimus confcribi & fi-
gillo

gillo noſtro muniri. Datum Anno Domini M.CC.
LXXX. quinto IV. Kal, Septembr.

30.

Schlotheim. Monaſt. al. Hortus Dei.

I.

Anno 1528. verkaufft Graf Ernſt zu Manßfeld der
Priorin und der gantzen Sammunge des Jung-
frauen Cloſters in Gottes Garten vor Schlothheim
gelegen, 10 fl. wiederkäufls Zinß, vid. Schwarzb. Di-
plom. Arch. Rudolſtad. pag. 88.

2.

Prior, Prioriſſa totusque Conuentus ſanctimonia-
lium monaſterii Horti Dei prope Slotheim recogno-
ſcunt an. 1319. quod Metropolitanus Eccleſiam
parochialem in Slotheim monaſterio incorporaue-
rit. Vid. Diplom. Arch. Mogunt. Mſt. n. 4.

A. Præpoſiti Schlotheim.

Conradus 1302 — 11. teſtis anno 1307. in
    Dipl.. Volckold. v. Scriptas noſtras T. I.
    p. 784. D.
Andreas 1317.
Eckehardt 1342. teſtis 1338. in Dipl. Volckol-
    der, v. ib. p. 798. B.
Hardmodus 1359.
Henricus 1366.
Schorenbrand 1371

B. Virgines Schlotheimenſes.

Margaretha de Slotheim 1294
Adelheydis, Prioriſſa 1302. 11. 17. 18.
Gertrudis & Mechtildis de Wernrode 1302

Alheit, Priorin 1332.
Mechtild, Priorin 1342.
Sophia von Baldestete 1342. Priorin 77. 86.
Elisabeth, Priorissa 1359.
Ysentrud, Priorissa 1366.
Jutta, Priorin 1371.
Telle Luden 1371
Jutte Steinbuchen 1371.
Ysallde 1371.
Sophia 1378. v. Script. T. L p. 805.
Anna von Höpffgarten, Priorin 1531.
Elizabeth von Reckeroth, Priorin 1539. 1542.

* *

III.

D. L. F. K.

Summarische Nachricht

von der Verfassung derer Gesetze, Rechte und
Ordnungen in den Hochfürstl. Sächßl. Landen
der erneſtiniſchen Linie.

SECTIO I.

De Jure Ecclesiastico in Saxonia Ducali, Lineae
Erneſtinae.

Davon handelt überhaupt Herr Geh. Regierungs-
Rath Buder zu Jena in disputatione Ao. 1747
habita: de Ordinationibus Conſiſtorialibus & Eccle-
ſiaſticis Ducum Saxoniae, lineae Erneſtinae, als
worinnen ſowohl die ältern als neuern angeführt ſind.

Herr

Herr Herzog Johann Caſimir zu S. Coburg,
als welchem auch die Stadt Gotha, nebſt verſchiede-
nen Aemtern des Fürſtenthums Gotha, und das itzige
ganze Hildburghäußiſche, ingleichen das Hennebergiſche
Amt Römhild zuſtändig waren, ließe, und zwar vor-
nämlich durch Hülfe des damaligen Superintendentens
zu Heldburg, Hn. D. Johann Gerhards, nachherigen
Profeſſoris Theologiae zu Jena, eine Kirchen-Ord-
nung entwerfen, und A. 1626 in folio durch den
Druck publiciren, welche hernach Anno 1713 mit
den Legibus Gymnaſii Academici Coburgenſis, und
mit einem ſogenannten kurzen Bericht des Herrn Kir-
chen-Raths, D. Cypriani, wieder aufgeleget wurde.
Weil nun dieſe caſimirianiſche Kirchen-Ordnung
überaus gründlich gefaſſet, und größtentheils aus den
Churſächßl. General-Articuln, auch andern Churſäch-
ſiſchen Conſtitutionibus eccleſiaſticis genommen war:
ſo richtete man ſich nach ſelbiger auch, wiewohl nur
voluntarie, in den S. Altenburg-Weymar-Ei-
ſenach- und übrigen Gothaiſchen Landen.

In der gefürſteten Grafſchaft Henneberg aber,
welche A. 1583 dem Chur- und Fürſtl. Haus Sach-
ſen angefallen war, behielte man, bevorab bis zu der
A. 1660 erfolgten Landestheilung, bey, die vom letz-
tern Fürſten zu Henneberg, Herrn Georg Ernſten,
publicirte Kirchen-Ordnung in 4t, als wornach
ſich die Schleußingiſche Landes-Portion annoch prin-
cipaliter, die übrige, zumal Fürſtl. Sächſiſche, quon-
dam Hennebergiſche Aemter aber nur in ſubſidium
richten; wie ſie denn A. 1713 zu Schleußingen in 4t
wieder aufgeleget iſt.

Anno 1664 wurde zu Weimar eine beſondere
Kirchen-Ordnung in 4t gedruckt, ſo den Titul führet:
Derer Durchlauchtigſten, Hochgebohrnen Für-
ſten und Herren, Herrn Johann Ernſts, Herrn

K 2   Adolph

Adolph Wilhelms, Herrn Johann Georgens
und Herrn Bernhards, Gebrüderer Herzogen
zu Sachsen ꝛc. verbesserte Kirchen-Ordnung ꝛc.
welche dann von jener Zeit an bis itzo in den Fürsten-
thümern Weimar, Eisenach und Jena zur Haupt-
Richtschnur dienet, und fast durchgängig, ohne nur
mit einigen Zusätzen, aus obgedachter casimirianischen
Ordnung genommen ist.   Wiewohl nachher in die-
sen drey Fürstenthümern noch verschiedene einzelne Er-
läuterungs - Constitutiones in Kirchen- Schul- und
Matrimonial-Sachen herausgekommen, aber noch
nicht zusammen gedruckt worden sind.

  Herr Herzog Ernestus Pius publicirte A. 1666
seine überall bekannte vortrefliche Landes-Ordnung,
deren erster Theil pag. 1—79 von geistlichen und
Kirchen-Sachen handelt, welches größtentheils aus
obiger casimirianischen Kirchen-Ordnung genommen ist,
die dann auch in subsidium ferner beybehalten wor-
den, wie denn sowohl dieser erste Theil der Ernestini-
schen Landes-Ordnung, als auch in subsidium die
mehrerwähnte casimirianische Kirchen-Ordnung in de-
nen S. Gothaischen, S. Meiningschen und S.
Hildburghäusischen Landen, inclusive derer da
hin mit gehörigen Hennebergischen Aemter, an-
noch pro norma principali (deficientibus quippe
Constitutionibus recentioribus) in geistlichen, Kir-
chen- Schul- und Ehe-Sachen beobachtet werden.
Das Coburgische aber richtet sich nicht nach vorbe-
rührter Ernestinischen Landes-Ordnung, sondern viel-
mehr solitarie nach der casimirianischen Kirchen-
Ordnung.

  Im Fürstenthum Gotha kam A. 1720 eine neue
aus drey Alphabeth bestehende Sammlung in 4t her-
aus, sub titulo: Fürstliche Sächsische Ernesti-
nische Verordnungen, das Kirchen- und Schul-

wesen,

wesen, wie auch christliche Disciplin &c. betref-
fend; und dienet derowegen allda zur Norm; die
S. Coburgische, S. Meinungische und Hild-
burghäusische Lande aber verbindet sie nicht, ohne
nur die darinne mit enthaltene, und vormals auch in
solche Landes-Portionen vom höchstsel. Herrn Herzog
Ernesto pio mit publicirte besondere Constitutiones.

Letztlich erschiene zu Gotha A. 1738 noch eine
neue Sammlung in 4t von fünftehalb Alphabeth un-
ter dem Titul: Fernere Beyfugen unterschiedli-
cher nach und nach ausgegangener und zur
Fürstl. Gothaischen Landes-Ordnung gehöri-
get Gesetze, Ordnungen und Rescripten, auf
gnädigsten Befehl des Durchlauchtigsten Für-
sten und Herrn, Herrn Friedrichs III. Herzo-
gens zu S. Gotha rc. zusammen gebracht und
herausgegeben, in deren pag. 1—99 von Kir-
chen- Schul- und Matrimonial-Sachen gehandelt
wird. Allein die S. Coburgische, Hildburghäußi-
sche und Meinungische Lande sind daran, aus gleicher
Ursache, nicht gebunden.

Das Fürstenthum Altenburg hatte sich in Kir-
chen- und geistlichen Sachen anfänglich, wiewohl
nur voluntarie, nach den Chur-Sächsischen Arti-
culis generalibus und andern geistlichen Verordnun-
gen, in subsidium aber nach der obigen casimiria-
nischen Kirchen-Ordnung gerichtet. Als aber die-
ses Fürstenthum, extincta linea Altenburgica, anno
1672 dem Herrn Herzog Ernesto pio angefallen war,
versuchte zwar dieser christrühmlichste Fürst, seine
Verordnungen auch allda einzuführen: es fande aber
vielen Widerspruch, weil das Fürstenthum Alten-
burg bey seiner besondern Verfassung beharrete.
Nachhero aber kam es doch da hin, daß für sothanes
Fürstenthum Altenburg mit Beystimmung der dasi-

K 3

gen

gen Land-Stände eine besondere Kirchen-Ordnung, die gleichwohl fast durchgehends aus vorgedachter casimirianischen und ernestinischen gezogen war, gefertiget und publiciret, auch successu temporis in manchen Stücken verbessert wurde. Die neueste Auflage davon stehet in der zuletzt anno 1742 gedruckten Fürstl. Sächsischen Altenburgischen Landes-Ordnung Parte I. von geistlichen Sachen, p. 1—229 & P. II. p. 1—104. und dieses dienet zur Richtschnur dem ganzen Fürstenthum Altenburg, wie ingleichen auch der demselben insofern annoch incorporirten S. Saalseldischen Landes-Portion, als welche mit unter dem gemeinschaftlichen Consistorio zu Altenburg stehet.

Herr Herzog Ernestus Saxo-Hildburghusanus ließ zwar anno 1685 für seine Landes-Portion eine neue Ordnung, das Kirchen- und Schulwesen betreffende, in 2 Theilen in 4t publiciren; sie enthält aber eben nichts Reues, sondern ist vielmehr aus der ernestinischen und casimirianischen zusammengetragen, und letztere ausdrücklich in subsidium, wie schon oben gedacht, beybehalten worden.

Von den Fürstenthümern Altenburg, Weimar, Jena, Gotha, Eisenach, Meinungen, Hildburghausen und Coburg hat jedes sein besonderes geistliches Consistorium, welches von seinem gnädigsten Landesherrn besetzt wird und dependiret, auch jedes mit einer geschriebenen Consistorial-Verordnung versehen ist.

In den S. Gothaischen, Meinungischen und Hildburghäußischen Landen hat man bey jedem Amt noch ein sogenanntes besonderes geistl. Untergericht, so aus dem Superintendenten und Beamten bestehet, und die erste Instanz, doch nur cognitionem hat, selbst aber in causis controversis ecclesiasticis nichts

decidi-

decidiren darf, sondern ad Consistorium berichten
muß.

Die neuen Kirchen-Gesetze, ingleichen die Dispen-
sationes ergehen aus dem Geheimden Rath.

SECTIO II.
De causis feudalibus.

Daß in denen Fürstlich-Sächsischen, in Meißen und
Thüringen, mithin denen S. Altenburg- Weimar-
Jenaischen, Gothaischen, Eisenachischen, vor dem Thü-
ringer Wald, als der natürlichen Gränze zwischen
Thüringen und Franken, gelegenen Landen, eben so-
wohl, als im Churfürstenthum Sachsen, und denen-
selbigen incorporirten Landen, dem Juri Saxonico
communi, vorzüglich vor dem Longobardischen Lehn-
Recht nachgegangen worden: deshalb ist nicht der
geringste Zweifel übrig. Confer. Horn. in Jurispru-
dent. feud. cap. 1. §. 31—33. Ludouici in der Vor-
rede zum sächsischen Lehn-Recht, §. 28 & 29. Idem
in der Einleitung zum Lehns-Proceß, cap. 13. §. 10.
seq. Struu. in Histor. iur. cap. 8. §. 30. iuncto cap.
9. §. 23.

Eben so verhält sichs auch mit denen Fürstl. Säch-
sischen, zwar nach dem situ naturali in Franken ge-
legenen, doch aber zum Obersächsischen Creiß ge-
hörigen Landen, nämlich in der vor Alters sogenann-
ten Pflege Coburg, mithin in denen itzo S. Cobur-
gischen und S. Hildburghäußischen Aemtern.
Daher kann auch daselbst von keinem collaterali sine
simultanea inuestitura ins Lehn succediret werden.
Hoenn. Hist. Coburg. Lib. I. cap. 25. pag. 153.
Modestin. Pistor. Vol. I. Consil. 8. 23 & 24. Denn
ob sich zwar hierwider der sel. Herr Canzler von Lu-
dewig in disp. de differentiis iuris communis &
Saxon. in simult. inuestitur. Differentia II. cap. 2. p.

40. Item cap. 2. §. 3. & cap. 7. §. 1. gewaltig ge-
ſträubet hat, und demſelben in Boehmeri Conſiliis T.
III. Part. I. Conſil. 158. nachgefolget werden will; ſo
bezeugen jedennoch alle und iede Acta der S. Coburg-
und S. Hildburghäußiſchen Lehns-Canzleyen, (wie
ſowohl von denen Herren Räthen, als auch von den
Secretariis und Aduocatis einſtimmig verſichert wird)
daß bey jedem Lehn, es ſey Mann- oder Kunkel-Lehn,
ein jeder Succeſſurus die Mitbelehnſchaft, oder ge-
ſammte Hand erlanget, und von Fällen zu Fällen, ſie
begeben ſich in manu dominante oder ſeruiente, reno-
uiret haben müſſe, außerdem er zur Lehns-Folge nicht
gelaſſen wird: wie dieſes mit exemplis innumeris zu
beweiſen.   Add. L. B. de Lyncker. Vol. I. Reſponſ.
200. num. 28. ſqq. Nic. Henrici de Tilemann. diſput.
Lipſiae A. 1716. ſub praeſidio Luderi Menckenii
habita: de foro competente Vaſallorum, ſimulta-
neaeque inueſtitorum, cap. 3. & 4.   Welches
dann ſchon an ſich vernünftig, weil ja ſelbſt die Her-
ren Herzoge zu Sachſen auch die Coburgiſche, wie alle
ihre übrige Lande von Kayſerl. Majeſtät und dem Reich,
anders nicht, als nach Sachſen-Recht, empfan-
gen.   Confer. Reichs-Hof-Raths-Ordnung, Tit.
III. §. 12. verſu, in welchen Geſchlechtern ꝛc.   Itter.
de feudis Imperii cap. 2. §. 2. & cap. 10. § 9.
Müller im Staats-Cabinet, Part. IV. cap. 1. § 11.
ſeqq. Io. Frider. Kobii Commentatio de Anno 1761.
de pecunia mutuaticia tuto collocanda, § 66. p. 122.
Daher wohl nichts billiger iſt, als daß ſich nicht min-
der die Subfeuda nach der Eigenſchaft des Feudi prin-
cipalis richten müſſen.

Und ſo viel inſonderheit die Fürſtl. Sachſen
Hildburghäußiſche Lehn betrift, ließen ſich zwar
anno 1744. die daſigen Landſtände beyfallen, deshalb
zu grauaminiren; ſie erhielten aber vom Sereniſſimo
ihre

ihre Abfertigung in dem Landtags ⸱ Gebrechens Ab⸱
ſchied d. d. 6. Julii anno 1744. Artic. XI. nach dem
ſub lit. A. hier beyliegenden Extract.   Worbey denn
die Landſchaft ſich vollkommen beruhiget, und d. d. 15.
Febr. 1745. Artic. XI. ſchriftlich declariret hat: Wie
ſie nicht geſinnet ſey, bey Lehns⸱Empfängniſſen, noch
ſonſt in cauſis feudalibus der Diſpoſition des Juris
Saxonici ſich zu entziehen, ſondern wolle ſich vielmehr
ſolcher auß gehorſamſte fügen.   Auf gleiche Weiſe
wird dann nun ſogar auch in den Chur⸱ und Fürſtl.
Sächſiſchen Landes ⸱ Antheilen der geſürſteten Graf⸱
ſchaft Henneberg in Lehns⸱Sachen dem Sächßl.
Recht nachgegangen, v. Tilemann. & Kobius citatis lo-
cis. Lunigii Corp. Jur. feud. Tom. III. p. 930. licet
iterum, ſed fruſtra & contra obſeruantiam notori-
am diſſentiant Dn. de Ludewig & Dn. Boehmerus
in locis ſupra excitatis.

Wie wenn aber nun in cauſis feudalibus, vel cir⸱
ca feuda das neuere Churſächſiſche von dem alten
gemeinen Sachſen⸱Recht abweichet? Reſponde-
tur: Ohnerachtet die Churſächßl. Geſetze an ſich ſelbſt
die Fürſtl. Sachſen ⸱ Erneſtiniſche Häuſer und deren
Lande nicht ex neceſſitate iuris binden; ſo wird den⸱
noch bey Lehns⸱Sachen auch in den ſämmtlichen
Fürſtl. Sächſiſchen, mithin auch in den Cobur⸱
giſchen und Hennebergiſchen Landen (deficien-
tibus ſcilicet iuribus prouinciae ſpecialibus) denen
Churſächſiſchen deßfalſigen Conſtitutionibus ſich
confirmiret.   Die Beweiſe davon ſind angeführt in
Io. Frider. Kobii allegata Commentatione: de pecu-
nia mutuaticia tuto collocanda, §. 47. 48. 77. 81 &
87.

SECTIO

SECTIO III.

De causis ciuilibus.

Deshalb machen in den Fürstl. Sächsischen Landen, Lineae Erneſtinae, das Haupt-Regulatiuum aus die vorhandene ſo ältere als neuere Landes- und Policey-Ordnungen. Von dieſen handelt überhaupt Herr Geh. Regierungs-Rath Chriſtian. Gottl. Buder. in peculiari diſſertatione, Jenae anno 1747 de Ordinationibus politiae & juſtitiae ſereniſſimorum Saxoniae Ernestinae Ducum, woſelbſt ſie auch nach einander recenſiret ſind. Die Fürſtl. Sächſiſche Landes- und Policey-Ordnung iſt die de anno 1556 in 4t, und führet den Titul: Der Durchlauchtigen Hochgebohrnen Fürſten und Herren, Herrn Johanns Friedrichen, des Mittlern, Herrn Johanns Wilhelmen und Herrn Johanns Friedrichen, des jüngeren, Herzogen zu Sachſen 2c. Policey- und Landes-Ordnung de anno 1556.

Anno 1580 wurde ſie aufs neue gedruckt, und letzlich circa ao. 1720 in Coburg mit Beyfügung verſchiedener neuen Conſtitutionen wieder aufgeleget. Es dienet ſolche auch bis itzo noch zur Haupt-Richtſchnur in dem Coburgiſchen, weil allda des Höchſtſeligen Herrn Herzogs Ernesti pii Landes-Ordnung (wovon bald weiter zu gedenken) noch nicht eingeführet iſt.

Obige Landes-Ordnung de anno 1556 reuidirten, verbeſſerten und vermehrten in vielen Stücken die S. Weymariſche und Altenburgiſche beyde Haupt-Linien, und gaben ſie ſolchergeſtalt anno 1589 in 4t heraus, ſub titulo: Der Durchlauchtigen, Hochgebohrnen Fürſten und Herren, Hn. Friedrich Wilhelms, u. Hn. Johannſen, Gebrüdere, Herzogen zu Sachſen, Landgrafen in Thüringen und
Marg-

Marggrafen zu Meißen ꝛc. Policey- u. Landes-
Ordnung zu Wolfart, Nutz und Beſten der-
ſelbigen Unterthanen und Fürſtenthum, bedacht
und ausgangen. Anno 1589 gedruckt zu Jhe-
na durch Tobiam Steinmann. Und nach die-
ſer Ordnung richtet man ſich in den Fürſtl. Sachſen
Weimar- Jena- und Eiſenachiſchen Landen.
Es behalf ſich auch das Fürſtenthum Altenburg da-
mit ſo lange, bis es eine neue Landes-Ordnung be-
kam, de qua paulo inferius.

Der preißwürdigſte Herr Herzog Erneſtus pius
zu S. Gotha legte obige beyde Ordnungen de anno
1556 & 1589 zum Grund, und ließ anno 1666 eine
neue Landes-Ordnung, (welche daher die Sachſen
Gothaiſche heißet:) ſub titulo: Fürſtl. Sächſiſche
Landes-Ordnung des Durchläuchſten Fürſten
und Herrn, Herrn Ernſten, Herzogen zu Sach-
ſen ꝛc. tot. tit. mit Beyfügung unterſchiedlicher
nach und nach ausgegangener und darzu gehö-
riger Ordnungen ꝛc. in einem ziemlichen Quart-
Band publiciren, welche ein rechtes Muſter eines
vortreflichen Landes-Geſetz-Buchs mit Recht heißen
kann, und mit einem vollſtändigen accuraten Regiſter
verſehen iſt. Sie iſt demnach die vornehmſte Richt-
ſchnur noch bis itzo a) im ganzen Fürſtenthum Go-
tha, b) in dem S. Meinungiſchen, und c) in den
S. Hildburghäußiſchen Landen. Hingegen hat
man ſie im Coburgiſchen noch nicht recipiret.

Zu Gotha kam anno 1738 in 4t eine Sammlung
von neuen einzelnen Geſetzen in fünftehalb Alphabet
beſtehende heraus, ſub titulo: Fernere Beyfügung
unterſchiedlicher nach u. nach ausgegangener,
und zur Fürſtl. Gothaiſchen Landes-Ordnung
gehöriger Geſetze, Ordnungen und Reſcripten,
auf gnädigſten Befehl des Durchlauchtigſten
Fürſten

Fürsten und Herrn, Herrn Friedrichs III. Herzogens zu Sachsen-Gotha rc. zusammen gebracht und herausgegeben. Sie enthält die vortreflichsten Landes-Gesetze, und ist das Regulativ in dem Fürstenthum Gotha, nicht aber auch in dem S. Hildburghäußischen und Meinungischen, weil sie daselbst nicht promulgiret noch recipiret worden.

Das Fürstenthum Altenburg hat zwar seine besondere Landes-Ordnung, welche novissime revidiret und in dreyen Quartanten wieder aufgeleget ist anno 1742. Sie ist aber doch, außer wenigen Zusätzen, Verbesserungen und neuen Constitutionen, durchgehends und fast von Wort zu Wort der oberwähnten S. Gothaischen Landes- und Policey-Ordnung des Höchstsel. Herrn Herzogs Ernesti pii gleichstimmig. Wie denn zumal im Hauptwerk fast alle Fürstl. Sächsische Landes-Constitutiones mit einander genau überein treffen: zumal auch die sämmtliche Herren Herzoge zu Sachsen Ernestinischer Linie in ihren Haus-Verträgen sich mit einander verbunden haben, in ecclesiasticis, politicis & causis iustitiae eine genaue Conformität zu beobachten.

Die gefürstete Grafschaft Henneberg hatte eine besondere Landes-Ordnung, welcher der Princeps penultimus, Wilhelmus, anno 1539 in 4t promulgiret. Anno 1720 wurde sie zu Meinungen wieder aufgelegt, und bestehet nur aus anderthalb Alphabeth. Es ist ein schlechtes Werk, und das meiste aus dem Römischen Justinianischen Recht herbeygezogen, annebst auch mit einem harten und verworrenen Stylo geschrieben. Was darinnen von dem Proceß vorkommt, hat heut zu Tage gar keinen Nutzen mehr, wegen der neuern Proceß-Ordnungen, de quibus infra. Doch pflegt man endlich noch in subsidium,

fidium, und bey Erbfällen, da hin zu recurriren.
Hingegen behält doch auch in den Fürstl S. Meinun-
gischen, Hennebergischen Landen die S. Gothaische
Landes-Ordnung des Herzogs Ernesti pii die
Oberhand.

Wird denn aber auch bey denen causis ciuilibus
in denen sämmtlichen Landen des Hochfürstlichen Hau-
ses Sachsen, Ernestinischer Linie, deficientibus Con-
stitutionibus prouincialibus, dem alten gemeinen
Sachsen-Recht nachgegangen? Antwort: Ja, so
viel die Fürstl. Sächßl. in der Landgrafschaft Thürin-
gen und Marggrafthum Meißen gelegene Lande an-
betrift, wie solches alle Compendia und Systemata,
nebst der unwidersprechlichen Erfahrung, bezeugen.
In denen Landen aber, welche hinter dem Thüringer
Wald, und, nach ihrem situ naturali & geographico,
in Franken gelegen sind, verhält sichs hierunter, näm-
lich intuitu causarum ciuilium, ganz anders. Denn
obwohl auch daselbst, so viel den ordinem proceden-
di in iudiciis, oder die formalia betrift, dem Säch-
sischen Proceß ebenfalls genau nachgegangen wird; so
verhält sichs doch daselbst circa materialia, siue me-
rita causarum hierunter ganz anders. Denn wegen
dieser letztern richtet man sich sowohl in der von Alters
her sogenannten Pflege Coburg, oder in dem
Sächßl. Ort Landes zu Franken, mithin in dem
itzo Coburgischen und Hildburghäußischen Aem-
tern und Orten, desgleichen in den Hennebergischen
Landes-Districten, nicht nach dem gemeinen Sach-
sen-Recht, sondern vielmehr nach den Kayserl. be-
schriebenen gemeinen Rechten, e. g. eine majo-
renne Weibsperson kann daselbst sine Curatore vali-
de contrahiren; erscheinet sie aber vor Gericht, aller-
meist in Proceß-Sachen, muß sie mit einem Vormund
versehen seyn. Sothane Lande wissen auch nichts,
e. g.

e. g. von der Gerade, Heergewette, Mußtheil und der-
gleichen.   Und daß der vorgedachte vor Alters ſoge-
nannte Sächßl. Ort Landes zu Franken (ohnerachtet
er, ſeiner publiquen Verfaſſung nach, zum Ober-
ſächſiſchen Reichs-Creiß gehörig iſt) in cauſis ci-
uilibus, circa merita cauſarum, an das gemeine
Sachſen-Recht eben ſo wenig, als die Fürſtl. Henne-
bergiſche Lande, gebunden ſeyn; das wird unter an-
dern ausdrücklich bezeuget und beſtärket e. g. a) in
Herrn Herzog Johann Caſimirs zu S. Coburg
gedruckter Hofgerichts-Ordnung de anno 1598
P. I. Tit. 6. was für Recht in dieſem Hofgericht ge-
halten werden ſoll 2c. b) in Herrn Herzogs Erneſti
pii Gothaiſcher Landes-Ordnung P. II. cap. 1.
Tit. 12. was für Recht in unſerm Fürſtenthum gehal-
ten werden ſoll 2c. c) in der Ordnung des Fürſtl.
Sächßl. gemeinſchaftlichen Hofgerichts zu Jena
de anno 1653. cap. 15. Add. Hoenii Hiſt. Cobur-
gic. Lib. I. p. 152. Struuii hiſtor. und polit. Archi-
uar. P. II. p. 82—90.

SECTIO IV.
De Proceſſu.

Circa modum procedendi in judicio, wird ſich in allen
u. jeden F. S. Landen, ſowohl dieß- als jenſeit des thü-
ringer Waldes, mithin auch im Hennebergiſchen, le-
diglich nach dem ſächſiſchen Proceß, keinesweges aber
nach des Reichs Kammer-Gerichts-Ordnung, noch ſonſt
nach dem proceſſu communi, gerichtet. Von dem ſel.
Hn. Hofrath D. Remmerich, hat man ein kurzes Pro-
gramma Jenenſe, de anno 1735: De meritis Princi-
pum Electorum & Ducum Saxoniae circa proceſſum
iudiciarium. Eine förmliche Proceß- oder Gerichts-
Ordnung hatte man anfänglich nicht. Man pflegte dem-
nach

nach deshalb in Saxonia Ducali den vom Proceß han=
delnden erſten Theil der Churſächſiſchen Landes-Con=
ſtitutionum de anno 1572, und zugleich die Ordnun=
gen des Hofgerichts in Leipzig und Wittenberg de an=
no 1549 & 1550 vor Augen zu haben. Herr Herzog
Johann Caſimir zu Sachſen-Coburg machte eine
beſondere Hofgerichts-Ordnung vom Jahr 1598 in 4.
durch den Druck von 9 Bogen bekannt. Nach dem Chur=
fürſt Johann Georg I. zu Sachſen auf vorgehab=
te viele und mühſame Berathſchlagungen dero neue
Gerichts- oder Proceß-Ordnung anno 1622 zum
Stand gebracht; (de cuius praeſtantia vid. Berger.
in praeſatione ad E. D. F. itemque Georg. Beyer. in
Opuſcul. iuridic. pag. 133. ſeq. §. 10.) ſo fand ſel=
bige überall den vollkommenſten und dergeſtaltigen
Beyfall, daß ſie nicht allein die fürſtlich ſächſiſchen Ge=
richte, ſondern auch verſchiedene andere Lande des
Oberſächſiſchen Kreiſes, voluntarie recipirten. Wie
dann ſolche Churſächſiſche Gerichts-Ordnung de anno
1622 annoch zur Richtſchnur dienet in dem Fürſten=
thum Weimar, außer etlichen wenigen Artikuln,
welche in der aus nur 4 Bogen beſtehenden fürſtli=
chen S. weimariſchen Verordnung zu Ver=
beſſerung bisher angemerkter Proceß-Gebre=
chen und Mißbräuche rc. public. 1. Mart. 1723,
noch mehrers erläutert worden ſind.

Anno 1653 bekam das gemeinſchaftliche Hofge=
richt zu Jena eine neue Ordnung, welche theils aus
obiger Coburgiſchen Hofgerichts, theils aus der Chur=
ſächſiſchen Gerichts-Ordnung, de anno 1622 genom=
men war.

Anno 1670 wurde zu Gotha des Herrn Herzogs
Erneſti pii Gerichts- und Proceß-Ordnung
zum erſtenmal im Druck bekannt gemacht. Ob ſie
zwar faſt durchgehends aus der oftgedachten Chur=

sächsischen de ao. 1622 im Hauptwerk genommen wor-
den, wie nicht allein Martini in Comment. ad Ord. Proc.
Sax. Elect. in præf. num. 66. bezeuget; sondern auch
aus diesem ganzen Commentario Martini fast in allen
Stücken deutlich erscheinet; so gehet sie dennoch in so fer-
ne specieller, daß sie auch die Gattungen der summari-
schen Processe, desgleichen den peinlichen Proceß, mit
abhandelt. Sie ist dannenhero bis auf den heutigen
Tag die Richtschnur a) in dem ganzen Fürstenthum
Gotha, b) in dem S. Meinungischen, inclusive
Hennebergischen, desgleichen c) in denen S. Hild-
burghäusischen Landen, und endlich wurde sie auch
d) in dem S. Coburgischen per Edictum d. d. Co-
burg, zur Ehrenburg 16. Junii 1741 eingeführet und
vorgeschrieben, doch, daß man in sämtlichen itztbesagten
fürstlichen sächsischen Landen, inclusive der Henneber-
gischen Aemter, fürstl. sächsischen Landes-Antheils, zu-
gleich in subsidium auf die ofternannte Chursächsi-
sche Gerichts-Ordnung de anno 1622 recurriret.
S. Hildburghausen hat unterm dato 30. Jan. 1747
noch eine besondere, wiewohl nur aus 3 Bogen beste-
hende, doch überaus heilsame Constitution zu Ver-
besserung einiger bisher angemerkten Proceß-
Gebrechen im Druck bekannt gemacht. Inzwischen
bleibet die fürstl. sächß. Gothaische Gerichts-Ord-
nung noch allezeit die Basis.

Das Fürstenthum Eisenach erhielte zwar vom
Herrn Herzog Johann Wilhelm anno 1702 eine
besondere Gerichts- Proceß- und Executions-Ord-
nung, aus anderthalben Alphabeth in 4t bestehend; sie
ist aber doch fast gar nicht von der obvermeldeten S.
Gothaischen unterschieden.

In Chursachsen kam bekanntlich anno 1724 die
Gerichts- und Proceß-Ordnung de anno 1622 mit
nöthigen Erläuterungen und Verbesserungen heraus in
dritt-

dritthalben Alphabet in 4to. Diese ist ohnstreitig die alleraccurateste, billigste und gründlichste, und daher zu wünschen, daß sie auch in den fürstlichen sächsischen Judiciis zum Normativo angenommen würde.

Das Fürstenthum Altenburg, als deme auch die S. Salfeldische Landes-Portion incorporirt ist, richtete sich vormals nach der Churfächsischen Gerichts-Ordnung de anno 1622. Sie bekam aber exeunte superiori saeculo eine besondere, die iedoch fast verbotenus aus der obengedachten S. Gothaischen des Herrn Herzogs Ernesti pii genommen ist. Sie wurde anno 1744 unter dem Titul: Fürstl. Sachsen-Altenburgische neuerläuterte Gerichts- und Proceß-Ordnung 2c. in 4t, beynahe vier Alphabet stark, reuidiret, so daß man derselben zugleich beynahe alle die churfächs. Erläuterungen de anno 1724 suis locis mit einruckte. Sie kann dannenhero mit Recht den Namen und Ruhm der vollständigsten sächsischen Proceß-Ordnung behaupten.

SECTIO V.
De causis criminalibus.

Die obenernannte Fürstl. sächsische so ältern als neuern Landes-Ordnungen enthalten nicht wenig auch von denen Verbrechen und deren Bestrafung. Hisce deficientibus richtet man sich in den Fürstenthümern S. Altenburg, Jena, Weimar, Gotha und Eisenach in subsidium nach den churfächsischen Constitutionibus Parte IV. und ganz zulezt nach Kayser Carls V. peinlicher Halsgerichts-Ordnung. Allein in S. Meinungischen vorzüglich nach der Hennebergischen Landes-Ordnung de anno 1539. Und im Coburgischen auch Hildburghäußischen, e. g. in puncto adukerii, aliorumque carnis delictorum &c.

ebenfalls keinesweges nach den churſächſiſchen Conſti-
tutionibus, ſondern vielmehr vorzüglich nach denen
einzeln ergangenen Criminal-Mandatis, e. g. wider die
Streuner, Diebe und herrenloſes Geſindel, item in
puncto Duelli &c. und ſodann erſt in ſubſidium nach
Kayſer Carls peinlicher Halsgerichts-Ordnung,
und vltimato nach den gemeinen kayſerl. beſchriebenen
Rechten.

Was den Modum procedendi in criminalibus
betrift; hat derſelbe vor dem churſächſiſchen Inquiſi-
tions- und Achts-Proceß nichts beſonders, als wel-
cher vielmehr ausdrücklich vorgeſchrieben iſt, auch in
der S. Gothaiſchen Gerichts-Ordnung Herrn
Herzogs Erneſti pii de anno 1672 P. III. cap. 10.
§. 22. Im S. Hildburghäußiſchen hat kein
einziger Stadt-Rath noch Vaſal die hohen oder Cri-
minal-Gerichte: ſondern dieſe gehören allein dem Princi-
pi, welcher ſie von den Aemtern exerciren läſſet.
Desgleichen findet ſich auch im Meinungiſchen und
Coburgiſchen (ausgenommen im letztern das Rit-
tergut Haßenberg, welches mit den hohen Gerichten
verſehen iſt).

In den Fürſtenthümern Altenburg, Weimar,
Gotha und Eiſenach haben einige, wiewohl ſehr
wenige, Stadt-Räthe die peinliche Gerichtsbarkeit.

SECTIO VI.

Von den Landſtänden.

Die landſchaftliche Verfaſſung in den Fürſtl. Sach-
ſen Erneſtiniſchen Landen hat nichts beſonderes
vor der desfalßigen Verfaſſung in Chur-Sachſen.
Denn in jedem beſtehet das lanſchaftliche Corpus in
drey Claſſen, nämlich a) denen Prälaten und Gra-
fen, b) der Ritterſchaft, und c) denen Städten.

Meiſtens

Meiſtens wird alle 3 oder längſtens 6 Jahre ein allge-
meiner Landtag gehalten und von dem Principe aus-
geſchrieben.   Confer. Seckendorfs Fürſten-Staat
P. II. cap. IV. §. 6—15. pag 61—74. Chriſtiani
Wildvogelii Diſp. Jenens. de anno 1711 de ſtatibus
prouincialibus.   Sam. Strykii Diſp. Francofurt. de
anno 1679 de eodem argumento.   Io. Frider. Kobii
Commentatio anno 1761 de pecunia mutuaticia tu-
to collocanda § 43—45. und die ganze Einrichtung
des Steuer-Weſens in den Fürſtl. Sächſiſchen Lan-
den iſt aufs gründlichſte und zureichendeſte abgehandelt
in L. B. de Lyncker Diſp. Jenenſi anno 1692 habita,
& anno 1726 recuſa: de Cataſtris, von Steuer-
Anſchlägen.   Anſonſten hat ein iedes ſächſiſche Für-
ſtenthum, nämlich Altenburg, Weimar, Gotha,
Eiſenach, Meinungen, Hildburghauſen und
Coburg ſein beſonderes Landſchafts-Corpus und
Ærarium,   welches unter ſeinem eigenen gnädigſten
Landesherrn ſtehet.   Die S. Saalfeldiſche Lan-
des-Portion aber gehöret annoch zum Corpore des
Fürſtenthums Altenburg und deſſen Landſchaft.   Von
den Landtags-Abſchieden ſind die allerwenigſten ge-
druckt; doch kann man ſie, gleichwie auch die chur-
ſächſiſche, eben nicht ſchwer in Abſchrift bekommen.
Sie enthalten einen guten Theil von dem Jure publi-
co ſpeciali einer jeden Provinz.

4. EX-

A.

EXTRACT

aus dem hochfürstl. Sachsen-Hildburghäusischen
Landschafts-Gebrechens-Abschied d. d. 6. Julii
anno 1744 Art. XI.

Die hieher gehörige Stelle:

Art. XI.

Daß hingegen das von dem nunmehro verstorbenen
Rath und Lehns-Secretario Haucken vormals da hin
ausgestellte Attestatum, wie nämlich in Unsern fürstl.
Landen bey denen von Uns recognoscirenden Feudis
in caulis feudalibus das bekannte Sachsen-Recht und
in, oder mit demselben die Mitbelehnschaft oder ge-
sammte Hand hergebracht und in Uebung sey, mithin
zur Lehnsfolge kein Seitenverwandter gelassen werde,
er sey denn zuvor in der gesammten Hand gestanden,
und habe selbiger von Fällen zu Fällen die schuldige
Folge geleistet, vor ein landschaftliches Gravamen
angesehen, und um deren Erledigung gebeten werden
wollen, solches müssen wir nicht sonder Befremdung
vernehmen; können aber doch Unserer getreuen Land-
schaft von der Ritterschaft keinesweges zutrauen, daß
auch nur derer Mehrern ihres Theils hegende Mey-
nung da hin gehe, Obiges neuerlich in Zweifel zu zie-
hen, oder wohl gar zu widersprechen, da sie vielmehr
auf solchem Fall sowohl durch die auf Unserer Canzley
vorhandene sämmtliche Lehns-Acta, als auch durch
ihre selbsteigene in Händen habende Lehns-Urkunden
von der Wahrheit und Richtigkeit des obigen Satzes
vollkömmlich überzeuget werden können, denn zu ge-
schweigen, daß das in der bekannten Coburgischen
Chronica Lib. I. p. 153 hiervon Befindliche aus dem

dasigen

daſigen Archiv genommen, und zugleich mit Autori-
tatibus bewährten Rechts-Lehrern, auch der unver-
neinlichen täglichen Erfahrung ſelbſt beſtärkte Atteſta-
tum, daß nämlich in dem ab antiquo alſo benannten
ſächſiſchen Orte Landes zu Franken, oder in dem an-
ſehnlichen Diſtrict, wovon Unſere Lande ein kundba-
res Appertinens ſind, in cauſis feudalibus dem ſäch-
ſiſchen Lehn-Recht nachgegangen werde, ſo viel Uns
wiſſend, noch von niemanden angefochten, noch we-
niger aber widerleget worden; ſo iſt bereits aus denen
Compendiis des deutſchen Staats- und Lehn-Rech-
tens bekannt, daß die Lande und Lehn ſelbſt, ſo die
Herren Herzoge zu Sachſen, ſowohl vom heil. Röm.
Reich, als auch von der Crone Böhmen, recogno-
ſciren, nach dem Sachſen-Recht reguliret werden,
und darbey der geſammten Hand auf alle Fälle die
Folge geſchehen müſſe, dannenhero eine hinwiederum
in den Rechten ausgemachte Sache iſt, quod ſub-
feuda regulariter eiusdem naturae eſſe cenſeantur,
cuius eſt feudum principale. Und weilen dem-
nächſt Unſere Lande, außer dem Hennebergiſchen Amte
Behrungen, zum Oberſ. Creiß gehören, und demſelben
incorporiret ſind, ſodann die kayſerl. Reichs-Hof-
Raths-Ordnung Tit. III. § 12. daß in denjenigen
Reichs-Creißen, da die Simultanea inueſtitura herge-
bracht und im Gebrauch iſt, ſelbige ferner beobachtet
und ihr nachgelebet werden ſolle, deutlich beſaget, in
ſpecie aber nicht nur die ohnſtrittige uralte Obſervanz
unter andern aus einem von weyland Herrn Johann
Friedrich dem Mittlern, und Herrn Johann Wilhel-
men, Gebrüdern Herzogen zu Sachſen, ſchon anno
1554 an weyland Fürſt Wilhelmen zu Henneberg er-
theilten Atteſtato, ſondern auch aus allen vom 17.
16. 15. und 14. Saeculo noch vorhandenen Lehnbrie-
fen und Lehnsbüchern, von Orten zu Orten, oder von

Gütern

Gütern zu Gütern, unwiderleglich erscheinet, daß in
dem sächßl. Orte Landes zu Franken, wie überhaupt,
also bey iedem Indiuidual-Lehngut in specie die sächsischen
ßischen Lehn-Rechte, und mit solchen die gesammte
Hand hergebracht, gehalten und beobachtet worden,
und es überdem nicht weniger mit denen dem Chur-
und Fürstl. Hause Sachsen zugehörigen Hennebergi-
schen Landen, wie vorlängst in Contradictorio ausge-
führet ist, eine gleiche Bewandniß hat; so wollen
Wir Uns zu Unserer getreuen Ritterschaft und Vasal-
len gnädigst versehen, sie werden, bey solcher ihnen
gegebenen Erläuterung, von diesem so unnöthigen, als
durchaus ungegründeten und der vielhundertjährigen
Obseruanz widersprechenden Grauamine gänzlich ab-
stehen, und sich annebst bey denen ihren Lehn- und
Rittergütern zustehenden Juribus, welche von wey-
land Unsers Groß-Herrn Vaters und Herrn Vaters
Gnaden Gnaden, auch von Uns selbst durch mancher-
ley Priuilegia und Concessiones in andere Wege merk-
lichen verbessert worden sind, begnügen lassen.

IV.
Kurze Nachricht
von dem Ursprung und den vornehmsten Schick-
salen des eisenachischen Stadtrechts.

Landgraf Heinrich Raspe genannt ist derjenige, dem
Eisenach das erste Stadtrecht zu danken hat. Den
Grund dazu haben vermuthlich schon die vorhergehen-
den Landgrafen geleget.   Da dieses, nämlich des
Landgrafen Heinrichs, im Jahr 1261 durch den
Brand verlohren gegangen, wurde es 1283 von Land-
graf

graf Albrechten erneuert und mit einigen Zuſätzen ver-
mehret. 4) Weil es ſehr kurz und nur in 39 Pun-
cten beſtehet, möchte man auf die Gedanken gerathen,
es ſey außer demſelben ein ausführlicher Stadtrecht
vorhanden geweſen, indem die Rechte einer Stadt
ſich nicht in ſo wenigen Puncten zuſammen faſſen lie-
ßen. Allein es läßt ſich dieſer Zweifel ſehr leicht he-
ben. Unſere Vorfahren wuſten in den älteſten Zei-
ten nichts von geſchriebenen Geſetzen, ſondern lebten
nach den Gewohnheiten, welche theils in ganz Deutſch-
land, theils bey einigen Völkern alleine hergebracht
waren. Dieſes dauerte fort, obgleich in dem fünf-
ten Jahrhundert einige Völker anfiengen, ihre Rechte
in einen ſchriftlichen Aufſatz zu bringen. Der Städte
waren ſehr wenig, und dieſe bedienten ſich der land-
üblichen Rechte. Die neu angelegte waren hierin-
nen nicht unterſchieden. Nachdem aber die Städte
von den allgemeinen Rechten in etwas abgegangen, nach-
dem auch die Reichsbeamten Landesherren wurden,
und in dieſer Eigenſchaft ein und andere Freyheit er-
theilten; ſo entſtunde nothwendig ein Stadtrecht,
welches von den in dem Lande hergebrachten Rechten
und Gewohnheiten unterſchieden werden mußte. Der-
gleichen Stadtrecht war anfänglich um deswillen nicht
weitläuftig, weil es das gemeine zum Grund legte, und
alſo nur dasjenige enthielt, worinne man von dieſem
war abgewichen. Was iſt es demnach Wunder,
wenn die alten eiſenachiſchen Statuten nur 39 Puncte
in ſich faſſen? Eiſenach tichtete ſich nach den in
ganz Thüringen bekannten und üblichen Rechten; man
hatte alſo bey Abfaſſung des Stadtrechts nur die der
Stadt beſonders ertheilte Rechte aufzuzeichnen. Da
von dem dreyzehnten Jahrhundert an verſchiedener
Städte Statuten in Bücher zuſammengetragen wor-

L 4 den,

4) Paullius Annal. Iſenac. in Syntagm. rer. germ. g. 57.

den, *b)* so hat man in Eisenach ein gleiches gethan.
Herzog Wilhelm, der Tapfere, erwähnet des Stadt-
buchs; in einer wegen des Weinkellers und
der Handwerkszünfte ertheilten Urkunde vom Jahr
1451 in diesen Worten: Das ihr dan in redlicher
gesaßter Ordnung in ewren Stadtbuch bey
euch beschrieben habt, davon wöllen wir auch
Ernstlichen, das Ihr der Rath vndt alle nach-
folgende Räthe fürder solche ewre redliche Ge-
wohnheit haltet, So Ihr in der Wochen zwier
zum Rathaus oder sonsten vffm Rathhaus
seid, auch allezeit ein Viertheil von einer
stunde etliche Capitel auß ewrem Stadtbuche
lesen lasset. Dieses Buch hat der große Brand
1636, nebst andern wichtigen Urkunden, verzehret.
Indessen kann man aus den Anmerkungen, welche sich
bey dem sogenannten alten in E. E. Stadtraths Ar-
chiv aufbehaltenen Stadtrecht, wovon sogleich mit
mehrern gehandelt werden soll, befinden, so viel Nach-
richt von demselben ertheilen, daß es aus einigen Ab-
theilungen oder Büchern bestanden, und ziemlich aus-
führlich gewesen. Es führte den Namen Stadt-
recht, auch Kettenbuch, vermuthlich weil es an einer
Kette auf dem Rathhause angeschlossen war, wenn es
angeführt wird, stehet mehrentheils Kettenbuch, *sub
Praetorio*, und sodann ist das Buch und das Kapitel
bemerket. Zu demselben gehörten das Schöppenbuch
und das Frevelbuch. Das kurz vorher erwähnte
Stadtrecht, so noch vorhanden, und von einem eisenachi-
schen Rathsherrn und geschickten Rechtsgelehrten, Joh.
Purgoldten, von 1503 an bis 1512 aufgesetzet wor-
den, ist in Folio, und bestehet aus 240 papierenen Blät-
tern, wobey die Anfangsbuchstaben, nach damaliger
Gewohn-

b) Hoffmann de Orig. & nat. Leg. germ. Cap. I. Period,
VI. Sect. V.

Gewohnheit, mit allerhand gemahlten und vergolde-
ten Bildern ausgezieret sind.　Den Namen eines
eisenachischen Stadtrechts kann man ihm nicht gar zu
wohl beylegen.　Denn zu geschweigen, daß er die
kayserliche, päbstliche und deutsche Rechte darinnen
gesammlet, und solche mit vielen Stellen aus der heil.
Schrift, aus heydnischen Schriftstellern und Kirchen-
vätern ausgeschmücket; so hat er einige Materien ab-
gehandelt, die sich in ein eisenachisches Stadtrecht
nicht schicken.　Z. E. von der Leibeigenschaft, von
Sachen, die man bey einem Sturm zu Erleichterung
des Schifs ins Wasser wirft, von der Beichte und
Beichtgeld, von Anlegung der Märkte und Münze,
u. d.　Viele Aehnlichkeit hat es in Ansehung der
Einrichtung mit dem Sachsenspiegel, welches es je-
doch darinnen übertrift, daß bey jedem Kapitel ange-
merket ist, ob solches auch aus dem justinianischen,
geistlichen, Land-Weichbild, oder Stadtrechte genom-
men.　Der Unterschied zwischen dem eisenachischen
Stadtrecht und diesem wird durch die von einer etwas
neuern Hand auf dem Rand dabey gemachte häufige
Anmerkungen, *concordat* Kethenbuch, Stadtrecht,
entdecket.　Bey dem eisenachischen Stadtrechte ist
dieses vornämlich merkwürdig, daß dasselbe die Quelle
gewesen, woraus alle der alten Landgrafen von Thü-
ringen Herrschaft unterworfene Städte ihre Gesetze er-
halten, und daß man aus allen diesen Städten an
den Schöppenstuhl zu Eisenach, das ist, an den
Stadtrath, in Streitsachen sich berufen.　In den
ältesten vom Landgraf Heinrich ertheilten Statuten
wird gesagt: *Item dicimus, quod omnes aliae nostrae
ciuitates, & illa oppida, quae pertinent ad dominium
nostrum & Principatum ex antiquo Jura sua requirant
apud praefatos Ciues nostros de Isenaci & recursum ad
ipsos habeant aliquos percipiendi sententias difficiles &*

L 5　　　　*obscu-*

obscuras. Hiervon schreibet Purgold in dem 102.
Kapitel des 5. Buchs: Tud eyn man Beschel-
dung eynes vrtels an gerichte vnd bericht sich
des keyn Mogdeburgé, des wir hye nicht pfle-
gen: Sundern nach dem Lant-Recht gemeyn-
lich dye Lut Jn dem Lande zu Sachßen vnd
zu Doringen, dye in der herrschaft des Land-
graffen zu Doringen nicht seyen, Szo sullen
sye komen keyn Mogdburgk an das gerichte vor
geheygte Banck vnd man sal davon beyder par-
they lute vnd mechtige Botten haben, Ab dye
sachwalden daselber nicht gesin mochten, das
Roderman hore, was ym da das Recht gebe
ader nicht. Aber hye in dem Lande zu Do-
ringen Szo beruffen sich alle dye steten, dye in
der Herrschafft des Lantgraffen zu Doringen
gelegen sint, kegen Jsenach, wan die Fürsten
sye von alder damit begnadet han, vnd wer
sich seyner Rechten dar berufft hatt, sal mit
seynem widersacher vor dem Rath kommen,
oder ob Jm das eben vß vor das gerichte, da
sal man sye scheiden nach dem Recht vnd frei-
heit derselben Stadt der dye andern mit yn ge-
bruchen. Mißehaget aber eym das vnd be-
rufft sich forder hier muß sich das zeyhen Jn
vnsers Herren des Lantgraffen Hoff vnd Stadt.
Vnd vor den das Vrtel gegangen ist, der sal
der scheyding bitten eynen brieff von dem Rath
zu Jsenach an vnsern Herrn vnd an seynen
Radt, der vorzele wy her sye gescheyden habe.
Jn den Statuten der Stadt Tennstadt, welche Land-
graf Herrmann gegeben, und 1404 erneuert worden,
wird gesaget: vnd geschehe der noth, so soll man
sich beruffen gen Jsenach. Dieses ist auch die
Ursache, warum die Rechte so vieler thüringischen
Städte

Städte mit dem eisenachischen, besonders so viel die
Erbfolge der Eheleute betrift, übereinstimmen. Daß
der Stadtrath, oder vielmehr Schöppenstuhl, allhier
in diesem Ansehen bis in das sechzehende Jahrhundert
verblieben, lernen wir aus der vorhin angeführten
Stelle. Er würde vielleicht länger bestanden haben,
wenn nicht das den deutschen Schöppenstühlen so ge-
fährliche, und daher auch höchst verhaßte römische
Recht, so bald solches in hiesige Gegenden eingedrun-
gen, den Verfall zuwege gebracht. Da Eisenach
nicht nur die Quelle des sämmtlichen thüringischen
Stadtrechts gewesen, sondern auch der vornehmste
Schöppenstuhl seinen Sitz daselbst gehabt; so sollte
man meynen, es müßte hiervon vieles von denjenigen
aufgezeichnet seyn, welche die Geschichte der Rechts-
gelahrheit vortragen. Allein weit gefehlet. Von
Aachen, Cöln, Halle und Lübeck, welche in ihren
Landen gleiches Ansehen gehabt, wissen sie vieles zu
sagen; Eisenach hingegen, so berühmt es auch ehedem
gewesen, wird mit Stillschweigen übergangen; die
Ursache hiervon möchte am allerersten aus den Ge-
schichten der eisenachischen Gelahrheit abzunehmen seyn.
Endlich ist auch noch zu gedenken, daß das alte
Stadtrecht nach Landgraf Albrechten verschiedent-
lich bestätiget worden; nämlich 1308 vom Landgraf
Friedrich mit dem gebissenen Backen; 1482 von
Churfürst Ernst und Herzog Albrechten; 1486
vom Churfürst Johann Friedrichen; 1555 von
Herzog Johann Friedrichen dem Mittlern;
1576 von dessen beyden Söhnen Vormündern;
1590 vom Herzog Johann Casimir, und 1598
vom Herzog Johann Ernsten. Nachdem aber
solches durch den Brand 1656 war verlohren gegan-
gen, wurde es 1670 aufs neue zusammen getragen,
und von dem damals regierenden Herrn Herzogen,
Johann

Johann Ernſt, für ſich und Dero Herrn Bruder,
Johann Georg dem erſten, und Bernharden,
ingleichen in Vormundſchaft des unmündigen Prin-
zen, Herrn Adolph Wilhelms, den 1. März 1670
bekräftiget.   Dieſe Statuten ſind es alſo, ſo der-
malen in Eiſenach gelten, und itzo allhier erſcheinen.

✳✳✳✳✳✳✳✳✳✳✳✳✳✳✳✳✳✳✳

V.

Eiſenachiſche Stadt-Statuta
vom 1. Martii 1670.

Von Gottes Gnaden Wir Johann Ernſt, Her-
zog zu Sachſen, Jülich, Cleve und Berg ꝛc. (t. t.)
vor Unß und die Durchleuchtige Fürſten, Unſere freund-
liche geliebte Brüdere, Herrn Johann Georgen
und Herrn Bernhardten, wie auch in Vormund-
ſchaft Unſers unmündigen jungen Vetters, Herrn
Wilhelm Auguſtens, ſämmtlicher Herzoge zu
Sachſen, Jülich, Cleve und Berg, Landgrafen in
Thüringen, Marggrafen zu Meißen, gefürſteten Gra-
fen zu Henneberg, Grafen zu der Mark und Ravens-
berg, Herrn zu Ravenſtein ꝛc.
   Urkunden hiermit, und thun kund gegen männig-
lich ꝛc.   Demnach Uns Unſere liebe Getreue, der
Rath Unſerer geſambten Stadt Eiſenach unterthä-
nigſt vorbracht und zu erkennen gegeben, welcherge-
ſtalt durch den im Monat Novembris anno 1636 bey
damaliger Einquartirung der Königl. Schwediſchen
Kriegsvölker, entſtandenen großen Brand, als in
welchem;

welchem, nebſt dem beſten Theil der Stadt, auch das
Rathhaus, ſammt allen darinnen befindlich geweſe=
nen Handels=Büchern, Privilegien und Documenten
erbärmlich in die Aſche geleget und gerichtet, auch zu=
gleich ihre durch weyland Herrn Albrechten, Land=
grafen in Thüringen, Meißniſchen Stamms, bereits
anno 1283 vom neuen ſchon einmal confirmirte, und
dann weiter von Fürſten zu Fürſten beſtätigte Stadt=
Statuta und Ordnunge aufgerieben und verzehret wor=
den, dannenhero Sie endlichen, nach nunmehro durch
die Gnade Gottes wieder erlangten Friede, zu gemei=
ner Stadt Wohlfahrt und Beſten, Erhaltung guter
Zucht und Erbarkeit, auch damit allen und jeden ein=
geſeſſenen Bürgern eine gleich durchgehende Juſtiz ad=
miniſtriret, und dieſelben allerſeits denen alten Ge=
wohnheiten, Geſetzen und hergebrachten Obſervanz
nach, durch einerley Recht regiert, erfreuet und ge=
ſchützet werden möchten, mit Zuziehung derer von der
Gemeinde aus denen hin und wieder noch übrig ge=
bliebenen Handels=Büchern und brieflichen Urkunden
eine neue StadtOrdnung zuſammen zu leſen, dieſelbe
auf itzige Zeiten und Gewohnheiten einzurichten, und
in gewiſſe Titul und Geſetze zu bringen, ihrer Schul=
digkeit gemäß zu ſeyn erachtet, mit unterthänigſter ge=
horſamſter Bitte, daß wir dieſelbe, aus hoher Lan=
desfürſtl. Gewalt und Macht, vor Uns und hochge=
dachte Unſere freundlich geliebte Brüdere und unmün=
digen Vetters LLLDl. in Gnaden zu confirmiren und
zu bekräftigen geruhen möchten.

Wenn wir dann angeregte neue Stadt=Ordnung
durch unſern da hin verordneten geſambten Geheimb=
den Rath, Landes=Directorn und Oberauſſehern, den
veſten, Unſern lieben Getreuen, Zacharias Prue=
ſchencken, von Lindenhofen aus Bercka vorm Häi=
nich, fleißig durchſehen und reiflichen erwägen laſſen,
dieſelbe

dieselbe auch der Ehre Gottes, guter Disciplin und
Erbarkeit, sowohl auch Unserer hochlöblichen Vor-
fahren Fürstl. Landes-Ordnung und den natürlichen
Rechten nit zuwider, vielmehr aber zu Erhaltung gu-
ter Sitten, Bestriffung christlicher Einigkeit und ge-
meiner Stadt Aufnehmen erbaulich und vorträglich,
auch sonsten allerdings zuläßlich befunden worden.

Alß haben Wir ihrem unterthänigsten Suchen in
Gnaden deferirt, und angedeute von ihnen überreich-
te Stadt-Statuta, allermaßen solche von Wort zu
Worten, wie folget, lauten thun, aus Landesfürstl.
Macht und Hoheit gnädigst confirmiret und bestätiget.

Im Namen der heiligen und hochgelobten
Dreyeinigkeit, Gottes des Vaters, Got-
tes des Sohnes, und Gottes des heiligen
Geistes. Amen.

Derselbe allein weise, grundgütige und gnädige
Gott, wolle gegenwärtiges Werk zu Ehren Sr. gött-
lichen Majestät, zu Beförderung der heilsamen Ge-
rechtigkeit, zu gemeiner Stadt Nutzen, und derselben
immer grünenden Wohlstand ansahen, mitteln, voll-
enden und fruchtbarlich gedeihen lassen. Amen.

Es bezeugen die alte weltweise Leuthe in ihren sinnrei-
chen und vernünftigen Schriften, auch bringet es die
tägliche unbetrügliche Erfahrung mit sich, daß gleich-
wie in dem Staats- und Regiment-Wesen nichts heil-
samers und seligers, als wo in einer Stadt und ge-
meiner Versammlung die Bürger und Unterthanen
in rechtschaffener Einigkeit des Glaubens und in allge-
meiner Einträchtigkeit des Gottesdienstes, benebst der
äußerlichen Geselligkeit und Erhaltung christlicher Zucht
und Erbarkeit, leben, welches zwar vor Alters auch
zum Theil, wiewohl in damaliger päbstlichen Finster-
niß,

niß, so doch nunmehro durch Gottes Gnade hinwie-
derum abgethan worden, mit Wahrheit gerühmet
werden können, indem zur selbigen Zeit eine große Cle-
risey von 6 Clöstern allhier befindlich gewesen, und
doch die Bürger in guter Einigkeit friedlich beysammen
gewohnet; Also sey auch nichts Köstlichers noch Heil-
samers, als wenn eine Stadt und Gemeinde mit gu-
ten nützlichen Statuten, Gesetzen und Ordnungen
versehen; daher es auch Demosthenes mit diesen Wor-
ten ausgedrucket: Lex vrbis est anima: denn wie der
Leib dahin fället, wenn ihn die Seele verläßt, also
zerfället auch eine Stadt, wenn sie durch löbliche Ge-
setze nicht unterbauet oder derselben gänzlich beraubet
wird. Dahero wird ferner dafür gehalten, daß nichts
Ungeformters sey, als wo in einer Stadt keine gewisse
Ordnunge, Statut und Gesetze vorhanden, woraus
ein unmenschliches Wesen folget, und müssen solche
Communen zeitlich zu Grund und Boden gehen.

Dahergegen die Städte, welche mit guten nützli-
chen Gesetzen verwahret seyn, und wo die Bürger alle
zugleich dasjenige suchen und darzu sich bequemen, was
zur Wohlfahrt des gemeinen Nutzens dienlich, da blü-
hen sie, da nehmen sie zu an Ehren, Glück und
Reichthum, auch andern ersprießlichen Gedeyen:
sintemahl der Aufwachs und Zierde der Städte nit
aus herrlichen schönen Mauern und Bevestigungen,
noch der Vielheit der Einwohner, sondern aus guter
Policey und Ordnung abzumercken und zu urtheilen
seyn will. So ist auch nichts Löblichers, als daß
unter den Bürgern eine billige Gleichheit gehalten,
und einem, wie dem andern, ein allgemein durchge-
hendes Recht wiederfahre, welches geschicht, so eine
Stadt mit guten vernunftmäßigen Ordnungen, so-
wohl auch mit verständigen, redlichen und gewissen-
haften Regenten versehen wird. Dann die Gerech-
tigkeit,

tigkeit, welche, nächst Gott, über alles zu lieben, ist
der rechte und unbewegliche Grund-Stein aller löbli-
chen Regierungen: gleichwie hergegen Gesetze und
Ordnung, ohne vernünftige und weise Regenten gleich-
sam tod seyn, und keinen Nachdruck haben, wie wohl
ausgesonnen dieselben auch sonst immer seyn mögen.
Hierneben ist nichts Ehrlichers und Rühmlichers, als
daß Regenten und Bürgere über ihrer Stadt, als
des gemeinen Vaterlandes, Wohlfahrt und Besten,
wie auch denen darinnen vorhandenen Rechten, Ge-
rechtigkeiten, Statuten und Gesetzen, treulich hal-
ten, und dieselbe ohne große, wichtige auch rechtmä-
ßige erhebliche Ursachen, nit leichtlich ändern. Denn
es zeugen die Politici ferner, daß kein schädlicher Be-
ginnen in Städten und Landen vorgenommen werden
könne, als wenn die alten Rechte und Gebräuche aus
bloßer Neugierigkeit abgethan und geändert werden.
Veteres enim leges mutare, id est, ad hydrae ca-
pita praeuidere, wie beym Platone und Plutarcho zu
lesen. So disponiren auch die gemeine Rechte, daß
man dasjenige, was in langer Observanz und Ge-
brauch gewesen, nicht leichtlich umstoßen oder aufhe-
ben soll; denn dadurch wird die Liebe und Gehorsam
gegen die Gesetze beedes bey der Obrigkeit, als der
Gemeinde, gefährlich aufgelöset und verringert, also,
daß von dem Reformatore so viel, als von dem Re-
formato (nämlich nichts) zu halten. Diesem allen
nach befindet sich aus vielen uralten Statuten, Bü-
chern und andern beglaubten schriftlichen Zeugnissen,
daß die Stadt Eisenach vor etlichen hundert Jahren
bereit mit gewissen Statutis, Gesetzen, Ordnungen und
Privilegien solchermaßen begabet und befreyet gewe-
sen, daß nicht allein die Bürgerschaft in guter Disci-
plin, Friede und Einigkeit erhalten werden können,
sondern es haben auch andere Städte, Flecken und

Dorf-

Dorffchaften, in die Landgraffchaft Thüringen gehö-
rig, fich ihres Rechtens bey derfelben in vorigen Zei-
ten zu erholen pflegen, dahero diefe alte Reimen ent-
ftanden:

> Eifenach, du alte, werthe Stadt
> In Thüringen vor andern allen,
> Groß Lob dich lang gezieret hat,
> Dein Preiß wird nimmer fallen.

Und damit berührte Statuta fo vielmehr Authorität
und ftattliches Anfehen haben, und in defto beftändi-
ger Obfervanz gehalten werden möchten, feynd diefel-
ben, wie darinne gelefen wird, zuerft durch den er-
wählten Römifchen König, weyland Herrn Landgraf
Henrichen, dem erften Fürften, der diefe Stadt
mit der Ringmauer beveftiget, dann folgends von
Herrn Landgraf Hermann, Herrn Landgraf Lud-
wigen, Herrn Landgraf Albrechten und Herrn
Landgraf Friedrichen, allerfeits regierenden Land-
grafen in Thüringen, theils von längft abgeftorbenen
Ludwigifchen oder Arelatifchen, und dann zum Theil
noch übrigen Meißnifchen Stammes, woraus die heu-
tige höchftlöbliche Chur- und Fürften Herzoge zu Sach-
fen entfproffen, mit befondern Gnaden confirmiret
und beftätiget worden.

Ob nun wohl im Jahr Chrifti Ein taufend,
zwey hundert ein und zwanzig dem Rath und
gemeiner Stadt allhier alle ihre Statuten, Bücher,
Priuilegia und andere briefliche Urkunden in St. Ge-
örgen Kirchen, fo heutiges Tages die Haupt- und
Pfarr-Kirche ift, verbrannt, fo haben doch die lieben
Alten nit ermangelt, folch ihre Statuta, Gefetze und
Ordnung hinwieder zu gleichmäßiger Ertheilung der
heilfamen Juftiz und Erhaltung guter Difciplin, auch

Fr. Beytr. I. Th.   M   Beför-

Beförderung des gemeinen Nutzens, in folgender Zeit
aufs neue zu verabfassen, und durch weyland Herrn
Albrechten, Landgrafen in Thüringen, hochsel. An-
denkens im Jahr Ein tausend, zwey hundert, drey
und achtzig, und also nunmehr fast vor vierhundert
Jahren, vom neuen confirmiren zu lassen, immaßen
dieselben und alle andere gehabte Priuilegia, Immuni-
tæten, Freyheiten und Gerechtigkeiten, wie solche
herbracht und ersessen, von solcher Zeit her von Für-
sten zu Fürsten bestätiget worden; um welcher dieser
Stadt Felicitæt und guten friedsamen Zustandes wil-
len, sich nach und nach viel Handels- Gewerb- und
Handwerks-Leute von andern Orten allhier häufig nie-
dergelassen, ihre Domicilia, Nahrungen und Hand-
thierungen angestellet, und sich darbey sehr wohl be-
funden; demnach aber endlichen durch göttliches Ver-
hängniß im Jahr Christi, ein tausend, sechs hundert
und sechs und dreyßig, als der Königl. Schwedische
Feldmarschall, Johann Baner, mit einer starken Krie-
ges-Macht in die Stadt eingerucket, und dieselbe mit
seinen Völckern ganz überfüllet, im Monat Novembr.
aus Unvorsichtigkeit oder Boßheit des gemeinen Ge-
sindes, allhier in der Messerschmieden-Gassen eine
Feuersbrunst entstanden, darüber der größte Theil der
Stadt sammt dem Kauf- und Rathhause in die Asche
geleget, und darneben abermals der Stadt Handels-
Bücher, Priuilegia und viele andere Documenta,
sammt der Bibliothec, verbrannt worden; so wäre
zwar höchst nothwendig und billig gewesen, daß man
vor allen Dingen auf Restaurirung angeregter uralten
löblichen Statuten, Gesetze, Ordnung und Gewohn-
heiten, so balden das Absehen gerichtet, und solchen
Schaden zu gemeiner Stadt Wohlfahrt und Nutzen
vor allen andern hinwiederum ersetzet hätte.

Dieweil

Dieweil aber theils der noch lang hernach conti-
nuirte Kriegs-Unruhe, theils anderer vielen darzwi-
schen kommenden Verhinderungen halber, darzu also-
fort zu gelangen ohnmöglich gewesen, gleichwohl aber
E. E. Rath, als die ordentliche Stadt-Obrigkeit, so
zu Handhabung guter Zucht und Gerechtigkeit von
Gott und Rechts wegen gegen ihre hohe Landesfürstl.
Herrschaft und gemeine Bürgerschaft verbunden, aus
ob Eingangs angeführten ansehnlichen Ursachen sich
dießfalls seines Obliegens und Schuldigkeit erinnert;
Alß hat derselbe neben denen von der Gemeinde ver-
ordneten, sich im Namen des Allerhöchsten zusammen
gesetzet, und aus denen alten annoch hin und wieder
gefundenen und vorhanden gewesenen schriftlichen Sta-
tuten und Handels-Büchern, sowohl auch aus der
bisher üblichen Observanz und willkührlicher Stadt-
Gewohnheit, nachgesetzte Stadt-Gebräuche und Ge-
setze, und was sonst zu gemeinem Nutz förderlich, auch
zu Fortsetzung guter Disciplin vonnöthen zu seyn be-
funden worden, colligirt, in gewisse Capita oder Ti-
tul und Articul eingetheilet, auch bis auf der Durch-
leuchtigsten Fürsten und Herren, Herrn Johann
Ernsts, Herrn Johann Georgens, Herrn Bern-
hardts und Herrn Wilhelm Augustens, sämmt-
licher Herzoge zu Sachsen, Jülich Cleve und Berg
(t. t.) als ihren gnädigsten Landesfürsten und Herren,
gnädigste Einwilligung, Gutachten und Bestätigung,
wie folget, nochmalen aufs neue eingerichtet und be-
schreiben lassen.

Und damit, wie es in Erbschaften von langen
Jahren her gehalten worden, und künftig ferner ge-
halten werden soll, auch wie in zutragenden Erbfällen
sich ein jeder desto leichter in die Glied oder Gradus
der Sippschaft finden und richten könne. So ist hier-
bey sub Sign. ☉ zu mehrerm Unterricht eine Figur oder

M 2 typum

typum eines Stamm-Baumes, daraus zu sehen, wie
in Erbschaft und Successions-Fällen die Ausrechnung
der Verwandtschaft eigentlich zu machen, auch wel-
chergestalt einer dem andern in der Sippschaft vorge-
he, voranzusetzen, vor eine Nothdurft erachtet worden.

Es ist aber die Beschaffenheit der Sipp- und Ver-
wandschaft, zu Latein Gradus genannt, ein Merkmal
der Personen in der Cellen oder Cirkel, wodurch er-
kennet wird, wie weit oder nahe eine Person der an-
dern in der Bluts-Freundschaft gesipt und verwandt
seye, maßen der Numerus oder die Zahl in der Cellen
solchen Unterschied, Glied oder Grad der Sippschaft
oder Magschaft klärlich andeuten und bezeugen.

Der gemeine Stirps, Stipes oder Stamm ist, da-
von die andern Personen ohne Mittel absteigen und
herkommen, gleichwie die Aeste oder Zweige aus einem
Baum herkommen und gewachsen sind.

Die Linea aber ist eine Versammlung der Perso-
nen, die von einem Stamm entweder ohne Mittel,
oder durch Mittel auf- oder absteigen, und beschleußt
die Grad oder Glied und die Zahl derselben, als Söh-
ne und Töchter ohne Mittel. Durch Mittel aber,
als Neffe und Nifftel vom Vater gegen dem Großva-
ter, ꝛc. und sind der Linien dreyerley:

Die erste gehet niederwärts vor der ledigen Cel-
len, als nämlich Söhne und Töchter, Neffe, Nifftel,
Unter-Neffe, Unter-Nifftel, Nach-Neffe, Nach-Niff-
tel; und das ist die rechte linea descendens, und heißt
der rechte Bußen, oder die rechte Linie niederwärts.

Die andere Linea gehet aufwärts, zu Latein,
Linea adscendens, genannt, und fähet sich an an der
ledigen Cellen, als Vater, Mutter, Großvater, Groß-
mutter, älter Vater, älter Mutter, oberälter Vater,
oberälter Mutter, wie in dem Baum der Magschaft
zu sehen.

Die

Die dritte linea transuersalis, vel collateralis gehet die qveer über zu beeden Seiten, und ist zweyerley, als nämlich gleich und ungleich. Die gleiche Seit-Linea ist, wo zwo Personen seithalben in ihrer Linea von gemeinem Stamm in gleichem Grad oder Glied der Sippe von einander stehen, als zweene Gebrüdere von voller Geburt und ihrer Kinder, oder zween halbe Brüder und ihre Kinder.

Die ungleiche Seit-Linea ist, wann zwo Seit-Personen in ihrer Linea von dem gemeinen Stamm ungleich stehen, als des verstorbenen Bruder und des Bruders Kinder, oder des verstorbenen Vollbürtigen an einem, und halber Bruder am andern Theil. Denn die halbe Geburt tritt in ein Glied weiter, als die von beeden Banden. Wie weit sich aber solche Versetzung der halben Geburt erstrecke, davon soll drunten mehr Bericht geschehen.

In der ledigen Celle wird kein Name der Magschaft bezeichnet, denn die Person, die allda geschrieben stehen sollte, ist zu Zeiten der Vater nach absteigender Linien zu rechnen, zu Zeiten ist sie der Sohn, nach der aufsteigenden Linien, zu Zeiten auch der Bruder, nach den Personen in der nächsten Seit-Linien zu achten, darum ists eine ledige Celle, diejenige Person beteudend, von welcher gefragt oder gezählet wird, es sey Mann oder Weib.

Zu dieses Stamm-Baumes bessern Verstandes sind nachfolgende drey Reguln in Acht zu nehmen:

1). Regul.

Wie viel der Personen in dem rechten Butzen niederwärts oder in dem rechten Stamm aufwärts sich befinden, so viel sind auch Grad, Glieder oder Sippen.

M 3 2) Re-

2) Regul.

Wann zwo Personen seithalber in gleicher Linie
stehen, also, daß eine so weit vom gemeinen Stamm,
als die andere, anzutreffen, in welchem Grad oder
Glied die eine ist, mit dem gemeinen Stamm, in
demselben Grad ist auch die andere, doch demto sti-
pite, das ist, ausgeschlossen dem Stamm der ledigen
Cellen, als nämlich: Der Unter-Neffe des Ober-Ael-
ter-Vaters, h. e. prompos abaui, stehet im achten
Glied von der ledigen Cellen; also auch, wenn man
wissen will, wie weit des Großvaters, patrui magni,
Distanz von der ledigen Cellen sey, so ist der gemeine
Stamm der älter Vater, als prouuus, (denn, nach
gemeinen Rechten, thut eine gemeine seitlings Person
ein Glied, derhalben machen zween Brüder zwey
Glied) dannenhero er im vierten Glied von der ledi-
gen Celle oder der Person stehet, von welcher gefragt
wird. Wiewohl nach geistlichen Rechten die Aus-
rechnung anders gemacht wird, so aber vornämlich in
Ehe- und nicht Erbschafts-Sachen zu beobachten.

3) Regul.

Wenn aber zwo Personen seithalben in ungleicher
Linie stehen, also, daß die eine ferner und weiter von
dem gemeinen Stamm, dann die andere, abgeson-
dert; wiefern dann die weiteste von dem gemeinen
Stamme stehet, so weit seynd sie auch unter einander,
ausgeschlossen den Stamm der ledigen Cellen, als
Ober-Vetter oder Ober-Baase, jedes propatruus &
proamita stehen, von der ledigen Cellen, im fünften
Glied oder Grad, und ihre Kinder im sechsten. Es ist
auch zu merken, daß alle Personen niederwärts werden
Kinder und Kindes-Kinder, i. e. liberi & sui haere-
des genannt; item, die Personen aufwärts, als Va-
ter,

ter, Mutter, Großvater, An-Eltern werden parentes
genannt, von denen sich anfänglich die Magschaft ge-
sippet; item die Personen seithalben zur rechten Hand
werden Agnati, Schwerdt-Magen, genannt, denen
gehöret die Vormundschaft; item, die Personen seit-
halben zur linken Hand heißt man Cognatos, Spiel-
Magen; und obwohl dieselben ein sonderlich Befugniß
in der Gerade, nach Sachsen-Recht, haben, so ist doch
nach gemeinem und dieser Stadt Recht unter ihnen,
der Erbfolge halber, kein Unterschied.

Practica des Stamm-Baum.

Damit nun, was bisher berichtet worden, desto
besser verstanden und practiciret werden, auch man
um so viel eigentlicher wissen könne, wie weit eine jede
Person von der andern in gradu stehet, so ist nach-
folgendes zu merken:

Wie viel Personen von der ledigen Cellen bis zum
gemeinen Stamm, und darnach von demselben zur
Seiten bis auf die vorgenommene Person gezählet
werden, so viel Grad oder Glied stehet die ledige Cella
von derselbigen Person.

Nimm zur Proba dieß Exempel.

Die ledige Cella stehet vom Ober-Vetter, (a Pro-
patruo) im fünften Glied; so zähle also: Von der
ledigen Cella ist eine Person der Vater, die andere
Person der Großvater, die dritte der Aelter-Vater,
die vierte, als der gemeine Stamm, der Ober-Aelter-
Vater; von dem gehe dann wieder herab auf die Sei-
te des Aelter-Vaters, i. e. Proaui, so findest du den
Ober-Vetter, i. e. Propatruum, und sprich, die
fünfte Person. Ferner des Ober-Vettern Sohn ist
der sechste, dessen Neff die siebende, der Unter-Neff
die achte Person.

Noch

Noch ein Exempel.

Der Groß-Vetter, i. e. Patruus magnus, ſte-
het von der ledigen Cellen im vierten Glied oder Grad,
und laß den Stamm ſeyn den Aelter-Vater, Proauum,
ſcil. zähle, wie im nächſten Exempel geſchehen iſt, die
ledige Celle   gehe.   Dann iſt der Vater die erſte,
der Großvater die andere, der Aelter-Vater, als Pro-
auus, die dritte Perſon; dann fahre rückwärts auf die
Seiten, ſo findeſt du den Groß-Vetter, i. e. Patruum
magnum, das iſt die vierte Perſon; darnach iſt ſein
Sohn im fünften Grad, item andere Geſchwiſter, i. e.
filii prioris ſobrini im ſechſten, ihre Neſſen und Niſ-
teln im ſiebenden Glied; und alſo kann man leichtlich
andere Exempel mehr geben in allen andern Gliedern
zu beeden Seiten.

Nun folget von der Succeſſion, wie Erbe zu nehmen ſey.

Es iſt aber zu wiſſen, daß viererley Ordnung der
Succeſſion unter Verwandten und Bluts-Freunden
ſeyn.

I.

Die erſte iſt der Kinder in niederſteigender Linie,
welche der natürlichen Rechten, und der Eltern einge-
pflanzter Liebe wegen, zu derſelben Erbſchaft vociret
werden.

II.

Die andere iſt der Eltern in aufſteigender Linie in
der Kinder Güther, wann nämlich beſagte Kinder tur-
bato mortalitatis ordine, das iſt, wider der Eltern
Wunſch und den ordentlichen Lauf der ſterblichen Na-
tur, vor denenſelben mit Tod abgehen.

III.

Die dritte iſt der Freunde in der Neben- oder Seit-
Linie ohne Unterſchied, ſie ſeyn männliches oder weibli-
ches Geſchlechts.   IV.

IV.

Die vierte ist zwischen Mann und Weib, sie haben gleich Kinder erzenget oder nicht, welches so weit zu verstehen, wenn keine absonderliche Vergleich oder Ehepact zwischen Mann und Weib und deren Kindern aufgerichtet wären, denn so gewisse Pacta ufgerichtet, bliebe es billig bey denenselben. Im übrigen, da weder Kinder, Eltern noch Bluts-Freunde vorhanden, und der Verstorbene ohne Testament und letzten Willen abgeschieden, fället dessen Verlassenschaft dem Fisco anheim.

Ersten Tituls I. Theil.

Statuiren und setzen demnach von Succession der Kinder.

I. Articul.

Alle, die niederwärts in absteigender Linie im ersten Grad (nämlich die Kinder) stehen, sie seyn männlich oder weiblich, ehelich oder natürlich, oder durch nachfolgende Ehe ehelich gemacht, sie seyn in des Vaters Gewalt oder nicht, die nehmen zugleich Erbe derer nächsten, die aufwärts stehen, und schließen alle andere, die aufwärts, ferner und seithalber gesippet seyn, aus.

II. Articul.

Von Succession Kinder und Kindes-Kinder.

Alle, die niederwärts stehen im ersten Grad, nehmen das Erbe vor allen denen, die niederwärts stehen im andern oder dritten Glied, (verstehe, sofern ihr Vater oder Mutter zuvor abgetheilet wären) wenn sie aber unabgetheilet im gemeinen Gut der Eltern verblieben/

blieben, alsdenn nehmen Kindes-Kinder gleichen Theil
mit ihren Vettern, in ihres Großvater oder Groß-
mutter Erbe, es seyn Söhne oder Töchter, (nämli-
chen nach den Stämmen oder Wurzeln) denn diese
folgen ihrem verstorbenen Vater oder Mutter nach,
und nehmen gleich so viel, als dieselben genommen hät-
ten, wenn sie noch am Leben wären.

III. Articul.
Von Succession der Kindes-Kinder.

Stirbt ein Mann oder Weib, und lässet keine
Söhne noch Töchter nach sich, sondern Kindes-Kin-
der, dieselben nehmen das Erbe vor allen andern, die
aufwärts und seitshalber stehen; sie theilen aber das
Erbe nicht nach den Häuptern, sondern nach der Wur-
zel.

IV. Articul.
Von Succession der Kindes-Kinder gegen des Vaters Geschwister und der verstorbenen Groß-Eltern.

Sohnes- und Tochter Kind nimmt vor Vater
und Mutter, Schwestern und Brüdern Erbe, derge-
stalt und also, daß die Nepotes und Neptes ihren El-
tern im Erbgang folgen, und schließen den Großva-
ter und die Großmutter, item des Großvatern Bru-
der und der Großmutter Schwester aus.

V. Articul.
Von Ein-Halb-Geschwistern, wie die erben.

Der Sohn und die Tochter, so gezweyet seyn, das
ist, so sie von einem Vater und zwo Müttern, oder
von einer Mutter und zweyen Vätern herkommen, neh-
men nit gleichen Theil; sondern seynd allein in dem
gleich,

gleich, von welchem sie beede herkommen, in dem andern aber erbet jedes seinen Vater oder seine Mutter allein.

VI. Articul.

Von der Succession leiblicher Kinder, und eines an Kindes Statt angenommenen Menschen.

So jemand einen andern an Kindes Statt adoptirte oder annähme, und derselbe hätte allbereit leibliche Kinder, oder würden ihm erst nach der Adeption und Annehmung gebohren; alsdann sollen die leiblichen Kinder einen Vorzug vor den adoptirten haben, und denselben mit einem halben Theil dessen, was der leiblichen Kinder eines bekömmt, ausweisen.

VII. Articul.

Wann ein Ehegatt sich in andere Ehe begiebt, und keine Theilung vornimmt, noch Pacta aufgerichtet, wie es mit dem erworbenen Gut zu halten.

Blieben die Kinder bey dem Vater oder der Mutter, die ihren Wittwen-Stuhl verrückt, in den Gütern unabgetheilet sitzend, welches doch mit allem Fleiß, so viel möglich, zu verhüten, wie denn hiervon unten ein mehrers gedacht werden soll, und es wäre kein Vertrag, noch Vertheilung zwischen ihnen gemacht, so sich dann die erblichen Güter mehren und bessern, wie hoch oder viel auch diese Besserung seyn würde, die soll den Kindern erster Ehe an ihrer Theilung auf unpartheiischer Leute Erkenntniß nicht weniger zu gute kommen, weil solche Nahrung mit ihrer Gerechtigkeit vermehret worden.

VIII.

VIII. Articul.

Was von der Stief-Eltern Gut erkauft, kömmt nicht in der Kinder Theilung.

Was aber der Stief-Vater oder die Stief-Mutter an Erbe und Baarschaft, die an erbliche Güter geleget worden wäre, etwan erweislich eingebracht hätte, solches seynd sie, in die Theilung zu bringen, oder mit den Kindern zu theilen, nicht schuldig.

IX. Articul.

Wenn Kinder vor den Eltern versterben, wer sie erbe.

So auch der Kinder eines oder mehr, ehe die Theilung geschehen, Todes abgehen würde, soll derselbe Theil ihrem leiblichen Vater, oder der leiblichen Mutter, und wann diese beede zusammen noch am Leben, beeden zugleich heimfallen.

X. Articul.

So ein Mann oder Weib zur dritten Ehe schreitet, wie es mit der Theilung zu halten.

Ferner, so Vater oder Mutter in der andern Ehe keine Kinder erzeugten, und begäbe sich der eines zur dritten Ehe, dasselbe ist mit den Kindern erster Ehe, was es in der Theilung zu seinem Theil bekommen, und in anderer Ehe erworben, anderweit zu theilen nicht schuldig. Was aber ein solcher Ehegatt in währender andern Ehe von seinen Eltern (so sie noch am Leben gewesen) ererbet, dasselbe soll es mit den Kindern zu theilen verbunden seyn.

XI. Ar-

XI. Articul.
Von ausgestatteten Kindern, wie die Erb- theil nehmen.

So ein Mann bey seinem Leben eins oder mehr Kinder ehelich ausgesetzt, wollen denn dieselben mit den unausgestatteten Theil nehmen an ihres Vatern Güter, so sollen sie, was ihnen mit gegeben worden, in die Theilung bringen; wollen sie aber bey solcher Aus- stattung verbleiben, alsdenn sollen sie auch dabey ge- lassen werden, es wäre dann, daß die Ausstattung allzugroß gewesen, und die Eltern nach der Zeit in Unvermögenheit, daß die andern Kinder fast nichts be- kommen könnten, gerathen wären; auf solchem Fall sollen die ausgestatteten, was sie empfangen, zu con- feriren und in gemeine Erbschaft zu werfen, schuldig seyn.

XII. Articul.
Wie weit die Kinder der Eltern Schuld zu bezahlen schuldig.

Sterben die Eltern ohne Erbe und fahrende Habe, und lassen Schuld hinter sich, stirbet dann den Kin- dern nach ihres Vatern oder Mutter Tod Erbe oder ander Gut auf, von ihren Freunden, so seynd sie da- von die Schuld, sie hätten es dann gelobt, zu bezah- len nicht pflichtig.

XIII. Articul.
Wenn die Kinder Theilung fordern.

Stirbet einer Frauen ihr Mann, oder einem Mann sein Weib, die, oder der Kinder hat, und nimmt die Frau einen andern Mann, oder der Mann ein an- der Weib, und die Kinder erster Ehe, oder deren Freunde fordern Erbtheilung, die soll ihnen wieder- fahren

fahren nach Art und Weiß, wie unten beym Titel
von Succeſſion Mannes und Weibes zu ſehen.

XIV. Articul.
Wenn die Eltern den Kindern Gut ſchenken.

Giebt ein Vater einem Kinde Gut, das keine
Mitgabe iſt, und bringt es an den Lehn-Herrn, be-
hält denn das Kind ſolch Gut im Nutzen und Gewehr
Jahr und Tag, ohne rechte Anſprüche: Ob es nach
dem Tode des Vaters von andern ſeinen Geſchwi-
ſtern daſſelbe mit in die Theilung zu bringen, angelangt
würde, das iſt es zu thun nicht ſchuldig, ſondern be-
hält es alleine.

XV. Articul.
So jemand im Wittben-Stand Güter kauft,
wer die erbe.

Kauft ein Mann in ſeinem Wittwen-Stand Erb-
Gut, und nimmt hernach eine andere Frau, und ge-
winnt Kinder mit ihr, ſo haben die erſten und letzten
Kinder daran gleichen Theil.

XVI. Articul.
Von der Collation, wie weit ſolche ſtatt habe.

Bekommen Kinder, die unabgetheilet ſeyn, vom
Vater oder Mutter Gut, es ſey woran es wolle, ſo
ſie dann nach des Vaters oder Mutter Tode mit den
andern Theil nehmen wollten, ſo müſſen ſie das em-
pfangene Gut oder deſſen Werth vorhero in die Erb-
ſchaft bringen, oder werden zur Erbtheilung nicht ge-
laſſen: wären aber die Kinder einmal mit Willen der
Eltern und Kinder gänzlich abgetheilet, dieſelben ab-
getheilten Kinder haben ſich der Collation oder Wie-
der-Einwerfung nicht zu gebrauchen, ſondern müſſen
ſich

sich an der Abtheilung ersättigen lassen, es wäre ihnen
denn in der Abtheilung etwas erweislich hinterlassen
wörden, das müste nochmals in die Theilung gebracht
werden.

XVII. Articul.
Von zwey- oder dreyerley Kindern, wie die Erbe nehmen.

Hätte ein Sohn oder eine Tochter zwey- oder drey-
erley Kinder, oder mehr, die haben alle Recht zu neh-
men an Aelter-Vater oder Aelter-Mutter Gut, eins
sowohl als das andere.

XVIII. Articul.
Uneheliche Kinder, wie die erben.

Der uneheliche Sohn oder Tochter erbet
mit dem ehelich gebohrnen Bruder und Schwester al-
lein in der Mutter Gütern, aber in des Großvatern
oder Großmutter Gütern nicht, es wäre dann, daß
der Großvater oder Großmutter keine ehelich gebohrne
Kinder noch Kindes-Kinder erzeuget und hinter sich
verlassen hätte.

XIX. Articul.
Von denen unehelichen Kindern, so legi-
timiret worden.

Aber wenn der uneheliche Sohn oder Tochter durch
nachfolgende Ehe legitimiret, und sie zu ehelichen Kin-
dern gemacht worden, so erben sie mit den ehelich ge-
bohrnen Kindern zugleich.

XX. Articul.
Was einem unehelichen Kind im Testament
vermacht, dessen hat es zu genießen.

Würde auch den unehlichen Kindern durch ihren Va-
ter etwas im Testament verschaft, deß genießen sie billig.

Des

Des ersten Theils II. Titul.
Von der andern Ordnung der Succession in aufsteigenden Linien.

I. Articul.
Von Succession der Eltern.

Stirbt ein Mann oder Weib ohne Kinder, sonderlich aber im ledigen Stande, so erben sein Vater oder Mutter ihn oder sie zugleich, und schließen des Verstorbenen Bruder oder Schwester aus.

II. Articul.
Von Succession der Groß-Eltern und Geschwister von voller Geburth.

Hat aber die verstorbene Person weder Vater noch Mutter, sondern einen Großvater oder Großmutter, und darzu Brüder und Schwestern von voller Geburth, ob denn wohl, nach gemeinen Rechten, der Großvater und Großmutter sowohl, als der Vater und Mutter selbst, den Vorzug haben, so ist doch verwillkühret, daß der Großvater oder die Großmutter mit des Verstorbenen Bruder und Schwester zugleich nach Anzahl der Personen erben sollen, es käme dann die Erbschaft von den Groß-Eltern auf der andern Seite her, alsdenn bleibet das Gut billig bey der Familia, und behalten es Bruder und Schwester allein.

III. Articul.
Von Succession der Groß-Eltern von väter- und mütterlicher Seiten.

Verläßt der Verstorbene in aufsteigender Linie im andern oder dritten, und also im gleichen Grad, etliche Personen, doch ungleicher Zahl, so soll dennoch die Erbschaft

Erbschaft in zwey Theil, und nicht nach Anzahl der
Personen, getheilet werden, also, daß die in linea
paterna, den einen halben Theil, und die auf der
mütterlichen Seite den andern halben Theil nehmen
sollen.

IV. Articul.

Von Succession der Groß-Eltern und Ge- schwister-Kinder.

So auch der Verstorbene nach sich lässet den Groß-
vater oder die Großmutter an einem, dann seines
Brudern oder Schwester Kinder von voller Geburt,
am andern Theil, so sollen denselben Kindern der
Großvater oder Großmutter, (es sey dann, daß die
Erbschaft von denen Groß-Eltern auf der andern
Seite herrührete, auf welchem Fall solche Kinder,
wie nur itzo beym andern Articul erwähnet, allein er-
ben,) vorgezogen werden, dieß ist der Stadt Will-
kühr.

V. Articul.

Wer uneheliche Kinder erbet.

Stirbt ein Mann oder Weib, so unehelich gebohr-
ren, ohne eheliche Kinder, den erbet seine Mutter al-
lein, oder, da die nicht am Leben, treten ihr Vater
und Mutter an derselben Statt.

Des ersten Theils III. Titul.
Von der Succession in der seitwärts-Linie.

I. Articul.

Welche sich in der Collateral- oder Seit-Linie näher
zu der Sippe ziehen, die nehmen das Erbe zuvor, und
die sich gleich zu der Sippe ziehen, die nehmen auch
das Erbe zugleich.

II. Articul.
Von Succession der vollbürtigen halben Brüder und vollbürtigen Bruders Kindern.

Darum, so einer stirbt, und läßt seinen vollbürtigen Bruder, oder vollbürtige Schwester, an einem; dann seinen halben Bruder am andern Theil, item seines vollbürtigen verstorbenen Bruders Kinder am dritten Theil; und dann seines Vatern Bruder; so schließen der vollbürtige Bruder und Schwester die andern von der Erbschaft alle aus.

III. Articul.
Von halben Bruder und vollbürtigen Bruders Kindern.

Der halbe Bruder erbet mit des vollbürtigen Bruders Kindern zugleich, nach den Häuptern, aber des Vaters Bruder, ob sie gleich mit einander im dritten Glied, nach den alten sächsischen Rechten, befunden werden, schleußt der halbe Bruder, nach Gewohnheit der Stadt, aus: denn hierinn wird, nach altem Gebrauch und Herkommen, vielmehr die Näherschaft des Geblüts, sintemal sie entweder von eines Vaters Geblüt, oder aus einem mütterlichen Leibe herkommen) als die Gleichheit des Grads oder Glieds angesehen und in Acht gehalten.

IV. Articul.
Wie weit die halbe Geburt zu consideriren.

Es wird hiermit statuirt und nochmals verordnet, daß die Transpositio Gradus oder Verrückung der Sippe bey der halben Geburt weiter nicht gelten soll, als zwischen vollbürtigen Brüdern und derselben Kindern.

V. Ar-

V. Articul.

Von der Succeſſion der halben Brüder und voll-
bürtigen Geſchwiſter-Kinder, dann Groß-
Eltern, Brüder und Schweſtern.

Der halbe Bruder und vollbürtige Bruder oder
Schweſter Kinder ſeynd gleich nahe, und ſchließen
Vaters und Großvaters, Mutters und Großmutters
Brüder und Schweſtern aus.

VI. Articul.

Von Succeſſion der halben Geſchwiſter.

Halbe Brüder und halbe Schweſtern werden zum
Erbe gleich zugelaſſen, auf der Seiten, da ſie beede
einander zugefügt, ſie ſeynd uterini oder con-
ſanguinei. Seynd ſie aber von gezweyten Seiten,
ſo wird der auf des Vatern Seiten in des Vaters
Gütern dem andern vorgezogen; und wieder, der an
der Mutter Seiten in den mütterlichen Gütern dem
andern vorgeſetzt.

VII. Articul.

Von Succeſſion der halben Geſchwiſter ꝛc.

Des Toden halber Bruder vom Vater und ſein
halber Bruder von der Mutter ſeynd gleich nahe.

VIII. Articul.

Von Succeſſion der voll- und halbbürtigen
Geſchwiſter-Kinder.

Des Verſtorbenen vollbürtigen Bruders Sohn iſt
ihm näher, denn ſeines halben Bruders Sohn.

IX. Articul.

Von halben Bruders und Vatern Bruders
Kind.

Des verſtorbenen halben Bruders Kind ſoll gleich
nahe ſeyn mit ſeines Vatern Bruders Kind.

C N 2 X. Ar-

X. Articul.

Von Succession des halbbürtigen und Mutter Schwester Sohn.

Desgleichen stirbt ein Mann oder Weib, und läßt nach sich seiner halbbürtigen Schwester Sohn, und seiner Mutter Schwester Sohn, diese seynd auch gleich nahe gesippt.

XI. Articul.

Von Succession der Groß-Eltern und Vater, Bruder und Schwester.

Großväter und Großmütter vom Vater und Mutter seynd näher, als Vaters Bruder und Schwester von voller Geburt.

XII. Articul.

Von Succession des Vatern Bruder von halber Geburt, und Vaters Bruders Kinder von voller Geburt.

Des toden Vaters Bruder von halber Geburt, und seines Vaters Bruders Kinder von voller Geburt seynd gleich nahe.

XIII. Articul.

Von Succession Vaters oder Mutter Bruder von voller Geburt und Vaters halb Geschwistern.

Des toden Vaters oder Mutter Bruder von voller Geburt ist näher, denn des Vaters halber Bruder und halbe Schwestern.

XIV. Articul.

Von Succession Gebrüder-Kinder.

Nehmen zween Brüder zwo Schwestern, und der dritte Bruder nimmt ein fremdes Weib, ihre Kinder
seynd

seynd doch gleich nahe, Erbe zu nehmen, und hat kei-
nes vor dem andern einen Vorzug.

XV. Articul.
Von Succession eines adoptirten Bruders.

Wenn zweene oder mehr ehelich gebohrne Brüder
einen adoptirten Bruder oder Schwester hätten, und
stirbt deren einer, so soll der adoptirte nicht mit dem
ehelichen Bruder erben.

XVI. Articul.
Von Succession halber Geschwister und der Vettern oder Baasen.

Der halbe Bruder und die halbe Schwester haben
besser Recht, und seynd näher zum Gut oder Erbe,
dann Vetter, Baase oder Ohme, oder Muhme; aber
eines Halb-Bruders oder Schwester Kinder sollen mit
dem Vetter, Baasen, Ohme oder Muhmen gleich zu-
gelassen werden.

XVII. Articul.
Von Succession des Vettern oder Baasen Kinder.

Meines Vettern oder meiner Baasen, meines
Ohmen oder meiner Muhmen Kindes-Kinder, die un-
gezweyet seyn, sind alle gleich nahe, Erbe zu nehmen.

XVIII. Articul.
Von Succession Vettern, Ohmen, Baasen Kindes-Kindern.

Meines Vettern, Ohmen, meiner Baasen und mei-
ner Muhmen Kindes-Kinder, oder meines Vatern
oder meiner Mutter Vettern, Baasen, Ohmen oder
Muhmen Kind, die ungezweyet seyn an der Geburt,
von Vater oder von Mutter, die seynd alle gleich
nahe, Erbe zu empfahen.

N 3   Ersten

Ersten Theils IV. Titul.

Von der Succession und Erbnahm Mannes und Weibes.

I. Articul.

Von Succession der Eheleute, so ohne Kinder versterben.

Stirbt ein ehelich Mann oder ehelich Weib ohne Kinder, und haben ererbtes Gut zusammen gebracht, auch etlich Gut in stehender Ehe mit einander erworben, so behält das Ueberlebende des Verstorbenen ererbtes Gut, und braucht sich dessen auf sein Leben lang, auch in dem Fall, wann das Ueberlebende gleich zur andern Ehe schreitet; nach dessen Tode aber fällt es wieder dahin, wohin es gehöret, jedoch die in stehender Ehe erworbene Güter samt dem Fahrniß, behält es erblich, und giebts, wem es will.

II. Articul.

Wie die Eltern mit ihren Kindern nach Stadt-Recht theilen sollen.

Kommen zwo Personen ohne Kinder in rechter Ehe zusammen, und erzeugen in derselben Ehe Kinder mit einander, stirbt alsdenn derselben Eheleute eines, so ist das Ueberbleibende ein Herr der Kinder und Güter aller, so sie beyde in stehender Ehe mit einander gehabt und besessen haben, und haben die Kinder keine Anforderung an solchen Gütern, dieweil der überbleibende Vater oder Mutter am Leben und im Wittwen-Stande bleibet, sondern stehet deroselben Vater oder Mutter frey, was eines oder das andere aus gutem Willen den Kindern geben will, zu geben: doch soll ein jeder Vater und Mutter schuldig seyn, was sie einem jeden Kinde vor Hülfe oder Vorschub thun, dem andern auch

so

so viel dargegen zu thun und zu geben. Es sollen aber die Eltern gleichwohl die Kinder in Gottesfurcht zur Schulen, Studiren oder ehrlichen Handwerken, nach ihrem Vermögen, auferziehen, welches doch alles sofern verstanden werden soll, da sich die Kinder auch, nach Ordnung der Rechte, gehorsamlich verhalten, und sich nicht selbst erbloß machen. Wenn sich aber der lebendig bleibende Vater oder Mutter in die andere Ehe begeben will, alsdenn soll er sich, und zwar zeitlichen, vor der öffentlichen Proclamation und seiner ehelichen Trauung, nicht aber, wenn er schon ein oder zweymal aufgeboten ist, erstlich mit seinen Kindern und deren Vormündern, durch gewissen Ehepact, oder da sie sich nicht vergleichen könnten, und die Vormünder und Kinder forderten Theilung, folgendermaßen, doch auf Unser des Raths Erkenntniß, zu vertheilen schuldig seyn.

Nämlich, hat der letztlebende Ehegatt Kinder aus erster Ehe, so soll er, wenn er zur andern Ehe schreitet, die Kinder zuvor bevormünden lassen, und sodann alle des Verstorbenen eingebracht und ererbt Gut, es sey liegend oder fahrend, mit den Kindern auf Begehren und Erkenntniß zu theilen schuldig seyn, also, daß sie gleiche Portiones empfahen, und so manch Mund, so manch Pfund, nehmen sollen.

Würde aber das verstorbene Theil nichts hinterlassen, oder zu dem lebendigen bracht haben, das lebende aber doch bey guten Mitteln seyn; alsdenn soll das lebende und zur andern Ehe schreitende Theil denen Kindern erster Ehe einen billigen Fortaus, nach Unser, des Raths, Ermäßigung, zu vermachen schuldig seyn, doch sollen in beeden Fällen die Schulden, da deren auf des verstorbenen Theil vorhanden, abgezogen, und so hoch sich solche erstrecken, dem letzt lebenden dargegen innen gelassen werden. Unterdeß aber

N 4

aber soll der Vater oder Mutter der Kinder Gut,
nebst den Kindern, bey sich behalten, die Kinder zur
Schul oder ehrlichen Handwerken halten und ziehen,
auch mit Essen, Trinken, ziemlicher Kleidung, und zu
Ehren, das ist, zu Hochzeiten und Pathenstatt, versor-
gen, und dargegen ihre Güter gebrauchen. Es sollen
auch die liegende Gründe und Erbgüter, so bald nach
der Vertheilung, alle in Unser, des Raths, Stadt-
buch verzeichnet, und den Kindern derselben keines von
dem Vater oder Mutter verpfändet, beschweret oder
verdußert, die fahrende Hab auch den Vormunden
genugsam vergewissert und versichert werden.

III. Articul.
Von den Kindern, so in erster, anderer und dritten Ehe erzeuget.

Verehlichen sich eine Frau oder Mann wiederum,
der oder die aus erster Ehe Kinder hat, welche abge-
theilet seyn, und alsdenn in der andern und dritten
Ehe wiederum Kinder erwecket und bekömmt, stirbt
alsdenn der Mann oder die Frau, so behält der lebend
bleibende Theil alle sein eingebracht Erbe und erzeugte
Güter, samt der fahrenden Hab und Gütern, alle
Schuld aber, so in derselben andern Ehe gemacht,
werden von den in anderer Ehe erzeugten Gütern und
fahrenden Hab, wosern sich dieselben Güter so hoch und
weit erstrecken, bezahlt. Da aber der fahrenden Hab
und erzeugten Güter zu wenig darzu, so sollen die
Schulden von beederseits Gütern zugleich bezahlt wer-
den, und soll in solchem Fall die Frau auch schuldig
seyn, ihres Mannes Schulden, so in stehender Ehe
gemacht, wenn sie Erbtheil nehmen will, zahlen zu
helfen. Was aber von Stamm-Gütern, nach be-
zahlten Schulden, vorhanden, so vom verstorbenen
Theil aus der ersten Ehe, laut unsers Stadt-Buchs,
herkom-

herkommen, samt dem, was er in der andern oder dritten Ehe, von seiner Linie herrührende, ererbet, es sey an Erbe oder fahrenden Hab, mit dem allen beerbet, er seine Kinder erster, anderer und dritten Ehe, so viel er der in rechter Ehe erzeuget hat, samt seinen lebenden Ehegatten zugleich, also, daß solche Güter alle in die Häupter getheilet, und einer jeden Person so viel als der andern darvon zufalle, doch behält der lebendige Ehegatt seiner Kinder Theil bey den andern Gütern, bis sich derselbe wieder verehlicht, oder die Kinder ihr recht Alter erreichen, oder allbereit erreicht hätten: dann denselben soll ihr gebührend Theil alsdenn, auf ihr Begehren, unweigerlich folgen.

IV. Articul.

Von Succession des andern Weibes, so der Mann ohne Kinder anderer Ehe verstirbet.

Stirbt einem Mann sein Weib, mit der er Kinder hat, und nimmt derselbe ein ander Weib, mit der er keine Kinder hat, und stirbet darnach eher, als die Frau, so nimmt sie die fahrende Hab, die er verläßt, ganz hinweg, und soll den Erben darnach ihres Vätern Erbgut in sechs Wochen räumen: hätte sie aber Erbe zu dem Manne bracht, oder mit ihm seit der ersten Frauen Tod Erbe erworben, das folget ihr und ihren Erben, und zwar des Erworbenen die Hälfte; sie muß es aber, wie viel dessen ist, kundlich und erweißlich machen; doch sollen von dem Erworbenen zubor die Schulden, so in anderer Ehe gemacht, bezahlet werden.

V. Articul.
Wann Eltern, nach beschehener Theilung, Gut aufstirbet.

Item, so dem Vater oder Mutter, die ihren Witt-
wen-Stuhl verrücket, und mit ihren Kindern getheilet
haben, von ihren Eltern, so die noch gelebet hätten,
etwas aufstürbe an Erbe und Gut, dasselbe seynd sie
mit ihren ersten Kindern bey ihrem Leben zu theilen
nicht schuldig.

VI. Articul.
Von denen Posthumis.

Heyrathen zwey ehelich zusammen, und verfällt
der Mann, nachdem die Frau von ihm schwanger
worden, wann dann das Kind zur Welt kommen, so
ist ihr Gut vererbet.

VII. Articul.
Wann ein Kind nach des Vatern Tode, und bald nach der Geburt stirbet, wer es erbe.

Stürbe aber das Kind zu Hand nach der Geburt,
so fällt das Gut und Erbe auf die Mutter, sie muß
aber mit der Wehemutter, so ihr in der Geburt ge-
holfen, und mit noch einer ihres Nachbarn Frauen be-
weisen, daß das Kind nach der Geburt gelebet, und
das heißt die Wände beschreyen.

VIII. Articul.
Wann Eheleute Kinder haben.

Also ist es auch, wo ein Mann und eine Frau ehe-
lich mit einander sitzen, und haben Kinder zusammen;
wann die Kinder gebohren werden, so ist ihr Gut ver-
erbet, obwohl die Kinder sterben, stirbet aber der Va-
ter oder die Mutter hernacher, so tritt das Erbe auf
das

das andere, das lebendig bleibt, und dieses ist Stadt-
Recht.

IX. Articul.
Von erworbenem Gut.

Wo Mann und Weib ehelich mit einander sitzen,
und erwerben Geld, und kaufen darvon Haus und
Hof, oder andere Erbstücke, welcherley das sey, und
haben keine Kinder, und stirbet ihrer eins, so behält
das andere solch erworben Gut erblich, und giebts,
wem er will.

X. Articul.
Eltern, die zur andern Ehe geschritten, mögen ihr Gut ohne der Kinder Einwilligung wohl verkaufen.

Welcher Mann, der vor Kinder hat, ein ander
Weib nimmt, der mag sein Gut, ohne der Kinder
Erlaube, wohl verkaufen, wann er mit den Kindern
getheilet, oder sich sonst zu vorher mit ihnen vergli-
chen hat.

XI. Articul.
Von der Frauen Gut, wenn sie in die dritte Ehe schreitet.

Nimmt eine Frau einen Mann, und hat mit dem-
selben Kinder oder Kindes-Kinder, haben aber keine
Erbgüter, weder vererbte, noch erworben, und ver-
ehlicht sich die Frau nach des Mannes Tode ferner,
und der andere Mann hat Erbe, und dinget das der
Frauen, und zeugen mit einander Kinder, darnach
stirbt der andere Mann, und die Kinder auch, die er
mit der Frauen erzeuget hat, so ist das Gut vererbet,
und mag die Frau den dritten Mann auch nehmen,
und demselben das Erbe zu seinem Leibe wohl dingen,
oder

oder vermachen, ohne der ersten Kinder Laube, der
behält es zu seinem Leibe, aber nach seinem Tode ster-
bet es auf ihre erster und dritter Ehe Kinder zugleich;
oder, da dieselben nicht mehr am Leben sind, auf an-
dere ihre nächste Freunde.

XII. Articul.

Geschwister, so sich vertheilet, mögen mit ih-
rem Gut thun, was sie wollen.

Wo Geschwistere sich theilen, es sey Erbe oder
fahrende Hab, welcherley Gut dasselbe sey, so mag
ein iegliches seinen Theil vergeben, verkaufen oder ver-
setzen, wem es will, ohne der andern Hinderniß, doch
daß die Veräußerung nicht sey wider die Gesetze und
Wilkühr der Stadt, also, daß es aus dem Geschoß
nicht gezogen werde.

XIII. Articul.

Wiederkäuflich Geld wird vor unbeweglich
Gut gehalten.

Wenn Geschwister ihren Anfall, der ihnen von
ihren Eltern angestorben, unter sich theilen, und da-
durch gelthaft Gut wird, das ein Wiederkauf ist,
oder sonst etwas Bereitschaft an fahrender Hab, gegen
den Erbgütern, mit gutem Willen ihrer aller gethei-
let, wem das gelthafte Gut oder fahrende Hab zu
Theil wird, das ein Wiederkauf ist, oder ein Wie-
derkauf werden möchte, das soll er förder, ob er sich
anderweit beweibet hätte, oder ein Weib sich ander-
weit bemannet hätte, den Kindern nicht vor fahrende
Hab entziehen, sondern woran es gelegt ist, das soll
bleiben an Erbs-Statt, nach Stadt-Recht.

XIV. Ar-

XIV. Articul.
Wie das Wehr-Geld eines erschlagenen Mannes zu theilen.

Ist, daß einer Frauen ihr Mann erschlagen, und der tode Mann mit Gelde, ehe die Frau einen andern Mann nimmt, gebessert wird, so behält sie solche Besserung, wofern sie keine Kinder hat, hat sie aber von demselben Manne Kinder, so wird ihr ein Kindes Theil.

XV. Articul.
Wenn ein Mann stirbt, und sein Weib sich schwanger befindet, soll sie es anzeigen.

Stirbet ein Mann, und lässet sein ehelich Weib, mit der er Kinder hat, nach sich, und sie läßt sich bedünken, daß sie ein Kind trage, die soll sich gebährhaftig erzeigen, binnen dem Dreyßigsten: gewinnet sie darnach das Kind zu rechter Zeit, so wird sie mit ihme beerbet, gewinnet sie es aber zu späte, wird es beschuldiget.

XVI. Articul.
Wann einer Frauen in der andern Ehe Gut aufstirbet, wer es erbet.

Nimmt eine Frau, die vor Kinder hat, einen andern Mann, und gewinnet mit demselben keine Kinder; stirbt dann der Frauen erblich Gut auf, von ihren Freunden, das vererbet sie billiger auf ihre Kinder, als auf ihren andern Mann.

XVII. Articul.
Wann Wittwer oder Wittwen zur andern Ehe schreiten wollen, wie sie sich zu verhalten.

Wenn eine Frau oder Mann zur andern Ehe schreitet, der oder die Kinder aus der ersten Ehe haben,

ben, die sollen, wie oben gesagt, schuldig seyn, vor
erlangtem Aufgebot und Copulation, sich zuvor durch
gewisse Ehepact oder Theilung mit den Kindern erster
Ehe und deren Vormündern zeitlich zu vergleichen, in
Verbleibung dessen soll ihnen weder der Aufgebotszet-
tel ertheilet, noch die Kirche zur Copulation eröfnet
werden.

Anderer Theil der Statuten.

Von Vormundschaften.

Obwohl in Kayserl. und Sächßl. Rechten vielerley
stattliche Versehung geschehen, wie Vormundschaften
den Wittwen und Waysen, auch andern Personen,
ihrer Gebrechlichkeiten halber, bestellt werden sollen:
so will doch auch der Bürgerschaft und gemeinem Nu-
tzen hieran nicht wenig gelegen seyn, daß, zu Versor-
gung solcherley Personen eine Gewißheit statuiret
werde, darnach ein jeder Inwohner der Stadt sich
achten könne.

I. Articul.
Wittwen mögen ihrer Kinder Vormund
seyn.

So dann ein Hausvater verstirbt, und läßt nach
sich sein Weib und Kinder, die er mit derselben er-
zeuget, und hat seinen Kindern keine Vormündere
gegeben, so kann die leibliche Mutter ihrer Kinder
Vormünderin seyn, und denselben, nach ihrem Be-
sten, vorstehen, und mögen sie in gesammten Gütern
bey einander verbleiben; jedoch darvon nichts veräu-
ßern, es geschehe dann mit der Kinder Willen und des
Raths Erkenntniß, daß es die Nothdurft also erfor-
dert,

dert, doch daß die Mutter ihr darzu einen Curatorem
bestellen lasse.

II. Articul.
So ein Weib in die andere Ehe schreitet.

Würde sie aber zur andern Ehe schreiten, oder sich
sonst gebührlich nicht verhalten, oder das ihre unpfleg-
lich verthun, alsdann soll sie schuldig seyn, auf Be-
gehren, mit ihren Kindern erster Ehe des Verstorbe-
nen Verlassenschaft abzutheilen, und ihren unmündi-
gen Kindern Vormündere zu bitten und verordnen zu
lassen.

III. Articul.
Nächste Freunde vom Vater sollen Vor-
münder werden.

So nun die Kinder vom Vater her Freunde ha-
ben, die zu Vormündern tüchtig seyn, denselben soll
die Vormundschaft angetragen, und sie solche auf sich
zu nehmen schuldig seyn.

IV. Articul.
Die nächsten Freunde, da sie nicht tüchtig,
wie es zu halten.

Würden sie aber nicht tüchtig befunden, als da
sind Uebelthäter, Anrüchtige, Spieler, Unartige,
Unkeusche und dergleichen, die den Unmündigen är-
gerlich seyn, wie nahe sie ihnen auch gesippet wären,
sollen sie doch der Vormundschaft nicht fähig, noch
darzu, wenn sie gleich wollten, gelassen werden.

V. Articul.
In Mangelung des Vatern Freunde müssen
der Mutter Freunde Vormund werden.

Und auf solche Fälle sollen alsdenn die nächsten
Verwandten an der Mutter Seiten die Vormund-
schaft

schaft auf sich nehmen, doch, wie gehöret, so sie idonei, und vor genugsam befunden und erkennet werden.

VI. Articul.
In Ermangelung der Freunde müssen Pathen Vormund werden.

Bey Manglung aber beedes, der Agnaten als Cognaten, soll denen Tauf-Pathen, wie es die christliche Billigkeit, auch Gottes Befehl, mit sich bringet, ihren Taufpathen vorzustehen, auferlegt, und so derselben auch nicht wären, alsdenn andere Anverwandte, die dazu tüchtig seyn, verordnet werden, sie hätten dann dessen zu Recht erhebliche Entschuldigungen, die sie innerhalb zehn Tagen einbringen sollen.

VII. Articul.
Vormünder sollen ein Inuentarium aufrichten.

Die Vormünder sollen bey Antretung ihrer Vormundschaft, sobalden ein richtiges und beglaubtes Inuentarium der ganzen Verlassenschaft aufrichten, und darauf hiernächst ihre Rechnung setzen.

VIII. Articul.
Fahrniß, so nicht zu erhalten.

Sie sollen auch dasjenige an Fahrniß, so nicht wohl zu erhalten, den Kindern zum Besten, zu Gelde machen, oder dasselbe gegen gnugsames Unterpfand, auf unbewegliche Güter, oder Geldes werth, auf Zinse austhun.

IX. Articul.
Fahrniß und unbewegliche Güter, so zu erhalten.

Was aber an wichtigen und nützlichen Fahrniß erhalten werden kann, sowohl was an unbeweglichen
Gütern

Gütern vorhanden, das sollen Vormündere auch in
dringenden Nothfällen, oder wenn sonst nach Gele-
genheit der Zeit den Kindern die Güter länger zu er-
halten, nicht vorträglich seyn will, ohne des Raths,
als ordentlicher Obrigkeit Erkenntniß, zu alieniren
oder zu verwenden nicht befugt seyn, und soll das Er-
kenntniß iedesmal nicht bey denen regierenden Bür-
germeistern allein, sondern dem ganzen Rath stehen.

X. Articul.
Vormünder sollen alle Jahr Rechnung thun.

Die Vormünder sollen alle Jahr vor dem Rath
oder denen darzu deputirten Commissarien, im Bey-
seyn der Kinder nächster Freunde, von ihrer Verwal-
tung Rechnung thun.

XI. Articul.
Von verdächtigen Vormunden.

Und so die Vormünder verdächtig befunden wor-
den, sollen sie der Entsetzung, neben Erstattung des
entstandem Schadens, gewärtig seyn.

XII. Articul.
Wie lang die Vormundschaft währet.

Es soll aber die Vormundschaft über die Kinder
länger nicht währen, dann bis sie 21 Jahr und 6
Wochen alt worden; alsdenn soll die Vormundschaft
ihre Endschaft erreicht haben.

XIII. Articul.
Von gebrechlichen Kindern.

Wenn die Kinder gebrechlich am Leib oder Ver-
stande, daß sie ihnen selbst nicht vorstehen könnten,
müssen die verordnete Vormündere die Vormund-

Fr. Beytr. 4 Th.   O   schaft

chaft so lang perführen, bis sich dieselbe durch eines
oder des andern Absterben, oder sonsten gebührlicher-
maßen endigte.

XIV. Articul.
Ledige Weibs-Personen, wie die ihr Gut ver-
kaufen oder verschenken können.

So auch ledige Weibs-Personen, ob sie gleich zu
ihren Jahren kommen seyn, ihr Erbe und Gut ver-
kaufen oder vergeben wollten, soll solches mit Rath
und Willen ihrer Vormünder geschehen; was aber
fahrende Habe ist, mögen sie ohne Vormünder wohl
verkaufen oder vergeben, doch daß sie ihre Mündig-
keit erreicht, und die Gabe nicht über 30 fl. seye.

XV. Articul.
Weiber können mit Consens des Mannes ihr
gesammt Gut verkaufen.

Stirbet einem Weibe Erbe oder Gut auf, und
hat dasselbe mit ihren Geschwistern und andern Freun-
den zu theilen, oder das Gut wäre nicht zu vertheilen,
sondern müste ganz verkauft werden, darzu ist sie kei-
nes andern Vormundes, dann ihres ehelichen Man-
nes, bedürftig; was nun derselbe mit ihrer Verwilli-
gung handelt, das soll kräftig seyn.

XVI. Articul.
Der Weiber Sachen kan der Mann verfüh-
ren ohne Vormund.

Hätte auch ein ehelich Weib allhier vor der Ob-
rigkeit streitige Rechts-Sachen, die soll ihr ehelicher
Vormund vertreten, und was er ihrentwegen handeln
wird, das soll kräftig seyn; sie soll aber gerichtlich an-
geloben, was ihr Ehemann ihrentwegen handeln wer-
de, daß sie dasselbe vor genehm halten wolle.

XVII. Ar-

XVII. Articul.
Ledige Weibes-Personen müssen zu ihren Klagen Vormund haben.

Unbemannte ledige Weibs-Bilde sollen zu allen ihren Klagen und Händeln Vormündere haben und geloben, was dieselbe ihrentwegen thun und handeln werden, steif und vest zu halten.

XVIII. Articul.
Wenn der Mann des Weibes Gut verkauft.

So ein Mann oder ehelicher Vormund, mit Wissen und freyer ungezwungener Einwilligung seines Weibes ihr Gut verkaust, und sie innerhalb Jahr und Tag, als in einem Jahr, sechs Wochen, und drey Tagen, so sie es wohl thun kan, dem Kauf nicht widerspricht, dann soll der Kauf vor kräftig erkannt, und sie hernacher darwider nicht gehöret werden.

XIX. Articul.
Wenn die Vormünder der Unmündigen Geld ausgeliehen.

Was die Vormünder vor Gold, den Unmündigen zuständig, ausleihen, und seynd die Schuld-Leute also gesessen, daß sie zu bezahlen haben, so sollen die Pflegling nach geendeter Vormundschaft, dieselbe anzunehmen, und sich darmit bezahlen zu lassen, schuldig seyn.

XX. Articul.
Wenn der Pupillen Schuldmann unzahlbar wird, wie weit der Vormund davor zu stehen schuldig.

Würde aber ein Schuldmann immittelst durch Krieg, Feuer, oder sonsten durch unversehenen Zu-

O 2

fall unzahlbar werden, ſoll ſolches dem Vormund oh-
ne Schaden ſeyn, es wäre dann, daß derſelbe ſolchem
Unfall bey Zeit hätte vorkommen können, oder ſeinen
Fleiß ſonſten dabey nicht gethan, ſolchem Falls müſte
er die Schuld ſeinem Pflegling erſetzen.

Dritter Theil der Statuten.
Von Gebäuden und Feld-Gütern.

I. Articul.
Niemand ſoll ſeinem Nachbar zu nahe bauen.

Es ſoll niemand ſeinem Nachbar zu nahe bauen, alſo,
daß er ihm ſeine Einfahrt oder Waſſer-Lauf und der-
gleichen verbaue, noch ſeine Dach-Rinnen oder Trau-
fe auf ſeines Nachbarn Dach oder Wände führen.

II. Articul.
Wie es mit Aufrichtung eines neuen Baues zu halten.

Will jemand ein neues Gebäu an Haus, Scheu-
ren, Ställen oder Bleichen aufrichten gegen der Ge-
meinde oder gegen ſeinen Nachbar, wenn die Schwel-
len gelegt oder geſchloſſen, ſoll der Bauherr ſich des-
wegen beym Rath und ſeinen Nachbarn angeben, und
die gelegte Schwellen, daß ſie keinem zunahe gelegt,
beſichtigen laſſen.　Würde aber jemand mit ſeinem
Bau fortfahren, und zuvor keine Beſichtigung begeh-
ren, und alsdenn unrecht befunden, der ſoll, dem es
zu Schaden gereicht, gnugſame Erſtattung thun, auch
den Bau wieder abſchaffen, und noch darüber in des
Raths Straf verfallen ſeyn.

III. Ar-

III. Articul.
Wie es mit Machung der Zaun und Bleichen zu halten.

Auf gleiche Weise soll es auch mit den Zaunen und andern Befriedigungen der Gärten und sonsten zwischen den Nachbarn gehalten werden.

IV. Articul.
Wem die Gelengen zustehen.

Ist zwischen zweyen Häusern ein Spatium oder eine Gelengen, darein die Traufe fällt, solche Gelengen bleiben billig beyden gemein, und hat sie kein Theil Macht zu verbauen, es könnte denn einer oder der andere, daß ihm dieselbe allein zuständig, beweislich machen, das genösse er billig.

V. Articul.
Vom Ueberschuß der Stuben und Fenster auf des Nachbarn Hof.

Wollte jemand auf seinem Hause die Stuben etwas überschießen oder herauslegen lassen, so soll solcher oder dergleichen Ueberhang gegen der Gassen weiter nicht, als anderthalb Schuh herausgeleget werden, und soll so hoch stehen, daß die Leute darunter gehen mögen. Die Fenster gegen seinen Nachbarn sollen also befriediget und verwahret seyn, daß niemand daraus steigen, oder etwas genießen möge in seines Nachbarn Hofe; der Nachbar aber, dem es verdrüßlich, mag gegen solche Fenster wohl bauen.

VI. Articul.
Wenn einer sein baufällig Haus repariren will.

Setzet sich eines Mannes Haus, oder ist die Schwellen verfaulet, daß er eine neue legen und bauen

O 3 muß,

maß, kann aber in dem spatio intermedio, als in der Gelengen oder sonsten darzu nicht wohl kommen, alsdann soll sein Nachbar, auf vorgehendes Ersuchen, ihm vergönnen, daß er seine Wand anschlage, bis der Bau gefertiget, darnach soll ers wieder, so gut es gewesen, machen lassen.

VII. Articul.
Wie, heimliche Gemach, Schweins-Köben und Back-Oefen zu bauen.

Damit zwischen den Nachbarn wegen der Gemache und heimlichen Besuch, sowohl Schweins-Köben, Back-Oefen und dergleichen Hader und Streit verhütet werde, sollen die heimlichen Gemache über der Erden vier Schuh oder Füße von seinem Nachbarn stehen, auch gegen der Gassen bewirket, desgleichen sollen sie den Gängen hinter der Mauren, um der Wächter willen, nicht zu nahe stehen; die heimliche Gemach aber unter der Erden sollen von des andern Mannes Hofrait drey Füße stehen, und bis auf die Erden bewirket, Schweins-Köben und Back-Oefen aber von dem Nachbar auch drey Füße oder Schuhe weit hinweg gesetzet, und darneben die Oefen also beschlossen seyn, daß die Funken dem Nachbar nicht Schaden zufügen können; eine gleiche Beschaffenheit hat es auch um die Rauch-Löcher.

VIII. Artical.
Von Gelengen, Trauf und Rinnen.

Ein ieglich Haus in der Stadt hat anderthalbe Schuhe oder Füße vor seiner Thür frey, die ihm niemand wider seinen Willen benehmen kan; er soll auch haben anderthalbe Füße zwischen den Nachbarn, darum ein ieglich Gelengen zwischen zweyen Häusern, darein

rein beyde Traufen fallen, drey Füße in die Weite
haben muß. Kehret aber einer seinen Giebel gegen
seines Nachbarn Traufe, so mag er seinen Giebel se-
tzen, da seine anderthalbe Schuhe oder Füße werden
in der Gelengen; kehren sie aber beede Giebel zusam-
men und an einander, so ist die Gelengen jedem die
Hälfte zuständig. Es soll auch niemand seine Trau-
fe, Wasser-Lauf oder Gerinne in eines andern Man-
nes Hof weisen, daß er seinen Hof behalten, oder
sonsten füglich abweisen kann, er habe es denn anders
ersessen und herbracht. So auch zweene Nachbarn
Dachrinnen haben, darein ihrer beeder Regen-Was-
ser fället, und abgeleitet wird, die sollen sie auch auf
gleiche Kosten halten; würde aber einer sein Haus
anders bauen, und den Giebel gegen die Dach-Rin-
nen kehren, also, daß er derselben Dach-Rinnen nicht
mehr bedürftig, der soll auch, dieselbe ferner mit zu
halten, nicht schuldig seyn. Wollte auch einer bau-
en, daß seine Dach-Traufe gegen seinen Nachbar fal-
le, des Gebäu keine Traufe herüber hätte, der soll
zwey Schuhe breit zu seinem Trauf-Recht liegen lassen,
damit er dem Nachbarn keinen Schaden thue.

IX. Articul.
Was vor Erd- und Nagel- vest zu halten.

Verkaufte ein Mann sein Haus mit seiner Zuge-
hörung, so wird gemeiniglich davor gehalten, er habe
alles damit verkauft, was Erd- und Nagel- vest da-
rinnen, und zu des Hauses Nothdurft gemacht ist;
was aber ein Mann um seines Handwerks und Arbeit,
oder um seiner besondern Lust willen gemacht, dassel-
be folget dem Hause nicht; als ein Schmidt mag sei-
nen Schmiede-Stock ausheben und mit sich nehmen,
er soll aber die Gruben wieder zu und eben machen,

des-

desgleichen seine Blasebälge, Löschstein und Feilstock, und was mehr zum Handwerk gehöret, nimmt er mit sich, das ist auch mit andern Handwerken also, die nehmen mit sich, was zu ihrem Handwerk gehöret, es wäre denn in dem Kauf anders bethaidigt und verwilligt.

X. Articul.
Wer ein Brau- oder Färbehaus kauft, was er mit kaufe.

Verkauft einer sein Haus, das ein Brau-Hof ist, oder eine Badestuben, ein Färbhaus oder dergleichen, so kauft der Käufer alles mit, was darzu gehöret, ob es darinnen ist, als die Botten, Fasse, Bänke, Kessel und dergleichen, damit man das Brauwerk, Farbhaus, Badestuben ꝛc. pflegt zu halten; dergleichen Bewandniß hat es um Mühlen und Backhäuser, die gemein sind, es sey denn anders in dem Kauf ausgenommen und bedingt.

XI. Articul.
Von Befriedigung der Höfe.

Es soll ein jeder seinen Theil Hofes oder Garten befriedigen; wendet aber einer vor, sein Nachbar wäre die Befriedigung zwischen ihnen alleine zu halten schuldig, der soll es beweisen; befriediget aber einer seinen Theil nicht, und geschiehet seinem Nachbar Schaden, den soll er ihm gelten; geschicht aber ihm selbst Schaden, den muß er über sich nehmen, er würde ihm dann von jemanden vorsetzlich oder muthwillig zugefügt, solchen Falls müste er ihm billig gut gethan werden.

XII. Ar-

XII. Articul.

Wenn einer seinen Hof befriedigen will, wie er sich zu verhalten.

Wer zu seiner Befriedigung eine Schwellen legen, oder seine Zaunstecken einrichten und stecken lassen will, der soll seinen Nachbar darzu fordern lassen, kann er ihn aber nicht haben, soll er vom Rath und von der Gemeinde zweene darzu nehmen, und mit dem Bauen fortfahren; ist es dann ein Zaun, soll er die Köpfe oder Stürzen an den Zaun-Gärten in seinen Hof kehren, daß nicht ein Kind oder Vieh daran Schaden gewinne, welchen er sonsten zu gelten schuldig.

XIII. Articul.

Woran zu erkennen, wem ein Zaun oder Bleiche zuständig.

Wo nun der Zaun-Garten Köpfe oder Stürzen hin weisen, auch auf welcher Seiten die Nagel- oder Scheide-Wand an einer Bleichen durch den Zimmermann eingeschlagen, daraus wird erkannt, daß demselben der Zaun oder die Wand zu bauen und zu erhalten zustehet und gebühret, es wäre denn ein anders gnugsam zu erweisen.

XIV. Articul.

Wer auf eines andern Grund wissentlich bauet.

Bauet einer ein Haus oder sonsten ein ander Gebäude wissentlich auf eines andern Hofstatt, so folget das Haus der Stätte, und nicht dem, der es unrecht darauf gesetzet hat. Es ist auch der Grundherr dem, der es gebauet, um des Frevels willen Erstattung zu thun nicht schuldig; wäre aber der Zimmer- oder Werk-Leuten, oder Deckern und andern Arbeitern ihr Lohn unbezahlt, so muß der solchen Lohn geben, deß

O 5   die

die Hofstätte ist.   Wäre auch ferner das Haus oder
Gebäude nicht ganz aufgerichtet, so mag der, so es
bauen läßt, von der Hofstätt weder Holz noch Steine,
noch keinerley, das darauf lieget, mit Recht verkau-
fen oder darvon lassen tragen, er hätte denn das Haus
mit Willen und Wissen dessen, dem die Hofstätte zu-
stehet, gebauet, solchen Falls ist derselbe ihm den Bau-
kosten abzutragen schuldig.

XV. Articul.
Von Obst und Aesten, so in eines andern Mannes Garten hangen.

Es soll niemand sein Obst in eines andern Man-
nes Garten hangen lassen, sondern soll die Aeste mit
seinen Bäumen in seinem Garten behalten, oder die
Aeste, so hinüber hangen, abhauen, es wolle denn sein
Nachbar dasselbe gern verstatten.   Was nun vor Obst
hinüber in des Nachbarn Garten hänget, und fället
von sich selbst ohne menschliche Hülfe ab, das ist des
Nachbarn, auf dessen Grunde es fället, allein. Was
aber abgeschüttelt oder im Abbrechen auf des Nach-
barn Grund fället, das gehöret jedem die Hälfte.

XVI. Articul.
Aeste sollen nicht auf eines andern Mannes Dach hangen.

Es soll auch kein Baum mit seinen Aesten hangen
über eines Mannes Dach, auf daß ihm daran kein
Schade geschehe vom Winde und von den Blättern,
die das Gerinne stopfen, auch Licht und Luft ihm weh-
ren, er wolle es denn gutwillig vertragen.

XVII.

XVII. Articul.
Schadhafte Aeste mag man wohl ab-hauen.

Wollte auch des Baums Eigenthums-Herr die schädlichen Aeste nicht abhauen, so mag sein Nachbar, dem sie schaden, sie wohl selbst abhauen, und in seines Nachbarn Hof werfen, und leidet daran keinen Wandel.

XVIII. Articul.
Hopfen, so sich in eines andern Mannes Gar-ten geflochten.

Flicht sich der Hopfen in eines andern Mannes Garten über den Zaun, so mag derjenige, auf dessen Grund die Wurzel siehet, wohl über den Zaun, so weit und fern er mit seiner Hand langen kan, greifen, und den Hopfenbramen zu sich ziehen, was ihm dann folget, das ist sein, was aber auf der andern Seite bleibet, das ist seines Nachbarn.

XIX. Articul.
Wenn Frucht, so lang im Felde stehet, und verderbet wird.

Welcher Mann seine Früchte an Korn, Gersten, Hafer, Kraut, Rüben, oder was dessen ist, aus Muthwillen oder Nachläßigkeit im Felde stehen läßt, wenn alle andere Leute das ihre eingebracht, wirds ihm dann geäßet, oder vertreten, darf man es ihm nicht gelten, noch darum Wandel thun, es wäre denn, daß die Früchte noch nicht reif worden, daß ih-rer zu genießen, solchen Falls sollen sie verschonet wer-den, thut denn jemand derselben Schaden, der soll den Schaden verbüßen.

XX. Ar-

XX. Articul,
Wer gesetzte Bäume aushebet, Weyden und Gras abhauet.

Wer dem andern zu Schaden gesetzte Bäume aushebet, oder Obst-Bäume abhauet in Gärten oder zu Felde; oder hauet ihm Weyden ab, oder schneidet Gras auf gehegten Wiesen ab, oder fischet in eines andern Wasser, oder hebet Mahlsteine aus; ob zwar auf solche Verbrechere in den Rechten zum Theil gewisse Strafen gesetzet, dieweil aber dieselben theils etwas geringe, und solche Brüche ie mehr und mehr zunehmen, so sollen sie auch, nach Gelegenheit der Person und der Verbrechung, willkührlich mit gefänglicher Bestrafung oder Gelde andern zur Abscheu angesehen und gestraft werden.

XXI. Articul.
Wer unwissend andern sein Korn abschneidet, in Meynung, es sey sein eigen.

Wer des andern Korn auf dem Felde schneidet, in Meynung, daß es sein Korn sey, oder seines Herrn, und ist das Korn oder andere Früchte, so abgeschnitten worden, reif, so mißthut er daran nicht, wenn er nichts heimführet, und soll ihm der, deß das Korn ist, seine Arbeit verlohnen, oder ihm wieder so viel lassen schneiden; ist aber die Frucht noch nicht reif gewesen, so muß er dem, welchem er die unreife Frucht abgeschnitten hat, den Schaden darum erstatten.

XXII. Articul.
Wer über Wiesen oder Land fähret.

Wer unrechte Wege über gewonnen Land machet, oder über eine gehegte Wiesen fähret, den mag ein ieglicher pfänden, und das Pfand dem Rath überliefern,

fern, so soll der Gepfändete nicht allein den Pfand-
Schilling dem, der ihn gepfändet, geben, sondern auch
dem, der den Schaden erlitten hat, solchen gelten,
und nach Gelegenheit gestraft werden; würde sich aber
der nicht pfänden lassen wollen, sondern sich widerse-
tzen, soll er in gedoppelter Strafe stehen, und dennoch
zu Abstattung des Pfand-Schillings und Schadens
verbunden seyn.

XXIII. Articul.
Wer unwissend eines andern Land ackert.

Wer eines andern Land unwissentlich ackert, oder
ist ihm dasselbe von einem, der nicht rechter Herr ist,
eingethan; wird er dann von dem, deß das Land zu
Recht seyn soll, beschuldiget, dieweil er an der Arbeit
ist, so verleuret er den Lohn seiner Arbeit; aber der es
ihm zu arbeiten gethan hat, der soll ihm den Schaden
erfüllen; besäet er es unter der Klage, so verleuret er
nicht allein seine Arbeit, sondern auch seinen Saa-
men.

XXIV. Articul.
Wer eines andern Land besäet, wer die Früch-
te nimmt.

Was aber ein Mann besäet umbeklagt, dafür be-
hält er die Saat, ob er gleich hernacher mit Gericht
vom Lande getrieben wird; er soll aber dem, so das
Land gewonnen hat, seinen Zinß, nach Gelegenheit
und Beschaffenheit, geben, und auf dasmal die Frucht
einschneiden.

XXV. Articul.
Von Feld-Schäden.

Würden sich im Felde des Weichbildes wegen,
Rhein und Steine, Wasserläufte, Schäden, oder sön-
sten,

sten, wie sie Namen haben mögen, Klagen und Ir-
rungen erhalten, so sollen die verordnete Feld-Besich-
tiger auf den Augenschein gehen, beede Partheyen dar-
zu erfordern, sie gegen einander hören, und, wo mög-
lich, mit ihrem Willen, oder durch eine billige Wei-
sung, Setzung gewisser Mahl-Steine, oder sonsten,
wie es die Nothdurft erfordert, entscheiden: da denn ein
oder der andere Part sich darüber zu beschweren, soll
ihm dasselbe vor dem Rath zu suchen freygelassen seyn.

XXVI. Articul.
Da sich einer mit Unfug über die Feldbesichti- ger beschweret.

So sich denn befinden würde, daß sich ein Part
über die Feld-Besichtiger mit Unfug beschweret, soll
derselbe, nach Gelegenheit der Sachen und der Be-
schuldigung straffällig seyn.

XXVII. Articul.
Was das Wasser allgemach anleget.

Fließt ein Wasser zwischen den Aeckern oder Wie-
sen, was vor Sand und weichen Erden dasselbige all-
gemählich, ohne Menschen-Hülfe, einem zuführet und
anleget, das ist sein.

XXVIII. Articul.
Dem Wasser vorzubauen.

Ist es aber ein gerissen Fach, daß man umher
wehren kan, als mit Zaunen, Weyden, Steinen und
Hölzern, daß es ihm keinen Schaden thue, sondern
den Fluß in seinem alten und rechten Gange behalte,
alsdenn ist solches Vorbauen ungewehret.

XXIV.

XXIX. Articul.

Wer am Wasser dem andern zu Schaden bauet.

Aber so jemand am Wasser also bauet, daß er mit Zaunen, Einsteckung der Weyden, oder sonst mit Steinen und dergleichen vor dem seinen bauete, daß er das Wasser auf seines Nachbarn oder der Gemeinde Güter treibe, die seinigen aber dadurch erweitere, der soll schuldig seyn, solchen seinen erlangten Anschlag auf seine Kosten wieder abzuschaffen, und das Wasser in seinen alten Gang zu bringen, auch hierüber seinen Nachbarn den zugefügten Schaden zu ersetzen.

XXX. Articul.

Was das Wasser mit Gewalt wegführet, wem das Entführte ist.

Bricht das Wasser durch eines Mannes Acker oder Wiesen, und nimmt ein ganz Stück, und führet es anders wo hin, oder bricht da durch, da eines andern Mannes Korn, Gras, Weydich, Bäume und dergleichen aufstehet, und führete solches einem andern zu, so das bewiesen wird, bleibt es dessen, dem es entführet worden, kömmts aber auf eines andern Mannes Saat, Land, oder Wiesen, so wäre es deß, dem es entführet, nicht länger, denn auf das Jahr, denn wenn es mit der Erden, darauf es geführet, unirt und vereinbaret ist, so bleibt es dem, welchem es zugeführet worden.

XXXI. Articul.

Wenn das Wasser Bäume wegführet.

Ist es auch, daß das Wasser Bäume, Weyden und dergleichen ausgerissen und weggeführet, die bleiben dessen, deme sie entflossen; wurzeln sie aber in eines

nes

nes andern Mannes Erden, ſo ſeynd ſie deſſen, in
welches Erden ſie eingewurzelt ſind.

XXXII. Articul.
Wem ein Wehrter zuſtehet.

Entſtehet in einem Waſſer-Fluß ein Wehr oder
Wehrter, der iſt deß nicht, dem das Waſſer und die
Fiſch-Wayde zuſtehet, ſondern gehöret deme, deſſen
Geſtade er am nächſten gelegen; iſt er aber mitten im
Waſſer, ſo gehöret er beeden, ſo Land und Wieſen
im Waſſer haben, jedem ſo breit, als jedes Land ein
Geſtade iſt.

XXXIII. Articul.
Weſſen ein vertrockneter Grabe iſt.

Würde auch das Waſſer auf einer Seiten des
Wehrts und Wehrters ſeinen Gang verlaſſen, und
der Alueus oder Grabe vertrocknen, ſo bleibet er nicht
deß, dem das Waſſer und die Fiſch-Wayde zuſtän-
dig, ſondern wächſt dem zu, an deß Geſtade der ver-
trocknete Grabe gelegen und anſtößet.

XXXIV. Articul.
Von Fiſchers-Reußen.

Nachdem auch die Fiſcher durch die Gemächt-
Reußen-Fache den Bürgern, wie auch an gemeinen
Gütern, Raaſen, Plätzen, viel Schaden zugefüget
haben, als ſollen ſolche ſchädliche Reußen-Fache fer-
ner nicht geſtattet werden.

XXXV. Articul.
Von Feuer-Stätten.

Ein jeder Bürger, Unterthan und Inwohner all-
hier ſoll ſeine Feuer-Stätte dermaßen machen und in
gutes

guter Achtung haben, auch sich bey nächtlicher Weile
und sonsten des Flachs- und Hopfen-Dürrens beym
Feuer, auch Futterschneidens, Dreschens, Brechens
und Hechelns beym Licht gänzlich und bey Strafe ent-
halten, daß er ihm selbst und seinem Nachbar dadurch
keinen Schaden zufüge; auch soll hinführo niemanden
Hopfenbramen in seinem Hause zu behalten, oder da-
mit Feuer anzumachen vergönnet seyn, sondern ein
jeder soll die Brahmen, so bald sie abgepflocket, vor
das Thor schaffen, und niemand sich gelüsten lassen,
dieselbe wieder aus dem Felde in die Stadt zu tragen,
oder damit einzuheizen, bey des Raths ernstlicher Be-
strafung.

Dieweil auch E. E. Rath derhalben etliche aus
ihren Mitteln jährlich umschicken, die Feuer-Stätt
und Wohnungen zu besichtigen, soll ein jeder dasjeni-
ge, so ihm von denselben Herren abzuschaffen oder bes-
ser zu verwahren anbefohlen wird, in benannter Zeit
zu thun schuldig seyn, bey Strafe, so der Läßige zu er-
legen verbunden seyn soll.

XXXVI. Articul.
Von Back-Oefen und Schmieden.

Kein Becker noch Schmidt soll hinführo Macht
haben, einen neuen Back-Ofen oder Esse zu setzen, er
habe denn ein bequemes Haus und sichre Statt darzu,
sondern wer einen neuen Back-Ofen oder Esse machen
will, soll solche Stätt zuvor durch den Rath besichti-
gen lassen, und dessen Erlaubniß erlangen, auch sei-
nen Rauch durch eine mit Steinen aufgeführte Feuer-
Mauer dermaßen ausführen, daß niemand dadurch
beschweret oder gefähret, noch ihm vom Rauch eini-
ger Schade und Unlust zugefüget werde.

Vierter Theil der Statuten.

Vom Kaufen, Verkaufen und Vermiethungen der Häuser und Güter.

I. Articul.
Wie man Erb-Güter verkaufen soll.

Ein ieglicher Mann oder Frau, so bevormundet oder bemannet ist, mögen ihr Erbgut einem andern Bürger oder Unterthan, so allhier häuslich wohnen und seßhaftig seyn, ihres Gefallens, da keine Gefahr darunter gesuchet wird, verkaufen, doch daß solches erstlich den nächsten Erben, so den Näher-Kauf daran haben, zu einemmal durch zween Mann, oder sonst mit Kundschaft, angeboten, oder aber öffentlich am Markt oder Kirchen 14 Tage lang zuvor angeschlagen werde, welche, da sie es zu kaufen absagen, oder sonst innerhalb den 14 Tagen sich nicht erklären, daß sie in Zeit eines halben Jahrs (dafern Käufer bey seinem Eide betheuert, daß er eher das Kaufgeld nicht aufbringen könnte) zahlen und kaufen wollten, darnach zur Näher-Geldschaft nicht gelassen werden.

II. Articul.
Wie der Näher-Kauf geschehen soll.

Diejenigen, so zum Vor- und Näher-Kauf gelassen werden, sollen eben so theuer und auf solche Termin das Gut bezahlen, als es sonst ein ander gekauft und bezahlt hätte, und deßhalber, da es begehrt würde, Versicherung thun, auch, auf Begehren, eidlich erhalten, daß sie solch Gut für sich, und nicht andern zu gut kauften, oder sonst einige Gefährde unter solchen Näher-Kauf suchen.

III. Ar-

III. Articul.
Welche den Näher-Kauf haben.

Den Näher-Kauf an Erb-Gütern sollen erstlich
allhier haben Kinder und Kindes-Kinder in absteigen-
der Linien, zum andern Vater und Mutter, Groß-
Eltern und andere in aufsteigender Linien, zum drit-
ten Brüder und Schwestern, auch derselben Kinder,
doch solches so weit, daß solcher Näher-Kauf beym
andern und dritten Punct auf die erzeugte Güter, so
einer von Fremden erkauft, oder sonst überkommen,
nicht extendirt, sondern bloß von denen Stamm-
und väterlichen Gütern verstanden werden; zum vier-
ten diejenige, welche das Gespielte haben eines Stück
Erbes, so innerhalb 30 Jahren beysammen und ein
ganzes Stück gewesen; doch da ein angebohrner Freund
in den Graden und Maas, wie obstehet, zugleich mit
einem, so das Gespielte hat, im Kauf concurrirte,
soll der angebohrne Freund, dem der Näher-Kauf ge-
bühret, wegen seiner Verwandniß, den Vorzug ha-
ben.

IV. Articul.
Näher-Kauf, ob der im Tauschen statt habe.

In Täuschen oder Käufen hat der Näher-Kauf
nicht statt, es wäre denn, daß einer, seinen Freunden
und Erben zu Nachtheil und Verdrieß, solchen Tausch
mit einem Fremden vornehme; denn da solche Gefahr
und Hinterlist gemerket würde, soll derselbe Kauf, als
ein betrüglicher Contract, keine Kraft haben, sondern
die Partheyen ernstlich darvon abgewiesen werden.

V. Articul.
Wenn im Kauf ein Stück Gut zugegeben wird.

Wenn in einem Kauf ein Stück Gut zu dem
Kauf-Gelde zugegeben wird, mag Zweifel vorfallen,

P 2

ob es ein Kauf oder Tausch, und das Näherschafts-
Recht habe oder nicht.   Solches zu unterscheiden,
wollen wir, wenn ein solch zugegeben Stück Guts an
ein gewiß Geld von einem oder beeden Theilen taxirt
und angeschlagen würde, daß solcher Contract vor ei-
nen Kauf zu halten, und der Näher-Kauf statt habe;
da es aber nicht an ein Geld geschlagen, und geringer
wäre, denn der halbe Theil der Kauf-Summa, soll
es gleichergestalt vor einen Kauf geachtet, und darmit,
wie mit einem Kauf, gebahret werden.

VI.   Articul.
Gleiche Freunde treiben eins das andere nicht ab.

Einer, der zum Näher-Kauf (wie obstehet) gelas-
sen werden soll und kann, derselbe soll durch einen an-
dern, welcher dem Vorkaufer gleich so nahe verwandt,
nicht wiederum abgetrieben werden, denn in dem Fall
der Näher-Kauf ferner nicht statt hat.

VII.   Articul.
Niemand soll dem andern in Kauf fallen.

So jemand um ein Gut oder Waar mit dem an-
dern kauft, wie das Namen hätte, demselben soll nie-
mand in Kauf fallen, und ihn übersetzen, es sey denn
derselbe erste Käufer davon abgetreten, bey Straf ei-
nes Schocks, und soll gleichwohl der letzte Kauf keine
Kraft noch Macht haben.

VIII.   Articul.
Vom wandelbaren Vieh.

Welcher Bürger ein Pferd oder ander Vieh kauft,
das einen innerlichen unsichtbaren Wandel hat, dessen
er von dem Verkaufer nicht berichtet, der mag inner-
halt

halb dreyen Tagen, vom Kauf an zu rechnen, solch
wandelbar Pferd oder Vieh dem Verkaufer wieder-
um zustellen, und sein Kauf-Geld fordern, darzu ihm
auch geholfen werden soll, nach den dreyen Tagen
aber soll er solch Pferd oder Vieh behalten, er bewei-
se dann, daß das Vieh solchen Wandel vorm Kauf
gehabt, doch mag der Verkaufer dargegen darthun,
daß er des Mängels im Kauf gedacht, oder ihm aus-
drücklich vorbehalten habe, vor keinen Mangel zu ant-
worten: es soll auch hierunter des Metzgers Hand-
werks dieserwegen hergebrachtes Recht nicht gemeynet
seyn. Die Mängel oder Wandel, dafür ein Pferd
muß gewähret werden, seynd, kollernd, haarschlechtig,
rotzig und staarblind.

IX. Articul.
Vom gestohlnen Gut.

Gestohlen oder geraubt Gut und Habe, wie die
auch genannt werden mögen, soll niemand kaufen
oder auf andere Wege an sich bringen, thut er das
unwissentlich, und der rechte Herr, dem solch Gut
entfremdt, kömmt und spricht seine Habe an, so soll
man ihm die ohne Geld folgen lassen, wo er gnugsa-
men Schein und Kundschaft vorleget oder sonsten er-
weiset, daß solch Gut sein gewesen, und ihm entfrem-
det sey; doch mag der Käufer seinen Regreß an dem
Verkäufer wohl suchen; hätte aber derjenige, bey dem
solche Waare angetroffen, dieselbe wissentlich gekauft,
so giebt er Straf, und restituirt das Gut gleichwohl
ohne Geld.

X. Articul.
Wer bürgerliche Güter kaufen will, soll sie
verrechten.

Es soll niemanden gestattet werden, er sey geist-
lich oder weltlich, Adel oder Unadel, Güter, so in
Der

der Stadt Weichbild gelegen, und schoßbar sind, zu
kaufen, er wolle sie dann verschoßen, und mit allen
Dingen nach der Stadt Recht und Gewohnheit ver-
rechten, als ein anderer Bürger.

XI. Articul.
Wer seine Güter einem von Adel verkaufen will, soll es anzeigen.

Welcher Bürger nun seine Güter einem Geistli-
chen oder einem von Adel (als welche vor andern auf
eine sonderbare Befreyung dringen, daß daraus zum
öftern Ungelegenheit entstehet) verkaufen will, soll sol-
ches mit Vorwissen des Raths thun, damit einem je-
den das gekaufte Gut in Geschoß, Zinß und Steuern
gebührend zugeschrieben werde.

XII. Articul.
Wie man Erbzinß verkaufen soll.

Es soll niemand von Bürgern Erbzinßen verkau-
fen, er biete sie dann zuerst dem Rath und der Stadt
Vormündern an, ob sie die zu ihren Aemtern kaufen
wollen, verbricht aber jemand das, so mag sich die
Stadt an die Zinßen halten, und der Verkäufer soll
es verbüßen, nach der Stadt Buße.

XIII. Articul.
Nachständige Zinß und Geschoß, wer solche bezahlen soll.

Kauft ein Mann ein Gut oder Erbe, mit aller sei-
ner Zugehörung, ersucht oder unersucht, auch benannt
oder ungenannt, seynd denn darauf Zinßen, Geschoß,
oder waserley solches sey, bis auf die Zeit, da es dem
Käufer aufgelassen worden, rückständig, so gebühret
dem Verkäufer solche nachständige Zinßen und Ge-
schoß zu bezahlen; doch behält der Rath auf dem Gut
sein

fein Recht wider den Käufer, welcher seinen Regreß an seinem Verkaufer zu nehmen hat.

XIV. Articul.
Von Gewehrschaft eines verkauften Guts.

Wer ein Erbe verkauft, der soll es gewehren in Jahr und Tag vor Rechtem Ansprüche, es sey dann daß jemand, der es mit Recht ansprechen mag, außerhalb Landes sich befinde; kömmt er dann wieder, so mag ers nochmals wohl ansprechen innerhalb Jahr und Tag, von Zeit seiner erlangten Wissenschaft an zu rechnen, läßt er aber die Jahrzeit vorüber, so hat er sich daran versäumet.

XV. Articul.
Gut, so von einem, der dessen kein Herr ist, verkauft wird.

Verkauft aber ein Mann ein Erbe, daran er kein Recht hat, und dessen er auch kein Vormund ist, ob denn wohl Käufer dasselbe Jahr und Tag in seinen Gewähren gehabt, das hilst ihm nicht, er möchte oder könnte dann beweisen, daß es mit dessen Willen geschehen, deß das Erbe von Rechts wegen ist.

XVI. Articul.
Wenn verpfändet Gut verkauft wird.

Verkauft einer Erbe oder ander Gut, das allbereit verkümmert oder versetzt ist, und verschweigt die Versetzung, so heische man das von dem, der es verkauft hat, oder seinen Erben, die sollen darum Gewehrschaft zu leisten schuldig seyn; so aber der Verkaufer oder seine Erben nicht zu bezahlen hätten, kann der Besitzer darum besprochen werden.

P 4   XVII.

XVII. Articul.
Vom Stamm-Gut, wie das zu alieniren.

Verkauft einer sein Erbe, oder versetzt dasselbe, da rein seiner Nachbarn einer seinen Willen gegeben, der mag das nicht widersprechen, so aber der Erben mehr seyn, die nicht alle darzu gewilligt, so mag der Verkaufer das Gut nicht verlassen, es wäre dann sein erkauft, gewonnen und erworben Gut, das mag er ohne der Erben Erlaube wohl verkaufen, versetzen u. vergeben, wenn er will.

XVIII. Articul.
Wie Kinder ihre Güter verkaufen können.

Ein Kind, so über 14 Jahr kommen ist, mag sein Gut und Erbe, mit Vorwissen und Willen seines Vormundes und seiner nächsten Freunde, wohl verkaufen, und hat den Käuf nicht zu widerrufen, wenn sein Vormund oder seine Erben das nicht widersprechen zu rechter Zeit, als in Jahr und Tag.

XIX. Articul.
Kauf, wie man den zu halten schuldig.

Kauft einer etwas, es sey Liegends oder Fahrends, und giebt seinen Gottes-Pfennig darauf, so mag der Verkaufer den Kauf nicht hinterziehen, will auch der Käufer des Guts übrig oder loß seyn, ehe der Kauf übermächtig wird, so verleuret er, was er darauf gegeben hat; ist aber der Kauf verbrieft oder verbürget, verpfändet oder verweinkauft, so muß er auf beyden Seiten gehalten werden, sie wollen denn dessen beede übrig und loß seyn.

XX. Articul.
Wenn das Pretium eines Kaufs zu des dritten Erkenntniß gestellet wird.

Werden zweene eines Kaufs einig, und stellen das Kauf Geld auf eines dritten willkührlichen Ausspruch,

so

so ist der Kauf dadurch richtig, und müssen es beede
darbey bleiben lassen; wird aber der dritte beschuldigt,
daß er einem gewogener sey gewesen im Ausspruch,
als dem andern, deß entschlägt er sich wohl mit seinem
Eide, den er vor Zeiten der Stadt, darinnen er ge-
sessen ist, oder seiner Herrschaft geleistet hat, und darf
ihnen keinen andern Eid schwören um deswillen, daß
sie beede des Kaufs halber auf ihn gewillkühret haben.

XXI. Articul.
Vom verkauften und tradirten Gut.

Ein ieglicher, der etwas kauft, es sey beweglich
oder unbeweglich, wenn ihm dasselbe tradirt und in
seine Gewehr gegeben wird, unerachtet, ob es gleich
von dem Lehn- oder Zins-Herrn nicht aufgelassen wä-
re, der soll den Kauf zu halten und das Kauf-Geld zu
zahlen schuldig seyn, auf Maaß und Weiß, als dassel-
be versprochen ist.

XXII. Articul.
Wenn ein verkauft Gut verbrennet.

Kauft einer ein Haus oder ander Gebäude, und
kommt in einer Feuersbrunst, daran der Verkaufer
keine Schuld noch Ursache hat, darum, so ist der
Kaufer das vollständige Kauf-Geld zu zahlen schuldig,
es wollte dann der Verkaufer daran aus gutem Wil-
len etwas schwinden lassen.

XXIII. Articul.
Vom wiederkäuflichen Gut.

Kauft einer auf Wiederkauf Zins, es sey Geld
oder Korn, in solchem Werth, als obs ein unwider-
ruflicher Erbkauf wäre, und würde ihm die Gunst ge-
than, die verkaufte Zinßen, in welchem Jahr er wolle,

P 5 wieder

wieder um ebenmäßiges Kauf-Geld abzulösen; es würden aber mittler Zeit die Güter durch Krieg, Wasser, Brand oder sonsten, ohne des Kaufers Verursachung, geringer, daß er seinen Zinß nicht ganz daran haben möchte, so soll er alsobald den Schaden anzuzeigen, und um die Ablösung anzuhalten, der Verkaufer ihm auch darum Erstattung zu thun schuldig seyn.   Verschweiget ers aber, und behält den Zinß noch weiter, so ist er alsdenn bey der Ablösung damit nicht zu hören.

XXIV. Articul.
Vom übermäßigen Zinß und Wiederkaufs-Contracten.

Kauft einer auf einen Wiederkauf Acker, Wiesen, Gärten, Hopfenberge, Haus und Hof, und giebt davor was gleich und bescheidentlich ist, und gebraucht sich desselben, ob er dann davor jährlichen mehr aufhebet und einnimmet, als sich der Zinß von Rechts wegen vom Hauptgelde gebühret, so ist er doch ihm deswegen etwas abkürzen zu lassen nicht schuldig, darum daß er mit den Gütern Sorg und Arbeit haben, und die Wagniß stehen muß, ob die Früchte darauf gerathen oder verderben werden.

XXV. Articul.
Für das Mieth-Geld mag der Vermiether pfänden.

Miethet einer ein Haus auf ein Jahr, länger oder weniger, um einen gewissen Zinß, und giebt den Zinß zu bedingter Zeit nicht, so mag der Vermiether, oder der Herr des Hauses, vor den versessenen Zinß, ohne Gerichte, wohl pfänden, was der Miether in das Haus eingeführet hat.

XXVI.

XXVI. Articul.

Vom Vermiethen und zum Haus gehörigen Stücken.

Leugnet ein Herr des Hauses seinem Miether die mit eingedingten Stucke, als Vasse, Leitern, Kasten, Schränke, Bänke und dergleichen, so behält sie der Hausmiether das Jahr über mit besserm Recht, denn es der Herr mit seinem Eide antreten mag, der Miether aber soll es ihm reiniglich und ganz, als obs sein eigen wäre, erhalten.

XXVII. Articul.

Von etlichen Fällen, die Miethe vor der bestimmten Zeit aufzusagen.

Erstlich, da dem Hausherrn oder seinen Erben eine solche unverschendliche Noth, ohne ihre Schuld, zugestanden, daß sie, außerhalb des vermietheten Hauses, oder Gemachs, keine andere Wohnung hätten.

Zum andern, wenn der Vermiether des Hauses oder Gemaches aus nothwendigen unversehenen Ursachen bessern müste, und dieselbe Besserung in des Miethers, oder seiner Erben persönlichen Inwohnung, süglich nicht geschehen könnte.

Zum dritten, wenn der Miether oder seine Erben den versessenen Zinß nicht bezahlt, oder denselben zu bezahlen nicht erbötig, oder vermögend sind.

Zum vierten, so der Miether das gemiethete Hauß merklich geärgert hätte, und solches scheinlich dargethan werden könnte.

Zum fünften, wenn durch den Miether in dem gemietheten Haus oder Gemach Hurerey, verbotene Spiel oder ärgerliche Büberey getrieben, oder andern darinnen zu treiben, durch den Miether verstattet würde, in solchen Fällen kann der Vermiether den Miethmann vor der Zeit austreiben.

XXVIII.

XXVIII. Articul.
Der Miether mag vor der Zeit aus Ursachen ausziehen.

Wo das gemiethete Haus, Gemach oder Woh-
nung einen solchen gefährlichen Mangel gewinne, daß
der Miether des Einfallens sich besorgen müste,
und der Hausherr dasselbe nicht reparirte, oder
andere Ursachen vorhanden wären, darum er das
Haus oder Gemach nicht bewohnen könnte, so mag er
auf Bezahlung des Zinses, so versessen, wohl ausziehen,
doch soll zu Erkenntniß stehen, ob dieselben Ursachen
redlich seyn oder nicht; denn so er ohne redliche Ursa-
chen auszöge, ist er den völligen Zinß zuzahlen schuldig.

XXIX. Articul.
Kauf, wie der Mieth abtreibe.

Obwohl nach Sachsen-Recht ingemein gesagt
wird, daß ein Kauf die Miethe abtreibe; dieweil aber
öfters die Miether viel Unkosten aufgewendet, und so
derselbe vor bedingter Zeit abtreten sollte, in Schaden
und Beschwerung gesetzet, auch Hader und Streit ver-
ursachet würde; als wird hiermit statuiret, daß dem
Miether seine bedingte Miethzeit von dem Vermiether
und seinen Erben, sowohl auch dem Käufer, gehalten
werden soll, oder müsten sich deswegen mit dem Mie-
ther um den Abstand und seiner aufgewendeten Unko-
sten in Güte vergleichen.

XXX. Articul.
Auf einem gemietheten Acker kein Erz noch Leimen zu graben.

Miethet einer ein Erbstück, es sey Acker, Wiesen
oder Garten, oder was dessen sonsten seye, so hat der
Miether nicht Macht, darauf Silber, Erz, Thon,
Sand,

Sand, Leimen, Mergel oder dergleichen Dinge zu graben, ohne Vorwissen und Willen des Vermiethers, es wäre denn in dem Contract anderst versehen und bewilliget.

XXXI. Articul.

Des Vermiethers Erben sollen den Pacht halten, oder dem Miether seines Schadens Erstattung thun.

Würde aber der Vermiether vor der Miethzeit Todes abgehen, so sollen dessen Erben abermals an die Miethung verbunden seyn, es wolle denn der Miether, gegen Erstattung seiner aufgewandten Unkosten davon gutwillig abtreten.

XXXII. Articul.

Was der Miether auf dem gemietheten Gut gebauet.

Hätte auch der Miether auf dem Gut etwas auf seine Kosten gebauet, das soll ihm der Vermiether wieder erstatten, oder geschehen lassen, daß es der Miether wieder abbreche, und mit sich nehme.

XXXIII. Articul.

Der Mann muß vor die Miethe stehen, die er genossen.

Miethet eine Frau ein Haus, oder sonsten ein Stück Guts, so soll ihr ehelicher Mann, so den Genieß mit gehabt, und in der Gewehrschaft gesessen, neben ihr zu den Zinßen verbunden seyn.

XXXIV. Articul.

Des Miethers verschlossene Gemach darf Vermiether vor sich nicht aufbrechen.

Hat einer sein Haus, Scheuren, Stall oder dergleichen einem andern vermiethet, der Zinßmann aber

entrich-

entrichtete seinen schuldigen Zinß nicht, so hat der
Miethherr wohl Macht, um seinen Zinß zu pfänden.
So aber der Zinßmann das Seine verschlossen hätte,
und wollte sich nicht pfänden lassen, so soll der Zinß-
Herr oder Vermiether dem Zinßmann seine Gewähr
durch eigenthätige Eröfnung nicht brechen, sondern es
durch die Obrigkeit eröfnen lassen, und dann zu Hand
pfänden.

XXXV. Articul.
Zahlung Haus-Zinßes muß erwiesen wer-
den.

Würde auch ein Miether und Zinßmann vorwen-
den, daß er seinen Zinß bezahlt habe, das soll er bewei-
sen; spricht er aber, er sey ihm nichts schuldig, das soll
ihm nicht helfen, denn es ist wissentlich, daß der Zinß-
mann des Herrn Gut besitzet und innenhabe, deswe-
gen soll er kundlich machen, daß er dem Herrn den
Zinß bezahlet habe. Der Herr aber mag auf ihn mehr
nicht als einen Jahrzinß erhalten, was aber über ein
Jahr gestanden, darum muß er ihn, wie um andere
Schulden, besprechen.

XXXVI. Articul.
Von Unfruchtbarkeit eines gemietheten
Gutes.

Ob ein Mann sein Land um Korn oder Geldzinß
verlassen, und fället Mißwachs ein, daß der Pacht- und
Zinßmann den versprochenen Zinß nicht geben kann, wie
es zu halten? Hierinn ist zu unterscheiden: Im ersten
Fall, wenn der Grund oder Acker an sich selbst unfrucht-
bar und untraghaftig ist, also daß der Colonus, wenn er
seine Mühe, Saamen und Unkosten zuvor abgezogen,
den halben Theil des Zinses nicht übrig behält, so soll
er des Zinßes frey seyn.

Im

Im andern Fall, so der Grund und Boden an sich selbst traghaftig ist, es fället aber eine Unfruchtbarkeit des Jahres ein; als wenn eine große Dürrung, oder übermäßige Nässigkeit ist, daß die Früchte ihren natürlichen Wachsthum nicht haben können, sich zuträgt, so hat es vorige Meynung.

Im dritten Fall, so die Sterilitas, wegen des untraghaftigen Landes und Jahres, zugleich angezogen werden, so wird vor Erlassung des Zinßes, vor gnugsam erachtet, so die Unfruchtbarkeit des Ackers erwiesen wird.

Im vierten Fall, so der Mayer oder Colonus vorwendete, er hätte wenig Früchte bekommen, welche doch, nach Abzug des Saamens, und andern darauf gewendeten Unkosten, den halben Theil des Zinßes übertreffen, also, da einer 10 Maas geben sollte, und wären derselben nur 6 oder 7 übrig, dießfalls hat keine Zinßerlassung statt, denn dieser Schaden durch die ubertatem des vorigen oder künftigen Jahres leichtlich ersetzet werden kann.

Im fünften Fall, wenn sich der Mißwachs im folgenden andern, dritten, oder mehr Jahren begeben sollte, und solches ohne Verursachung des Mayers oder Pachtmanns, indeme daß er den Acker mit gebührlicher Vergattung nicht versäumet hätte, daß er, nach Abzug der aufgewendeten Unkosten, so viel nicht übrig, daß es den Zinß austrage, als soll derselbe abermal des Zinßes befreyet seyn.

Im sechsten Fall, so Krieg, Hagelwetter oder Pestilenz im Land entstünde, daß man den Acker nicht vergatten noch beschicken könnte, oder die Früchte auf dem Lande verhagelt würden, oder gienge

Zum Siebenden der Grund und Boden durch Wasserfluthen, Erdbeben und dergleichen ganz oder zum größten Theil hinweg, so wäre auf diese beede Fälle des

Zinß

Zinßmann deß Zinßes abermalen gesichert, oder müste
doch nach allerhand Umständen der Ausschlag anf Er-
messen ehrlicher und Acker verständiger Leute gestellet
werden.

Im achten Fall, wenn der Mayer oder Pacht-
mann die Früchte aus dem Felde in die Scheuren
bracht und eingesammlet, so sind sie sein eigen, da denn
durch Feuers-Brand, Krieg, Raub und dergleichen
Unglück dieselbe umkommen, ob denn nun gleich die
Rechte keine Erlassung des Zinßes solchen Falls ver-
statten wollen, so soll doch, der Billigkeit nach, be-
voral der Mayer an solchem Schaden und Verder-
ben ohne Schuld und Ursachen ist, ex aequo & bono,
eine Moderation getroffen werden.

Im neunten Fall, da sich der Mayer oder Pacht-
mann ausdrücklich verschrieben, daß er gleichwohl den
Zinß geben wolle, es möchte Krieg, Pestilenz oder Ha-
gelwetter einfallen, ob dann wohl der Pachtmann sei-
ner Verpflichtung nach zu geloben schuldig, soll doch,
wenn sich die Partheyen in Güte nicht vergleichen könn-
ten, nach Willkühr ehrlicher Leute, eine billige Maaß
getroffen und gehalten werden.

XXXVII. Articul.
Von Hausgenossen und fremden Einmie-
thungen.

Welcher Bürger hinfort einen Hausgenossen oder
fremden Einmiethling einnehmen will, der soll mit
demselben vor dem Rath gehen, daß er seine Kund-
schaft vorzeige, und da es der Rath vor nützlich er-
achtet, er sodann Bürger werden möchte. Thut der
Bürger solches nicht, so ist er in des Raths Straf.
Es soll aber der vom Rath aufgenommene Einmiethli-
ling jährlich und jede Termin seinen Geschoß, Steuer
und

und andere Pflichte geben und leisten, vor welches
alles auch dessen Verwirkung der Wirth allenfalls ste-
hen soll.

XXXVIII. Articul.
Von Dienstbothen.

Welcher Dienstboth, es sey Frau oder Mann,
Magd oder Knecht, sich zu jemanden vermiethet, der
soll seine bestimmte Zeit aushalten; da er aber ohne
redliche Ursachen vor der Zeit von seinem Dienst gehet,
soll ihm der Herr seines Lohns keinen Pfennig zu ge-
ben schuldig seyn. Es soll auch kein Bürger einen sol-
chen Dienstbothen anzunehmen befugt seyn, es habe
denn der Dienstboth sich mit dem vorigen Herrn ver-
tragen und abgefunden.

XXXIX. Articul.
Zu undienlichen Sachen soll niemand etwas
lehnen.

So einer zu ungebührlichen Sachen, auch zu ver-
botenem Spiel, etwas leihet, und vor Uns, dem
Rath, darum beklaget würde, so soll darauf nicht er-
kannt, sondern die Parten noch darzu deshalber be-
strafet werden.

Fünfter Theil der Statuten.
Von gerichtlichen Händeln.

I. Articul.
Was die Raths-Personen Raths wegen ge-
bieten, das soll man halten.

Wo der Rath und die Rathspersonen, sie seyn im
Regiment oder nicht, oder andere, so Befehl haben,
in der Stadt, um Friedens willen, etwas gebieten,

darzu soll ein ieglicher Bürger, der solches siehet oder höret, wo es Noth, zulaufen und helfen; wer sich davon zöge, der soll in des Raths Straf, auch nach Gelegenheit des Bürger-Rechts verlustig seyn, und sollen die Bürger dem Friedgebot der Rathspersonen und deren Befehlhabenden ohnfehlbar gehorsamen.

II. Articul.
Wie ein Bürger um Schuld zu beklagen.

Wer um Schuld oder anderer bürgerlichen Sachen wegen wider einen Bürger zu klagen hat, der soll es zuerst bey dem Rath, als ordentlichem Richter, zu suchen schuldig seyn, und also prima instantia gehalten werden; würde aber jemand sich unterstehen, einen Bürger vor einem andern Richter, ohne gnugsame und redliche Ursachen, zu ziehen, der soll es nach Gelegenheit der Sachen verbüßen.

III. Articul.
Vom unordentlichen Verkümmern.

Es soll auch kein Bürger den andern, der da gesessen ist, an seinem Gut, Gewerbe und Nährung hemmen noch kümmern, sondern sich seiner ordentlichen Klag und Zusprüche vor der Obrigkeit, wie sichs gebühret, gebrauchen.

IV. Articul.
Von flüchtigen Schuldleuten und Arresten.

Stände aber einer auf flüchtigem Fuß, der mag an seiner Person und an seinem Gute um rechtmäßiger und beweislicher Schuld-Sachen willen durch obrigkeitlichen Zwang wohl angehalten werden, bis er auf einen oder den andern Weg gestellt und Willen getroffen; doch ist der Special-Arrest nach sächsischen

Rechten,

Rechten, dadurch einer in seines Schuldners Güter ei-
ne dingliche Gerechtigkeit erlanget, jedem Kläger or-
dentlicher Weiß zu suchen unbenommen.

V. Articul.
Vom ungehorsamlichen Außenbleiben der geforderten Bürger.

Wer einen Bürger um Schuld oder sonsten zu
besprechen hat, der soll denselben bey Zeit durch den
Stadt-Diener fordern lassen; bleibt dann der Gefor-
derte ungehorsamlichen außen, so soll er jedesmal, so
oft er ungehorsam ist, dasselbe verbüßen, und dem
Kläger seine Unkosten erstatten, er hätte dann, seines
Außenbleibens halber, erhebliche Ursachen anzuziehen.

VI. Articul.
Vom rechtlichen Einbringen.

Wäre aber die Sache dermaßen beschaffen, oder
wollten die Partheyen an einer gemeinen Weisung
nicht ersättigt seyn, so mag ihnen frey stehen, ihre
rechtliche Nothdurft, dem Hof- und Land-Gebrauch
gemäß, vom Mund aus in die Feder einzubringen, oder
in Wechsel-Schriften vorzutragen, worzu jedem Theil,
nach Gelegenheit der Sachen Umstände, ein Termi-
nus angesetzet, und nach beschlossener Handlung in der
Sach ein Bescheid und Weisung gegeben werden soll.

VII. Articul.
Von denen dilatorischen Exceptionen.

Es soll aber Beklagter, so derselbe Exceptiones
dilatorias einzuwenden hat, dieselben auf einmal ein-
bringen, und zum wenigsten im letzten Satz zu Beför-
derung der Sachen die eventual litis contestation
mit anhangen.

Q 2 VIII. Ar-

VIII. Articul.
Von Caution.

Wäre nun Kläger in der Stadt, oder in der
Stadt Weichbild, mit unbeweglichen schoßbaren Gü-
tern nicht gesessen, und würde von demselben der Vor-
stand vor Schaden, Unkosten und zur Wiederklage
gefordert, soll er denselben mit Bürgen, die in der
Stadt gesessen, oder mit Einlegung einer Summe
Geldes zu bestellen schuldig seyn, damit man wisse,
wenn er Sach- oder Bußfällig würde, wo man des
warten soll; könnte aber der Kläger der keines thun,
und würde dasselbe schwören, daß er über aufgewand-
ten Fleiß keine Bürgen noch Geld aufbringen könnte,
soll er zur eidlichen Caution gelassen werden.

IX. Articul.
Vom Beweis, wie der zu führen.

So nun einem der Beweis auferlegt würde, der
soll innerhalb Monats Frist, als 30 Tage, seine Be-
weis-Articul mit Namen der Zeugen und brieflichen
Urkunden eingeben, und um schleunige Abhörung an-
zuhalten schuldig; desgleichen der Gegentheil seinen
Gegenbeweis in Monats Frist, von dem Tage an, so
zu Eröfnung des Probatorii angesetzt, zu verführen
verbunden seyn.

X. Articul.
Von der Leuterung.

Würde auch ein oder der andere Part sich über
ein aus denen Schöppen-Stühlen oder Collegio der
Rechtsgelehrten auf beschehene Leuterung eingelangte
Bey- oder End-Urtheile beschweren, so soll ihm noch
eine andere Leuterung ferner einzuwenden nicht zugelas-
sen, sondern auf dessen Beschwerung die Appellatio
an gehörigen Ort allein verstattet werden.

XI. Ar-

XI. Articul.
Nach einem Urthel, so Kraft Rechtens erlanget, zu handeln.

So nun eine gegebene Rathsweisung oder ein eingeholtes Urthel seine Kraft Rechtens erreichet, und würde von dem obsiegenden Theil um Execution angesuchet, soll dem Gegenpart denselben innerhalb 14 Tagen schuldige Folge zu thun und Zahlung zu leisten von Raths wegen auferleget werden.

XII. Articul.
Von der Remission ins Fürstliche Amt.

Würde aber der succumbirende Theil dem nicht gehorsamen, noch innerhalb den 14 Tagen Gehorsam thun, soll das Urtheil oder Rathsweisung an das Fürstl. Amt zu endlicher Execution remittirt und gewiesen werden; so nun Beklagter daselbst anderweit Exceptiones, welche nicht in continenti probabiles, einwenden, und die Sache länger verziehen wollte, soll er damit nicht gehört, noch eine neue Cognition daselbst vorgenommen, sondern er damit wieder zurück an vorigen Richter, wie sichs nach Recht und Gewohnheit gebührt, verwiesen werden.

XIII. Articul.
Wenn ein Eid geschworen werden soll.

Würde einem Part ein Eid zu Recht zuerkannt, so soll derjenige, welchem der Eid auferlegt, sich innerhalb Monats Frist, als in 30 Tagen, darzu erbieten, und seinen Widerpart zu Anhörung, Ablegung und Aufnehmung des Eides citiren lassen.

Q 3

XIV. Ar-

XIV. Articul.
Wie man sich eines zuerkannten Eides verlustig macht.

Würde er aber ein solches nicht thun, sondern sich daran versäumen, oder sich sonsten des Eides, nachdem das Urtheil seine Kraft Rechtens erreicht, verweigern, so soll er darzu weiter nicht gelassen, sondern vor sachfällig und überwunden gehalten werden.

XV. Articul.
Wenn im Termino der Gegen-Part nicht erscheinet.

So auch der Gegenpart im angesetzten Termin nicht erscheinen, noch den Eid auf- und annehmen wollte, soll derselbe vor geleistet gehalten, und der ungehorsame Theil in die Sach vertheilet werden.

Von gemeinen Klagen und Vorgeboten.

I. Articul.
Vom Vorfordern der Bürger.

Weil der Ungehorsam bey denen Bürgern sehr eingerissen, daß sie die Vorgebot vielfältig verwahrlosen, und man dahero zu keiner richtigen Administration der Justiz zu rechter Zeit gelangen, noch denen Leuten zu ihren Rechten gebührlich verholfen werden kann; also ist verwilführt: Welcher Bürger um Schuld oder anderer Sachen willen wider einen andern Bürger zu klagen hat, der soll dasselbe den Tag zuvor anbringen, und den Beklagten auf folgenden Tag zu erscheinen durch den Stadt-Knecht erfordern lassen; solches Vorgebot soll der Knecht dem Beklagten ins Haus verkündigen, oder in seinem Abwesen seinem Weibe oder Gesinde mit Ernst anmelden.

II. Ar-

II. Articul.
Das Vorfordern ist gültig, wo es der Diener ausrichtet.

So auch der Stadt-Knecht denjenigen, welchen das Vorgebot betreffen thut, gleich auf der Gassen, oder in einem andern Hause, anträfe, und ihm das verkündiget, soll es dennoch gleiche Wirkung, als ob es in seinem eigenen Hause geschähe, haben.

III. Articul.
Ungehorsames Außenbleiben.

Würde nun der, dem vorgeboten worden, ohne Entschuldigung oder rechtmäßige Ursachen ungehorsam außenbleiben, oder der bis anher angenommenen bösen Gewohnheit nach sein Weib schicken, soll er solches zum ersten und andernmal mit einem halben Gülden, und zwar iedesmal, verbüßen, und sollen die Knechte, auf Befehl der Bürgermeister, ihn darum zu pfänden, oder den Ungehorsamen vor den Rath mit zu bringen Macht haben. So er dann zum drittenmal außenbleibt, soll er vor ungehorsam gehalten, und der Sachen, bis auf gnugsame und behelfliche Widerrede, verlustig erkannt werden.

IV. Articul.
Von denen, so schuldig, und darnach davon ziehen wollen.

Wollte auch ein Schuldmann, so Bürger ist, und vorgefordert worden, darvon ziehen, oder seine Waaren, oder was er sonsten hat, heimlich hinweg schicken, oder selbst flüchtig werden, der mag, nach alter Gewohnheit, jedoch mit der Obrigkeit Vorwissen und Erlaubniß, am Thor durch den Thorwärter oder sonsten wohl aufgehalten werden.

Hand-

Handwerke.

Nachdem auch insgemein bey denen Handwerken viel Mißbräuche, wider des Reichs und Lands Constitutiones eingerissen, daraus viel Klagens entstanden, indem sie sich unterwinden, Sachen vor sich zu ziehen, so in ihre Zünfte nicht gehören, und der Obrigkeit Gerichtsbarkeit zu Nachtheil Eingriffe thun, auch einer den andern zu schelten, und dadurch an seinem Handwerk und Nahrung zu verhindern, auch wohl gar das Handwerk zu verbieten, oder die Gesellen aufzutreiben, und was dessen mehr; alß wird gesetzet und verordnet:

I. Articul.
Die Handwerke sollen weiter nichts, als was Handwerks-Sachen seyn, vor sich ziehen.

Die zünftigen Handwerke sollen keine Klag-Sachen um Gült, Schuld, Injurien und dergleichen, so nicht eigentlich Handwerks-Sachen seyn, vor sich ziehen, noch sich derselben anmaßen, sondern sie vor die ordentliche Obrigkeit weisen, und daselbst entscheiden lassen.

II. Articul.
Wie die Handwerke zu strafen haben.

Sie sollen auch keine andere Strafe üben, noch ihre Mitmeister noch Gesellen damit beschweren, als allein die ihnen in ihren Articuls-Briefen von Fürstl. gnädigster Herrschaft vergünstiget und zugelassen worden.

III. Articul.
Vom Auftreiben der Gesellen und Schmähen.

Es soll auch kein Meister oder Gesell einen andern Meister oder Gesellen schmähen und schelten, in Meynung,

nung, dem Meister an seinem Handwerk zu Hause und
Markt zu verhindern, oder den Gesellen aufzutreiben;
würde aber ein Meister oder Gesell solchergestalt ge-
schmähet oder gescholten, soll er, dessen ungeachtet,
vor redlich gehalten, und an seinem Handwerk und
Arbeit keinesweges verhindert, noch ihme dasselbe ver-
boten, oder sonst vorgerucket werden.

IV. Articul.
Der Schmäher soll die Injurien erweisen.

Hingegen soll demjenigen, der seinen Mitmeister
oder einen andern, ihn dadurch an seinem Handwerk
zu hindern, geschmähet, durch die Obrigkeit, unter der
er gesessen, nach Gelegenheit der Person, der Schmäh-
wort und sonsten, denen Umständen nach, auferlegt
werden, innerhalb 14 Tagen oder 3 Wochen seine
auf den Geschmäheten ausgestoßene Schmach, wie
Recht, zu erweisen.

V. Articul.
Wie ein vorsetzlicher Schmäher zu strafen.

Würde er solches nicht thun, sondern die Zeit
versäumen, oder würde die Schmach auf ihn nicht
bringen können, soll der Schmäher so lang vor un-
redlich seines Handwerks gehalten, und ihme das
Handwerk zu treiben verboten werden, bis er dem
Geschmäheten gnugsamen Kehr und Wandel gethan,
und sich mit der Obrigkeit, der Straf halber, abge-
funden.

VI. Articul.
So einer einer Schmach halber überwiesen.

So aber die That auf denjenigen, so beschuldiget
worden, gebracht, und erwiesen würde, soll der
Schmäher, wenn er citra animum injuriandi solche
Schmäh-

Schmähwort ausgelassen, zwar ohne Wandel seyn, und dem Geschmäheten sein Handwerk und Arbeit zu Haus und Markt, bis er darum mit der Obrigkeit, dem Handwerk, und wer mehr darunter begriffen, gebührliche Abfindung getroffen, eingelegt werden. Sonsten aber der Schmäher um seiner Schmähsucht willen, wenn sichs gleich also, wie er geschmähet, verhalten würde, der Obrigkeit in willkührliche Straf, gestalten Sachen nach, verfallen seyn.

VII. Articul.
Der Herr stehet vor sein Gesinde, so weit des Gesindes Lohn zureichet.

Wird jemand von wegen seines Knechts oder Magd, die einem andern Schaden gethan, beklagt, so ist der Herr weiter vor dem Knecht oder Magd zu haften oder zu bezahlen nicht schuldig, als sich sein Lohn erstrecket, oder so viel daran noch hinterständig verblieben.

VIII. Articul.
Schade, so der mit eines Herrn Viehe geschiehet.

Wäre aber der Schade mit des Herrn Willen, oder mit dessen Pferden oder Vieh geschehen, und würde deswegen auf den Herrn geklagt, soll er vor solchen Schaden zu haften, und denselben zu bezahlen verbunden seyn.

IX. Articul.
Weiber, so beklagt werden.

Wird eine Frau oder Jungfrau einer Sachen wegen beklagt, soll ihr vier Wochen Zeit gegeben werden, einen Vormund zu bitten und ihr bestätigen zu lassen; würde sie aber solches dem Kläger zu Gefähr
nicht

nicht thun, sondern verlassen, vermeynende, sich da-
mit aufzuhalten; dann soll auf solchem Ungehorsam
wider sie verfahren werden, und zwar soll sie in ordi-
nariis darzu 14 Tage haben, so sie dann nochmals
ungehorsam seyn würde, so soll wider sie gleichfalls er-
gehen, was Recht ist.

X. Articul.
Ledige Weibs-Personen können ohne Vor-
mund nicht klagen.

Hergegen, so eine Wittwe oder Jungfer Klage
anzustellen hätten, sollen sie ihnen zuvor darzu Cura-
tores ad litem bestellen lassen, oder mit ihren Klagen
nicht gehöret, sondern bis sie bevormundet, zurück ge-
wiesen werden.

XI. Articul.
Wenn Pfleg-Kinder beklagt, wie die Vor-
münder antworten sollen.

Wären auch zu einer Erb- oder Vormundschaft
mehr als einer oder zween Vormünder verordnet, und
ihre Pflegkinder hätten Klagen anzustellen, oder wür-
den von jemand beklagt, sollen die Vormünder ins-
gesammt die Sache actiue & passiue verführen, und
nicht einer allein, ohnerachtet sonsten ein jeder in so-
lidum zu agiren und zu respondiren hat, damit be-
sorgende Weitläuftigkeit und Gezänk verhütet werde.

XII. Articul.
Wenn Periculum in mora, mag ein Vormund
allein antworten.

Wäre aber bey Erlangung eines Arrestes oder
sonsten periculum in mora, und die Vormünder
könnten nicht alle zur Stätte seyn, alsdenn sollen ei-
nem oder zweyen allein, in Abwesenheit der übrigen,

der

der. Mündlein Nothdurft zu bedenken und in Acht zu
nehmen zugelaſſen ſeyn.

XIII. Articul.
Vormünder können insgeſamt einem andern Vollmacht auftragen.

Wollten auch die Vormündere in- oder außerhalb
des Gerichts einen Anwald beſtellen, ſoll ihnen aber-
mals, einen Actorem, doch conjunctim und mit einan-
der zugleich zu verordnen zugelaſſen ſeyn.

Von Brauhöfen.

I. Articul.
Die Brauhöfe ſoll man nicht verringern.

Kein Bürger oder Brauer ſoll mit Abziehung etlicher
Gebäude oder Geraumniß, ſeinen Brauhof zu verrin-
gern ſich unterſtehen, es würde denn aus erheblichen
Urſachen durch den Rath ſonderlich nachgegeben und
erlaubt, handelte jemand darwider, ſo ſoll ſolcher
Kauf nicht allein unkräftig, ſondern auch beede, Kau-
fer und Verkaufer, in des Raths Straf verfallen ſeyn.

II. Articul.
Von untüchtigen Brauhöfen.

Nachdem in vorigen Zeiten etliche Bürger, derer
Häuſer zu Brauhöfen nicht tüchtig, vielweniger tüch-
tig gemacht werden können, in die Brauerſchaft mit
eingenommen worden, gleichwohl aber, weil die
Fürſtl. Hofhaltung wieder anher verlegt, bey begeben-
den Fällen die tüchtige Brauhöfe die Laſt gleichſam allein
und allezeit haben und tragen müſſen; alß ſollen hin-
führo bey Abſterben der alten Inwohner, oder bey
Verkaufung ſolcher unqualificirten Brauhöfe die Käu-
ſer

fer nicht weiter der Brau-Gerechtigkeit zu genießen,
sondern diese davon gänzlich genommen, und auf an-
dere qualificirtere Häuser, der Fürstl. Brau-Ord-
nung gemäß, transferiret und gebracht werden.

Hierauf folgen nun unterschiedliche Præjudicia, Ur-
thel und Raths-Weisungen, welche von anno 1563
her, meistens in Successions- und Erbschafts-Fällen,
nach Anleitung dieser Statuten, auf dem Rathhaus
allhier ergangen.

1.

Zwischen Hanß Krimmen Erben und ihrer Mutter.

Dem Rath weisen auf Klag und Antwort vor
Recht: Dieweil die irrige Erbschaft auf Hannßen
Krimmens erstes Eheweib in erster innstehender Ehe
gefallen und zu Zugeld gemacht, so ist es bey ihrem
Leben ein gesammt Gut worden, und ist auch ihr
Ehemann mit solcher fahrender Hab, so viel deren
nach des Weibes Tode übrig blieben, nach Stadt-
Recht befället. V. R. W.

(Publ. Dienstags nach Qvasimodog. anno 1563.)

2.

Auf Ansuchen Claus Trunckels von Dreffurth und dar-
gegen vorgewandten Bericht der alten Casten-Vor-
munbere, erkennet der Rath:

Dieweil weyland Bälzer Trunckel mit bloßen
Händen zu der alten Flechßern in die Ehe geschritten,
und ehe und zuvor dann die Flechßern verschieden, so
hat er sie nach dieser Stadt Recht und Gewohnheit
mit der fahrenden Habe, da anders etwas vor Han-
den gewesen, befället, derowegen, weil folgends die
Frau allen ihren Nachlaß in den gemeinen Casten ge-
geben,

geben, so bleibet es den armen Leuten billig, und hat
der Trunckel keine Anforderung daran. B. R. W.

(Publ. Freytags nach Dionysii anno 1563.)

3.

Auf Klage der Vormünder Catharina Orglers, Klägers,
und Antwort der Vormünder Catharina Keßel-
ringin, Beklagter, erkennet der Rath zu Eisenach:

Nachdem Curt Keßelringen mit seinem ersten Wei-
be Erben erwecket, so seynd dadurch ihr beeder Güter,
was ererbet oder erworben, ein gesamt Gut und ver-
erbet worden, dieweil nun das Kind erstlich, darnach
die Mutter verstorben ist, der Mann darmit erblich
befället worden, und nachdem sich Curt Keßelring an-
derweit verehligt, in solcher Ehe aber er keine Erben
erwecket; so hat er nach seinem Abschiede sein Eheweib
mit dem Usufruct auf ihr Leben lang befället, es sey
dann, daß beklagte Vormündere, wie Recht, dar-
thun können, daß Curt Keßelring sie darmit bey Le-
ben, wie Recht begabet, so ergehet dann darauf, was
Recht ist. B. R. W.

(Pronunciat. Freytags nach Burckhard. aō. 1564.)

4.

Auf Klage, Antwort, Ein- und Widerrede Hanßen Hel-
lermanns, Klägern, und der Vormünder, Anna
Hellermanns, beklagten Theils, weisen der Rath üb-
lichen u. beschriebenen Stadt-Recht nach, vor Recht:

Demnach Jobst Hellermann ehe, als Frau Anna,
in Gott verschieden, so hat er sie mit aller fahrender
Haab beerbet, desgleichen mit dem Abnuz auf den
beeden Erb-Stücken, dem Hauße und Erbe im Heng-
thal auf ihr Leben lang befället. B. R. W.

(Pronunc. Dienstags nach Visit. Mariæ aō. 1565.)

5. Auf

5.

Auf Klage des Vormunden, Ursula Junckern, und Ant-
wort Baltzer Junckers, auf beeder Theil weiters
Einbringen, erkennet der Rath vor Recht:

Nachdem Jobst Juncker mit seinem Weibe Kin-
der gezeuget, so ist sein Erbtheil vererbet worden, und
hat sein Weib darmit, weil ihm derselbe Erb-Fall bey
Leben erschienen, ungeachtet, daß die Kinder verstor-
ben, nach Stadt-Recht beerbet und befället. B. R. W.
(Pronunc. Freytags nach Qvasimodog. ao. 1572.)

6.

In Puncto Näher-Kaufs auf Klag und Antwort, wei-
set der Rath vor Recht:

Dieweil Hanß Treffurth Mangel und vorge-
fallene Nothdurft nach zu verkauffen nicht Um-
gang haben kan, so ist der Vormund, Hanß
Treffurths Weib, schuldig, daran zu seyn, daß seiner
Pfleg-Frauen an Treffurths Güthern wiederum um
das verkauffte Versicherung geschehen möge. Was
denn den Näher- oder Mitkauf beeder Brüder Hanß
und Peter Ußen belangend, erkennet der Rath nach
der Stadt Recht und Gewohnheit: dieweil es ver-
theilte Güter worden, so mag ein jeder seinen Antheil,
wem er will, verkaufen, es hätten sich denn die Erben
anderst verglichen und gewillkühret, alsdenn ergehet
weiter, was Recht ist. B. R. W.

(Pronunc. Dienstags nach Bonif. ao. 1573.)

7.

Auf Klage, Antwort beeder Theil Beweisunge, und da-
rauf erfolgte Sätze, so von Wilhelm Schollen,
sammt seinen litis Consorten, Klägern eines, und
beklag-

beflagten Vormündern, weyland Georgen Schollen,
des ältern Kindet letzter Ehe, andern Theils, ein-
bracht und verführt, erkennen und sprechen wir,
der Rath, vor Recht:

Daß Klägere dasjenige, so ihnen auferlegt, zu
Recht nicht erwiesen, die Beklagten aber das übliche
und hergebrachte Stadt-Recht, von Erbtheilung sa-
gend, nothdürftig dargethan, darbey auch erwiesen ha-
ben, daß vermöge desselben Statuts, die Erbtheilung
geschehen, Klägere ihren Antheil empfangen, qvit-
tiret und Verzicht gethan, über das alles Georg Scholl
durch ein beständig Testament seinen letzten Kindern,
Krafft gemeldtes Stadt-Rechts, seinen Nachlaß ver-
testiret, als werden Beklagte von angestellter Klage
billig absolvirt, als wir sie hiermit ledig zehlen, mit Er-
stattung der Expensen, doch auf richterliche Ermäßi-
gung. V. R. W.

(Eröffnet Sonnabends nach Visit. Mariæ, im
Beyseyn beeder Partheyen ao. 1573.)

8.

Weiset der Rath auf aller Theil Vorwenden, Einrede
und vorgelegte briefliche Uhrkunden, nach dieser
Stadt Recht und aller üblicher Gewohnheit vor
Recht:

Sintemahl weiland Hanß Scheiders Witbe, Mar-
garetha, als sie mit Hanßen Wintern in andere Ehe
geschritten, sich mit obgenannten ihren ersten Ehekin-
dern, Georg Scheider, und seinen Consorten, nach
Stadt-Recht, in alle liegende Güther erblichen verthei-
let, welchen Theil jedes Kind empfangen und darüber
quittiret haben, so hat obgemeldte Margaretha mit
ihrem Kindes Theil, so sie zu Hanß Wintern einbracht,
auch weiter mit denen in stehender Ehe Hanßen Win-
ters

ters erzeugten Güthern und fahrender Haab, ihre in
anderer Ehe erweckte Leibes Erben, allein befället, und
haben daran die ersten Kinder keine Forderung, sie
könnten dann, wie Recht, darthun, daß etwas von lie-
genden Güthern vorhanden, so in die Theilung nicht
kommen, dessen genössen sie billig V. R. W.

(Pronunc. Dienstags nach Oculi anno 1576.)

9.

Auf Vorbringen kriegischen Vormunds, Curten Regen-
mantels Witben, und Gegenrede kriegischen Vor-
munds, Margarethen Deichard, weiset der Rath
vor Recht:

Sintemahl Valten Regenmantels S. Kind zuletzt
nach den Eltern verstorben, so hat es den älter Väter
und älter Mutter mit allen, so es verlassen, in seinem
Munde erlediget, zugleich befället, derowegen seynd sie
solche Verlassenschafft, es sey fahrend oder liegend, auch
die Schulden mit einander zu bezahlen schuldig. V. R. W.

(Pronunc. Freytags post Estomihi anno 1578.)

10. Actus.

Auf Klage kriegischen Vormundens, Jost Trautweins
S. Wittbe und dero Erben Georgen Trautweins
s. Vormünder Gegenantwort, weiset der Rath vor
Recht:

Sintemahl Jost Trautwein s. seiner Eltern Tod
erlebet, und nach demselben ohne Leibes-Erben auch
mit Tode abgangen, so hat er sein gelassenes Ehe-
weib mit dem Usufruct der Erbgüther, welche von
seinen Eltern auf ihn geerbet, auf iht Leben lang, doch
gegen gnugsame Versicherung de non alienando, und
mit der fahrenden Haab erblich befället. V. R. W.

(Pronunc. die & anno quo proxime.)

11.

Auf Klage Hanßen Rödigers von Mühlhausen, im Namen und von wegen seiner Stief-Tochter, weiland Claußen Fehrens seel. leiblicher Tochter anderer Ehe, und Exception Lorentz letzig s. Erben, auch des Rödigers eingelegte Beweisung der Sipschaft halber, weiset der Rath:

Daß des verstorbenen Melchior Fehrens seelige halbe Schwester, dieweil dieselbe ihre Sipschafft bewiesen, seine des Melchior Fehrens seel. Erbschafft, unangesehen, ob dieselbe Stamm-Güther seyn, oder, woher sie rühren mögen, für den Vettern und Basen nach Stadt-Recht billig erbe. V. R. W.

(Pronunc. Freytags post Reminisc. anno 1578.)

12.

Zwischen Ritzsch Fischern und Peter Steutzern, in Kriegischer Vormundschafft Merten Heckel, Brechts und Hanß Braunen W. Klägern, und Hansen Krahmers seel. W. Curatorn, Beklagten, weiset der Rath nach Stadt-Recht vor Recht:

Dieweil Hanß Schram zuerst verstorben, und nach sich sein Eheweib anderer Ehe, und ein Kind erster Ehe verlassen, so habe er mit der fahrenden Haab sein ander Eheweib, und dieselbe förder ihre Mutter, die Beklagte, beerbet, und nach Stadt-Recht befället. Belangende aber die liegende, hat er sein ander Eheweib und das Kind erster Ehe mit demselben, was in seinem Munde verlediget worden, samt dem Vorthaus (sintemal eine Verschwisterung aufgerichtet, und die Kinder, denen derselbige gebühret hätte, in ihren unmündigen Jahren verstorben) zugleich beerbet, und förder das gelassene Eheweib, so nach ihme verstorben, ihren Antheil auf ihre leibliche Mutter; das Kind aber

aber erster Ehe, auf seines Vatern und Mutter leibli-
che Geschwistere, nach Stadt-Recht, vererbfället. V.
R. W.

(Pronunc. Dienstags post Qualimodog. 1578.)

13.

Zwischen Erasmus Merten, Klägern, und Hermann
Umbführers s. Kinder Vormündere, weiset der
Rath nach Stadt-Recht vor Recht:

Anlangende das Erbguth, sintemahl des Klagen-
den Eheweib ihres Vatern seel. Tod erlebet, so folgt
ihme, wegen seines verstorbenen Eheweibes, dasselbe,
und was vom Vater auf sie geerbet, samt der Nu-
tzung, gegen gebührliche Versicherung, auf sein Leben,
nach Stadt-Recht, billig. V. R. W.

(Pronunc. ut proxime.)

14.

Auf Klage und Antwort weiset der Rath vor Recht:

Dieweil nach Absterben Peter Mittelsdorf seine
Verlassenschaft auf seine drey gelassene Kinder gefäl-
let, und aber der Sohn Bastian hernach W. und dann
des klagenden Eheweib, als mit welcher er in stehen-
der Ehe Kinder erzeuget, zuletzt verstorben, und kei-
nen Erben, dann ihren Mann, als mit welchem sie in
stehender Ehe keine Kinder gezeugt, verlassen, so ist
demnach alle des Mitteldorfs Verlassenschafft, so viel
deren noch vorhanden, auf der Schwester Mann, kla-
genden Kambschmidt und des beklagten Curatoris
Pfleg-Tochter zu gleichem Theil, nach Stadt-Recht,
gefallen und geerbet. V. R. W.

(Pronunc. ut supra.)

15. Auf

15.

Auf Klage und Antwort weiset der Rath vor Recht:

Sintemahl Matthes Kehr, nach Absterben seines ersten Eheweibes, sich anderweit verehlicht, und ihm an alle dem, was in erster Ehe erzeuget worden, ein Kindes Theil und die fahrende Haab nach Stadt-Recht heimgefallen, und aber er mit dem Weibe in anderer Ehe ein Kind erzeuget; so hat er demnach, nach seinem Absterben mit demselben Kindes-Theil und der fahrenden Haab seine gelassene Wittben, nach Stadt-Recht befället.

(Pronunc. ut supra.)

16.

Auf Klage Hanßen Dörings von Görlngen an einem, und Exception Curatoris Cuntzen Bösemanns seel. Wittben, am andern Theil, weiset der Rath vor Recht:

Daß Hanßen Döringen Kind, so nach dem Vater und Mutter verstorben, seiner Mutter vollbürtigen Bruder, Cuntzen Bösemann, mit allem Nachlaß, so in seinem Munde verlediget, für des Vatern halben Geschwistern nach Stadt-Recht befället und beerbet, derowegen wird beklagter Curator von angestellter Klage billig absolvirt.   V. R. W.

(Publ. Freytags post Viti anno 1578.)

17.

Zwischen Ciliax Scheunmeisters Wittbe und Valten Schmidten und Consorten weiset der Rath vor Recht:

Daß gemeldter Witben die Winter-Frucht, alldieweil dieselbe bey Leben Ciliax Scheunmeisters seel. hinaus bestellet, billig folge.

Die

Die Sommer-Früchte: Was die Sommer-
Jahre an Heu, Obst und andern, ferner erwachsen,
dieselben folgen den Erben, doch seynd die Erben der
Wittben in Pflug-Recht und Saamen, samt dem
Zinß, Geschoß, Schatzung, und was dessen nach Mi-
chael. von der Wittben bezahlt worden, abzustatten
schuldig. B. R. W.

(Publ. d. 4. Jul. anno 1578.)

18.

Zwischen Matthesen Wormbs Wittben Curatorn und
Andreas Theuren, in ehelicher Vormundschafft
seines Weibes an einem, und Michael Doringen,
Beklagten, weiset der Rath vor Recht:

Daraus allenthalben erscheinet, daß Klägerin
nach Absterben ihres Vaters, Hanßen Löwens seel.
sich mit ihrer Mutter auch seel. gründlichen verglichen,
auch demnach jeder seinen Kindes Theil empfangen,
und darüber qvittiret, derowegen wird beklagter Mi-
chael Döring von angestellter Klag billig absolvirt,
als ihn auch der Rath hiermit absolvirt. B. R. W.

(Publ. Freytags post Trinit. anno 1579.)

19.

Zwischen Sebastian Hartarten, Bürgern zu Gotha, an
einem, und Catharina Welckerin, auch ihrem Ey-
dam, Asmus Sandern, in ehelicher Vormund-
schafft seines Weibes, am andern Theil, spricht der
Rath vor Recht:

Daraus allenthalben so viel erscheinet, daß die
verstorbene Meinarts seel. Tochter und gemeldtes
Hartarts Eheweib auch seel. mit ihrer Verlassenschafft,
nämlich den libellirten 40. fl. sowohl auch allen an-
dern Haußrath, als Fahrniß, ihrem Ehemann für der

Großmutter und Schwester, nach Stadt-Recht be-
fället. B. R. W.

(Publ. d. 3. April. anno 1583.)

20.

Zwischen Georg Weimarn und Henrich Saloman, in
Vormundschafft Georg Glasers, seel. nachgelassenen
Kindern eines, und Peter Oltzen, in Kriegischer
Vormundschafft gemeldtes Glasers W. anderes
Theils, spricht der Rath vor Recht:

Daß beklagten Curatoris Pfleg-Frauen ihres Ehe-
mannes seel. verlassene fahrende Haab, sammt denen
in ihres Mannes Absterben betagten Kauf-Geldern,
ausgeschlossen das Geld von älter väterlichen Güthern
herrührend, billig folge, dargegen ist sie klagenden
Vormündern, wegen ihrer Mündlein, die libellirte
Güther, so Georg Gläser zu ihr in die Ehe bracht, in
sechs Wochen einzuräumen schuldig, zusammt denen
darauf stehenden Früchten, so nach des Mannes To-
de hinaus bestellet, doch daß zuvor der Wittben ihr
Pflug-Recht, und was sie sonst darauf gewendet, er-
stattet werde. B. R. W.

(Pronunc. d. 7. Jun. anno 1583.)

21.

Zwischen Bastian Barchfelden und seinen Eydamern,
als Merten Müller und Consorten, spricht der
Rath vor Recht:

Daraus allenthalben so viel erscheinet, daß be-
klagter Barchfeld sich mit seinen Kindern erster Ehe,
nach Stadt-Recht, zu vertheilen schuldig. B. R. W.

(Publ. d. 28. Febr. anno 1584.)

22. In

22.

In Puncto Injuriarum zwischen Peter Fichteln, Bür=
gern zu Eisenach, und Hannsen Leinwebern in der
Ruhla, sprechen die Schöppen auf Belehrung des
Raths vor Recht:

Daß Beklagtem der eingebrachten Klage Abschrift
und sein gebührliches Bedencken billig mitgetheilt, und
er, nach Gelegenheit dießfalls seines Vorwendens un=
geachtet, an diesem Stadt=Gerichte zu antworten, und
den Krieg Rechtens, mit Ja oder Nein, zu befestigen
schuldig, und ergehet alsdenn weiter, was Recht ist.
V. R. W.

(Publ. d. 21. Jan. 1589.)

23.

In Sachen Hanßen Schneidern, Klägern, und Caspar
loßen, Beklagten, weiset der Rath vor Recht:

Die gesuchte Theilung deren zur Zeit des verrück=
ten Wittber=Standes vorhandene Güter belangend,
ist Beklagter dieselben, üblichem Stadt=Rechte nach,
mit sammt Erstattung der getragenen Nutzungen, von
der Zeit an, da die Tochter ehelich gewesen, doch auf
vorgehende richterliche Ermäßigung, zu thun, und die
Tochter dasjenige, so sie zuvor empfangen, mit einzu=
werffen schuldig. V. R. W.

(Publ. am 26. April. anno 1592.)

24.

Attestatum E. E. Raths über einigen in Streit gezoge=
nen Articul dieser Statuten.

Wir Bürgermeister und Rath zu Eisenach, ur=
kunden mit gegenwärtiger Schrifft, gegen männiglich
bekennende, daß Uns der Ehrnhaffte, vornehme Ja=
cob Schelter, F. S. Hof= und Leib=Schneider, auch

R 4   unser

unſer verpflichteter Mitbürger, wie ihme, demnach er
mit nunmehr ſeel. verſtorbenen ſeinem Eheweibe, der
erbarn, tugendſamen Frauen, Sabinen Merlin, alß
männiglichen und uns ſelbſten unwiderſprechlich kund-
bar, ein lebendiges Töchterlein, ſo vor jetzo ſeiner ge-
dachten Mutter verſchieden, erwecket, zu deſto ſchleu-
niger deſſen widrigen vermeinter Zuſprüche Excludi-
rung hieſigen Erbgangs Rechtens, Beklagte, uhrkund
erſprießlich erſcheinen dürfte, zu erkennen gegeben, ih-
me derowegen dieſelbige in Gunſten wiederfahren zu
laſſen, gebührenden Fleißes gebeten.

Ob nun wohl aus Unſerm Stadt-Recht und deſ-
ſelben Obſervanz ſo notoriſch und am Tage, daß we-
der ihm zu Erhaltung mehr gedachten deſſen Weibes
Verlaſſenſchafft ferner Beweißthume vonnöthen, auch
deſſen Gegnern, wer die gleich allenfalls ſeyn könnten
oder möchten, einige Actio weder in Poſſeſſorio noch
Petitorio competire, ſcheinet, ließen wir es doch, wenn
es, ohne gegenwärtiges Anſuchen wäre, ins gleiche ge-
ſtellet ſeyn; da aber Supplicant ſich Unſers Zeugniß,
beſonders ad evitandam vexam, und andere beſchwer-
liche Weiterungen dießfalls fruchtbarlichen zu gebrau-
chen verhoffet; als hat uns deſſen Billigkeit demſel-
ben zu deferiren um ſo vielmehr bewegt und verurſacht,
wann nun Statuta, damit verbundene unverborgen ſeyn,
vielmehr aber ihnen derowegen, obliegender Beſchwe-
rungen und Wagniß halber, zu Nutz gereichen ſollen,
auch wir dergleichen bisher männiglichen auch Aus-
wärtigen wiederfahren laſſen: alß bezeugen wir gegen-
wärtig, wenn dieſer oder anderer unſerer Jurisdiction
unterworffener Orten, Mann oder Weib, ſo Kinder
mit einander erwecket, durch den zeitlichen Tod von
einander geſchieden werden, daß das Ueberlebende,
obgleich das Kind vor deſſen Vater oder Mutter ab-
geſtorben, nichts deſto weniger mit allen liegenden und

fah-

fahrenden, erzeugten und ererbten Haab und Güthern, pleno jure und eigenthümlichen, im Fall aber nicht er-wecktet Kinder, zwar mit dem Fahrniß, denen bey währender Ehe acquirirten Immobilien erblich, mit den übrigen aber, auf ihr Lebenzeit usufructuarie be-erbet und befället wird, und zwar nicht allein Krafft beschriebenen Stadtrechtens klaren Buchstabens, son-dern durch sowohl contradictorische Judicia und Sen-tenzen, als extrajudicial Actus obtinirte, und bisher gleichförmig und ohn einige uns wissendliche Contra-rietæt observirte Exercitien, Gebrauch und Gewohn-heiten. Nun denn allen unsers guten Wissens also, es auch hierüber auf den unverhoffentlichen Fall mit Unsern Stadt- und Handels-Büchern, Urtheln, Re-gistraturen, Actitäten und Unsern Mitbürgern gleich-sam angebohrner Wissenschafft und Experienz zu sat-ten Benügen bescheinen, und nochmals erweißlich, so zweifeln wir nicht, demselben hierum und Supplican-tens Vertrauen nach, allenthalben völliger und unge-zweifelter Glaube zugestellt werden soll, zu welchem Ende wir dann diese Kundschafft mit unserm gewöhn-lichen Stadt-Secret besiegelt, und am 12. Januar Anno 1618 von Uns gestellet haben.

(L. S.)

25.

Zu Bestärckung dessen hat der Rath in Sachen Hen-rich Günthern und seinen Schwäher-Vater, Val-ten Loreyen, erkannt, wie folget, sub dato den 12. Julii anno 1637.

Auf summarische Klag Henrich Günthers, Forst-Knechts und Bürgers allhier, Klägern, dann Valten Loreyen, auch Bürgers und Lohegerbers, Beklagtens, gethane Antwort und ferner Einbringen, weisen Bür-

gemei-

gemeister und Rath allhier zu Eisenach vor Recht:
Hat Balten Lorey, als er zur andern Ehe geschritten,
zu Abstattung schuldiger Theilung, seinen zwey damali-
gen unmündigen Kindern erster Ehe, Christian und Osan-
nen, einem jeden besonders 50 fl. zum Vorthaus, und 25
fl. zur Ausstattung durch ein Pactum verordnet, darbey
bedingt, da der Kinder eins sterben, daß das andere
darmit beerbet seyn, da sie aber beede Todes abgien-
gen, solcher Vorthaus und Ausstattung dem Vater
heimfallen sollte, und dann Christian im ledigen Stan-
de verstorben, so seynd die 50 fl. seines vermachten
Vorthauses, vermöge des Pacts, auf seine Schwe-
ster Osannen, die 25 fl. aber vor die Ehren-Kleider
und Ausstattung auf den Vater gefallen; hat dann
dieselbe Osanna nach der Zeit sich an Klägern, Hein-
rich Günthern, verehlicht, so ist der Vater, Balten
Lorey, solchen ihren vermachten Vorthaus der 50 fl.
samt den 25 fl. Ausstattung, wie auch die 50 fl. von ih-
rem Bruder, auf sie erblich kommen und gefallen, ihr,
als ihr eigen Guth heraus zu geben schuldig worden,
welche Gelder sie förder, vermöge Stadt-Rechtens,
des angezogenen Pacti ungeachtet, an ihren hinterlas-
senen Ehemann devolvirt und gebracht. Was dann
sonsten andere ihre Verlassenschafft betrifft, erscheinet
aus den Actis, und seynd die Partheyen in deme nicht
wider einander, daß solche Hinterlassenschafft allein in
zinßbaren Geldern und Mobilien bestehet, und bemeldte
Eheleute, Henrich Günther mit seiner Haußfrauen,
Osannen, ein Kind erzeuget, ob dann nun gleich das
Kind vor den Eltern hin Todes abgangen, so ist doch,
nach Stadt-Recht, und vor undencklichen Jahren her-
gebrachten Gebrauch, ihr Gut dadurch vererbet, und
mit der Frauen Tode dem hinterbliebenen Ehemann
vollkömmlich und erblich zugefallen, es könnte oder
wollte dann Balten Lorey besser, als geschehen, und
wie

wie Recht, erweisen, daß es anders bethätiget, und daß
das Kind, seinem Vorgeben nach, unzeitig und tod zur
Welt bracht, ergienge sodann in der Sachen ferner,
was sich gebühret, Klägern, Henrich Günthern, sei-
nen Gegenbeweiß vorbehalten.

(Pronunc. & publ. zu Eisenach den 12. Jul. 1637.)

Leuterungs-Urthel zwischen bemeldten Henrich Günthern
und Balten Loreyen.

Unsern freundlich Dienst zuvorn, Ersame, wohl-
weise, gute Freunde.

Auf Leuterung und ferner Gesätze in strittigen Erb-
schafft-Sachen Balten Loreyen zu Eisenach, Leuteran-
tens und Beklagten an einem, Henrich Günthern,
F. S. Försters daselbst, Leuteratens und Klägern am
andern Theil, so ihr Uns neben den vorigen Acten zu-
geschickt, und euch dessen Rechten darüber zu berich-
ten gebeten habt, sprechen wir vor Recht: Daß es
bey eurem den 12. Jul. des 1637. Jahres eröffneten
Weisung sofern verbleibet, daß nämlich euer in Actis
angezogener Statuten ungehindert, dem Leuteranten,
Balten Loreyen, die Legitima oder der dritte Theil
aus seiner verstorbenen Tochter, des Leuteratens ge-
wesenen Eheweibs Verlassenschafft, in alle Weg bil-
lig gefolgt wird, von Rechts wegen zu Urkund mit dem
uns zugestellten Insiegel bekräfftiget und geben am 23.
Febr. anno 1639.

Des F. S. Schöppenstuhls zu Coburg
verordneter Ordinarius, auch andere Do-
ctores und Schöppen.

(Publ. Dienstags hora 9. matut. den 19. Mart.
anno 1639.)

An

An den Rath zu Eisenach.

26.

Hierüber ist zu merken: Wornach man sich zu Ent-
scheidung der Partheyen in diesem Paß ferner ge-
halten, als nämlich im Jahr 1635.

Ist Lorentz Reuber, Bürger und Sattler zu Eise-
nach, Todes verfahren, welcher mit seinem ersten Wei-
be, Susanna, drey Kinder, eine Tochter und zween
Söhne erzeuget gehabt, und hat sich hernach mit Ba-
stian Barchfelds Stief-Tochter, Margaretha, in die
andere Ehe begeben, und mit derselben 5 Kinder er-
wecket, deren zwey vor 4 Jahren, und eins vor drey
viertel Jahren Todes verstorben, dann die Tochter, Mar-
garetha, vor 6 Wochen vor dem Vater, und hernacher
der jüngste Sohn, Justinus, nach demselben, ferner der
älteste Sohn erster Ehe, Hanß, nach ihme Andreas,
und nach diesem der letzte Sohn, Christoph, vom er-
sten Weibe, als ist der Vater mit deme, was die
Kinder erster Ehe gehabt, beerbet worden. Nach-
dem er dann in anderer Ehe auch Kinder gehabt, ob
sie gleich vor den Eltern hin Todes verfahren, ist doch
alles Guth, was Lorentz Reuber gehabt, und von sei-
nen Kindern erster Ehe erlangt, dergestalt vererbet
worden, weil darauf Lorentz Reuber, und nach ihm
sein ander Eheweib, Margaretha, verstorben, daß das
Erbe um solcher Kinder Erzeugung, nach Stadt-Recht
und Gewohnheit, auf sie getreten, womit sie nachge-
hends ihre Mutter, bemeldtes Bastian Barchfelds
Eheweib beerbet, welcher auch die Erbschafft von Han-
ßen Reubern, der ersten Ehe Kinder Mutter Bruder
eingerdumet worden, dabey es auch verblieben. Dann
also lautet der Textus Lib. I. Statutorum des ver-
brannten Ketten-Buchs: Wo ein Mann und eine
Frau ehelich mit einander sitzen, wann die Kinder ge-
bohren

bohren werden, so ist ihr Gut vererbet, obwohl die
Kinder sterben, stirbet aber der zweyen eins, Vater und
Mutter, so tritt das Erbe auf das andere, das leben=
dig ist, das ist Stadt=Recht.

27.

Ferner folgen etliche Actus Successionis, wie es nach
Eisenachischer Stadt=Gewohnheit, zwischen Mann
und Weib, so keine Kinder mit einander erzeugt,
beedes in denen ererbten und in stehender Ehe er=
worbenen Gütern, als auch im Fahrniß, vermö=
ge des obgesetzten Artic. von Succession der Ehe=
leute, so ohne Kinder versterben, gehalten wor=
den, welche man im Jahr 1641 zusammen ge=
tragen, und von etlichen darüber verhörten Bür=
gern mit ihrem Eide bekräftigen lassen, als nämlich:

Es hat Conrad Grumpeln in anno 1596 an wei=
land Peter Fichtels sel. hinterlassene Wittben Margre=
then, ehelich bestattet, da haben des verstorbenen Man=
nes Freunde zu Schmalkalden, sie, die Wittbe, um das
in stehender Ehe erworbene und erkauftes Haus in der
Untergassen angesprochen, seynd aber, vermöge Sta=
tuts, abgewiesen, und die Wittbe samt ihrem andern
Ehemann erblich dabey gelassen worden, welches Haus
sie hernach anno 1599 Matthes Kistern erblichen ver=
kauft.

2. Actus.

Als ohngefähr vor 30 Jahren Heinrich Olzen erste
Hausfrau, Anna, ohne Erzeugung Kinder, Todes ab=
gangen, ist der hinterbliebene Ehemann bey allen in ste=
hender Ehe erworbenen und erzeugten Gütern, nach der
Stadt=Recht, gelassen worden. Dann obwohl Martin
Grimm, der verstorbenen Frauen nächster Freund, be=
sagten Heinrich Olzen, nachdem er zur andern Ehe ge=
schritten,

schritten, in Anspruch genommen, so hat man doch denselben abgewiesen, und Olzen darbey gelassen.

3. Actus.

Ferner, als vor 25 Jahren Georg Pruchlos ohne erzeugte Kinder Todes verschieden, ist seine hinterlassene Wittbe, Margreth, bey allen ererbten und erworbenen Gütern verblieben, hat von denen ererbten die Schuld bezahlt, die erworbene [vor sich behalten, und an ihre Freunde vererbet, des verstorbenen Mannes Bruder und Schwester aber davon ausgeschlossen.

4. Actus.

Als in anno 1613 Conrad Grumpeins Hausfrau, Margaretha, ohne Kinder verstorben, und etliche Güterlein von ihrem Vater Balthasar Mandelern ererbet, auch theils mit einander in stehender Ehe erkauft, und deroselben Schwester Catharina Neidhardtin zu Gotha, bemeldten Grumpein, nachdem derselbe zur andern Ehe geschritten, um die ererbten angesprochen, so ist sie doch darvon, nach Stadt-Recht und Gewohnheit, abgewiesen worden, weil dem Hinterbliebenen Ehemann in den ererbten Gütern der Abnutz auf sein Lebeläng, die erworbene aber ihm erblich zugestanden.

5. Actus.

Weiter, als vor etlich und 20 Jahren Anna Weymarin, Conrad Schmidts, Büchsenmachers Eheweib, ohne Leibes-Erben abgestorben, hat der hinterbliebene Ehemann all der verstorbenen Frauen ererbte Güter, sämt denen erworbenen, behalten.

6. Actus.

Und als bemeldter Conrad Schmidt, ohngefähr vor 12 oder 15 Jahren, auch verstorben, hat sein ander Eheweib, Margaretha Aschenbachin, all solche Güter ererbet und behalten.

7. Actus

7. Actus.

Demnach Bürgemeister Johann Kellner in anno 1622 ohne Leibes-Erben Todes verschieden, ist seine hinterbliebene Wittbe, Clara, bey allen in stehender Ehe erworbenen Gütern, an Haus, Hof, Hopfen-Fleck und dergleichen, nach Stadt-Recht, geblieben.

8. Actus.

Und solches alles, nachdem sie anno 1630 nicht minder verstorben, hat sie auf ihre Freundschaft vererbet und verbracht.

9. Actus.

Mehr, als vor 16 Jahren, ist Georg Döring, Weisbecker, ohne Kinder Todes abgangen, und ist seine nachgelassene Wittbe, Elisabeth, bey all seinem erworbenen, auch bey dem Gut, so ihm sein Vater Hanß Döring geschenkt, erblich verblieben.

10. Actus.

Als um diese Zeit Ursula, weiland Cämmerers Tobiä Schelhasen eheliche Hausfrau, Todes verfahren, und beede eine ziemliche Nahrung zusammen bracht, da ist abermals der hinterbliebene Ehemann bey dem allen gelassen worden, und dasselbe nach seinem Tode an seinem Bruder, Michael Schelhasen, Bürgemeistern zu Creutzburg und dessen Mit-Erben, erblichen kommen.

11. Actus.

Vor zehen Jahren ist Martin Schlechtweg vor dem Frauen-Thor, ohne Erweckung Kinder verstorben, da denn seine Wittbe, Anna, bey allem seinen Nachlaß, an Haus, Hof, Länderey, und was dessen in stehender Ehe erzeugt, nach der Stadt Gewohnheit, gelassen,

laſſen, und ſeine Brüder von der Succeſſion ausge-
ſchloſſen worden.

12. Actus.

Desgleichen, als vor 6 Jahren, Hanß Schlecht-
weg, ohne Kinder Erzeugung, aus dieſer Welt abge-
ſchieden, hat man es mit ſeiner hinterlaſſenen Wittben
gleichermaßen alſo gehälten.

13. Actus.

Wie vor 4 Jahren Hanß Weimar, Schneider in
der Goldſchmieden-Gaſſe, ohne Kinder-Erzielung ver-
ſtorben, da iſt ſeine hinterbliebene Wittbe, Urſula Kreu-
ßin, bey allen ſeinem Nachlaß, an Haus, Hof, Feld-
Gütern, was ſie deſſen mit einander erworben, nach
Stadt-Recht, gelaſſen worden.

14. Actus.

Zu gleichermaßen, als vor 3 Jahren Chriſtoph
Spangenberg, Sattler, ohne Erweckung Leibesfrüchte,
Todes verblichen, iſt ſeine Wittbe, Eulalia Rhein-
fränckin, bey allen und jeden inn- und vor der Stadt
erworbenen Gütern geblieben.

Confirmiren und beſtätigen demnach vor Uns und
Eingangs hochgedachter Unſerer freundlich geliebter
Herren Brüdere und unmündigen Vetters L. L. Löl. auch
Unſere und Ihre Erben aus Landesfürſtlicher Hoheit,
Macht u. Gewalt, vorgeſetzte Eiſenachiſche Stadt-Sta-
tuten und Ordnungen dergeſtalt und alſo, daß denſelben
in allen Articuln, Puncten und Clauſuln ſteif, feſt und un-
verbrüchlich nachgegangen, die gemeine Bürgerſchaft dar-
wider auf keine Weiß beſchweret, Recht und Gerechtig-
keit, einem wie dem andern, unpartheyiſch mitgetheilt, und
nach deren Anleitung, männiglichen zu dem Seinigen,
ohne Haß und Neid, Gunſt und Ungunſt, Geſchenk,

Gift

Gift und Gabe, oder wie das Namen haben möge,
stracklichen und gleich durchgehend geholfen werden.
Und befehlen darauf vor Uns, und wie obgemeldet,
Unserm gesamten Geheimbden Rath, Landes-Directori
und Ober-Aufsehern, sowohl auch Unserm Amt Eise-
nach, daß sie angeregten Rath zu Eisenach bey solchen
Stadt-Statuten und Verordnungen, bis an Uns und
Ihre L. L. L. Dchl. respective kräftiglich manutenieren,
schützen und handhaben, darwider nichts zu thun gestat-
ten, vielweniger aber selbst thun und handeln sollen,
absonderlich ist unser Will und Meynung, daß der
Rath, und die jedesmal am Regiment seyen, sich nach
berührten Statuten allerdings richten, solche in ihren
Rathsweisungen eigentlich beobachten, und darnach
sprechen, auch davon ohne gnugsame und erhebliche
Ursachen im geringsten nicht abweichen sollen. Doch
wollen wir Uns, da ein oder das andere noch weiter zu
verordnen nützlich, und gemeiner Stadt vorträglich
seyn würde, solche zu mehrern, zu mindern, gar oder zum
Theil aufzuheben hiermit ausdrücklich reserviret u. vor-
behalten haben. Wie dann auch, was in diesem nicht
decidirt, es bey dem redlichen Herkommen, oder, da man
dessen nicht gewiß seyn würde, bey Unserer Hochlöbl.
Vorfahren aufgerichteten Fürstl. Landes-Ordnung und
Landüblichen Sächß. auch gemeinen Rechten, aller-
dings gelassen werden soll. Und weil im übrigen in
dem von Unsers in Gott ruhenden freundlich geliebten
und hochgeehrten Herrn Vaters, des weiland Durch-
leuchtigen Fürsten, Herrn Wilhelms, Herzogs zu
Sachsen, Jülich, Cleve und Berg 2c. Hochsel. Anden-
kens Gnaden, zwischen Amt und Rath zu Eisenach,
wegen der Jurisdiction und anderer anhängigen Pun-
cten, langwierigen Irrungen und Mißhelligkeiten in
ao. 1641 den 1. Junii eine beständige Landesfürstl. Deci-
sion-publiciret u. ertheilet worden, so soll es bey derselben
nicht weniger, und zwar bey der darinnen angedeute-

ten Strafe nochmals allerdings verbleiben, und demnach auf darinnen Tit. 10. von Kirchen, Schulen, Hospitalien ꝛc. besagtem Amt und Rath auferlegt worden, eine neue Policey Ordnung, statt deren, so im Brand aufgangen, abzufassen, zur Revision zu übergeben, und zur Publication zu befördern. So wollen wir derselben nunmehr einsten gewarten, auch ermeldten Amt und Rath solche mit dem förderlichsten zur Perfection zu bringen, hiermit nicht minder aufgelegt und befohlen haben.

Zu Uhrkund haben Wir vor Uns und mehr hocherwehnt Ihre L. L. L. Dchl. diese Stadt-Statuta eigenhändig unterschrieben, und mit unserm Fürstl. Secret zu bedrucken befohlen. So gegeben und geschehen Weimar zur Wilhelmsburg den 1. Mart. Anno 1670.

(L. S.)

Johann Ernst, H. z. S.

VI. Zu-

✳✳✳✳✳✳✳✳✳✳✳✳✳✳✳✳✳✳✳✳✳✳✳✳✳

VI.

Zuverläßige

historische Abhandlung

von dem

hochadel. und nun gräfl. Lindenauischen

Dorfe und Rittergute Machern,

und dessen Besitzern

in ältern und neuern Zeiten,

durch

M. S. S.

Vorerinnerung.

Da ich seit etlichen 30 Jahren mich in der Nach-
barschaft von Machern befunden, auch in dem da-
sigen hochadel. Hause mancherley Gunst- und Gna-
denbezeugungen genossen habe: so bin ich auch bey mei-
nen ehemaligen historischen Belustigungen unermüdet
gewesen, alles sorgfältig zu sammlen, was ich von
diesem mir werthen Orte Merkwürdiges, theils in ge-
druckten, theils in ungedruckten Schriften, auch schon
in ältern Zeiten von dem XI. Seculo an, angetroffen
habe, daß ich daher mit Grund anzeigen können,
wie Machern anfänglich mit Brandis unter dem Jo-
che der Stifter und Klöster gestanden, von solchen aber
an gewisse weltliche Herren von und auf Brandis
gekommen, bis es endlich im XIV. Seculo von Bran-
dis getrennet worden, und eigene Besitzer bekommen

S 2   hat,

hat, die sich auch von Macherin genennet und ge-
schrieben haben.   Von diesen haben es um 1430 die
Herren von Lindenau erlangt, und bis auf unsere
Zeiten mit großem Ruhm besessen, wie ich solche auch
sämtlich schon in einer kleinen Glückwünschungs-
schrift auf eine hochadeliche Vermählung, die
anno 1754 zu Leipzig in 4t gedruckt worden, genen-
net und angezeiget habe, mit dem Versprechen, daß
einmal davon ein umständlicherer Bericht ans Licht
gestellet werden sollte.   Diese meine Zusage soll ge-
genwärtig erfüllet werden, und zwar in 2 Theilen, so
daß im ersten gezeigt werden soll, wie Machern wen-
discher Herkunft sey, und wie solches nebst Brandis
unter die Herrschaft der Bischöffe und des Kloster
Neuenwerks vor Halle gekommen, und wie es sich
dabey befunden habe, bis es weltliche Besitzer erhalten
hat.   Im zweyten Theile aber soll allein die hoch-
adeliche Lindenau=Macherische Historie vor-
kommen.   Es sollen auch allenthalben die Quellen
angezeiget werden, woraus diese historische Abhandlung
geflossen ist, um dabey die vorgegebene Zuverläßigkeit
zu rechtfertigen und zu behaupten.

Erster

Erster Theil der Abhandlung

von dem

Dorfe Machern, und von dessen Lage,

Herkunft, Namen, auch der itzigen wüsten Mark
Machern, it. ob es das bey Ditmarn genannte
Mucherini sey, und wie es unter die Stifter
gekommen, u. s. f.

---

§. 1.

Machern ist ein nicht eben großes in der chursächsi-
schen grimmischen Amts- und eulenburger Epho-
ralpflege an der leipziger Straße nach Wurzen zu, zwi-
schen Brandis und Pichen gelegenes Dorf, mit ei-
ner wohlgebaueten Kirche und ansehnlichem Herrn-
hofe. Vor uralten Zeiten gehörte es vermuthlich un-
ter das Burgwart Bichin, (itzo Pichen oder Pü-
chau genannt) a) auch nebst Brandis und andern

S 3 Oertern

a) S. die obersächs. Nachl. P. VII. von den ehemaligen
hiesigen Burgwarten p. 377 seq. und besonders vom
Burgw. Bichin und Wurcin p. 398, auch von Pichen,
Schöttgens wurzn. Hist. p. 719 seq. Bey dem ehema-
ligen wend. Pago, worinnen Machern und dessen Ge-
gend gelegen, will ich mich nicht aufhalten. Vermuth-
lich reichte P. Netelizi, worein Wurzen gehöret hat, bis
hieher. Dieser gränzte auf der Abendseite mit P. Suisli
gegen Grimma zu. Anbey gedenke ich auch noch die-
ses: Ein Kenner der alten Historie-findet Ursache zu
glauben, Borontizi oder Brandis gehöre auch zu den al-
ten Burgwarten, und in dieses habe auch Machern ge-
höret: denn 1) giengen die Burgwarte Pichen und
Wurzen nur ysque ad agros villae Machern, nämlich
exclusive S. §. 5. und 2) gilt der Schluß allezeit: Wel-
che Dörfer in alten Zeiten die Kirche in einem Burgwar-
te zur Mutterkirche hatten in ecclesiasticis, die gehörten
auch

Oertern hiesiger Gegend bis an die Mulda, in die merseburgische Stifts-Diöces bis auf die Zeit der evangelischen Reformation. Es hatte auch vormals, da es nebst Brandis ratione dominii vtilis nach Merseburg und Magdeburg kam, die kayserliche und in folgenden Zeiten die marggräflich meißnische Landeshoheit zu erkennen, da beydes gewisse Herren von Adel erhielten.

§. 2. Nach dessen erstern Erbauung fragt man vergeblich, außer daß es von den ehemaligen Sorben-Wenden, als hiesigen Einwohnern, wie andere Oerter dieser Gegend, angelegt worden seyn mag, welches man zum wenigsten aus dessen Namen schließen kann, so wie bey Wurzen, Brandis, Püchen, Zeutiß, Lesliß, Liebschütz, Nepperwiß, Grubniß, u. s. f. Man findet es vormals Macherin, Machery, Macherun, Mochern und Mucherin genennet, welches, wie Worzin, Mogelin, Doeblin u. s. w. ziemlich wendisch klingt.

§. 3. Hierzu kommt auch dieses, daß in jenem alten Wenden-Lande, Dalmatien, ein fast gleichgenannter Ort am Meere, nicht weit von Salonen, N. Muchirum, bekannt ist. Procopius bemerket ihn mit diesen Worten: b) „Muchirum, locus Dalmatiae, Iustiniani tempore maritimus & Salonis quam proximus.“ Nun waren die Einwohner Dalmatiens noch anno 822 zum Theil Sorben-Wenden, wie Annalista Fr. Bertinianus ad h. a. bezeugt. c) Es ist auch bekannt, daß aus Dalmatien,

---

auch in secularibus unter das Burgwart; dergleichen findet sich bey Mächern. 3) Es war auch dieses Dorf immer mit Brandis combinirt.

b) L. III. de Bello Goth. ex verf. & edit. Leunclavi p. 393

c) T. III. Duchesnes p. 179. scribens: „Liu deuictus, Rex „Pan-

tien, Servien, und andern dasigen Provinzen ohn=
gefähr im VI. und VII. Seculo allerhand sorb= und
andere wendische Völkerschaft durch Böhmen in hiesi=
ge und benachbarte deutsche Länder gekommen,
und die Hermunduren, als vormalige Einwohner,
entweder verdränget, oder subiugirt, auch ordentli=
che Dörfer und Städte angelegt haben, die sie auch
wohl nach ihren alten Wohnstädten genennet. d)
Daher dünket mir wahrscheinlich zu seyn, daß ein
gleiches auch mit Machern vorgegangen sey, wie es
denn Ditmar auch Muchirini nennet, welches das
erwähnte dalmatische Muchirum ganz deutlich dem
Namen nach vorstellt. Ditmars Stelle hiervon
soll §. 6. angezeigt werden.

§. 4 Doch findet sich auch ein Machern, und
zwar Königsmachern, als eine vormals berühmte
Stadt, in den Niederlanden, unter Diedenhofen,
im Luxenburgischen an der Mosel, welche Raven=
nas Macusam nennet. e) Posthumius wurde daselbst
zum König und Kayser aufgeworfen; und weil er all=
da eine Zeit lang hausete, bekam es den Namen Kö=
nigsmachern. f)

Allein dieses Macusa oder Machern darf und
wird niemand vor einen wendischen Namen halten,
weil in jenen Revieren niemals Sorben=Wenden ge=
nistet haben. Sonst aber ist auch von den Hermun=
duren, als hiesigen Einwohnern, und andern alten

S 4 Deut=

„ Pannoniae, scissa ciuitate relicta, ad Sorabos, quae na-
„ tio magnam Dalmatiae partem obtinere dicitur, con-
„ fugit "

d) S. Schöttg. Hist. der Sorbenwenden in der obersäch=
sischen Nachlese P. II. N. 1.

e) L. IV. c. 26.

f) S. Herrn von Falckenst. Antiquitt. Nordgav. P. I. pag.
41. 42.

Deutschen bekannt, daß sie nicht stets nur in Wäldern und Hütten gewohnet, sondern nach und nach auch ordentliche Dörfer angelegt haben. Denn Tacitus bezeugt es C. 16. de *Mor. Germ.* „ Nullas, „ scribens, Germanorum populis vrbes habitari, „ satis notum est — Vicos tamen locant. “ Hierbey nun ist wahrscheinlich, daß die Wenden solchen hier gefundenen Oertern wendische Namen gegeben haben, dergleichen auch bey unserm Machern geschehen seyn kann. Indessen kann man auch nicht sagen, was der Name Macherin oder Mucherin bedeute. Macier heißt in pohlnischer Sprache, so wie Mac in böhm- und Maczer in wendischer Mundart eine Mutter. Allein wer kann dabey eine Ursache angeben? Drum lasse ich diese etymologische Ungewißheit, und melde noch einen geographischen Umstand bey Machern, ehe ich bey dieser Histoirette weiter gehe.

§. 5. Es fanden sich nämlich vormals zwey Oerter dieses Namens. Das itzige Machern ward Großmachern (major Macherin) genannt. Nicht weit davon lag Kleinmachern (Parva Macherin) gegen Nepperwitz zu. Beydes wird erwähnet in Margg. *Heinr. ill.* Urk. von anno 1284 d. 10. Nov. welche noch im Druck vorhanden ist. ff) Darinnen wird der Schied mit dem Bischof Witego in Meißen wegen der wurzner Pflege und derselben Gränze bestätiget. Und diese gieng nach Anweisung dieser Urkunde „ von der Flur des Dorfs Loulitz (Leulitz) bis „ an die Flur oder Felder des Dorfs Großmachern, „ und von derselben Eckern, do sie wenden bis an die „ Ecker des Dorfs Kleinmachern, sampt der Flur „ doselbst mit eingeschlossen. “

Es

ff) In Schottg. Wurzn. Historie p. 702 seq. 708 seq.

Es iſt aber dieſes Kleinmachern Zweifels ohne im Hußitenkriege abgebrannt worden, und liegt auch noch wüſte. Die Felder davon gehören den Einwohnern in den nächſten Dörfern, Technitz, Lübſchütz und Nepperwitz, als wo hin ſich die Einwohner des zerſtörten Kleinmacherns mögen gewendet haben, wovon P. II. ein Mehrers. Das daſige Revier gehöret unter die Gerichtbarkeit des hochgräflichen Schloſſes Pichen, wovon man auch ſchon von anno 1380 einen Beweis antrift. Denn als h. a. der Beſitzer von Pichen, Herr Dietrich von Torgau auf ſeinem daſigen Schloſſe eine Kapelle und einen Altar ſtiftete, gab und ſchenkte er dazu für einen Kapellan oder Altariſten 4 ſo. und 48 ggl. von den Aeckern und Gütern des Dorfs Technitz, und noch 12 ggl. von Kleinmachern, und alſo zuſammen 5 ſo. ggl. welche bisher die Einwohner beyder itzt genannten Dörfer alljährig an ihn gezinſet hatten. g)

Es iſt auch Kleinmachern vormals Zweifels ohne nach Großmachern eingepfarrt geweſen, weil noch itzo ein daſiger Paſtor etwas Weniges an Gelde, als Zinß, aus Pichen bekommt, welches die da hin gehörigen Dörfer, Nepperwitz, Technitz und Lübſchütz, auch Poppitz, entrichten müſſen.

§. 6. Allein ich kehre nun in die ältere Hiſtorie von Machern zurück, und zwar zu dem bey Ditmarn b) genannten Mucherini, welches man nicht unwahrſcheinlich vor unſer Machern hält. i) Es waren nämlich nach deſſen Bericht der magdeburgiſche Erzbiſchof Gero und er ſelber, als Biſchof zu Merſeburg,

S 5   Daſelbſt

g) Vid. Dipl. Ep. Miſen. Nic. l. c. p. 723 ſeq.
b) Lib. VII. Ditm. Chron. Merſeb. T. I. Scriptor. Leibnit. p. 406.
i) Z. E. M. Simon in der Eulenb. Chronic. p. 561. Schöttg. l. c. pag. 52 &c.

daselbst den 25. Oct. 1015 zusammen gekommen.
Der Erzbischof hatte ihm die vormals von dem Erz-
bischof Giselarn entwendete geistliche Aufsicht über
die 4 Städte, Wurzen, Pichen, Skeuditz und
Cotug mit Ueberreichung seines Stabs, als des ge-
wöhnlichen Symboli, wieder übergeben und eingeräu-
met in Gegenwart etlicher Zeugen, welche entweder
Herren von Adel oder Clerici gewesen seyn mögen.
Doch ich will Ditmars lateinische Stelle hiervon sel-
ber anführen: „ Gero, Archiantistes Magdeb. & ego
„ eiusdem Comes ad locum, qui *Mucherini* dicitur,
„ ueniebamus. Ibi tunc ego de promissis dulci-
„ bus eum admonens, percepi ab eodem *cum baculo*
„ *eius*, quem hodie teneo, parochiam, super has
„ IV. vrbes: *Scudici*, (Skeuditz). *Cottili* vel (vt
„ alibi legitur) *Cotug, k*) *Biebini*, (Pichen) &
„ Wurzin VIII. Kal. praesente, his testibus, *Heri-*
„ *baldo, Hepone, Hone, Christino & Seberto.*“ Mithin
kam auch Machern damals wieder zur merseburgischen
Diöces, weil es im Burgwart Bichin, dießeits der
Mulda, gelegen war, nachdem es, so wie alle die hier ge-
nannten Städte oder Burgwarte, bereits ao. 981 davon
abgekommen war, wovon unten §. 10 ein Mehrers.

§. 7. Hierbey bemerke ich noch, daß bey diesem
Vergleiche in Machern anno 1015 weder der Kayser
Heinricus, noch der Bischof Hildeward zu Meißen
zugegen gewesen, wie man vorgiebt; *l*) Denn Hil-
deward

---

k) Dieses Cotug halten einige vor Röttichau im Zeitzi-
schen, aber ohne Grund. Wahrscheinlicher hiebey ist
Taucha bey Leipzig. S. Junckers Geogr. mittler Zei-
ten, p. 209, oder auch, wie ein gelehrter Freund glaubt,
Cotge f. Godge, itzt eine wüste Mark hinter Leipzig, wo
vormals ein ansehnlicher Ort oder Schloß gestanden ha-
ben mag, als ein Burgwart, ehe noch Leipzig empor
gekommen ist.

l) In Schöttg. W. H. p. 53.

deward war noch nicht daselbst Bischof, sondern *Eid,*
s. Ægidius, lebte noch.   Hier wurde auch nur der
Vergleich zwischen dem Erzbischof in Magdeburg und
Bischof in Merseburg wegen der Pfarren an der Mul-
da zu Stande und in Richtigkeit gebracht.   Darge-
gen erfolgte anno 1017 im Februar erst zu Magde-
burg in Gegenwart des Kaysers und Bischofs Hilde-
wards der Vergleich zwischen Meißen und Merseburg,
so daß Wurzen, und die jenseits der Mulda gelegene
Parochien, die sonst gen Merseburg gehört, bey Mei-
ßen gelassen wurden.

§. 8.   Daß aber erwähnter Vergleich hier in
Machern, welches Ditmar Mucherini heißt, ge-
troffen worden, ist nicht nur da her wahrscheinlich,
weil die abgehandelte Sache hiesige Gegend betraf,
sondern weil auch die damalige Marschroute des Erz-
bischof und Bischof Ditmars solches ziemlich bestärket.
Denn beyde waren damals von Meißen gekom-
men, wo sie sich einige Zeit bey Wiedererbau-
ung dieser von dem pohlnischen Herzog Miseco einge-
äscherten Stadt befunden hatten. *m)*   Beyde reise-
ten

---

m) S. Ditm. L. VII. I. c. p. 405. Es war nämlich da-
mals die kayserl. Armee in Schlesien und Lausitz wider
die Pohlen unglücklich gewesen, und ihr Chef, der wa-
ckere Marggraf Gero, selber erlegt, der Erzbischof Gero
aber verwundet worden, daher sie über Strehla flüchtig
zurück nach Meißen gegangen. Der Pohln. Prinz Me-
sico aber setzte ihr den 13. Sept. 1015 nach, plünderte
im Lande bis an die Gana, und äscherte die Stadt Mei-
ßen ein, konnte aber vor dem Schloß nichts schaffen,
weil Marggraf Hermann sich tapfer wehrte, und Män-
ner und Weiber zum Widerstand anfrischte. Der Erz-
bischof Gero kam nebst Bischof Ditmarn nach dem Ab-
zug der Feinde mit den kayserl. Völkern da hin rc.
Conf. Mascovii Commentar. de Henr. II. p. 137 seq.
Dreyh. Saal-Kreiß, T. I. p. 24 seq. & al.

ten nach vollzogener Sache noch an eben dem Tage
bis zur Stadt Curbizi.   Da hin kamen des Erzbi-
schofs Vasallen und Landstände, (Milites) um ihn
vermuthlich wegen seiner Rückkunft aus der Campa-
gne zu bewillkommen.   Er kehrte bey der Gräfin Fri-
theruna ein, welche bettlägerig war, und folgenden
Tages starb, *) worauf der Erzbischof nach Magde-
burg gieng, und von Bischof Ditmarn schied. Die-
ser wandte sich nach Walbeck, (Walbizi) bey Hal-
berstadt, als seinem Stamm-Orte, wo er auch ehe-
dem so lange Probst gewesen, bis er den Bischofsstab
erhalten, wie er dieß alles l. c. selber erzählt.

Mithin muß der Ort Mucherini nicht so gar weit
von der Stadt Curbizi gelegen haben, weil man noch
an dem Tage, an welchem die Sache verglichen wor-
den, die Reise vollenden können. Solches war auch
möglich, wenn man unter Mucherini unser Machern,
und unter Curbizi, oder wie L. V. Ditm. stehet, Zur-
bizi, die Stadt Zörbig, unweit Delitzsch, verstehet.
Es war dieses auch der gerade Strich nach Magde-
burg, wohin der Erzbischof gieng, ingleichen nach Wal-
beck in Niedersachsen, wohin sich Bischof Ditmar begab.

§. 9.   Dargegen aber fallen hier andere sowohl
bey Mucherini, als bey Curbizi auf andere Oerter. o)
Jenes halten sie entweder vor *Mokrene* zwischen Eulen-
burg und Torgau, oder vor Möckern bey Leipzig, in-
gleichen vor *Mukrene* an der Saale, oder wohl gar
vor die Stadt Möckern im Magdeburgischen, die
auch Muckeren heißen soll. Allein bey dieser ist es
am allerwenigsten wahrscheinlich. Sie liegt noch seit-
halben

---

*) Sie soll Marggraf Udons in der Lausitz Wittwe ge-
wesen seyn. S. Eckarti Hist. Gen. Princip. Sax. p. 116.

o) Conf. Henr. Meibom. Chron. Walbeck. mit des Herrn
von Dingelstädt und C. Abels Noten p. 35. 39. Item
Chron. Gottwic. p. 690.

halben Magdeburg, und mithin ganz außer der Straße, welche beyde Bischöffe damals genommen haben. Ditmar nennt auch nicht Ciuitatem, sondern nur Locum Mucherini. Bey den übrig genannten Oertern hat nur die Namensähnlichkeit zur Vermuthung Anlaß gegeben. Dargegen findet man bey unserm Machern und selbiger Gegend noch einen bessern Grund auch wegen damaliger Verrichtung, welche sonderlich Wurzen und Pichen betraf, u. s. f.

So machen auch etliche das genannte Curbizi entweder zu Korbitz unter Bitterfeld, oder Korbitz im Saalkreise, ingleichen zu Corbetha unweit Merseburg, u. s. f. Allein alle diese sind keine Städte gewesen. Ditmar aber nennt ausdrücklich Curbizi vrbem. Von Zörbig weis man, daß sie von alten Zeiten her unter die Städte gehört hat. Ja zu Machern befand sich der Erzbischof einigermaßen wie in seinem Eigenthum rat. dominii vtilis, wie nun gezeigt werden soll. Allein wie war er darzu gekommen, und wie ist Machern von diesem Joche wieder frey worden?

§. 10. Hiesige Kirche war vormals die Filia von Brandis, welches ebenfalls zur bischöfl. Merseb. Dioeces gehörte. Beyde Oerter aber findet man noch von anno 1118 unter magdeburgischer Gewalt, obwohl, wie gedacht, vermöge des Vergleichs des Erzbischofs Gero, mit Bischof Ditmarn zu Merseburg, de anno 1015 das Jus parochiale, oder die geistliche Jurisdiction über die Oerter disseits der Mulde, und also auch über Brandis und Machern, von Magdeburg an Merseburg zurückgegeben worden, so wie solche. und andere sonst merseburgische Kirchen und Pfarren, anno 981 von Bischof Giselarn in Merseburg, als er Erzbischof in Magdeburg worden, bey der erbärmlichen

chen Zerrüttung des Bißthums Magdeburg, *p*) mit zur magdeburgischen Diöces gezogen, andere aber zur Meißner und Zeißer Stifts-Ephorie geschlagen worden. Wie ist dieses auseinander zu setzen? Ja man findet Brandis und Machern noch in magdeburgischen Händen, aber nicht mehr quoad jus diœces. & paroch. indem solches anno 1015 wieder zurück an Merseburg gekommen war; sondern, wie gedacht, ratione dominii vtilis, so daß der Erzbischof an beyden Orten noch einige Nußungen und Vortheile, auch sonderlich das geistliche Lehn hatte. Darg.gen findet man, daß der Bischof in Merseburg Sec. XIII. in Brandis sein Jus paroch. noch behauptet hat, da nämlich Bischof Henrich dem Kl. Rimßischen einen Indulgenzbrief gegeben sub Dat. Brandeiz Dom. Cant. anno 1283 & Pontificatus anno primo, besage MSC. Dipl. Es ist dieses Jus auch bis zur Reformation bey Merseburg geblieben.

§. 11. Anbey ist auch mit Grunde zu beweisen, daß Brandis schon anno 974 von Kayser Otto II. seinem Lieblinge, dem damaligen Bischofe Giselarn zu Merseburg zur Nußung, als ein Tafel- und Domainen-Gut, nebst andern nahe gelegenen Dertern geschenkt worden. Hier ist Ditmars eigenes Zeugniß hiervon: *q*)
„ Otto R. pauperem adhuc episcopatum Mer-
„ seburg. largiflua pietate respexit, & eius proui-
„ sori, *Gisilario*, quia hunc multum dilexerat ——
„ Choron & Nirichua, Bucithi & *Cotug* ac Borintizi
„ permisit & haec omnia scriptis manu propria cor-
„ roboratis affirmans. “ Hierbey werden einige Anmerkun-

---

p) Ditm. L. III. ap. Leibn. p. 345: „ Tunc omnia, no-
„ stram prius Eccl. respicientia, diuisa sunt miserabiliter
„ -- Sibi autem retinuit Gisilerus IX. vrbes: Seudici,
„ Cotug, Wurzin, Puchin, Ilburg &c.
q) Lib. III. l. c. p. 341.

merkungen in Ansehung der genannten Oerter nicht
undienlich seyn, als bey *Choron*. Dieses hält man
zwar vor Röhren bey Wurzen. r) Kayser Otto II.
gab dem Erzbischof Giselario darüber noch anno 983
ein Bestätigungs-Diploma; s) darinnen aber heist es:
Corin mit dem Beysatze in Pago Dalaminza. Die-
ser reichte nicht bis hinter Wurzen. Es mag also hier
ein Ort N. Koren in meißnischer Revier gewesen
seyn, allwo man den P. Daleminz suchen muß. Dar-
gegen scheint dieses Coron die Röhre bey Belgers-
hayn zu seyn, welche Ditmar L. V. Curtem suam Cho-
rin nennet, und vormals zum Pago Chutici gehörte, t)
und stets bey Merseburg geblieben ist. *Niricha.z* ist
das Städtlein, und anno 991. noch Villa Nerchau
an der Mulda gegen Grimma zu. *Bucithi* hält man
sonst vor Pausitz bey Wurzen, welches vormals ein
Graf Becilinus besessen, bis es anno 991 an den Erz-
bischof Giselar in Magdeburg, gegen Villam Nericho-
wam, als das erwähnte Nerchau, vertauscht, wie
das Diploma Kayser Ottens III. davon noch vorhan-
den ist. u) In solchem aber heist der Ort Buszi, i. e.
Pausitz. Hätte also Giselar anno 991 erst Pausitz be-
kommen, so muß Bucithi, das er schon ao. 974 erhalten,
ein andrer Ort seyn, und vielleicht Beutitz bey Weißenfelß.
Von Cotug ist oben §. 7. Not. k. etwas gedacht worden.

§. 12. Ich bleibe nun bey *Borinzi* stehen, welches
außer Zweifel Brandis ist, und mit Mächern in äl-
tern Zeiten gleiche Schicksale in Ansehung der Besitzer
gehabt hat. Es ist auch wahrscheinlich, daß Bran-
dis nebst Mächern, quoad ius seculare, s. dominium

vtile

r) In Schöttg. Wurzn. Hist. p. 797.
s) Solches stehet l. c. p. 798 seq.
t) Herrn M. R. Abhandlung de Pago Chutici in M. Krey-
sigs Beyträge zur sächs. Hist. L. L. N. 2. §. 8.
u) In Schöttg. W. H. p. 215 seq.

vtile von dem üblen Erzbischof Giselarn, mit nach
Magdeburg genommen, und bey dessen Amtsfol-
gern, iedoch sub dominio directo, und unter Landes-
herrlicher Hoheit der meißnischen Marggrafen geblie-
ben sey. Denn beyde Oerter findet man daselbst noch
unter dem Erzbischof Adelgott von anno 1107 bis
1118. auch unter dem Erzbischof Ruggero s. Rutgero,
von anno 118—1125, und Wichmanno, von anno
1152—1192. seßhaft.

§. 13. Zum wenigsten ist zu beweisen, daß aus
beyden Oertern einige Nutzungen an das anno 1121
zu Stande gebrachte Kloster Neuenwerk vor Hal-
le v) von dem Erzbischof Roggern beschieden worden.
Auf dessen Stiftung hatte schon der Erzbischof Adel-
gott gedacht, der auch einige Güter dahin vermacht
hatte, besonders etwas sowohl von seinem eigenen, als
des Erzbischofs Giselars Lehngute; denn so heist es in
Chron. vet. Magdeb. w) „Adelgott dedit ad hanc
„ congregationem (Noui Operis) de bonis ecclesiae
„ & de praedio, quod Christiana quaedam dederat
„ matrona S. Mauritio (in Magdeb.) in ciuitate
„ *Stuvi* l. *Stivene* x) & de *Arcbipraesulis Giselarii* simul
„ & de suo praedio necessaria attribuit." Was
dieß vor ein praedium Giselarii gewesen sey, kann man
nicht sagen. Indessen starb erwähnter Adelgott d.
12. Jun. anno 1118. y) und also noch eher, als dieses
neue Klosterwerk vollführet ward, und überließ sei-
nem Amtsfolger, dem Erzbischof Roggern, dessen
Vollendung, von welchem auch der weitläuftige Stif-
tungs-

---

v) Von diesem findet man die beste Nachricht in des Hn.
von Dreyhaupt Saalkreisse P. I.

w) T. II. Meibom. p. 324.

x) *Stuvi* soll Stöben, s. Stoyben bey Camburg in Thü-
ringen seyn, ex-mente ill. Dreyhauptii l. c. p. 699.

y) Von diesem und andern Erzbischoffen zu Magdeburg findet
man ib. p. 28. seq. umständliche Nachricht.

tungsbrief de anno 1121 noch in verschiedenen histori-
schen Sammlungen gedruckt zu lesen ist. z)

§. 14. Ich kann nicht umhin, aus dieser merk-
würdigen Urkunde auch hier eines und das andere bey-
zubringen, als da es darinnen zum Anfang heißt:
,, In nomine sancte & indiuidue Trinitatis & san-
,, cte Dei genitricis perpetue virginis Marie nec non
,, omnium sanctorum. Notum sit omnibus Christi fi-
,, delibus, tam presentibus, quam futuris, qualiter ego
,, *Rodegerus*, Dei gratia Magdeb. Eccl. Eep. offero pro
,, salute anime mee — quecunque B. M. Praedec.
,, *Adelgottus* in Basilica Hallens. nouiter constructa
,, — offerre disposuit, sed morte interueniente
,, non exsoluit" — Und sodann ferner: ,, Haec a.
,, sunt, que offerimus: Parrochiam in Halle & eccl.
,, S. Gerdrudis & S. Georgie, cum omnibus vten-
,, silibus ad eas pertinentibus, cum spirituali regi-
,, mine, uidel. banno, vt *predicte ville* populus, a
,, preposito illius canonice semper regatur c. omnibus
,, eidem spirituali regimini subiacentibus — eccl.
,, Stuvene — eccl. *Brandeuz*, eccl. *Macherin* cum o-
,, mnibus suis pertinentiis a) & omnibus vtilitati-
,, bus ad prefatas ecclesias pertinentibus &c." Un-
ter denen Zeugen stehen zuletzt als Laici ciuitatis Mag-
deb.

z) als ex αυτογραφω im Dreyh. Saalkreise T. I. pag.
721. seq. auch T. V. Reliqv. Ludw. p. 66. und noch
accurater, als bey Ludw. T. III. Scriptor. Menck. p. 1011.
a) Doch stehet in den Menk. und Ludw. Abschriften des
Dipl. nichts von den Kirchen zu Brandis und Machern;
weil aber in solchen sonst viele Fehler und ganze Zeilen
weggelassen sind, und dagegen die Dreyhauptische Copie
aus dem Original Dipl. seyn soll, so will ich dabey nichts
weiter erinnern, da zumal beyde Oerter noch weiter hin
sich bey dem Kloster finden.

deb. *Wipertus*, Comes & eccl. eiusdem Aduocatus, *Otto*, Comes, & filius eius *Adelbertus*, &c.. A. Dom. MXXI, &c.

§. 15. Mithin wurden die Kirchen zu Brandis und Machern mit ihrem Zugehör und Nutzungen dem Kloster verliehen. Worinnen bestunden aber solche? Nicht darinnen, daß das Kloster daselbst das Jus. ecclef. diœcef. oder parochiale oder geistliche Jurisdiction handhaben können: nicht, wie es im Dipl. bey der Kirche zu S. Gertrudis und S. Georgii heißt: In spirituali f. ecclefiaft. regimine, videl. Banno, vt populus a praepofito Conuentus canonice regatur, denn solche geistliche Inspection und Jurisdiction war und blieb bey Merseburg, wie gedacht, sondern es bekam anbey das Kloster nur Jus patronus, oder das Kirch= und Pfarrlehn, nebst einigen Intraden. Daher nennet billig der Herr von Dreyhaupt beyde Oerter mit unter den Pfarren, welche der Probst des Klosters unter sich gehabt, die er auch nach Gefallen vergeben und besetzen können. Was aber die Kirchenintraden anbetrift, die das Kloster in Nutzung bekommen hat, so gehörten darzu die nach damaliger Verfassung in den Kirchen zu Seelmessen und Vigilien u. s. f. gestiftete Vermächtnisse an Geld= Getrayde= Wax= Hüner= und andern Zinßen. Dieses waren die Pertinentien und Vtenfilien, welche nun ein Eigenthum des Klosters worden waren. Davon hielt es in den Kirchen die nöthigen Meßpfaffen und andere Diener, und gab solchen etwas Weniges zur Besoldung. Was übrig blieb, wurde zu den Einkünften der Kloster=Kämmerey gezogen.

§. 16. Außer die erwähnte Ecclefiaftica f. Spiritualia schenkte auch nach etlichen 30 Jahren der Erzbischof Wichmann die Temporalia oder das Jus feculare, nämlich die weltliche Gerichtsbarkeit, Zinßen,

sen, und alle weltliche Nutzungen von Brandis und
Machern an gedachtes Kloster, woraus auch deut-
lich erhellet, daß beyde Oerter erzbischöfliche Kammer-
und Tafelgüter gewesen, und bis auf damalige Zeit
geblieben sind. Solche neue Schenkung bezeugt der
nachherige Erzbischof Alb. in einer Urkunde de anno
XXV. Pontificatus sui, und also 1230, als einer Zu-
schrift an den damaligen Erzbischof in Merseburg, die
auch hier eine Stelle verdient, ob sie wohl auch an-
derwärts gedruckt stehet, b) und zwar mit der Ueber-
schrift: „ Priuileg. Alberti, Aep. Magdeb. de omni-
„ bus in *Brandis* & *Mucherin* datis commendatum epi-
„ scopo Merseb. Anno 1219 (potius 1230." c) Sie
ist also abgefaßt: „ Alb. D. G. sancte Magdeb. Eccl.
„ Aep. Legatus & Com. Rom. venerabili fratri G.
„ (forte E. i. e. Eccard) Merseburg. Ep. salutem &
„ fraterne plenitudinem caritatis. Cum facta an-
„ tecessorum nostrorum pia & rationabilia, ea tene-
„ amur sollicitudine defendere, qua & nostra in fu-
„ turum a nostris successoribus defendi exoptamus:
„ Vestre fraternitatis scire volumus prudentiam,
„ quod in *ecclesiis Macherin & Brandiz*, quas pie me-
„ morie antecessor noster *Wichmannus*, Aep. eccle-
„ sie *Noui Operis* in Hallis pleno iure tam in *spiritua-*
„ *libus*, quam in *temporalibus d*) contulit, nos pre-
T 2 „posito

c) Denn dieser Erzbischof trat 1205 sein Regiment an,
und ao. Pontif. XXV. stellte er diesen Brief aus, welches
in a. 1230 fällt.
d) Doch erklären dieses einige so, daß mit diesen spiritua-
libus & temporalibus bey den Kirchen nichts anders ge-
meynet sey, als wenn es sonst heißt: Ecclesiam cum
suis pertinentiis & vtilitatibus contulit, nämlico auch die
zu den Kirchen gehörige Felder, Wiesen, Pfarr-Dotalen,
Decimas &c. als temporalia, nicht aber ipsa loca. Allein
s. §. 23 Dipl. de proprietate villae M.

„ polito eiusdem loci plenum ius recognoscimus.
„ Verum cum predictarum ecclesiarum defensio ra-
„ tione dioec. vestre ad vos dinoscatur pertinere:
„ rogamus dilectionem vestram, vt quocunque (sc.
„ modo & tempore) predictam *Noui Operis* eccle-
„ siam in hiis suis ecclesiis debita animaduersione
„ compescatis. Dat. Hallis IIII. Kal. Iunii Ponti-
„ ficatus nostri A. XXV."

§. 17. Mithin bestätigte dieser Erzbischof dem
Kloster alle Gerechtsame über beyde Verter, tam in
spiritualibus s. ecclesiasticis, nämlich das geistliche
Lehn und andere kirchliche Intraden, wie §. 15 ge-
zeigt worden; quam in temporalibus, da nämlich
vormals der Erzbischof Wichmann beyde Verter
völlig mit allem weltlichen Zugehör und Nutzungen dem
Kloster geschenkt und angewiesen hatte, auch quoad
Jus seculare, auf gleiche Weise, wie die Herren von
Adel dergleichen Güter besitzen, so daß sie weltliche
Händel schlichten, Lehnbriefe ausstellen, Frondienste
und Zinßen fordern, solche ihre Dörfer und Güter
auch veralieniren und verkaufen können. Derglei-
chen werden wir auch bald bey Brandis und Machern
vernehmen, daß solche verkauft worden. Es em-
pfahl aber der Erzbischof das Kloster dem Bischof zur
besondern Ephoralaufsicht, daß er beyde Kirchen wohl
versorgen, und nicht die nöthige Seelenpflege darinne
vernachläßigen wolle, vt scil. praedictam Noui Ope-
ris eccletiam in his 2. suis ecclesiis debita animad-
uersione composceret. Es hatten auch sonst die
Besitzer der Güter, und besonders des Juris patronatus
der Freundschaft und Hülfe eines Bischofs in vielen
Fällen nöthig, denn er konnte mit dem Banne wi-
derspenstige Unterthanen und Kirchkinder bändigen.
Dargegen aber konnte er auch denen Collatoribus
in Kirchensachen vielen Verdruß erwecken. Es war
auch.

auch ein Bischof gleichsam der geistliche Patron und Gerichtsherr, wie itzt das Consistorium, in seinem Kirchensprengel. e)

§. 18 Und also haben wir beyde Oerter, Brandis und Machern, bis anno 1230 unter der Herrschaft des hällischen Klosters gefunden. Man findet auch hiervon noch ein Denkmal zu Brandis, an dem nächst angebaueten Dorfe, die Cämmerey genannt. In den Klöstern waren so, wie noch, gewisse Aemter, als das Kellerey= Cantorey= und auch Kämmerey=Amt. Jedes hatte seine besondere Dienste und Einkünfte; besonders muste ein Camerarius alle Zinßen und andere Intraden besorgen, und in Rechnung bringen. f) So besaß z. E. das Kloster Neuenwerk in dem §. 13 genannten Dorfe Stuvene nebst dem Kirchlehne auch 7 Hufen, davon iede 10 Schillinge Erbzinß und einen halben Scheffel jenaisch Maaß Hafer, der Cämmerhafer genannt, als Zinß entrichten mußte. g) Und so mag auch gedachte Dorfschaft der Kämmerey in gedachtem Kloster als ein Eigenthum angewiesen worden seyn, um die Zinßen daselbst zu heben, wovon auch diese Häuser vor Brandis den Namen der Kämmerey behalten haben mögen; es wäre denn, daß solche gar erst von diesen nahrhaften Klosterbrüdern ün-

T 3   ter

e) „Nam Jus patronatus partim est temporale, partim *spi-*
   „*rituale.* Patroni v. non in spiritualibus sortiantur po-
   „testatem, sed tantum temporalium dispositionem habe-
   „ant, ad redimendas vexationes & seruitutes, retentas
   „a primis fundatoribus &c.“ schreibet Odelricus, Ep. Hal-
   berstad. in Dipl. de ao. 1179 pro Coenob. Kaltenbrunn.
   v. Leuckfeldi Antiquitt. Katelenburg. p. 99.

f) „*Camerarius*, officium monasticum, cuius est, omnes
   „census & reditus recipere. Dignitas etiam est in eccle-
   „sia cathedral. scribit. l. A. Schmidius in Lexico Eccl.
   min. p. 106.

g) vid. Dreyhaupt. l. c. p. 699. Not. *

ter der Direction des Kämmerers angelegt oder ver-
mehrt, auch das Gehölze in selbiger Gegend zum Theil
ausgerottet und zu Feldern gemacht, und den neuen
Einwohnern verliehen, und also ordentliche Bauergü-
ter errichtet worden, dergleichen sich noch in diesem
Kämmereydorfe finden. Es ist auch umher noch
vieles Gehölze anzutreffen. Sonst ist auch ein großer
Holzstrich vor Eulenburg zwischen Behlitz und Nauen-
dorf bekannt, der ebenfalls die **Cämmerey** heißt,
welches etwan vormals auch ein klösterlich Kammer-
pertinenzstück gewesen, wovon der Camerarius die
Intraden besorgt hat. Doch ich komme von dieser
etymologischen Digreſſion wieder zur Historie selber,
und allmählich auch auf die weltlichen Besitzer von
Brandis und **Machern**, welche hier der unnöthigen
Herrschaft der Klosterbrüder noch bald genug ein En-
de gemacht haben, da solche hingegen an andern
Orten hier zu Lande noch bis zur Reformation bauen
dürfen. Doch aber gaben sie sich zu Brandis und
Machern nicht alsobald ganz bloß, sondern behielten
daselbst noch etwas zu ihrem Troste in Händen.

§. 19. Man bemerkt nämlich schon von anno
1212 zu **Brandis** einige **Herren von Adel,** als
marggräfl. meißnische **Vasallen** und **Lehnleu-
te,** die sich auch de Brandis oder Brandiz genen-
net und geschrieben haben, (von denen auch ander-
wärts schon einige angeführet worden sind,) h) wo-
raus zu ersehen, daß obwohl Brandis nebst Machern
ratione Dominii vtilis vordem unter bischöflicher und
klösterlicher Macht gewesen, dennoch das Dominium
directum und die **hohe Lehnsgerechtigkeit** über
solche

h) Nämlich in den Dreßdn. gel. Aug. 1751 p. 186 seq.
    wobey aber die Nachricht aus Schöttg. Inuentar. Dipl.
    zu ändern, und so zu setzen ist, daß Gebh. Machern 20. 1268
    nicht ans Kloster verkauft, sondern vom Kloster gekauft.

solche Oerter bey den hiesigen Marggrafen und Lan-
desherren verblieben sey, auf gleiche Weise, wie auch
die Herren von Adel bey ihren Rittergütern solche lan-
desherrliche Hoheit noch erkennen, und deswegen
iedesmal die Belehnung suchen. §. 20. Es sind aber
von weltlichen Herren von und zu Brandis be-
kannt *Gozwinus de Branditz*, welcher von anno 1212
in Conuentione Ottonis IV. Imp. c. Theoderico,
March. Misn. nebst andern auf dieses Marggrafen
Seite und unter dessen Ministerialen und Vasallen ste-
het, als derselbe sich verpflichtet hatte, dem Kayser
wider den Pabst und andere Widerwärtige beyzuste-
hen. *i*)

It. *Iob. de Brandis*, des vorhergehenden Sohn,
als ein Zeuge von anno 1225, *k*) auch *Iob.* und *Gebe-
bard, fratres de Brandeis*, von anno 1251 und 1258
l) und *Frider.* und *Godwin do Brandis* von anno 1256
ebenfalls als Zeugen, von denen auch einer e. a. im
Nov. mit auf dem Landtage zu Skölen gewesen.
m)   It. *Henr. de Brandeiz* von anno 1256. *n*) auch
Gevehard de Brandis von anno 1268, der h. a. Ma-

T 4
chern

i) vid. Dipl. in Maderi Monum. Brunsw. ad h. a. p. 126.
cf. Schœttg, Præf. l. c. §. 47.

k) in Dipl. P. II. Wideburgi Antiquitt. March. Misn. p. 28.
& in Dipl. Henr. March. Misn. pro Cœnob. Cell. alleg.
a Gribnero in Progr. II. de tit. Com. Pal. Not. 6.

l) in Dipl. Henr. March. ill. MSC. auch de anno 1260. Id.
Ioh. miles de Prandeis, in Diplomatar. Buch. der ein allo-
dium in villa Mucrowe, vielleicht Mucren f. Machern,
vel sec. Ditm. Mucherin, hatte, wovon er 15 ß. Gar-
ben als Decem ans Kloster Buch geben mußte. Ver-
muthlich rührt es da her, daß ein Pfarrer in Machern
noch jährlich 10 Thlr. aus dem leißniger Amte von
den Einkünften des Kloster Buchs bekommt.

m) v. Schœttg. l. c. § 47. 64.

n) In Dipl. Theoderici March. de Landsb. MSC.

chern käuflich an sich gebracht hat, und zu gleicher Zeit
die Gebrüder Friedrich und Heinrich von Brandis,
Milites, in einem bald anzuführenden Dipl. des Probst
Brunons zum Neuenwerk de anno 1268, ingleichen Gevehard oder Everhard de Brands, der als
Zeuge in *Dipl. Henr.* Ep. Havelb. de anno 1275 vorkommt. *o)*   Aus diesen erhellet zugleich, daß solche
Herren in großem Ansehen gewesen, da sie bey so vielfältigen Gelegenheiten zu wichtigen Handlungen als
Zeugen gezogen, und unter ihnen sich auch Milites oder
Ritter befunden, die entweder bey dem heil. Grabe zu
Jerusalem gewesen, oder durch ihre Tapferkeit und
andere gute Dienste sich solche Ehrentitul erworben
hatten. S. §. 29.

§. 21. Man findet einige von diesen Herren auch
anderwärts ansäßig, als Johann und Heinrich von
Brandis auf Hohburg, bey Wurzen, noch de anno
1350, *p)* die von Brandis sich da hin gewendet haben mögen.   Sie haben auch mit der Zeit ihre dasige Güter gar verkauft; denn man nennet darauf andere Besitzer von Brandis, als von ao. 1390 Hanß
von Draschwitz, auch Nicolaum und Heinrichen
von Heinitz, Gebrüder, gesessen zu Brandis; *q)*
auch noch von anno 1378 Tize von Maltitz, Conventor zu Brandis in einer Urkunde §. 33 seq. der
vermuthlich ein Pächtinhaber des dasigen Ritterguts
gewesen.   Sonst aber waren sie Herren von guten
Mitteln, daß sie auch das Klosterdorf Machern um
anno 1268 haben käuflich an sich bringen können, wie
bald dargethan werden soll.   Allein das Geschlecht

---

o) In Ludw. Reliq. T. VIII. p. 275.

p) in Suppl. Schœttg. ad Hist. Wurz. MSC.

q) In M. Vogels leipz. Chron. p. 134. wo er meldet,
daß diese Herren e. a. das Dorf Zweenfurt an das Thomaskloster zu Leipzig verkauft.

schlecht mochte sich sehr gemehret haben, daß sie Bran-
dis nicht behaupten können, wie man denn viele von ih-
nen findet, die zu Grimma im XIV. Seculo gewohnt, auch
daselbst nach damaliger Gewohnheit mit im Rath gewe-
sen sind; denn es werden in alten geschriebenen dasigen
Registern ciues de Brandeis dicti bemerkt, r) und zwar
von ao. 1322 und 1327 *Conr. de Brandiz,* von ao. 1344
Nicolaus von Brandiz, Ratismeister oder Bür-
germeister, und von anno 1358 Claus und Brun
von Brandis.   Doch will ich mich bey solchen
nicht länger aufhalten.   Ich eile wieder auf Ma-
chern, muß aber zuvor noch etwas davon gedenken,
wie Brandis vom Kloster ab- und an diese Herren ge-
kommen sey.

§. 22.   Das eigentliche Jahr, da solches gesche-
hen, ist zwar eben so wenig, als die Art und Weise der
Veralienirung bekannt, außer daß solche um anno
1212 erfolgt seyn muß, weil man nach §. 20 h. a.
schon *Gozwinum de Brandiz* genennet findet, und sich
in damaligen Zeiten die Herren von Adel mehrentheils
von den Oertern geschrieben, wo sie ansäßig waren,
und Rittergüter hatten, so wie bald auch die Herren
de Macherin vorkommen werden. s)   Was aber
die Art und Weise anbetrift, wie diese Herren hier
zum Besitz gekommen sind, so könnte man sich vor-
stellen, daß selbige anfänglich hier nur Klostervoigte
gewesen, und hiesiges Klostergut administriret hätten;
oder auch, daß sie solches nur eingethaner Weise, wie
                    T 5   man

---

r) Doch können diese auch nur von Brandis gebürtig ge-
    wesen seyn, so wie man dergleichen sonst findet, als de
    Bornis, de Würzin &c.

s) S. Dreßdn. gel. Anzeigen an. 1752 p. 48. seq. und 413
    seq: wo mehrere dergleichen adeliche Geschlechter ange-
    zeigt werden, die sich von den Oertern genennt, wo sie
    ihre Lehngüter gehabt.

man vormals zu reden pflegte, d. i. pfandweise und
auf Wiederkauf bekommen hatten, wie solches vormals
öfters gewöhnlich gewesen, so daß es mit der Zeit von
dem Kloster wieder eingelöset werden können, und daß,
weil solche Einlösung nicht erfolgt, es als ein völliges
Eigenthum obgedachten Herren verblieben wäre; al-
lein wenn wir die hernach erfolgte Veralienirung des
Dorfs Machern bedenken, wie nämlich solches ordent-
lich verkauft worden, und das Kloster sich nur das
Jus patronatus daselbst vorbehalten habe, so können
wir dabey ganz wahrscheinlich muthmaßen, daß auch
Brandis unter gleicher Bedingung gleich anfänglich
an gedachte Herren käuflich überlassen worden; wie
denn bald bewiesen werden soll, daß das Kloster anno
1268 auch zu Brandis noch das Jus Patronus ge-
habt und zu behaupten gesucht hat. Daher ist zu
vermuthen, daß erwähnte Herren bald anfänglich mit
landesherrlicher Concession zu Brandis ein ordentlich
Rittergut angelegt, auch einen ansehnlichen Hof er-
bauet haben werden, da bisher nur etwan ein schlecht
gebaueter Klosterhof hier gestanden, indem die Klo-
sterbrüder eben nicht große Kosten auf dergleichen Ge-
bäude gewendet haben. Von einem Schlosse aber
findet man daselbst um solche Zeiten noch nichts, auch
davon nicht eher etwas, als um anno 1410 bey da-
maliger Landestheilung, da denen Marggrafen und
Landgrafen, Friedrich und Wilhelm, unter andern
auch Castrum Brandis zu Theil wurde. *t*)

§. 23. Was aber die Verkaufung des ehemali-
gen Klosterdorfs Machern an die Herren von und
auf Brandis anbetrifft, so findet man davon gewisse
und hinlängliche Nachricht in einer Urkunde des Probst
Bruno im Kloster Neuenwerk, welcher von anno

1258

t) S. Müllers sächs. Annales ad h. a. p. 6.

1258 bis anno 1268 diese Würde bekleidet hat. 4)
Solche ist zwar auch anderwärts bereis gedruckt zu
lesen; v) allein hier ist der Ort, da sie eigentlich hin
gehört. Sie lautet also cum Inscriptione: „De
„ proprietate ville Macheritz, (Macherin f. Ma-
„ cherun, vt extat in Dipl.) quae est nostra, vnde
„ vnam Marcam annuatim habemus. cIɔ cc LXVIII.

„ Bruno, Dei gratia prepositus *Novi Operis* apud
„ Hallis, H. Prior totumque eiusdem ecclesie capi-
„ tulum omnibus hanc litteram inspecturis, salu-
„ tem in Domino, Volentes, in quantum possu-
„ mus, cauere posteris nostris, vt nobis ea, que
„ recordatione sua digna literis commendamus, que
„ super hiis presentes nihilominus & futuros ex-
„ pediant, dubitantes. Sane nouerunt vniuersi,
„ quod inter nos & nostram ecclef. ex vna, &
„ *Dominum Geuebardum dictum* de *Brandeys* parte ex
„ altera queftio verteretur super innumeris dam-
„ pnis & vexationibus— que passi sumus ab ipso
„ & iplius predecessoribus *in villa Macherun*, que est
„ de proprietate mea & ecclesie nostre, accedente
„ consilio prudentum virorum, concordamus cum
„ ipso in hunc modum: Dom. *Geuebardus* pro dam-
„ pnis ante dictis & pro censu totius ville, quam
„ fibi & *fuis heredibus* vendidimus pro centum &
„ sexaginta marcis parati & albi argenti, presen-
„ tibus literis confirmamus, iure hereditario per-
„ petuis temporibus possidendam. Ita tamen,
„ quod in eadem villa in r— huius hereditatis sue
„ & suorum successorum & nostre proprietatis,
„ ipse & sue heredes, qui pro tempore fuerint, da-
„ bunt nobis & ecclesie nostre, annis singulis vnam
„ mar-

u) Vid. Dreyh. l. c. P. I. p. 703.
v) Nämlich in Ludw. Reliq. T. V. p. 246.

„ marcam (sc. in restaurum) Nos etiam pro fauo-
„ re sui volumus de eadem marca sua post deces-
„ sum suum & vxoris sue, *Domine Juttae*, a Domi-
„ nis & fratribus ecclesie nostre in refectorio in
„ ipsorum *Anniuersariis*, annis singulis, pro quali-
„ bet persona, in dimidia marca seruetur, vt con-
„ cordia inter nos & ipsos habita per huiusmodi
„ memorias cunctis clarius elucescat.　　Recepi-
„ mus etiam ipsum & suam vxorem in fraternica-
„ tem ecclesie nostre & facimus ipsos participes o-
„ mnium bonorum operum, que fuerint apud nos
„ & absoluimus ipsos & antecessores ipsorum a
„ damnis, que passi sumus ab eisdem, *Jus & Pa-*
„ *tronatum parrochie* in ante dicta *villa Macherun* no-
„ bis in integrum reseruantes (*non resignantes*) quia
„ ipsam ab ecclesia Brandeis cum sua dote nullate-
„ nus volumus separari.　　Vt autem super permis-
„ sis nulli in posterum dubium oriatur, presentem
„ paginam sigillis infra positis duximus roborandam.
„ Huius facti testes sunt: *Io. de Dreleue, Frideric.*
„ *& Henr. fratres dicti de Brandeis, Heinr. de Siden,*
„ *milites, Arnoldus de Trebesin*, Aduocatus in Tuch
„ & plures alii fide digni.　　Acta sunt haec in *villa*
„ *Macherun* A. Dom. cIↄcc LXVIII. indictione vnde-
„ cima octaua Ydus Decembris.“

§. 24. Aus dieser nach damals gewöhnlicher
schlechten lateinischen Schreibart abgefaßten Verschrei-
bung ersiehet man, daß der Abt Bruno und sein Dom-
kapitul dem vorgenannten Herrn Gebh. von Bran-
dis und seinen Erben das Dorf Machern mit seinen
Zinßen, wegen vieler bisher von ihm und seinen Vor-
fahren erlittenen Schäden und mit ihnen gehabten
Verdrüßlichkeiten auf solche Weise auf immerdar
verkauft habe; daß ihm Käufer für dieses Dorf und
zugleich

zugleich zur Erstattung des zugefügten Verlusts 160
Mark baares weißes Silbergeld zahlen; auch dar-
nächst mit seinen Erben gehalten seyn sollte, alljähr-
lich 1 Mark an ihn und seine Klosterkirche zu entrich-
ten. Dafür sollten, um guter Eintracht willen,
ihm und seiner Gemahlin Jutta, (Juditha) nach er-
folgtem Ableben im Refectorio des Klosters die sonst
gewöhnlichen Anniuersarien alljährig zu ihrem Ge-
dächtniß und Seelenruhe mit Seelmessen w) gefeyert
und gehalten werden. Es wurde auch derselbe zu-
gleich mit seiner Gemahlin in ihre vermeynte heilige
Klosterbrüderschaft, und in die Gemeinschaft ihrer ver-
meynten verdienstlichen Werke aufgenommen. x) Ja
er erhielt auch völligen Ablaß wegen der bisherigen bö-
sen Werke, da er und seine Vorfahren dem Kloster-
gute zu Machern so viel Schaden zugefüget hatten.
Hierbey

w) „Anniuersarium, scribit I. A. Schmidius in Lex. Eccl.
„ min. p. 47. dies erat annuus, quo officium defunctorum pro
„ aliquo defuncto in Eccl. lat. peragebatur, ipsa obitus
„ recurrente die. Interdum sumitur pro annuali officio
„ missarum, quod omni die pro defunctis per annum
„ peragitur.“

x) Es war diese Aufnehmung vornehmer und reicher Per-
sonen in die Klosterbrüderschaft und Gemeinschaft vor-
mals nichts Ungewöhnliches. Man suchte auch da-
bey Ruhe für die Seelen. Talis etiam societas inita fuit
inter monachos & Laicos nobiliores, schreibt I. A. Schmid.
l. c. P. II. p. 20. seq. Dergleichen bestätiget auch das
Zeugniß des Augustinerklosters in Grimma, als solches
anno 1463 Conr. de Radeke in Quedlinburg und sei-
ne Angehörige zur Brüderschaft aufnahm, in Dipl. 2p.
Kettner. in Append. Hist. Quedlinb. p. 29. worinnen es
unter andern heißt: „ Confidens de sanguine d. C. pro
„ nobis effusi, tenore praesentium vobis concedo plenam
„ nostri conuentus confraternitatem, facioque vos parti-
„ ceps omnium missarum, vigiliarum, ieiuniorum &c.‘
Ja für Geld konnte man alles haben.

Hierbey aber behielt der Probst sich und seinem Klo-
ster das völlige Jus patronatus oder geistliche Lehn über
Machern sowohl, als Brandis, vor; wollte auch die
Kirche daselbst, als eine Filia von Brandis, von die-
ser Mutterkirche nicht absondern lassen. So viel be-
sagt diese Urkunde.

§. 25. Es behielt also das Kloster mit dem vor-
behaltenen Kirchlehn und jährlichen Zinß a 8 Thlr.
auch für die Anniuersarien, noch einen gewissen Fuß
in Machern, wovon sich auch nach dieser Zeit noch
daselbst Spuren finden. S. §. 29. Indessen er-
gieng doch hernach die hier zuletzt erwähnte Absonde-
rung dasiger Kirche von der zu Brandiß, wie davon
bald ein Mehrers; daß man also auch damals den
Klosterherren nicht in allen zu Willen war; da man
zumal auch bey ihnen wahrnahm, wie nicht eben
alles Gold sey, das da glänzet. Besonders er-
siehet man dieses aus dem Verfahren der ehemaligen
Herren auf und in Brandis, da sie sich kein Gewissen
gemacht, daß benachbarte Klostergut Machern mit
der Jagd und sonst zu beschädigen, daß endlich auch
das Kloster der Plackereyen überdrüßig worden, und
solches pomum eridos sich durch den Verkauf vom
Halse geschaft. Doch konnte es auch mit der Kauf-
Summa von 160 Mark zufrieden seyn: denn wenn
man die Mark zu 8 Thlr. rechnet, wie solche zu da-
maliger Zeit ohngefähr zu rechnen war, so betrug die
Summe 1280 Thlr. welches damals ein hohes Kauf-
Pretium war. y) Allein es wurde auch der zugefüg-
te Schade mit eingerechnet. Es mögen auch die
Klosterherren daselbst große Fluren zum Eigenthum
gehabt

---

y) Das Gut Groitzsch bey Eulenburg wurde um so. 1203
für 60. Mark von dem Bischof zu Merseburg ans Klo-
ster Petersberg verkauft, uud also für 480 Thlr. S,
diese Beyträge P. VI, p. 250 seq.

gehabt und solche ausgethan haben, daß nach und
nach ein Rittergut daselbst angelegt werden können,
und mithin auch die Herren von Brandis einen guten
Zuwachs an ihren Gütern erhalten haben.

§. 26. Es kam aber auch Machern mit der Zeit
von Brandis ab, und erhielt eigene Besitzer, die sich
auch de Macherin schrieben. Man findet aber nicht,
wie es damit eigentlich zugegangen sey. Doch schei-
net es, als hätten sich die Herren von und auf
Brandis etwan um anno 1340 in ihre Güter gethei-
let, so, daß einer von ihnen Machern bekommen, und
sich auch de Macherin genannt, der vermuthlich auch
zu seinem Antheile das bey Brandis gelegene, und
auch wohl damals schon da hin gehörige Dorf Bei-
cha mit erhalten hat, so wie davon unten §. 35 einige
Anzeige vorkommen wird. So mag auch bey solcher
neuen Besitznehmung der herrschaftliche Hof zu Ma-
chern erst angelegt worden seyn, da das dasige Gut
bisher nur ein Beygut von Brandis gewesen war,
welches auch nach und nach in bessern Stand gesetzt
worden, so daß es, zumal itzo, unter die ansehnlich-
sten und einträglichsten Rittergüter zu zählen ist.

Ich habe aber nur zwey Herren dieses Namens,
nämlich Johann und Friedrich von Macherin
angetroffen; und zwar den ersten in einer Urkunde Bi-
schofs Heinrichs zu Merseburg von anno 1343. z)
welche die Macherische Kirche und deren Absonde-
rung von der Brandißer betrift. Um deswillen folgt
sie auch hier zum Theil nebst einigen Anmerkungen.

§. 27. „ Litera Henrici, Ep. Merseb. super
„ libertatem Ecclesie in Macherun & exemptione
„ Brandeys HEINRICVS, D. G. Ep. Eccl. Merseb.
„ Vniuersis Christi fidelibus, audituris presentia
„ seu visuris, *Salutem in & ab eo, qui est omnium*
„ *vera*

z) Io. Ludw. Reliq. T. V. p. 248.

„ _vera Salus._ (α) Vt eis, que ad div. cultus au-
„ gmentationem se extendere dinoscuntur; vigilan-
„ ti studio & efficaciter intendamus, officii nostri
„ debitum postulat — Ea propter ad omnium —
„ notitiam deducimus, presentibus publice profiten-
„ tes: Quod cum _Ecclesia in Macherun_ nostre dioec.
„ Filia quondam matricis Eccl. in Brandeis per ho-
„ norabilem virum, _Dom. Thidericum,_ Prepos. Noui
„ Operis prope Hallis Capitulumque ibidem, (β)
„ nec non per _bonestum Famulum, Ioh. de Macherun,_
„ (γ) fundata & certis bonis seu reditibus, prout
„ in instrumentis super hoc constitutis, plenius est
„ expressum, cum omni iure & proprietate, vt per
„ se _ecclesia parrochialis_ seu _baptismalis_ (δ) censeatur,
„ & proprium ipsius ecclesie populum tam in div.
„ officiis, quam ecclesiasticorum administratione
„ Sacramentorum eidem vberius de, seruiatur, fa-
„ cto _restauro,_ videl. _vno ferto argenti_ (ε) in festo
„ Mich. per _Dom. Heinricum_ — plebanum in Mache-
„ run, seu per aliunt, quicunque pro tempore ibi-
„ dem plebanus fuerit, _plebano in Brandiz_ annis per-
„ petue persoluendo — ipsi matrici ecclesie specia-
„ liter sit dotata. Nos vt in hoc div. cultus am-
„ pliationem consistere videamur, ob honorem
„ etiam ac specialem prerogatiuam _S. Nicolai,_ Con-
„ fessoris, _Patroni ibidem_ (ζ) predictam ecclesiam
„ in _Macherun_ a matrice ecclesia in Brandeyz, au-
„ toritate ordinaria separandam duximus ac ab ipsa
„ presentibus sequestramus, volentes, vt ipsa eccl.
„ in _Macherun_ per se sit in perpetuum eccl. parro-
„ chialis & baptismalis & eidem plebanus specialis
„ preficiatur, per que bona & redditus eidem, vt
„ premittitur, deputari, quos autoritate eadem
„ simpliciter incorporamus, vt deinceps libertate
„ ac emunitate gaudeat ecclesiast. & priuilegio
„ specia-

„ speciali.　Inhibentes in virtute sancte obedien-
„ tie & sub interminatione maledictionis eterne,
„ ne quisquam ausu temerario, bona & redditus
„ predictos ad ipsam eccl. & cultum div. dedicatos,
„ nec non priuilegium, libertatem ac emunitatem
„ ipsorum presumat aliqualiter violare.　Si quis
„ a. hoc attemptare presumserit, indignationem
„ omnipotentis Dei eiusque genitricis & semper
„ Virginis Marie, sanctorum martyrum eius *Iob.*
„ *Bapt. & Laurentii*, atque nostram se nouerit in-
„ cursurum. (*n*)　Vt omnia premissa & singula
„ maiorem roboris obtineant firmitatem, presen-
„ tem literam exinde conscribi fecimus, & sigilli
„ nostri appensione iussimus communiri.　Act. &
„ dat. A. Dom. MCCCXLIII. Sabb. ante diem B.
„ Matthei Ap. proximo, qui suit 11. Kal. Oct.“

§. 28.　Ich bemerke hierbey noch kürzlich den In-
halt dieser merkwürdigen Schrift, und sodann auch
noch eines und das andere zur Erleuterung derselben,
von einigen Umständen der damaligen Zeiten.　Es
sondert nämlich Kraft dieser Urkunde Bischof Heinri-
cus IV. in Merseburg die bisherige Filialkirche in Ma-
chern von der Mutterkirche zu Brandis ab, und er-
hebt sie zu einer eigenen Pfarrkirche mit Bewilligung
des damaligen Probst Dietrichs im Kloster Neuen-
werk, ob wohl dergleichen der vormalige Probst Bru-
no nicht geschehen lassen wollen. S. §. 24.

Besonders verdient der Ausdruck von unserm
Heylande in dieser Urkunde, (*a*) da er heißt omnium
vera salus, der wahre Grund des Heils für al-
le Menschen, eine Anmerkung; wie denn auch sein
allerglorwürdigster Jesusname auf einer Glocke zu Ma-
chern stehet.　Siehe infra ζ, daß man also auch hier
die Heiligen nicht allein geehret hat.　So stehet auch
zu Merseburg auswendig am Chor der St. Maximi-

Kirche von anno 1485 die Creuzigung Christi in
Stein gehauen, und darunter etliche knieende Perso-
nen, welche diese Seufzer empor schicken: Christe,
Fili Dei, miserere mei! it. Deus propitius esto mihi
peccatori.   Auch hieraus ersehet man, daß in da-
maligen finstern Zeiten die wahre Quelle des Heils
und alles Trostes nicht ganz verborgen geblieben, son-
dern sich noch manche Seelen gefunden, die ihre Knie
vor Baal nicht gebeugt, sondern die Gnade Gottes
und das Verdienst Jesu dem Menschen-Tand vorge-
zogen haben, wie Vulpius hierbey schreibt. *a)*

§. 29. (ß) Es mußte also auch der damalige
Probst Dietrich *b)* das Jus dioecef. des Bischofs in
Merseburg erkennen, und durfte auch der Absonderung
der Kirche nicht hinderlich seyn.   Allein er war, ver-
muthlich durch den damaligen Besitzer von Machern,
bewogen worden, daß er darzu willig gewesen, und
die Kirche sogar dotiren helfen, und zur Besoldung
des Plebani oder des Pastoris etwan die 8 Mark Zin-
ßen, die er hier noch zu fordern gehabt, gegeben, wie-
wohl das meiste zu solcher Dotirung der gedachte Erb-
herr beygetragen haben mag.   Das Jus patronatus
aber wird wohl noch ferner bey dem Probst und des-
sen Amtsfolgern geblieben seyn, da zumal derselbe und
sein Domcapitul dasige Kirche mit dotirt hat.

(γ) Der im Diploma genannte Herr auf Ma-
chern, *Ioh. de Macberin,* heißt honestus famulus, weil
er bey damaliger hohen Landesherrschaft ein Minifte-
rialis und als Hofjunker bedient gewesen.   Man fin-
det diese Benennung in ältern Zeiten vielmals bey den
Herren von Adel.   Denn so führet z. E. bey anno
1382

a) in der merseb. Chron. p. 32.
b) Er stund dem Kloster von anno 1340 bis 1343 vor.
    S. Dreyh. l. c. T. I. p. 703.

1382 Fabricius c) diese Grabschrift eines Herrn von Schleiniz an: A. MCCCLXXXII. obiit *Henricus Schleinicius*, strenuus famulus, und setzt darzu: „Illo „tempore non amplior fuit virorum nobilium titu-„lus." Es gehörten aber vormals dergleichen Famuli aus dem Adelstande mit zu den Ministerialen eines Landesherrn. Denn so zählt der Herr Kanzler von Ludwig bey Beschreibung derer Ministerialen, welche waren theils Ministeriales Prouinciae, oder Landstände, theils Ministeriales Principis, oder Dienstmanne und Hofbediente, zu diesen letztern auch Milites, Famulos und Knappen. d) Und diese Famuli waren so viel, als heutiges Tages Edelknaben, Pagen, Hof- und Kammerjunker; so wie Junker so viel heißt, als junger Herr. Sie folgen in denen Urkunden auf die Milites oder Ritter, als z. E. in Henrici dicti Riche, Famuli, Domini in Karpenhove Diploma von anno 1354 wegen eines Vermächtnisses ans Kloster Oldisleben e) stehen als Zeugen: Strenui viri, *Tilo de Wolckramshusen*, *miles*, und Heinrich Rosenhain, *famulus.* So befanden sich auch in der Suite des anno 1461 den 26. März aus Weimar nach dem heiligen Grabe wallenden Herzog Wilhelm III. zu Sachsen, Landgraf in Thüringen, nächst den Grafen, Herren und Rittern, auch adeliche Junker, als Bode von Bodenhausen, aus Meißen, George von Schleiniz, Caspar und Dietrich von Schönberg, &c. ingleichen Edelknechte, i. e. Pagen, als Hans von Borau, &c. und alsdenn auch 20 gemeine Knechte, und allerhand Bürgers-

U 2

leute.

---

c) In Annal. vrb. Misn. ad h. a.
d) In Praef. T. V. Reliq. p. 10. seq. Cf. D. Beckmanns anhält. Hist. Tom. II. p. 166.
e) S. Herrn Müldeners Beschreibung des St. Ge. Klosters zu Frankenhausen, p. 22.

eute.   Auch waren in gleichmäßiger Reisegesellschaft
Herzog Albrechts von Sachsen anno 1476 im März,
nebst denen Junkern, Bernhard von Schönberg,
Marschall Heinrich von Starschedel, Georg von
Miltitz, und andern, auch Wigand von Rag-
witz, des Herzogs Knabe. *f)*   Sonst findet man
auch Famulos vom adelichen Stande, als Anfänger
in der Kriegsschule, die auch Serui oder Armigeri hei-
ßen; wovon ich aber hier nur des gelehrten *Schilteri*
Nachricht *g)* anführe: „ Omnes nobiles nati primo
„ fuerunt armigeri, clientes, Edelknechte, mili-
„ tes gregarii, qui postea ob virtutem bellicam cin-
„ gulo equestri solenni ritu creabantur milites seu
„ equites.“   Der erwähnte Herr von Machern
aber mag nur ein Hofbedienter und ministerialis fa-
mulus principis gewesen seyn.   Weiter ist mir von
ihm nichts vorgekommen.   Daher wende ich mich
zu einer andern Anmerkung aus beygebrachter Urkunde.

§. 30.   Es heißt in solcher (*e*) facto restauro,
videl. vno ferto argenti.   Es sollte nämlich zur
Schadloßhaltung und zur Ersetzung des Verlusts, den
bey solcher Absonderung der Kirche zu Machern ein
Pleban oder Pastor zu Brandis erlitte, *h)* an diesen
ein Ferto, oder Vierding Silbergeldes, d. i. der vierte
Theil

f) S. Müllers sächs. Annales p. 34. 42.
g) Aus seinem Commentar. ad jus feudale Alemann. c. 1.
§. 1. Cf. D. Glafey de Ministerialib. p. 271 seq.
h) Man findet auch sonst, besonders bey den Altaristen,
daß sie an einen ordentlichen Pleban alljährig pro r stauro
etwas abgeben müssen, (S. obersächs. Nachl. P. IX. pag.
139.) als eine Steuer zur Verbesserung der Besoldung,
wie es Knauth in der Altcell. Chron. P. III. p. 98. *
erklärt, der auch meynt, daß von restauro das Wort
Steuer seinen Ursprung habe. Cf. die Abhandlung von
den Altaristen in neuen Beyträgen zum A. und N. anno
1760 I. St. p. 5. seq. It. 2. St. p. 120 seq. und be-
sonders de restauro p. 130 seq.

Theil eines Pfundes oder Mark, *i*) i. e. 2 Thlr.
von einem Pleban in Machern zum Michaelsfeste iedes
Jahr abgegeben werden; *k*) denn da die Kirche hie-
selbst zu einer eccl. parroch. seu baptismali (nach *d*)
erhoben wurde, so daß in solcher auch Kinder getauft
und das Sacrament ausgespendet werden durfte,
welches vorher zu Brandis geschehen müssen, so ent-
gieng nun dem Pastor hieselbst vieles von seinen Acci-
dentien.   Daher wurde ihm etwas zur Erstattung
bewilliget.   Da her mag es auch kommen, daß noch
izo ein Pastor in Brandis etwas Gewisses an Geld-
Zinß aus Machern alljährig bekommt.

§. 31. Man ersiehet ferner aus der Urkunde,
(ζ) daß die macherische Kirche dem H. Nicolao, dem
treuen Bekenner Jesu, als Schutzpatron gewiedmet
gewesen, so wie Johannes der Täufer und der heilige
Laurentius die Schutzpatrone des ganzen Stifts Mer-
seburg waren; daher man auch solche in der Urkunde
genennet findet. St. Nicolai Andenken ist auch auf der
kleinen Glocke in der Kirche zu Machern erhalten wor-
den; denn auf solcher stehet die Ueberschrift de Anno
1492. „ *S. *h * anno * Dom. * M † CCCCXCII †
„ Iar * Ihesus * nasarenus * rex iudeorum. *S. *
„ Nicolaus † S.   Auf der großen aber stehet nur
Maria und die Jahrzahl 1503.   Es hat auch der H.
Nicolaus sonst noch viele Anbeter hier zu Lande ge-
habt, wie davon die Nicolai-Kirchen zu Leipzig, Frey-
berg, Chemnitz, Zwickau, Eulenburg, Döbeln, Geithen,
Liebenwerda, Bischofswerda u. s. f. zeugen.   Es ist
aber selbiger Bischof zu Myra, der Hauptstadt in Ly-
cien,

---

i) „ Fertho, Ferthing, quarta pars marcae & ab aliis quin-
    „ que solidis comparatur.   In aliis regnis aliter aestima-
    „ tur‟ schreibt I. A. Schmid. in Lex. cit. P. II. p. 8. Ein
    Solidus betrug vor Zeiten ohngefähr 11 gute Groschen. Cf.
    Schœttg. Conr. M. p. 202.

cien, gewesen, bis er anno 343 noch zur Zeit des christl.
Kaysers Constantini M. selig entschlafen.　Man
schreibt ihm viele Wunder zu, sogar daß er habe To-
den auferwecken und allerley Ungewitter stillen können.
Es soll auch aus seinen Todengebeinen noch das aller-
reinste balsamische Oel haufenweiße geflossen seyn. Fi-
des sit penes auctorem!　Indessen ist sein Gedächt-
niß sowohl bey der morgen- als abendländischen Kirche
in großen Ehren geblieben, so wie solches auch den 6.
December alljährlich gefeyert worden ist. *k*)

§. 32.　Endlich erblickt man in der Urkunde (*η*)
auch etwas von dem gewöhnlichen bischöflichen schreck-
haften Bannstrahle, „da nämlich allen denen der
„ewige Fluch gedräuet wird, welche wider diese Stif-
„tung und Verordnung handeln, und die hier zum
„Dienste Gottes gewiedmete Kirchen-Güter und Gel-
„der einziehen, oder ihre Freyheit kränken, oder sie
„gar zum weltlichen Nutzen anwenden würden.　Es
„sollte sie alsdenn der Zorn Gottes und seiner Mutter,
„wie auch der heiligen Märtyrer, Johannis des
„Täufers und Laurentii, als der vermeynten
„Stiftspatronen im Merseburgischen, nebst der Un-
„gnade des Bischofs selber treffen, und zwar eben durch
„Bann und Interdict, oder Untersagung des öffent-
„lichen Gottesdienstes und der Gnadenmittel." *l*)

Mit so vielen Umständen wurde damals eine der-
gleichen feyerliche Handlung vollzogen, und für deren
beständige Dauer gesorgt.　Es ist auch nach verän-
derten Religionsumständen bey der Kirche zu Machern
diese

---

k) v. de eo plura in P. I. Rev. M. Wilischii Nachr. von be-
rühmten Nicolais ed. Freyberg, 1754 4. p. 6. seq.

l) S. hiervon Beyträge zum A. und N. durch Herrn D.
Kießlingen anno 1756 2. St. p. 27. seq. It. de ao. 1760,
I. St. p. 6.

diese einmal gemachte Einrichtung geblieben, so, daß sie noch itzo eine Pfarrkirche ist. *m*)

Und so viel von der Urkunde, in welcher sich eine gewisse Anzeige von *Iob. de Macherin*, als Herrn zu Machern, de anno 1343 gefunden hat.

§. 33. Außer diesem aber hat man nur noch einen des Namens, nämlich Friedrich von Macherin, als Besitzern des Dorfs und Ritterguts Machern, angetroffen, mit der Nachricht, daß er nebst seinem Bruder Jan anno 1378 an zwey Herren von und auf Trebesin einige Zinßen auf einem Gute zu Bichau oder Beicha, bey Brandis, zu Messen und Vigilien in den Kirchen zu Pausitz und Leulitz überlassen habe, *n*) so wie auch bis itzo aus Beicha an die Pastores in Peulitz einige Zinßen entrichtet werden müssen. Es sind davon noch zwo Verschreibungen vorhanden, und nun im Druck zu lesen. *o*) Daher will ich aus solchen hier nur etwas anführen. Die eine fängt sich so an: „ Ich Friedrich von Macherin und Jan, „ myn Bruder, bekennen öffentlichen in diesen kegen- „ wertigen Briff — das wir mit guten willen und wol- „ bedachten mute vorkaufft haben dem erbarnen Cu-

U 4 „ naten

---

m) Von Anrichtung der Parochial- und Filialkirchen, auch Pfarrlehn und Einkünften bey Einführung der christlichen Religion in dem ehemaligen hiesigen beydn. Wenden-Lande findet man viele besondere und sonst unbekannte Nachrichten in diesen Beyträgen zur sächs. Historie P. VI. p. 78. seq. 81. seq. 96. seq.

n) Ein Extract hieraus stehet in D. Schreiters wurtzn. Kirchen-Reyhen ed. Leipz. 1674 in 4t. p. 47. wo aber statt Awise muß Weise gelesen werden.

o) Nämlich in dem neuern Stücke der Dietm. chursächs. Priestersch. ad P. V. p. 814. seq. wo auch einige Druckfehler eingeschlichen, als Aßberg statt Vriberg, oder Freybergischer Münz; It. Jar glich, statt jar järlich u. f.

„ naten Schillen von Trebesin und Wickmann
„ von Trebsenn ein halb ßo. groschen Vribergischer
„ müntz jehrliches Zinßes zu Bichaw in dem Dorf
„ vff dem Gute — das sollen die 2 Gebuer — alle
„ jahr järlich 8 gl. auf S. Walp. Tag, und 8 gl. auf
„ S. Martins-Tag dem Pfarrer zu Buz (Pausitz)
„ — auch an getraide und pfennigen dem Pfarrer zu
„ Lülitz, — ieden Leipz. Scheffel Korns vor 6 gl. und
„ ieden Scheffel Haber für 3 gl. geacht. (So wohl-
„ feil war damals das Getrayde) das sind Gezeugen
„ die Erbern, Her Heinrich Osse, Pfarrer zu Bran-
„ deis, Herr Tize von Maltiz, Conuentor zu Brandis,
„ P) Hanns von den Heiligen und andere mer bide-
„ mer lute — Gegeben A. 1378 am Sente Walp. Tage.“

Die andere Verschreibung ist ein Bekenntniß der
beeden Pfarrer, Guntheri zu Buz und Ioh. zu Lülitz,
daß sie diesem Legat nachkommen, und 3 Stunden lang
im Jahr Abends Vigilien, und früh Seelmessen hal-
ten wollen, Gott zu Lob und allen gläubigen Seelen
zu Trost, u. s. f. Dat. 1379 am S. Martins-Tage.

§. 34. Hieraus ist zu ersehen, daß auch diese
Herren gar religiös gewesen, und nach damaliger
Weise das Heil ihrer und anderer Seelen bedacht, so
gut sie gewust und gekonnt haben. Denn darzu soll-
ten ihnen die Messen und Vigilien dienen, worzu sie
einige Zinßen aus dem Gute zu Beicha, so damals
zwey Nachbarn daselbst von ihnen zu Lehn und im Be-
sitz gehabt, gewiedmet. Sie wurden an die Herren
von Trebesin verkauft, weil dieselben damals Besi-
ßer und Kirchen-Patroni zu Leulitz und Pausitz gewe-
sen, und zugleich dasigen Pfarrern eine Zulage zu ih-
rer Besoldung verschaffen wollen. Dabey werden
als Zeugen unter andern der Pfarrer und ein Herr
von Maltiz zu Brandis angegeben, welches das gute
Verneh-

p) S. §. seq.

Vernehmen anzeigt, worinnen sie mit einander gelebt
haben. Es heißt aber dieser Herr von Maltitz
Conuentor zu Brandis. Was nun diese Benen-
nung eigentlich anzeige, kann ich nicht mit völliger Ge-
wißheit bestimmen. Ich hatte diesen Herrn zu
Brandis oben §. 21 muthmaßlich einen Pachtinhaber
des dasigen Ritterguts genennt. Den Beweis da-
von bin ich schuldig geblieben, will solchen aber hier
nachholen. Es hießen nämlich Conuentores in dem
damaligen XIV. und auch schon im VIII. und IX. Se-
culo zu Caroli M. Zeiten partes, quae inuicem in re
quapiam conueniunt ac paciscuntur, vt leg. in Ca-
pitular. Caroli M. L. V. c. 127. schreibt *Du Fresne* in
Glossar. T. I. p. 1205. it. *Haltaus* in Glossar.
T. II. p. 1342. sub voc. Miete, wovon es
heißt: „Est qualisc. merces & conpensatio laboris
„vel praestiti vel praestandi, & quidem *merces con-*
„*uenta*, vnde *conuentum* redditur in Alb. Ducis
„Austriae Dipl. de anno 1346 monasterio in Gem-
„nik dato &c.“ Bey dieser Muthmaßung von ei-
nem Pachtinhaber zu Brandis trift auch die Chrono-
logie ein; denn um anno 1378 mögen die Herren
von und auf Brandis ihr dasiges Rittergut erst
verpachtet haben, ehe sie es gar verkauft, wie denn
oben §. 21 um anno 1390 andere Besitzer davon ge-
meldet worden sind.

§. 35. Wenn es aber in der angezogenen Urkun-
de heißt, daß die 2 Gebuer oder Bauern Hanns Tho-
mas und Hentschil Hermanns das Gut in Beicha von
den Herrn von Machern gehabt, und zwar, wie
ichs verstehe, zu Lehen, so ist glaublich, daß sie auch
Lehensherren über dasselbige ganze Dorf gewesen sind,
und solches, da es vormals zu Brandis mit gehöret,
etwan bey der §. 26 vermutheten Theilung zugleich mit
Machern bekommen haben. Allein mit der Zeit mag

U 5 Beicha

Beicha wieder an die adel. Herren Besitzer von Bran-
dis überlassen worden seyn, auch wohl noch von den Her-
ren von Machern, so wie es auch seit uralten Zeiten
noch ein Brandißer hochadel. Lehn- und Zinßdorf ist.

§. 36.   Bey dieser Gelegenheit muß ich auch bey-
läufig gedenken, daß aus etlichen Höfen in dem nahe
gelegenen Dorfe Gerichshayn alljährlich ein gewisses
Zinßkorn, so man Hundekorn nennet, an das Rit-
tergut Machern geliefert wird, und seit undenkli-
chen Jahren geliefert worden.   Man könnte daher
auch fast auf die Gedanken kommen, als habe vor-
mals unser Gerichshayn ebenfalls der Herrschaft zu
Machern gehört.   Allein davon findet man nirgends
die geringste Spur; wohl aber weis man urkundlich, q)
daß Gerichshayn vor Zeiten ein marggräflich leipzi-
ger Amtsdorf gewesen sey, bis solches nebst dem itzi-
gen Vorwerk Posthausen und einigen andern wüsten
Marken anno 1516 von Herzog Georgen zu Sach-
sen an den damaligen Besitzer des Schloßes und Rit-
terguts zu Brandis, Herrn Rud. von Bünau, Rittern
und Hofmeistern, käuflich überlassen worden ist.   Von
den Herren in Machern aber findet man nichts, daß sie ie-
mals Gerichshayn im Besitz gehabt hätten. Mithin muß
das sogenannte Hundekorn, das noch da hin geliefert
werden muß, eine andere Ursache zum Grunde haben.

§. 37.   Dergleichen sogenanntes Zinßkorn ist
auch an andern Orten noch gewöhnlich, als aus
Fremdiswalde und andern Dörfen ins Stift Wur-
zen; ingleichen aus Panitzsch, Dewitz rc. in die Pfar-
re nach Mark-Cleeberg rc.   Man nennet solches der
Orten noch Hunde- oder Hündelkorn.   Man hat
dabey die Traditiones, es wären daselbst vormals
Jagdhunde gehalten worden, die man davon füt-
tern müssen; it. es hätte dem Thomaspfarrer zu Leip-

zig

q) S. Dreßdn. gel. Anzeigen de A. 1751. N. 35. p. 312. seq.

zig vor uralten Zeiten gehört, und hätte auch vor-
mals ins Schloß nach Leipzig geliefert werden müssen,
bis es der Churfürst als eine Zulage dem Pfarrer zu
Mark-Cleeberg verehret hätte. Woraus ohngefähr
so viel abzunehmen, daß solches Korn mit zu den Ein-
künften des Thomasklosters in Leipzig gehöret, und
nach der Reformation eingezogen worden, und aufs
Schloß daselbst entrichtet werden müssen. ꝛc.

Allein es hat sich bey dieser Dunkelheit aus ältern
Zeiten noch eine und andere gewissere Nachricht gefun-
den, die hier zur Erläuterung dienen kann.

§. 38. Es gehörte nämlich vor Zeiten auch die-
ses unter die Regalia und Rechte der Landeshoheit,
und besonders der Jagdgerechtigkeit, daß in den Stif-
tern und Klöstern allenthalben in Deutschland Pfer-
de, Falken, Hunde und Jäger unterhalten werden müs-
sen, damit sich derer die Landesherren nach Belieben
bey ihren Jagden bedienen können. r) Darwider
aber liefen viele Klagen und Beschwerungen aus den
Klöstern ein, nebst Bittschriften, sie von diesen Lasten
zu befreyen, ob sie wohl selber davon auf ihren Land-
gütern vielen Nutzen hatten, weil ja bey den Jagden
das häufige Wild gefället und verstöbert wurde. Sie
erhielten auch von vielen Fürsten und Landesregenten
die gesuchte Befreyung, als z. E. das Kloster Zwetl in
Niederösterreich, welches ein Graf zu Hardeck anno
1183 unter andern so begnadigte: „daß es fürbaß in
„ seinen Gütern keinen Jäger noch Hund, weder zu
„ speisen, führen noch zu ziehen, noch in keiner Sachen
„ War-

---

r) B. Haltaus in Not. T. III. Menck. p. 2054. „ Mos erat
„ antiquissimus, vt monasteria equos ad certamina ludi-
„ cra, falcones, (canes etiam) principibus terrae alere co-
„ gerentur, siue qs. in recognitionem Dominii supremi ac
„ tutelae s. in compensationem aliquam seruitiorum eque-
„ strium, a quibus rat. plerorumque bonorum erant im-
„ munia.“

„Wartung oder Pflichtung schuldig sey. rc."*s*) Herzog Heinricus Pinguis in Mecklenburg verordnete im Testamente, daß dergleichen Forderung an Zinß- und Hundekorn gar nicht mehr bey Klöstern statt haben sollte, wie dessen in einem Diplomate Bernhardi Domini de Werle pro Eccl. Warin de anno 1357 gedacht wird. Solche Freyheit erkaufte ao. 1343 das Kloster Bebenhausen bey einem Grafen von Tübingen mit einer gewissen Geldsumma. Ja die Herzoge in Bayern legten ao. 1373 den Klöstern, Plebanis und Vicariis statt der bisherigen Hundekosten eine sonst ungewöhnliche Steuer auf, Hundsturar oder Hundesteuer genannt, worüber ebenfalls sich große Klage erhub. *t*)

§ 39. Dargegen mögen hiesige gnädige Regenten denen Stiftern und Klöstern ihres Landes diese Last mit den Jagdhunden zwar nicht völlig erlassen und abgenommen, aber doch in so ferne erleichtert haben, daß sie in einigen ihrer Amtsdörfer vor selbige gewisse Kornzinßen, als Hundekorn, verordnet, und es an die Oerter liefern lassen, wo dergleichen Hunde zu deroselben Dienst gehalten werden müssen. Und dergleichen kommt mir insonderheit bey Machern wahrscheinlich vor. Dieses war vor uralten Zeiten, wie oben bewiesen worden, ein Stifts- und Klosterdorf. Es gefiel dem Landsherrn bisweilen auch in dieser Gegend zu jagen, und zu dem Ende daselbst Jagdhunde halten zu lassen. Er ließ aber darzu aus dem nahen Gerichtshayn,

---

s) v. Diplomatar. Zwetlense T. IV. Ludw. p. 90. seq. cf. Praef. §. 8. p. 13. seq.

t) „Id quod tn. non insuetum erat onus, sed insueta tantum pecuniaria pro onere exacto." S. ill. de Westphal. Monumenta ined. Rer. Germ. praecip. Cimbr. T. I. in Praef. p. 80 — 82. wo von allem diesen noch ein Mehreres befindlich ist, und wo auch unter andern auf Reinhardi Tr. de iure Principum circa sacra ante Reform. p. 209. seq. gewiesen wird.

hayn, als einem vormaligen leipziger Amtsdorfe, einige Getrayde-Zinßen da hin verabfolgen, nämlich das noch sogenannte Hundekorn. Dieses blieb hernach auch so bey den nachherigen weltlichen Besitzern des Dorfs und Ritterguts Machern. Ja es ist solches auch bis auf unsere Zeiten als eine recht uralte Gerechtigkeit und Observanz daselbst beybehalten, auch anderwärts, als zu Mark-Cleeberg, u. s. f. da nach der Reformation die Klöster eingegangen, durch landesherrliche Gnade zu milden Beyträgen gewiedmet worden.

§. 40. Mit dieser weitläuftigen Digression, worzu ich theils durch die in Beicha verkauften Zinßen, theils durch das Gerichshayner Hundekorn, verleitet worden bin, mache ich auch den Beschluß mit dem ersten Theile meiner zusammengelesenen macherischen Nachrichten, da mir zumal weiter kein Herr de Macherin, als der vorgedachte Friedrich mit seinem Bruder Jan de anno 1378 zu Gesichte gekommen ist. Es mag solches adeliche Geschlecht um anno 1430 ohngefähr und vermuthlich ohne Erben abgestorben seyn. Von demselben kam das Dorf und Rittergut Machern an das hochadeliche u. nun hochgräfliche noch in Ehren und Seegen stehende Lindenauische Haus, und zwar zuerst an Herrn Albrecht von Lindenau, Rittern, so wie es die von Machery vor Zeiten gehabt, laut anwartschaftlichen Lehnbriefs de anno 1430, welcher künftig in extenso beygebracht werden soll, und zwar im zweyten Theile dieser historischen Abhandlung, worinnen die Macher-Lindenauische Adelshistorie bis auf itzige Zeiten aus zuverläßigen Urkunden und Nachrichten kürzlich mitgetheilet, und, wo es die Umstände gestatten, diesen Beyträgen ebenfalls einverleibet werden soll.

VII.

VII.

Project

von Einrichtung der Kön. Pohln. und Churfürstl. Sächs. Ritter-Academie in Alt-Dreßden, Anno 1726.

Es ist nicht unbekannt, daß bey den alten Chaldäern und Persern eifrige Sorge gewesen, wie junge Leute, als die edelsten Zweige und Sprößlinge eines Staats, mit tüchtiger Unterweisung möchten bedacht werden; wodurch sie denn zu solcher Ehre, Glück und Ansehen gelanget, daß dero Verfassung hernach andern zum Exempel vorgestellet worden.

In folgenden neuern Zeiten hat man in den meisten Reichen und Ländern nebst ordentlichen Schulen und Academien, zu besserer Unterweisung adelicher Jugend in Gemüths- und Leibes-Geschicklichkeiten, auch noch besondere Ritter-Academien errichtet; und wer weis nicht, was der letztverstorbene Monarch seines Rußlands, Petrus I. vor rühmliche Verordnungen bey der rußischen Nation (die sich sonst in vorigen Zeiten keiner sonderlichen Anführung zu erfreuen gehabt) hinterlassen, und wie dadurch ganz Rußland, vermittelst geschickter Männer, in die größeste Consideration und Vortheile gesetzet worden.

Die löbliche Vorsorge, welche die glorwürdigsten Churfürsten zu Sachsen dießfalls haben spüren lassen, liegt am Tage. Die beyden weltberühmten Universitäten Leipzig und Wittenberg, und die drey churfürstl. Landschulen zeugen von den weisen Absichten dieser Durchl.

Durchl. Häupter.   Wie aber die Jugend in letzter-
wähnten allein ad Studia Academica præpariret wird,
und auf diesen die nützlichsten Wissenschaften höret;
hingegen von dem, was zum Milizwesen und täglichem
Gebrauch der Waffen erfordert wird, keine hinläng-
liche Unterweisung bekommt; und doch in einem Staat
sowohl Leute, die von der Feder, als auch andere, die
vom Degen Profeßion machen, unentbehrlich sind:
so haben Churfürst Ioh. Georgii IV. Durchl. bereits
in denen wenigen Jahren Ihrer Regierung da hin ge-
trachtet, wie bey Dero Residenz Dreßden ein gewis-
ses Corpo von adelichen Cadets errichtet, und zugleich
in denen vornehmsten Uebungen und Wissenschaften
qualificiret werden möchten.   Welches nützliche
Werk itzo regierende königliche Majestät in Pohlen
und churfürstl. Durchl. zu Sachsen in völligern Stand
gebracht, und besagtes Corpo nunmehro über dreyßig
Jahre aus Dero General-Kriegs-Casse mit Speise,
Kleidung und dienlichem Unterrichte versehen lassen.
Weil man aber wahrgenommen, daß, da die Membra
huius Corporis in verschiedenen Quartieren zerstreuet
leben, der dabey intendirte Scopus noch nicht völlig
erreicht worden, selbige auch nicht mit gnugsamen
Lehr= und Exercitien-Meistern versehen gewesen;

Alß haben Ihro Majestät, der König, zu Ver-
ewigung Dero glorwürdigsten Namens, durch Dero
Geheimbden Cabinets-Ministern, wirklichen Geheimb-
den Rath, Generalen und Gouverneuren, Reichsgra-
fen von Wackerbart, beym Jägerhofe in Alt-Dreß-
den ein sehr Großes zu Errichtung einer

Ritter= und Militair-Academie

destinirtes kostbares, und über die bequemesten Be-
hältnisse für die Cadets und Dero Officiers mit drey
geraumen Auditoriis, sowohl mit Tanz- Fecht- und
Volte-

Voltegier-Böden, auch vollständigen Reuthause und Stallung auf 50 Schulpferde 2c. versehenes Gebäude aufführen lassen; worein Sie die habilesten Professores und Exercitien-Meister setzen werden: wodurch sowohl der in- als ausländische Adel in Künsten und Wissenschaften, auch Exercitien sich üben können, sowohl ihr eigenes Glück als gemeinen Nutzen zu befördern.

Bey dieser neuen Ritter- und Militair-Academie sollen nun 3. besondere Abtheilungen seyn.

1. In die erste Abtheilung gehöret das bisher schon stabilirt gewesene Corpo des Cadets, welches in diesem neuen Gebäude nicht nur bequem Logis, Speise, Trank, Kleidung und andere Bedürfniß findet, sondern auch in allen Exercitien und Wissenschaften umständlich informiret wird. Es erleget in dieser Abtheilung jedes Membrum bey der Entrée 24 Rthlr. und nachgehends 4 Jahre lang, jedes Jahr 12 Thlr. und zwar iedesmal am ersten Tage des Jahres voraus: das übrige lassen Ihro Königl. Majestät aus Dero Kriegs-Casse zuschießen. Doch sollen in dieses Corpo lauter Landeskinder auf- und angenommen werden.

2. In die andere Abtheilung soll ein Corpo Cadets, auf gleichen Fuß mit vorigen, kommen, auch in geschlossener Zahl; doch mit diesem Unterscheid, daß sie ihre Montur alle 2 Jahre mit 40 Thlr. bezahlen; für die ordinair-Information und Exercitia 162 Thlr. erlegen; die Artillerie und Reutkunst aber a part bezahlen, auch sonst bey ihrer Entrée ebenfalls 24 Thlr. voraus erlegen, nachgehends auch außerhalb der Academie für Logis und Kost zu sorgen haben. In dieses Corpo sollen in- und ausländische von Adel, auch Bürgers-Söhne, recipiret werden.

3. In

3. In die dritte Abtheilung werden endlich junge Leute aufgenommen, so nicht eben absolut den Soldaten-Stand erwählen; doch als von Herren- und Ritterstand gebohrne alles, was zu Kriegs- und militarischen Wissenschaften gehöret, zu wissen begierig sind. Ihre Anzahl ist hier ungeschlossen, und können sie bey Cour- und Gallatagen den Hof frequentiren; mögen sich auch nach ihren Gefallen speisen und kleiden, wie sie wollen. Bey der Entrée zahlet ieder 36. Rthlr. und für die Exercitia jährlich 200 Thlr. das Reuten ausgeschlossen; doch ist alles aufs menagirlichste eingerichtet.

Die Anführ- und Unterweisung betreffend, setzet man prima pietatis fundamenta voraus, selbige mit zu bringen. Zu denen übrigen gehören 1. die Kriegs-Exercitia, 2. Reuten, Ringel- und Quintan-Rennen, 3. Fechten, 4. Tanzen, 5. Voltegiren, 6. Artillerie-Kunst, 7. Sprachen, Deutsch, Lateinisch, Französisch, Italiänisch ic.

Ueberdieß sollen nebst denen habilesten Exercitien-Meistern auch wenigstens noch 3 Professores, so geschickt und renommirt sie nur zu finden und zu erlangen, bestellet werden, denen Academisten beyzubringen: 1) Studium Logicæ, 2) Fundamenta Rhetoricæ, 3) Doctrinam Decori & Morum, 4) Mathesin, besonders was zur Arithmetica, Geometria, Architectura ciuili & militari gehört, 5) Politicam, 6) Jus Naturæ & Gentium, 7) Historiam, 8) Chronologiam, 9) Genealogiam & Heraldicam, 10) Jus publicum Imperii und Staats-Recht, 11) Physicam, 12) Oeconomicam oder Wirthschaftskunst.

VIII.
Von denen Herren von Kolditz.

M. R.

Kolditz ist ißo ein ansehnlich churfürstlich Amt an der Mulde, und bestehet aus 2 Städten, Kolditz und Lausig, 16 Rittergütern, und 61 Dörfschaften. Es ist aber vor Zeiten nicht von so großem Umfange gewesen, als die Herren von Kolditz daselbst zu gebieten hatten, hingegen sind andere Dörfer abgekommen, welche damals darzu gehöret.

Schloß und Stadt haben Sec. X. die Marggrafen von dem Eccardingischen Geschlechte besessen. Daß der Titel einer Grafschaft darauf beruhet, kann nicht bewiesen werden. Die in den Thurnierbüchern erwähnten Grafen, Friedrich, Andreas und Anton sind erdichtet. Anno 1046 starb der letzte Marggraf dieses Geschlechts, Eckard II. ohne Erben. Seine Schlösser und auch Kolditz fielen dem Reiche anheim. Anno 1074 ward Kolditz und Leißnig von dem Kayser dem Bischof in Naumburg überlassen, der beyde Städte anno 1090 dem bekannten Graf Wiprecht zu Grötzsch übergab, bey dessen Erben sie auch geblieben bis anno 1157.

Zu der Zeit, da Graf Wiprecht allhier die Herrschaft hatte, war gebräuchlich, daß sowohl die Burglehen, als auch die vornehmsten Bedienungen bey den Schlössern gewissen Familien erblich eingeräumet, und selbigen

felbigen einige Hufen und Zinßen argewiesen wurden,
wovon sie leben sollten.   Diese Burgmänner und
Officianten, welche in den alten Urkunden Dienst-
männer oder Ministeriales heißen, schrieben sich von
dem Schloße, wenn sie daselbst wohneten.   Es ist
dahero falsch; daß alle adeliche Geschlechte, welche
einerley Namen führen, einen gemeinschaftlichen
Stammvater müßten gehabt haben.   In den sächsi-
schen Geschichten kommen viele Herren von Leißnig,
Grötzsch, Meißen, Freyberg, Landsberg und so
ferner vor, welche einander niemals dem Geblüte nach
verwandt gewesen, sondern ihre Stammväter haben
beysammen an einem Schloße Dienste gethan, ihre
zum Dienst gewiedmete Wohnungen darauf gehabt,
und also den Namen davon angenommen.   Das
Schloß Kolditz hat vielen Herren den Namen gege-
ben, daß sie von Kolditz geschrieben worden.   Daß
sich die Eigenthumsherren desselben, als die Marggra-
fen Eccard und Hermann, und die Grafen Wi-
precht und Rabodo iemals sollten Grafen von Kolditz
geschrieben haben, kann nicht bewiesen werden;
und wie groß würde ihr Titel geworden seyn, wenn sie
alle ihre Schlösser hätten wollen hinein bringen, oder
aus allen ihren Städten Grafschaften machen. Noch
vielmehr muß man sich wundern, wie Leuber im Cata-
logo Comitum in Menckenii S. R. S p. 1836 vorge-
ben können, daß Marggraf Conrad der Reiche, und
nach ihm die Grafen in Brena sich Grafen in Kolditz
geschrieben, da sie doch daselbst nichts zu gebieten ge-
habt haben.

Haben gleich die Eigenthumsherren das Schloß
Kolditz nicht in ihrem Titul geführet, so haben doch
ihre Untersaßen; welchen sie auf dem Schloße Woh-
nung, und im Amte Güter und Einkünfte erblich ge-
liehen,

X 2

liehen, sich von Kolditz geschrieben. Johann von
Kolditz und sein Sohn Heinrich waren anno 1292
Vasallen bey dem Schlosse Kolditz. Anno 1326 war
Conrad von Kolditz Amtmann in Leißnig; und 1338
ein Johann von Kolditz ein Zeuge in einer Urkunde.
Mehrere will ich nicht anführen, weil ich nicht willens
bin, alle Herren dieses Namens zu beschreiben, son-
dern nur eine Familie von Kolditz, welche anfänglich
unter denen Grafen von Grötzsch ein Lehn auf diesem
Schlosse inne hatte, hernach aber an Reichthum so zu-
nahm, daß sie das ganze Schloß und Amt Kolditz
erblich acquirirte, und in Böhmen und Meißen an Gü-
tern und hohen Ehrenstellen so anwuchs, daß sie die
Baronen, und in den neuern Zeiten von den unver-
ständigen Mönchen und Schmeichlern gar Grafen von
Kolditz sind genennet worden.

Thiemo heißt der erste von dieser Familie, der uns
ist bekannt worden. Er war anno 1157 ein Dienst-
mann bey dem Schlosse Kolditz. Als demnach im
gedachten Jahre der Eigenthumsherr von Kolditz,
Graf Rabodo von Abensberg, mit andern Städten
auch dieses Schloß an den Kayser Friedrich verkauf-
te, wurden zugleich alle Vasallen dieses Schlosses,
und insbesondere dieser Thiemo, mit verkauft, und
bekamen nunmehro den Kayser zum Herrn. Die Wor-
te in der Urkunde in Schöttgens Leben Graf Wiprechts
p. 21. sind würdig, hier angezogen zu werden: Ca-
strum Colidiz & Themonem ministerialem cum li-
beris suis, & cum omnibus prædiis & beneficiis
suis, quorum summa XX villis consistit. Es sind
gewiß noch mehr Vasallen hier gewesen, denn es heißt:
Castrum Coldiz. Damals aber hieß dasjenige ein
Schloß, wobey einige adeliche Burgmänner bestellet
waren, es zu vertheidigen, welche dafür einige Hufen
Feldes

Feldes zu genießen hatten. Es werden aber in dieſer
Urkunde keine Vaſallen weiter genennet, als dieſer
Themo. Folglich iſt er ohne Zweifel der vornehmſte
unter den übrigen geweſen. Was er aber bedient,
kann man nicht ſagen; zu vermuthen aber iſt, daß er
Aduocatus oder Vogt geweſen; denn dieß war ins-
gemein das vornehmſte und größte Lehen bey den
Schlöſſern, wo keine Burggrafen waren.

Zu Burg- und Dienſtmännern bey den Schlöſſern
wurden in den älteſten Zeiten ſolche Herren angenom-
men, welche von gutem Stande waren. Nach dem
Gebrauch der damaligen Titel heißen ſie zwar nicht
Nobiles oder Edelleute. Denn nur derjenige ward
nobilis genennet, welcher andere Vaſallen unter ſich
auf ſeinen Gütern hatte. Der Geburt nach aber wa-
ren die Miniſteriales vielmals den Nobilibus gleich,
nur das Glück machte, daß ſie nicht alle Nobiles titu-
liret wurden, weil ſie nicht alle Standesherrſchaften
beſitzen konnten, ſondern mußten bey andern Dienſte
annehmen, und ſolche Güter bewohnen, wobey ſie
andern unterwürfig waren. Es wendete ſich aber
öfters das Glück ſo, daß die Nobiles mußten Mini-
ſteriales werden, und die bisherigen Miniſteriales
wurden Edle. Wir werden hören, daß des Thimo-
nis miniſterialis in Koldiz Nachkommen nach einiger
Zeit ſo glücklich geweſen, das Schloß erblich zu erlan-
gen; und von der Zeit ſind ſie auch Nobiles, edle
Herren von Koldiz, genennet worden.

Es iſt hier noch ein Unterſchied zu merken unter de-
nen, die eines andern Dienſtmänner wurden.
Nach den Principiis der alten Deutſchen konnte es
mit der angebohrnen Freyheit beſtehen, bey einer an-
dern Herrſchaft Dienſte zu thun, und ſich dafür einen

Unter-

Unterhalt auf einem Schloſſe erblich anweiſen zu laſ-
ſen. Allein ein Dienſtmann bey einem Schloſſe zu
werden, und ſich auch anheiſchig machen, ein Dienſt-
mann zu bleiben, es möchte das Schloß verkauft wer-
den, an wen es wollte, das hielt man vor eine Knecht-
ſchaft, welcher ſich kein Freygebohrner leichte unter-
warf. Solche hieß man glebæ adſcriptos; wer ein
Schloß kaufte, dem mußten ſolche Dienſtmänner
Pflicht thun; ſie wurden mit verkauft. Ich glaube
wohl, daß mancher Freygebohrner zuweilen aus Ar-
muth ſich dergleichen Knechtſchaft mit ſeiner Familie
hat unterwerfen müſſen. Allein ich ſehe keine Urſa-
che, warum man den Thiemo von Koldiß als einen
ſolchen Leibeigenen anſehen wollte. Es ſtehet zwar in
der angeführten Urkunde, er ſey mit ſeinen Kindern
von dem Grafen Rabodo an den Kayſer verkauft wor-
den; allein es kann ja mit ſeiner Einſtimmung und
freyen Einwilligung geſchehen ſeyn. Denn die Burg-
und Dienſtmänner oder Vaſallen bey den Schlöſſern,
welche über Ehre und Freyheit hielten, behaupteten
auch das Recht, daß bey der Burg keine Verände-
rung, noch vielweniger Veräußerung ohne ihren Rath
und Conſens von dem Erbherrn durſte unternommen
werden, wie man zuverläßig aus den Geſchichten be-
weiſen kann.

So iſt alſo erwähnter Thiemo von Koldiß von
gutem, das iſt, nach der heutigen Art zu reden, ade-
lichen Geſchlechts, geweſen. Aber es iſt unmöglich,
zu ſagen, was vor einen Namen dieſelbe adeliche Fa-
milie geführet. Einige glauben, er ſtamme aus dem
leißniger burggräflichen Geſchlechte her; man findet
aber darzu keinen Beweis. Damals war noch nicht
der Gebrauch, daß die adelichen Familien einen be-
ſtändigen Geſchlechtsnamen führeten. Veränderten
ſie

sie die Wohnungen, so veränderten sie auch meistens
die Namen. Gedachter Thiemo wird in den alten
Briefen von Kolditz geschrieben, weil er daselbst ansäs-
sig war. Ob aber seine Kinder und Kindes-Kinder
alle diese Geschlechtsnamen beybehalten, oder ob sich
diejenigen, welche keinen Antheil an Kolditz behalten,
sondern sich andere Güter angekauft, anders genen-
net, ist bis ißo noch nicht ausfindig gemacht worden.
Der sel. Schöttg. schreibt in einem Programmate de pla-
gio Kauffungiano, daß Hugo von Wolkenberg zu
der Familie der Herren von Kolditz gehöre. Es ist auch
wahrscheinlich, daß ein Herr von Kolditz dieses Hu-
gonis Schwester oder Muhme geheyrathet, und das
Schloß Wolkenberg angenommen habe. Allein
das Wappen des Hugonis, wie es bey dem Diplo-
matario Buchenli ad ann. 1302 Tab. II. zu sehen, ist
gänzlich von derer von Kolditz Wappen unterschieden.
Diesen Unterschied der Wappen sehe ich auch vor zu-
länglich an, zu beweisen, daß die alten Herren von
Schellenberg nicht zu dieser Familie gehöret. Denn
obgleich der Name Thiemo, Ulrich und Heinrich
unter ihnen gewöhnlich gewesen, auch Henricus de
Schellenberg anno 1292 ausdrücklich miles de Kol-
diz genennet wird, Tom. III. Mencken. p. 1039, so
zeiget doch sein Wappen in Dipl. Buch. Tab. II. ein
anders, und er ist nur ein Castrensis oder Burgmann
in Kolditz gewesen, der daselbst gewohnet, wie er denn
auch in den Kloster Buchischen Briefen ausdrücklich
Castrensis, in Koldiz residens, geschrieben wird.

Das Wappen dieser Herren von Kolditz wird in
Camprads leißniger Chronike p. 556 also beschrieben:
Ein Schild, in der Quere mitten durch getheilet, wo-
rinnen aber ein halber schwarzer Löwe im göldenen
Felde, und unten 3 rothe Balken schrägwärts im wei-

ßen

ßen Felde stehen. Man findet in Schöttgens Di-
plomatariis T. II. drey abgedruckte Siegel dieser Her-
ren von 1215. 1265. und 1383, welche mit dieser
Beschreibung überein kommen, außer daß in dem
Siegel von 1215 in dem untersten Felde 4 Balken zu
sehen. Die übrigen Veränderungen dieser Herrschaft
werden bey der genealogischen Abhandlung dieses Ge-
schlechts erwähnet werden. Voraus aber ist zu wis-
sen, daß diese Herren anno 1404 ihre Güter in Mei-
ßen, und auch das Schloß Koldih verkauft, und sich
unter der Krone Böhmen in Böhmen, Schlesien und
Laufih niedergelassen. Man findet von der Zeit an
wenig von ihnen erwähnet. Man kann nicht einmal
gewiß behaupten, daß sie ausgestorben. Die meisten
schreiben zwar, daß die leißniger Burggräfin, Johan-
na, welche eine gebohrne von Koldih gewesen, und
1513 gestorben, die letzte ihres Geschlechts gewesen;
allein es floriret noch ißo ein berühmtes Haus in Schle-
sien, das sich Sedlnitzky von Choldih schreibet,
welches nach einiger Meynung von dem Meißnischen
abstammen soll, vid. Sinapius p. 876. und Camprad
l. c. p. 526. Ich werde aber bey der genealogischen
Abhandlung dieser Herren hauptsächlich auf diejeni-
gen sehen, welche sich in dem Lande Meißen berühmt
gemacht. Alle Urkunden, worinne ihr Name genen-
net wird, werde ich nicht anführen, sondern nur die-
jenigen, wobey einige Umstände vorkommen, welche
nützbar sind. Zum Beschluß sollen noch einige bis-
her ungedruckte Briefe angehänget werden, welche
hier und bey andern Gelegenheiten ein Licht geben kön-
nen.

THIEMO I.

ist, wie schon erwähnet worden, anno 1157 ein kay-
serlicher Vasal geworden. Wenn der Kayser in Al-
tenburg

tenburg gegenwärtig war, und Briefe ausfertigte, hat sich dieser Thiemo vielmal als Zeuge unterschrieben. Anno 1190 treffe ich ihn das letztemal an in einem Document des Klosters Bosau, wo er noch unter die Ministeriales imperii gerechnet wird. Es sind von ihm 3 Söhne bekannt worden, Ulrich, Heinrich und Thiemo.

ULRICVS I.

Von diesem weis ich weiter nichts zu sagen, als daß er anno 1188 mit seinem Vater Thiemo am kayserlichen Hof gewesen, und einen Zeugen abgegeben, vid. Bud. Sammlungen p. 450.

THIEMO II.

erwählte den geistlichen Stand, und ward ein Mönch im Kloster Pegau. Anno 1187 war er Custos, lebte mit seinem Abte im Streit, ward auch deswegen abgesetzt. Aber anno 1226 ward er selbst Abt daselbst, und starb anno 1239, vid. Schöttgens Leben Graf Wiprechts, p. 149.

HEINRICVS I.

nahm sich anno 1187 seines Bruders Thiemo an, und führte den Abt in Pegau gefangen weg, vid. Schöttg. l c. Er hat außer Kolditz noch andere Güter unter den Marggrafen in Meißen besessen, daher er als ein marggräflicher Vasal die Landtage besucht, als ao. 1198 zu Colmen. In dem Pleißner Lande, worzu Kolditz gehörte, soll er anno 1210 kayserlicher Landrichter gewesen seyn, vid. Menck. S. R. S. T. III. p. 1082; und anno 1212 ward er als ein Pleißner Vasalle von dem Kayser

Otto

Otto IV. als ein Bürge gestellet, ib. p. 1030, wo er den Rang vor dem Vogt in Weyde, und dem Herrn von Schönburg hat. Es ist also sehr wahrscheinlich, daß dieser Heinrich der erste Herr ist, welcher das Schloß Kolditz erblich erhalten, da die beyden zugleich erwählten Kayser, Philipp und Otto, um Geld und Anhänger zu erlangen, viele Reichsgüter veräußerten. Das letztemal treffe ich ihn in einer kayserl. Urkunde für das Kloster Bosau anno 1216 an.

VOLRADVS I.

wird in einem Kloster Buchischen Document anno 1221 erwähnet, und stehet vor dem Herrn von Schönburg. Ob er Henrici I. Sohn gewesen, kann man nicht zuverläßig sagen.

HEINRICVS II.

Von diesem weis man so viel, daß er eine Gemahlin, Adelheid, gehabt, mit welcher er 4 Söhne, Theodericum, Thiemo, Volrad und Ulricum, und eine Tochter gezeuget; daß er anno 1245 gestorben, und in dem Kloster Buch begraben worden. Dieses alles kann aus 3 Urkunden bewiesen werden, welche seine Söhne ausgestellet, und in dem Diplomatario Buchensi zu lesen sind. Es stehet zwar bey dem einen das Jahr 1215 p. 173. und bey den andern beyden Briefen p. 224 gar kein Jahr. Es kann aber zuverläßig bewiesen werden, daß sie anno 1245 geschrieben worden; wie denn auch Tham im Chronico Coldicensi und Camprad in der leißniger Chronike dieses Jahr als sein Sterbejahr angeben. Es wird ein Heinrich von Kolditz in eben diesem Diplomatario

tario Buchensi anno 1217 und 1220 als ein Zeuge
angeführet, ihm aber ein so schlechter Rang angewie-
sen, daß ich glaube, daß nicht dieser Herr, sondern
ein Burgmann von Kolditz, zu verstehen sey. Ihm
zu Ehren haben die Wittbe Adelheid und die Söhne
in dem Kloster Buch eine Kapelle erbauet, welche die
Kapelle St. Petri und Pauli, oder nur insgemein
die kolditzer Kapelle genennet worden. Von den 3
nachgelassenen Söhnen sind 3 Linien derer Herren von
Kolditz entstanden: nämlich die kolditzer, wolkenbur-
gische und die breitenhaynische; von denen itzo nach
einander wird gehandelt werden, wenn wir zuvor des
vierten Bruders werden Erwähnung gethan haben.
Dieser war

THEODERICVS I.

Er ist vor dem Vater verstorben, und zwar, wie man
aus gewissen Umständen schließen kann, anno 1240.
Der Vater ließ ihn im Kloster Buch begraben, und
verordnete zum Seelengeräthe da hin zwo Hufen im
Dorfe Buckelwitz bey Leißnig, Diplomatarium Bu-
chense p. 224.

VOLRAD II.

ein Sohn Henrici II. ist der Stifter der breitenhayni-
schen Linie. Ich gebe ihr diesen Namen, weil von
seinen Söhnen geschrieben wird, daß sie in Breiten-
hayn gewohnet. Ob es der Vater auch inne gehabt,
ist unbekannt. Bey der Erbtheilung scheinet dieser
Volrad so abgefunden zu seyn, daß er keinen Antheil
an der Herrschaft Kolditz behalten. Er war anno
1248 kayserlicher Landrichter in Pleißen, Menck. T.
III. p. 1084 wird in den Urkunden von 1245 an bis
1265

1265 öfters als Zeuge nebst seinem Bruder Ulrico angeführet; wobey zu merken, daß meistentheils dabey stehet dicti de Coldiz, wodurch angezeiget wird, daß sie zwar vom Schloße Rolditz den Namen hätten, aber doch nicht Besitzer daselbst wären. In einem Briefe von 1253 beym König in der Adelhistorie T. II. p. 617 wird er aus einem Schreibefehler Volcmar genennet. Wenn er gestorben, ist ungewiß. Nach wahrscheinlichen Gründen hat er 5 Söhne hinterlassen, Thiemo III. Volrad III. Busso I. Ulrich II. und Otto I.

THIEMO III.

wird anno 1265 ein Sohn Volradi II. genennet, da Heinrich, Herr in Rolditz, die Erlaubniß gab, bey Castau eine Mühle zu bauen, vid. Dipl. Buch. p. 190. Weiter finde nichts von ihm. Es scheinet, daß weder dieser, noch einer seiner Brüder, das Geschlechte fortgepflanzet.

VOLRAD III. und BVSSO I.

Beyde werden in einem Briefe des Burggrafen in Altenburg als Zeugen erwähnet anno 1292 Menck. T. III. p. 1082, und stehet dabey quorum Breitenhayn est. Busso kommt nicht weiter vor. Aber Volradus de Coldiz, & Henricus de Coldiz, eius Patruus, werden in einer Urkunde des Klosters Buch anno 1283 angeführet, wo der Titel patruus des Vaters Bruders Sohn anzeiget. Anno 1293 war Volrad Zeuge in einer Urkunde Marggraf Dizmanns, Schöttgens Nachlese P. I. p. 63. Das letztemal wird Wolrad de Coldiz, residens in Breitenhayn, gedacht anno 1298 in Dipl. Buchens.

ULRI-

ULRICVS II.

trat in den geistlichen Stand, und ward anno 1304
Bischof in Naumburg. Insgemein wird er ein Herr
von Wolkenburg genannt, weil er Volradum dictum
de Wolckenburg seinen Vetter genennet, vid. Char-
tarium Bosau. p. 453. Patruus zeiget hier wieder
des Vaters Bruders Sohn an. Allein von rechts-
wegen sollte er von Koldig geschrieben werden, da sein
Vater keinen Theil an Wolkenburg gehabt. Warum
Albinus selbigen von dem Geschlecht der Herren von
Eulenburg herleitet, kann ich nicht sagen. Er hat
vermuthlich gefunden, daß die Herren von Eulen-
burg seine Vettern genennet werden. Er soll anno
1316 gestorben seyn.

OTTO I.

war im Stifte Zeiz ein Domherr; ward Decanus
und Archidiaconus Plisnensis. Er wird von 1291
bis 1324 gefunden, und öfters Otto de Coldiz ge-
schrieben, vid. Schöttgens Leben Graf Wiprechts in
opp. p. 35. Der Bischof Ulrich nennet ihn anno
1304 ausdrücklich seinen Bruder, vid. Chartarium
Bosau. p. 453. Anno 1319 heißt er Otto de Coldiz,
Archidiaconus Plisnensis, ib. p. 457. In dem Ca-
lendario Naumburg. p. 168 stehet ohne Benennung
des Jahres von ihm: Den 13. Sept. obiit Dominus
Otto de Koldiz, Archidiaconus, & dantur quae-
dam de bonis in Reusen.

ULRICVS III.

Heinrichs II. jüngster Sohn, fänget die wolkenbur-
gische Linie an. Seine Gemahlin, Beatrix, hat

wahr-

wahrscheinlicher Weise das Schloß Wolkenburg zu
ihm gebracht. Er hatte aber auch einen guten Theil
der Herrschaft Kolditz im Erbe empfangen. Von
anno 1245 bis 1271 wird er ofte in den Urkunden
gefunden. Er kann nicht zu hohem Alter gekommen
seyn: denn seine Gemahlin Beatrix hat noch 1297
gelebet, und bey seinem Tode waren die meisten Söh-
ne noch unmündig. Es sind aber derselben fünfe ge-
wesen:

HEINRICH III. VOLRAD IV. OTTO II. UL-
RICH IV. und GVMPERT,

sind Söhne Ulrici III. Sie schrieben sich Herren
von Kolditz, Herren zu Wolkenburg. Heinrich ist
bey dem Tode seines Vaters unter seinen Brüdern
allein mündig gewesen. Weil zu gleicher Zeit bey
dieser Familie zwey Heinriche gelebet, einer bey der
Kolditzer, der andere bey der wolkenburgischen Linie;
so wird jener durchgängig Heinricus senior, dieser
aber junior geschrieben bis zu dem Jahre 1309. Nach-
dem aber in diesem Jahre der in Kolditz gestorben,
und einen Sohn, Heinrich, hinterlassen, so wird von
der Zeit der wolkenburgische senior, der kolditzer aber
junior genennet. Anno 1277 hat Henricus junior
de Coldiz, dictus de Wolckenberg, ein Sohn
Herrn Ulrichs von Kolditz, dem Kloster Buch 2
Hufen in Leipnitz geschenket, und versprochen, benebst
seinem Vetter Heinrich zu Kolditz zu sorgen, daß
es der Kayser bestätigte, vid. Dipl. Buch. Weil
Leipnitz zum Amte Kolditz gehöret, so kann man
sehen, daß damals der Kayser noch Lehnsherr über
Kolditz gewesen. Anno 1284 haben die beyden
Brüder, Heinrich und Otto von Kolditz, Herren
zu Wolkenburg, eben diesem Kloster einige Zinsen im
Dorfe

Dorfe Nicrasrwitz, welches bey Buckelwitz lag, ge-
geben, ibid. Andere Schenkungen dieser Brüder
von 1286 und 1290 an dieses Kloster werden im Dipl.
Buch gefunden. Das Kloster Nimtzschen hat auch
von diesen Herren viel Gutes empfangen, sonderlich
das Dorf Großboden, welches sie gemeinschaftlich in
Lehn von dem Marggrafen Friedrich gehabt hatten,
davon die im Anhange befindlichen Urkunden No. 2.
3. und 6. mehrere Umstände anzeigen. Wir sehen
unter andern daraus, daß der älteste unter diesen Brü-
dern, Heinrich, anno 1291 2 Töchter ins Kloster
Nimtzschen gethan. Ob er aber auch Söhne gehabt,
findet sich nirgends. Ich gedenke daraus noch
dieses, daß es vor Zeiten gebräuchlich gewesen,
zwey Dörfer eines Namens also zu unterscheiden, daß
das kleine das wendische, das größere aber das
deutsche Dorf genennet worden. Diese Gewohn-
heit ist ziemlich abgekommen; doch findet man ohn-
weit Oschatz noch zwey Dörfer, Luppe genannt,
welche noch itzo deutsch und wendisch Luppe heißen.
Sollte man nicht daraus schließen können, daß die
Wenden gewohnt gewesen, lauter kleine Dörfer auf-
zubauen, die Deutschen aber größere? Es finden
sich auch in keinen Ländern so viel wüste Dorfstätte,
als da, wo vor Zeiten Wenden gewohnet, woraus
manche fälschlich schließen, daß ein solches Land vor
Zeiten besser angebauet gewesen, als itzo. Anno
1297 gab Beatrix, die Mutter dieser Herren zu Wol-
kenburg, an das Kloster Nimtzschen einige Zinßen zu
Misselitz, welches ihre Söhne bestätigten, vid. Dipl.
im Anhange No. 4. Anno 1309 haben Volrad,
Otto und Ulrich, Gebrüdere von Kolditz, Herren zu
Wolkenburg, der Pfarre zu Wolkenburg einige Zin-
ßen in Gernsdorf geeignet, Menck. T. III. p. 935.
Heinrich der ältere von Kolditz wird anno 1311 zu
Weißen-

Weißenfelß als ein Zeuge gefunden, vid. Dipl. Beutiz. p. 392. Unter diesen Brüdern ist Gumpert entweder zeitlich gestorben, oder in ein Kloster gegangen; denn er wird 1290 das letztemal erwähnet. Otto und Ulrich lebten noch 1309, Heinrich 1311. Volrad aber ist wohl der älteste darunter geworden. Denn anno 1333 wird der edle Herr Volrad von Koldiß, des Wolkenberg ist, angeführet, Tom. III. Menck. p. 1044. und im Anhange liest man einen bisher ungedruckten Brief von 1338, nach welchem sich Volrad mit seinen beyden Söhnen, Nicol und Heinrich, noch einmal auf das Dorf Großboden, dem Kloster Nimtzschen zum besten, loßgesagt.

NICOL I. und HEINRICVS IV.

waren Volradi IV. Söhne, auf Wolkenburg, und werden weiter nicht, als anno 1338 in einer Urkunde, welche im Anhange zu lesen, gefunden. Vielleicht ist dieser Nicolaus außerhalb Landes gegangen, und hat sein Geschlechte fortgepflanzet. Denn es findet sich ein Nicolaus de Coldiz, welcher anno 1419 Comthur zu Wildenbrück in Pommern, und 1442 zu Lago gewesen, vid. Schöttgens Diplomataria T. III. p. 83. Ditmar von den Herrenmeistern des Johanniterordens p. 13. Dieser kann ein Nachkomme des Nicolai I. seyn. Es ist wahrscheinlich, daß Heinricus IV. auch verheyrathet gewesen, und Volrad V. und Bosso II. gezeuget. Denn

VOLRAD V. und BOSSO II.

Herren von Koldiß zu Wolkenburg, werden von anno 1351 bis 1371 ofte erwähnet. Sie hatten noch zwo Schwestern, Agathen und Sophien. Agatha

tha war an einen Herrn von Königsfeld verheyra-
thet gewesen, ward aber anno 1368 zur Wittwe, da-
her ihr Bruder Volrad dem Kloster Buch, zum Trost
seines Schwagers, einige Zinßen schenkte, vid. Dipl.
Buch. p. 250.   Anno 1351 hat Marggraf Fried-
rich mit dem edlen Volrad und Busso von Koldiß
wegen des Bergwerks zu Ulrichsberg einen Vergleich
gemacht, Menck. T. II. p. 677.   Anno 1357 ver-
kaufte Thiemo, Herr zu Koldiß, die Stadt Wils-
dorf, und führet zu Zeugen an seine lieben Vettern,
Volrad und Busso, v. Schöttg. Nachlese, P. II. p.
296. Anno 1354 schenkten sie der Pfarre zu Wol-
kenburg ein Stücke Holz, davon eine Urkunde bey
Menken T. III. p. 394 gelesen wird.   Anno 1371
stifteten beyde Brüder eine ewige Messe in der Kirche
zu Wolkenburg.   Sie gedenken darinnen ihrer El-
tern und Schwestern Agathen von Königsfeld und
Sophien, aber keiner Kinder; daher man einen
wahrscheinlichen Schluß machen kann, daß sie ohne
Kinder geblieben, Menck. T. II. p 677.   Anno 1368
ward der edle Volrad von Koldiß Bürge, als
die Marschalle von Frohburg Ober- und Nieder-Fran-
kenhayn verkauften, vid. historische Nachricht von
Chemniß p. 17.

THIEMO IV.

Der älteste Sohn Henrici II. der Stifter derjeni-
gen Linie, welche in Koldiß gewohnet.   Er hat mit
seinen beyden Brüdern, Volraden und Ulrichen, das
Kloster Buch so verstärket, daß von der Zeit 30 Mön-
che darinnen haben können unterhalten werden, Menck.
T. III. p. 882. 934.   Er ist anno 1263 gestorben,

St. Beytr. 4. Th.   Y   denn

Denn seine Söhne nennen ihn anno 1265 in einem Document patrem piæ memoriæ Thimonem de Koldiz, vid. Dipl. Buch. p. 190. Tammius und Camprad schreiben, er wäre vor seinem Vater Heinrichen anno 1240 verstorben; sie verwechseln ihn aber mit einem andern Bruder, Theoderico. Denn anno 1254 wird er noch von dem Marggraf Heinrich als ein Zeuge angeführet, vid. Dipl. Buch. Seine Gemahlin hat Agnes geheißen, und soll anno 1277 gestorben seyn. Er hat drey Söhne hinterlassen, Heinrich V. Volrad VI. und Otto III.

OTTO III.

Bey seines Vaters Tode war er noch unmündig. Anno 1291 wird er bey Verkaufung des Dorfs Großboden an das Kloster Nimtzschen nebst seinem Bruder Heinrich erwähnet, vid. im Anhange No. 2. In Ansehung seiner wird Otto II. in Wolkenburg anno 1284 junior genannt, vid. Dipl. Buch. p. 200. Er ist bald nach 1291 erbloß gestorben.

VOLRAD VI.

Ein Sohn Thiemonis IV. hat nicht lange gelebet. Anno 1265 erlaubte Heinrich von Koldiz, ein Sohn Thiemonis, mit Einwilligung seines Bruders Volrads, und seines Vaters noch lebenden Brüdern, Volradi II. und Ulrici III. in Wolkenburg, bey Lassau eine Mühle aufzubauen, vid. Dipl. Buch. Wenn in folgenden Jahren die wolkenburgische Linie einen Consens von der andern Linie in Koldiz verlangten,

ten, gedenken sie nur Heinrichs, Herrn in Koldiß.
Also ist Volrad zeitlich und ohne Erben gestorben.

HEINRICVS V.

der erste Sohn Thiemonis IV. wird von dem Jahr
1265 bis 1309 oft gedacht.   Er heißt miles, und in
Ansehung seines Vettern, Heinrichs in Wolkenburg,
senior.   Anno 1278 überließ der Graf in Brena
dem edlen Herrn, Heinrich von Koldiß, die Aduo-
catiam in Mügeln, daß er sie von dem Bischof zu
Meißen in Lehn nehmen sollte, Beyträge P. II. p. 233.
In dem Diplomatario Buchensi kommen 3 Urkunden
von den Jahren 1287, 1289 und 1290 vor, worin-
nen er diesem Kloster viele Zinßen geeignet.   Die
vielen Diplomata, worinnen er als Zeuge stehet, ge-
hen wir vorbey.   Jedoch müssen wir gedenken, daß
anno 1297 Henricus miles und Thiemo de Koldiz
militaris zugleich erwähnet werden, welches der Va-
ter und Sohn sind, Menck. T. III. p. 1085.   In
der Urkunde 1308 im Anhange No. 5. erscheinen als
Zeugen Henricus miles senior, dictus de Koldiz, &
Henricus, filius eiusdem.   Daß seine Gemahlin
eine Burggräfin zu Leißnig gewesen, wie T. III. Menck.
p. 899 vermuthet wird, ist ohne Grund.   Vielmehr
hat eine Tochter Henrici V. von Koldiß, mit Namen
Agnes, den Burggraf Albero in Leißnig zur Ehe ge-
habt, und mit ihm viele Kinder gezeuget, unter an-
dern den Probst in Meißen Albrecht, welchen der
Bischof Witigo seiner Schwester Sohn nennet, vid.
Calles in serie Episcoporum Misnensium p. 234.
Es ist sicherer, daß Heinrichs von Koldiß Gemah-
lin eine von Camenz gewesen, mit welcher er 3 Söh-

ne

ne gezeuget, Witego, Heinricum VI. und Thiemo VI. wie auch einige Töchter, davon eine der Burggraf in Leißnig, die andere Johann von Senftenberg, die dritte Heinrich Marschall von Frohburg zur Ehe gehabt. Ich kann nicht sagen, ob es Grund habe, was Fabricius ad annum 1347 meldet, daß dieser Heinrich sich vor seinem Tode ins Kloster Zelle begeben, und die Kutte angezogen, dem seine Frau nachgefolget, und sich in Nonnen-Stand einkleiden lassen. Wenigstens kann er nicht lange im Kloster gelebet haben. Denn anno 1308 zu Pfingsten wird er noch Henricus miles senior geschrieben; und anno 1309 im Junio war er schon tod, und der Titel senior war auf Henricum III. in Wolkenburg gefallen.

WITIGO

hat seinen Namen aus der mütterlichen Familie der Herren von Camenz, wie er denn auch seinen Vettern Witegoni und Bernhardo im Amte nachgefolget, und anno 1312 Bischoff in Meißen geworden. Er hat wegen der Streitigkeiten der Marggrafen in Brandenburg mit dem Marggrafen in Meißen, und wegen einiger bischöflichen Lehne viel Unruhe gehabt, und ist anno 1343 gestorben.

HEINRICVS VI.

Ein Sohn Henrici V. welchen Bischof Witego vielmal seinen Bruder nennet, wird in den Urkunden von anno 1308 bis 1340 angetroffen. Anno 1318 heißen in einem Sühnbriefe der Burggräfen von Golßen Witego, der Bischof in Meißen, Heinrich und
Thiemo,

Thiemo, Brüder von Kolditz, Johannen von
Senftenberg, Richard und Heinrich von Dah=
me, Otto von Wettin, Otto von Borne, und
Otto von Ilburg Anverwandte, vid. Calles p. 224.
Anno 1319 findet sich ein Vergleich des Bischofs
Witego mit dem Marggrafen in Meißen wegen der
Stadt Dreßden, welcher durch des Bischofs Oh=
men, Witego von Camenz, und durch den Bru=
der Heinrich besiegelt worden, ib. p. 227. Hein=
rich und Thiemo von Kolditz hatten ihrem Bru=
der, Bischof Witegeni, in dem Kriege der Marggrafen
von Brandenburg mit den Marggrafen in Meißen
Kriegsdienste gethan, hatten aber keinen Sold erhal=
ten; sie schenkten aber alle ihre Anforderungen anno
1320 dem Stifte freywillig, ib. p. 229. Anno
1324 legte Heinrich, des Bischofs Witego Bru=
der, einen Streit bey zwischen dem Kloster Buch und
denen von Staupitz. Der Bischof confirmirte es,
und führte zum Zeugen an Henricum von Camenz,
auunculum suum, vid. Dipl. Buch. p. 227. Bey=
de Brüder, Heinrich und Thiemo, haben dem Klo=
ster Buch anno 1327 einige Güter in Droschnitz zu=
geeignet, ibid. p. 230. Sie gedenken beyde in der Ur=
kunde, welche in Kolditz ausgefertiget ist, ihrer Ge=
mahlinnen. Anno 1329 gab Heinrich von Königs=
feld dem Kloster Buch einige Dörfer. Dieses be=
stätigten mit ihren Siegeln Witego, der Bischof, des
Bischofs Ohmen, Albero und Heinrich, Burggra=
fen zu Leißnig, (Ohmen sind hier der Schwester Söh=
ne) und des Bischofs Bruder, Heinrich von Kol=
ditz, ib. p. 231. Der Burggraf Albert von Leiß=
nig nennet Heinricum de Colidiz seinen Auunculum,
oder Mutter Bruder, in einem Briefe vom Jahr 1332
ib. p. 234. In eben diesem Jahre waren die bey=
den

den Brüder, Heinrich und Thiemo in Torgau, als
der Churfürst Rudolph Poch und Bresen von dem
Stifte Meißen zu Lehen nahm, vid. Schöttg. Nach-
lese P. V. p. 165. Beyde waren auch anno 1337
Zeugen in einem Briefe für das Klöster Nimtzschen,
deßen Excerpta im Anhange No. 8. gefunden wer-
den, desgleichen anno 1339, da die Burggrafen in
Leißnig dem Kloster Nimtzschen das Dorf Windisch-
boden oder Kleinboden verkauften. Anno 1340 nen-
net der Bischof Witigo Heinrichen und Thiemen
von Roldiß seine Brüder, in Schöttgens wurzner
Chronike p. 154. Und in diesem Jahre sind beyde
Brüder ohne Zweifel gestorben. Es setzet zwar
Tammius Heinrichs Todes-Jahr auf 1345, des
Thiemonis aber auf 1340; allein alle seine Nach-
richten sind confus. Man siehet deutlich, daß er
Heinricum II. mit diesem Heinrico IV. verwechselt,
und überhaupt in der Chronologie nicht richtig sey.
Es ist von ihm ein einiger Sohn bekannt

THIEMO V.

welcher in Ansehung seines Vetters, Thiemo VII.
insgemein der älteste Herr von Roldiß geschrieben wird.
Er war von anno 1344 an einige Jahre Marschall
an dem Hofe des Marggrafen Friedrichs, und wird
sehr oft erwähnet. Anno 1340 war er nobilis Thy-
mo de Coldiz, senior, Zeuge in einem Buchischen
Klosterbriefe, vid. Dipl. Buch. p. 399. Anno 1344
wird er in einem Document des Burggrafen von
Dohna marggräflicher Marschall genennet, v. Barzsch
von Dohna, p. 159. Wiewohl man diesen Brief
lieber ins Jahr 1346 setzen möchte, da man findet,
daß

daß Boto de Ilburg noch anno 1345 Marschall gewe-
sen. Anno 1351 setzet der Marggraf Friedrich
Thiemen von Kolditz, seinen Marschalk, zum Bür-
ger, in Horns Leben Friedrichs, p. 11. Anno 1349
gaben Heinrich, Witigo, Paul und Johannes,
Gebrüdere, Marschalle von Frohburg, ihrer Muhme,
der Aebtißin Elisabeth, in Nimtzschen das halbe
Dorf Harte bey Grimme mit 7 Mandeln breiter Gro-
schen Zinße, und thaten zwo Schwestern, Elisabeth
und Margarethen, ins Kloster. Darbey waren
Zeugen Thiemo von Kolditz, der ältere, der Mar-
schalk ist unsers Herrn, des Marggrafen in Meißen,
und Herr Thieme der jüngere von Kolditz, unsere
liebe Ohmen, Hermann von Weydirde, Hans
von Miltitz, Gumprecht von Pouch, unsere lie-
ben Schwäger, dat. am Michaelis-Tage. Als die
Aebtißin dieses Klosters anno 1354 die Mühle zu
Großparda kaufte, waren Thieme von Kolditz,
der älteste Herr, und sein ältester Sohn, desgleichen
Bernhard von Plozick und Michael von Kurbitz
als Zeugen dabey. Eine Urkunde dieses Thiemonis
des ältern vom Jahr 1357 findet man in Schöttgens
Nachlese P. II. p. 296, nach welcher er das Städt-
lein Wilsdorf an Nicol Monhaupten verkauft hat.
Sie ist zu Kolditz ausgestellet, und Heinrich, der Sohn,
hat sie unterschrieben. Der edle Thymo, der ältere,
Herr zu Kolditz, ein Ohme Otto des Wenden zu Eu-
lenburg, wird von denen Marggrafen als Vormund
der Töchter dieses Ottonis anno 1358 bestätiget, vid.
Kreysigs Beyträge P. IV. p. 27. Zuletzt finde ich ihn
bey dem Jahr 1361 zweymal als Zeugen erwähnet in
Dipl. Buch. p. 247. einmal heißt er der edle Thyme
von Kolditz, der ältere, das anderemal Herr Thieme
von Kolditz, der Marschalk war, woraus man schlie-

ßen

ßen kann, daß er das Marschalken-Amt nicht bis an
sein Ende beybehalten. Daß er mehr als einen Sohn
gehabt, haben wir bey dem Jahr 1354 gesehen, wo
seines ältesten Sohnes gedacht wird. Es ist aber kei-
ner weiter bekannt, als

HEINRICVS VII.

welcher anno 1357 seine Einwilligung bey Verkau-
fung des Städtleins Wilßdorf gegeben, wie wir oben
gehöret. Und dieses ist die einzige Nachricht, die man
von ihm findet. Weil aber der Vetter, **Thiemo** der
jüngere, anno 1368 das Schloß Kolditz allein inne
gehabt, und selbiges, wie wir hören werden, im ge-
dachten Jahre der Krone Böhmen lehnbar gemacht,
ohne seiner Vettern Erwähnung zu thun, so kann
man wahrscheinlich folgern, daß dieser Heinrich und
alle seine Brüder zu der Zeit tod gewesen, und also
die Linie Henrici VI. verloschen.

THIEMO VI.

Dieser Sohn Heinrichs V. ist oben bey der gege-
benen Nachricht von seinem Bruder Henrico VI. ofte
erwähnet worden. Er hatte Kolditz mit seinem Bru-
der gemeinschaftlich, besaß aber auch viele Güter in
Böhmen und Schlesien, und verwaltete daselbst ansehn-
liche Bedienungen. Anno 1316 soll er an dem Hofe
Herzog Boleslai zu Liegnitz gewesen seyn, vid. Sinapius
schlesische Curiositäten p. 524. und anno 1318 soll er
den Titel als oberster Landrichter in Böhmen geführet
haben, ib. Doch wird er in einer Urkunde dieses Jah-
res,

·res, welche von einem Herzog in Schlesien zu Prag
ausgestellet ist, ohne diesen Titel angeführet, Menck.
T. III. p. 1756, und einen Brief, de anno 1326, da-
rinne er der Stadt Pirne die Föhre über die Elbe be-
stätiget, fängt er also an: Nos Thymo, dictus de
Coldiz, tutor ciuitatis & castri Pirnensis, v. Horns
sächsische Handbibliothek p. 201.   Anno 1329 wird
er in einem Briefe des Königs Johannis in Böhmen
erwähnet, in Becklers reußischen Stammtafel p. 292.
Daß er anno 1340 gestorben, ist oben gemuthmaset
worden.   Tammius in Chron. Coldicensi in Menck.
T. II. p. 675. 679. erzählet vieles von ihm, vermenget
aber diesen mit Thiemone IV.   Daher verdienet er
keinen Glauben, wenn er sagt, dieser Thiemo habe
eine Wittwe, Agnes, und 3 Söhne, Ulrichen, Vol-
rad und Busso hinterlassen.   Es ist wahrscheinlich,
daß seine Gemahlin Margaretha geheißen, welche
in eben diesem Jahre 1340 in Schlesien gestorben.
Denn es findet sich dieses alte Epitaphium in der
Kirche zu Schweidnitz: Anno domini MCCCXL. ter-
tio Cal. Iun. seu prima dominica ante Ioannis Bapti-
stæ obiit domina Margaretha de Coldiz.   Orate
pro ea. vid. Sinapius l. c. p. 524.   Mit derselben
hat er einen Sohn, Thiemo VII. gezeuget, und eine
Tochter, welche der Mutter Namen, Margaretha,
geführet, und anno 1350 an einen Burggrafen in
Leißnig, Albrechten, Herrn zu Mutzschen, verhey-
rathet worden.   Sie bekam zum Leibgedinge das
Haus Mutzschen, und der edle Thyme von Kolditz,
der Marschall, und Thyme, sein Vetter, der Frau
Margaretha Bruder, wurden ihr zu Vormunden ge-
geben, vid. Haltaus in Glossario sub voce: Leibge-
dings-Lehen.

Y 5   THIE-

THIEMO VII.

wird in Ansehung seines Vetters, Thiemonis V. der jüngere genannt. Er hat außer den böhmischen Gütern das Schloß Koldiz, daran er anfänglich nur einen Theil hatte, durch einen Erbfall ganz erhalten, und daßelbe dem Königreich Böhmen anno 1368 zu Lehen aufgetragen, davon das Document in Lünigs Corpore juris feud. P. II. p. 153. kann nachgesehen werden. Heinrichs von Kittliz auf Baruth Tochter, welche vermuthlich Anna geheißen, ist seine Gemahlin gewesen. Bey dem Kayser Carolo IV. hat er in großen Gnaden gestanden, und ist dessen Cammermeister, und unter dem König Wenzeln Hauptmann des Königreichs Böhmen gewesen. Seiner ist bey dem Leben Thiemonis, des Marschalls, Erwähnung geschehen. Anno 1357 übergab der Marggraf das Amt Grimme Thiemen von Koldiz, dem jüngern, Heinrichen von Kittliz, seinem Schwäher, Thiemen von Koldiz, dem ältern, und Burggraf Albrechten zu Mußchen, seinen Vettern, Camprads leißniger Chronike, p. 615. Der Bischof in Merseburg gab diesem Thiemen den Markzoll in Leipzig. Dieser verkaufte ihn wieder an den Rath, welches der Marggraf Friedrich anno 1363 bestätiget, vid. Haltaus l. c. sub voce Markzoll. Anno 1374 ist er von dem Kayser als ein Abgesandter nach Augspurg geschicket worden, Menck. T. I. p. 1513. Das Jahr darauf hat Thiemo von Koldiz, kayserlicher Cammermeister und Hauptmann zu Breßlau das Kloster Doberlug mit Heinrichen von Tschertig wegen eines Leibgedings verglichen, Ludwigii Reliquiæ T. I. p. 393. Anno 1383 bestätigte Thieme von Koldiz, Cammermeister unsers Herrn, des Römischen

schen König, und Hauptmann zu Breßlau, dem Klo-
ster Buch einige Zinßen, und bestellte ein Seelgeräthe
in der von Koldiß Kapelle daselbst.   Er nennet in
der Urkunde in Dipl. Buch. p. 259 Koldiß seine Stadt.
Anno 1381 hat der römische König Wenzel Thie-
men von Koldiß, Hauptmann des Königreichs Böh-
men bey der Stadt Pirne eine gewisse Jahr-Rente
angewiesen, vid. Horns sächs. H. B. p. 206.   In
den Urkunden Kaysers Caroli IV. wird dieser Thieme
sehr oft als ein Zeuge erwähnet.   In dem Jahr 1384
ist er gestorben.   Tammius l. c. schreibet, man finde
nicht, daß er Kinder gehabt.   Allein nach aller
Wahrscheinlichkeit muß man ihm 3 Söhne zueignen.
Thiemo VIII. Siegmund und Volrad. VII.

THIEMO   VIII.

erwählte den geistlichen Stand, ward Domherr und
Decanus im Stift Meißen.   Seines Großvaters
Bruder, Johann von Kitliß, konnte Alters we-
gen dem Stift nicht länger vorstehen, daher resignir-
te er das Bißthum anno 1399 in die Hände seines
Anverwandten Thiemonis.   Anno 1409 schickte der
König Wenzel denselben als seinen Abgesandten auf
das Concilium zu Pisa.   Auf der Rückreise ward er
in Cärnthen von den Anhängern des Kaysers Ruperti
arretiret.   Um sich zu ranzioniren, mußte er viele
Schulden machen, und die Stiftsgüter versetzen.
Er starb anno 1410 den 2. Dec.

SIEGMVND.

Von diesem hat Horn in der sächs. H. B. p. 206
folgende Nachricht gegeben.   Anno 1384 am Tage
S. Bla-

S. Blasii eignet Siegmund von Kolditz nebst seiner Mutter Annen nochmalen ein Häuschen zum Altar aller Heiligen bey unsrer Frauen Pfarrkirchen. Weiter findet man nichts.

VOLRAD · VII.

Das Schloß Eulenburg war von dem König Wenzeln den Herrn von Duba verpfändet. Diese verkauften anno 1392 ihr Recht an Volharden von Kolditz, vid. Tenzels curieuse Bibliotheque de 1704. p. 1138. Er soll aber bald darauf gestorben seyn. Simon in der eulenburgischen Chronike p. 331. leget ihm 4 Söhne bey, Wenzel, Albrecht, Thiemen und Georgen. Wenzel und Thieme sind unbekannt. Es kommt aber um diese Zeit ein Johannes von Kolditz vor, welcher desselben Sohn scheinet gewesen zu seyn. Denn

HANS I.

gesessen auf Kroppin, wird unter den böhmischen Landsherren anno 1424 erwähnet, T. I. Menck. p. 1173.

ALBRECHT I. und GEORGE.

verkaufen anno 1402 ihre Güter bey Eulenburg, welche marggräflich Lehen waren, an den Marggraf Wilhelm vor 12000 Schock, werden auch wegen des Schlosses und der Stadt Eulenburg mit ihm eins um 15000 Schock, v. Camprad l. c. p. 527. Horns Leben

Leben Friedrichs des Streitbaren, p. 129. Anno 1404 überließen Albrecht und George, Gebrüdere von Koldiß, dem Marggraf Wilhelm Haus und Stadt Koldiß mit allen Zubehörungen wiederkäuflich, nahmen aber die Mannschaft aus, die sie von dem Marggraf Friedrich hatten, Hörn L. c. p. 368. Tammius schreibt, es wäre der Verkauf des Schlosses Koldiß schon 1395 geschehen; es werden aber wohl nur Tractaten darüber damals geschehen seyn. Von Georgen findet man weiter nichts. Albrecht aber ist zu großen Ehren gekommen, und ist, wie sein Großvater, des römischen Königs Cammermeister geworden. Anno 1413 bekam er, und mit ihm zugleich Herr Veit von Schönburg von dem König Wenzeln die Stadt Meran im Voigtlande, welche er aber anno 1419 dem von Schönburg allein überließ, vid. Kreyßigs Beyträge P. III. p. 82. Albrecht von Koldiß, Hofmeister des römischen Reichs, wird in Menkens T. I. p. 1136 im Jahr 1420 erwähnet. Er muß ein Herr von großem Vermögen gewesen seyn, weil der König Wenzel Geld von ihm geborget, und ihm einige Städte im Voigtlande zum Pfande gesetzt, welches Geld anno 1422 noch nicht wieder bezahlt war, vid. Horn im Leben Friedrichs p. 860. In einem Briefe des Kaysers Sigismundi de anno 1424 wird er Cameræ magister genennet, vid. Ludwigii Reliqu. T. XI. p. 489. Anno 1425 ward er von dem Kayser Sigmund zum Landvogt in der Lausiß bestellet, welches Amt er bis 1434 rühmlich verwaltet. In Großers lausißers Merkwürdigkeiten P. I. p. 113 stehet ein Brief, darinne er sich diesen Titel giebt: Wir, Albrecht von Koldiß, des Römischen Königes Cammermeister und Hauptmann zu Schweiniß, Vogt zu Budißin, Görliß, Zittau, ꝛc. dat. zu Lemberg 1426. Er ist

um

um das Jahr 1435 gestorben, und hat 3 Söhne hinterlassen, Albrechten, Thiemo und Johann.

ALBRECHT II.

wird von vielen mit dem Vater vor eine Person gehalten. Selbst Carpzov in dem Lausitzer Ehrentempel p. 49 ist dieser Meynung zugethan. Allein Sinapius l. c. p. 525 hat aus bewährten Schriftstellern geschrieben: Drey Gebrüdere, Albrecht, Thieme und Hans von Koldiß waren nach einander Landeshauptleute der Fürstenthümer Schweidniß und Jauer unter Kaysers Alberti Regierung von 1437 bis 1439. Dieser Albrecht verwaltetete die Hauptmannschaft zu Schweidniß noch anno 1446, und ward vom Herzog Wilhelm zu Sachsen zum Beylager gebeten, vid. Müllers Staats-Cabinet P. IV. p. 217.

THIEMO IX.

ist, wie gemeldet, um 1438 Hauptmann zu Schweidniß gewesen. Ao. 1446 wird Thiemo von Koldiß, Hauptmann zu Görliß, von Herzog Wilhelm zu Sachsen zu seinem Beylager invitiret, Müllers Staats-Cabinet l. c.

HANS II.

Von diesem erzählet man, daß er des Grafen von Belin Tochter, Agnes, geheyrathet, und durch dieselbe zum Besitz der Herrschaften Belin und Graupen

pen gelanget. Er soll auch Landvogt in der Lausitz
gewesen seyn. Er lebte noch anno 1458: denn un-
ter den Ständen auf dem Landtage zu Prag wird Jan
von Kolditz genennet, vid. Theobaldi Hußitenkrieg, p.
45. Er hat einen Sohn, Thiemen, und eine Toch-
ter, Johannam, nachgelassen, welche ohngefähr
1440 gebohren, 1460 den Burggrafen Georgen von
Leißnig, geheyrathet: anno 1513 zu Freyberg ge-
storben, und vor ihrem Ende ihrem Vater, Hans,
und Mutter, Agnes, ein Jahrgedächtniß gestiftet.
Wovon Mehrers in Menken T. III. p. 910 kann nach-
g.iesen werden.

THIEMO X.

war anno 1488 Herr zu Belin und Graupen, wor-
aus man schließen kann, daß er Hansens Sohn ge-
wesen. Der pirnische Mönch schreibt T. II. Menck.
p. 1613: Belyn war 1488 Herrn Thiemo von
Kolditz, samt dem Graupen zuständig. Herr
Schöttgen hat in der Historie der Burggrafen von
Leißnig T. II. Dipl. p. 334 ein Stück aus einer unge-
druckten Chronike eingerückt, da von dem Burggra-
fen Hugo, der gedachten Johanna von Kolditz
Sohn, einem Burggrafen zu Leißnig geschrieben wird,
er sey anno 1485 von Penig aus nach Chemnitz, von
dar gen Freyberg, von hieraus nach Doxen gereist,
und sey gen Belin zu seinem Ohmen, Thiemon von
Kolditz, gekommen, der ihm ein braun gut Pferd
geschenket.

So weit gehet die Geschichte der Herren von
Kolditz.   Die meisten Nachrichten giebt die sächsi-
sche Historie.   Sie sind aber noch unvollkommen,
und werden vielleicht mit der Zeit aus itzo unbekannten
Documenten können verbessert werden.   Nachdem
diese Familie Meißen verlassen, und anno 1404 nach
Böhmen gezogen, sind die Nachrichten viel sparsa-
mer.   Man weis also nicht, ob sie ausgestorben,
und wenn solches geschehen.

Tab.

APPENDIX DIPLOMATVM
GENEALOGIAM DOMINORVM DE COLDIZ
ILLVSTRANTIVM.

No. I.

*Henricus ill. monasterio in Nimzschen donat quaedam
bona in villa Nimzschen anno 1258.*

In nomine sanctæ & indiuiduæ Trinitatis. Amen.
Nos HEINRICVS dei gratia Misn. & orient. mar-
chio, Thuringiæ Lantgravius & Sax. comes palati-
nus omnibus in perpetuum. Cum ex debilitate me-
moriæ conditionis humanæ, quæ labilis est, multa
ducantur in oblivionem sæpius & errorem, quæ
non fuerint scripti testimonio confirmata, notum
esse cupimus tam præsentibus quam futuris, quod
cum super pietatis operibus promovendis velimus
semper esse intenti, bona in *Nimschene* cum judicio,
pratis, piscationibus, lignis, & alia omnia ad eadem
pertinentia, quæ sanctimoniales cœnobii in *Grimme*
apud militem nostrum *Hartungum de Riteberc* suis de-
nariis compararunt, contulimus eidem cænobio &
sanctimonialibus jure proprietatis in perpetuum
possidenda, ad resignationem liberam ejusdem mi-
litis, qui de manu nostra tenuit ipsa bona. Idem
ad resignationem ipsius militis dedimus eodem jure
ipsi cænobio & sanctimonialibus duos mansos sitos
in villa *Parda* cum eorum pertinentiis, tali modo,
quod eosdem post obitum dicti militis possideant in
futurum, sicut idem miles eos dinoscitur possedisse.
Ne autem hujusmodi donatio nostra possit inposte-

rum

rum per aliquem permutari, super ipsa dari jussimus de consensu filiorum nostrorum in testimonium præsens scriptum sigilli nostri munimine roboratum. Datum Misnæ anno domini MCCLVIII. xiv. Kal. Aug. primæ indict. Hujus autem rei testes sunt Al. & Th. filii nostri. Al. burchravius de Dewin, & Al. suus filius, Al. burchravius de Liznic. *Vol. & Ulr. fratres de Coldiz.* E. de Lizzove, B. de Ilberg, Al. dapifer de Burne, F. de Luppe, H. de Trebecin, T. de Otolvisdorf, Io. & G. fratres de Brandeiz, B. de Dewin, H. de Rideberc, pptus Christophorus, Ioannes Capellarius, cives de Grimme, & alii quam plures.

No. 2.

Fridericus Marchio monasterio in Nimzschen villam Großboden donat 1291.

Fridericus dei gratia Misnensis orientalis & de Landesberc marchio, omnibus præsentes literas inspecturis in perpetuum. Cum ea, quæ in tempore fiunt &c. hinc est, quod universis tam præsentis quam futuri ævi Christi fidelibus notum esse cupimus, quod cum *Heinricus de Koldyz* in monasterium sanctimonialium in *Nimschene* juxta Grimme ordinis Cystert. cum duabus puellis eidem monasterio jugiter ad famulandum incorporatis, sex talenta denariorum usualium in villa *Patin theutunica* juste & rationabiliter transtulerit, & idem monasterium in eadem similiter duo talenta, annui census, V. solidos denariorum, & xxvii. pullos dandos singulis annis,

annis, jufto emptionis & venditionis interveniente
titulo comparavit, nos ob reverentiam & honorem
omnipotentis dei & gloriofiſſimæ matris fuæ virgi-
nis Mariæ & animæ noſtræ falutem, proprietatem
dictorum bonorum damus, donamus & addicimus
dicto monaſterio eandem perpetuo cum dictis bonis
ac juribus fuis, judicio videlicet pleno, jure patro-
natus eccleſiæ eiusdem villæ Patin, ac aliis perti-
nentiis fuis, poſt liberam reſignationem *Heinrici* &
Ottonis de Koldyz, & *Heinrici* de Wolckenberg, quo-
rum intererat, factam in manus noſtras, poſſidendam
ex præſenti noſtra donatione liberali & tenendam.
Et ne fuper dicta noſtra donatione proprietatis poſ-
ſit inpoſterum alicui dubietas aliqua fuboriri, in
evidens teſtimonium dictæ proprietatis per nos tra-
ditæ, damus præſens ſcriptum ſigilli noſtri muni-
mine roboratum. Datum & actum Grimme VII id.
Febr. Teſtes hujus funt, venerabilis dominus
Heinricus, Merſeb Epiſc. nobilis vir Alber de Lyz-
nic burgravius, Heinricus advocatus de Plawen
ſenior, & Heinricus filius fuus ſenior, Thymo
Knut, Theodericus Pubts, Ulricus de Maltyz,
Thylo de Hunesberc, Heinricus de Kyrchdorf Apez
& Conradus milites de Luppe, Heinricus de Slate-
bach & Conradus de Rydeberg, nec non plures alii
fide digni. anno Domini milleſimo CCLXXXXI.
dedimus præfens ſcriptum.

No. 3.

*Teſtimonium dominorum de Koldiz de judicio Vardinc
in villa* Großboden. 1291.

Nos HEINRICVS, VOLRADVS & OTTO, fra-
tres dicti de *Koldiz* omnibus præſentem paginam in-

ſpectu-

specturis salutem in omnium creatore. Noverint
universi, quod publice protestamur præsentium in
tenore, quod venerabilis dominus noster Fr.
marchio de Mysna dictus *Thute* villam integram,
quæ vocatur Batyn, cœnobio sanctimonialium in
Nymschen ob reverentiam dei ad preces nostras, cum
omni jure, tam in judicio, quam in aliis juribus, si-
cuti pater noster & nos in feudo tenuimus ab eo-
dem, donavit & dotavit in proprietatem legitimam
& perhennem. Et quia scultetissa ejusdem villæ
prædictam libertatem ausu temerario contra justi-
tiam infringere conatur, pro tanto videlicet, quod
judicium, quod vocatur *Vardink* sive *Vordinck* sibi
usurpat, & quandocunque agri vel mansi propter
paupertatem hominum venduntur, quod extunc
illam curiam, quæ ad agros pertinet, computat
pro area, & ab eadem curia censum requirit, ac
si de jure ad ipsam pertineret, quod nos fatemur non
fuisse, quando prædicta bona nostro profectui sub-
jacebant, petimus igitur singulos ac singulariter
universos habentes Zelum justitiæ, quatenus præ-
dictam scultetissam ac suos amicos informent, &
quicunque se nobis in hoc benevolos exhibuerint,
gratum nobis exhibent obsequium, quod nos inten-
dimus promereri.

No. 4.

*Monasterium in Nymzschen accipit censum in Mizlatiz
a dominis de Coldiz.* 1297.

Nos fratres de *Colditz, Henricus, Volradus, Otto, Ulricus,*
possessores castri in *Wolckenberc* recognoscimus, &
teno-

teriore præsentium proteftamur, quod *Beatrix* mater
noftra cenfum villæ *Mizlaritz*, quæ eft dos ejus, ec-
cleliæ fanctimonialium in *Nymfchen* recipiendum
commifit, donec inde perceperint decem & octo mar-
cas argenti, quibus perceptis, cenfus dictæ villæ erit
matris noftræ, ficut prius. Ne hoc factum aliquis
infringat, præfentem litteram figillo noftro & pa-
trui noftri domini *Henrici* de Coldiz raboramus.
Datum Wolckenberg anno domini MCCXCVII. in
die S. Bonifacii.

No. 5.

Fratres de Coldiz renuntiant omni juri in
Großboden. 1308.

Ne geftarum rerum memoria proceffu temporis —
noverint igitur univerfi, quod nos *Henricus* miles &
Wolradus frater nofter dicti de Coldiz in Wolcken-
berg refidentes, cum ceteris fratribus noftris fcl.
Ottone & Ulrico, villæ in Bathin cum omnibus pro-
ventibus & judicio ad eandem villam pertinente,
abrenunciavimus, omni dubio procul moto. Præ-
terea venerabilis domina Abbatiffa clauftri troni
S. Mariæ, circa Grimmis civitatem, totusque con-
ventus ejusdem clauftri nobis fummam octo marca-
rum de novo iterato tribuit & donavit, ut prædi-
ctus conventus nec a nobis nec a noftris fucceffo-
ribus aliquam de cetero infeftationem five calum-
pniam paciatur. Ne igitur hoc factum aut obli-
vio deleat, aut declivitas ingenii malignantis deftru-
at & infringat, in hujus rei teftimonium hoc fcri-
ptum ad utilitatem five ad ufum fæpe dicti clau-

ftri,

ftri, noftri figilli & noftrorum fratrum munimine
fecimus roborari. Teftes autem hujus rei funt do-
minus *Henricus* miles fenior dictus de Koldiz, &
Henricus filius ejusdem, Henricus de Schellenberg,
Ludolphus dictus de Mufele, Petrus de Sirowe, Got-
fchalcus civis in Koldiz, & quatuor fratres fæpe
dicti clauftri, fcl. frater Albertus pifcariator, frater
Johann de Sconenbach, frater Conradus de Otir-
was, frater Henricus Saxo. Acta & habita funt
hæc anno domini MCCCVIII. in Koldiz feria V. in
fefto Pentecoftes.

No. 6.

Fratres de Coldiz confirmant venditionem villæ
Großboden. 1309.

Nos *Henricus* de Wolckenberg fenior, dictus de
Koldiz, Tenore præfentium recognofcimus & pu-
blice proteftamur, quod nos pro fratre *Ulrico* & pro
omnibus fratribus noftris videlicet *Volrado* & *Ottone*
& omnibus fuccefforibus eorum promittimus bona
fide quod omnem jurisdictionem tam in proventi-
bus, quam in aliis juribus in villa, quæ vocatur Ba-
tin, pro octo marcis penitus abrenunciavimus con-
ditione tali, quod in fefto b. Johannis baptiftæ IIII.
marcas, & in fefto beati Jacobi totidem fumus cer-
titudinaliter recepturi, & quod dominæ in *Nemzen*
clauftrales cum omni utilitate & tranquillitate, ficut
nos & præceffores noftri poffedimus, fine omni im-
petitione debent ulterius poffidere. Huius rei te-
ftes funt dominus Henricus miles dictus de Schel-
lenberg,

lenberg, & Lutholdus de Mofela, miles, & Petrus de Syrow & Gotzke de Grimme civis & Clevingus advocatus, & alii quam plurimi fide digni. Datum Koldiz anno domini MCCCIX. in craftino octavæ Johannis baptiftæ.

No. 7.

Teftimonium abrenuntiationis villæ Großboden. 1338.

Ego Theodericus dictus pincerna de Opolde, præpofitus in Otenberch recognofco literarum præfentium ferie lucidius & proteftor, quod *Volradus de Koldiz* & filii fui *Nicolaus* & *Henricus* conftituti coram me firmiter afferebant, quod ab omni actione, quam ad bona aliqua videlicet ad officium Sculteti & tabernæ in villa dicta Bathin movere inchoaverant, animo voluntario & non coacto deftitiffent & defiftere vellent perpetualiter & ceffare. Ab renuntiantes omnimode omni juri, quod ad talia habuerant & habuiffe potuiffent, fine admixtione doli cujuslibet, bona fide, promittendesque fideliter una voce, quod nunquam aliquam dictorum bonorum poffeffionem affectu vel effectu velint quomodolibet impedire. In cujus feftionis & abrenunciationis teftimonium prædicto *Volrado* & fuis filiis requirentibus figillum meum his literis eft appenfum. Datum anno domini M CCC XXXVIII. feria quinta poft dominicam, qua cantator circumdederunt.

No. 8.

APPENDIX DIPLOMATVM
GENEALOGIAM DOMINORVM DE COLDIZ
ILLVSTRANTIVM.

No. 1.

Henricus ill. monasterio in Nimzschen donat quaedam bona in villa Nimzschen anno 1258.

In nomine fanctæ & indiuiduæ Trinitatis. Amen. Nos HEINRICVS dei gratia Mifn. & orient. marchio, Thuringiæ Lantgrauius & Sax. comes palatinus omnibus in perpetuum. Cum ex debilitate memoriæ conditionis humanæ, quæ labilis eft, multa ducantur in obliuionem fæpius & errorem, quæ non fuerint fcripti teftimonio confirmata, notum effe cupimus tam præfentibus quam futuris, quod cum fuper pietatis operibus promouendis velimus femper effe intenti, bona in *Nimfchene* cum judicio, pratis, pifcationibus, lignis, & alia omnia ad eadem pertinentia, quæ fanctimoniales cœnobii in *Grimme* apud militem noftrum *Hartungum de Riteberc* fuis denariis compararunt, contulimus eidem cænobio & fanctimonialibus jure proprietatis in perpetuum poffidenda, ad refignationem liberam ejusdem militis, qui de manu noftra tenuit ipfa bona. Idem ad refignationem ipfius militis dedimus eodem jure ipfi cænobio & fanctimonialibus duos manfos fitos in villa *Parda* cum eorum pertinentiis, tali modo, quod eosdem poft obitum dicti militis poffideant in futurum, ficut idem miles eos dinofcitur poffediffe. Ne autem hujusmodi donatio noftra poffit inpofte-

Z 3   rum

rum per aliquem permutari, super ipsa dari jussi-
mus de consensu filiorum nostrorum in testimonium
præsens scriptum sigilli nostri munimine robora-
tum. Datum Misnæ anno domini MCCLVIII. xiv.
Kal. Aug. primæ indict. Hujus autem rei testes
sunt Al. & Th. filii nostri. Al. burchravius de De-
win, & Al. suus filius, Al. burchravius de Liznic.
Vol. & Ulr. fratres de Coldiz. E. de Lizzove, B. de
Ilberg, Al. dapifer de Burne, F. de Luppe, H. de
Trebecin, T. de Otolvisdorf, Io. & G. fratres de
Brandeiz, B. de Dewin, H. de Rideberc, pptus Chri-
stophorus, Ioannes Capellarius, cives de Grimme,
& alii quam plures.

No. 2.

Fridericus Marchio monasterio in Nimzscheu villam
Großboden donat 1291.

Fridericus dei gratia Misnensis orientalis & de Lan-
desberc marchio, omnibus præsentes literas inspe-
cturis in perpetuum. Cum ea, quæ in tempore
fiunt &c. hinc est, quod universis tam præsentis
quam futuri ævi Christi fidelibus notum esse cupi-
mus, quod cum *Heinricus de Koldyz* in monasterium
sanctimonialium in *Nimscheue* juxta Grimme ordinis
Cystert. cum duabus puellis eidem monasterio jugi-
ter ad famulandum incorporatis, sex talenta dena-
riorum usualium in villa *Patin theutunica* juste & ra-
tionabiliter transtulerit, & idem monasterium in
eadem similiter duo talenta, annui census, V. soli-
dos denariorum, & xxvii. pullos dandos singulis
annis,

annis, jufto emptionis & venditionis interveniente
titulo comparavit, nos ob reverentiam & honorem
omnipotentis dei & gloriofiffimæ matris fuæ virgi-
nis Mariæ & animæ noftræ falutem, proprietatem
dictorum bonorum damus, donamus & addicimus
dicto monafterio eandem perpetuo cum dictis bonis
ac juribus fuis, judicio videlicet pleno, jure patro-
natus ecclefiæ eiusdem villæ Patin, ac aliis perti-
nentiis fuis, poft liberam refignationem *Heinrici* &
Ottonis de Koldyz, & *Heinrici* de Wolckenberg, quo-
rum intererat, factam in manus noftras, poffidendam
ex præfenti noftra donatione liberali & tenendam.
Et ne fuper dicta noftra donatione proprietatis pos-
fit inpofterum alicui dubietas aliqua fuboriri, in
evidens teftimonium dictæ proprietatis per nos tra-
ditæ, damus præfens fcriptum figilli noftri muni-
mine roboratum. Datum & actum Grimme vii id.
Febr. Teftes hujus funt, venerabilis dominus
Heinricus, Merfeb Epifc. nobilis vir Alber de Lyz-
nic burgravius, Heinricus advocatus de Plawen
fenior, & Heinricus filius fuus fenior, Thymo
Knut, Theodericus Pobts, Ulricus de Maltyz,
Thylo de Hunesberc, Heinricus de Kyrchdorf Apez
& Conradus milites de Luppe, Heinricus de Slate-
bach & Conradus de Rydeberg, nec non plures alii
fide digni. anno Domini millefimo CCLXXXXI.
dedimus præfens fcriptum.

No. 3.

*Teftimonium dominorum de Koldiz de judicio Vardine
in villa* Großboden. *1291.*

Nos HEINRICVS, VOLRADVS & OTTO, fra-
tres dicti de *Koldiz* omnibus præfentem paginam in-
fpectu-

specturis salutem in omnium creatore. Noverint universi, quod publice protestamur præsentium in tenore, quod venerabilis dominus noster Fr. marchio de Myfna dictus *Thure* villam integram, quæ vocatur Batyn, cœnobio fanctimonialium in *Nymfcben* ob reverentiam dei ad preces noftras, cum omni jure, tam in judicio, quam in aliis juribus, ficuti pater nofter & nos in feudo tenuimus ab eodem, donavit & dotavit in proprietatem legitimam & perhennem. Et quia fcultetiffa ejusdem villæ prædictam libertatem aufu temerario contra juftitiam infringere conatur, pro tanto videlicet, quod judicium, quod vocatur *Vardink* five *Vordinck* fibi ufurpat, & quandocunque agri vel manfi propter paupertatem hominum venduntur, quod extunc illam curiam, quæ ad agros pertinet, computat pro area, & ab eadem curia cenfum requirit, ac fi de jure ad ipfam pertineret, quod nos fatemur non fuiffe, quando prædicta bona noftro profectui fubjacebant, petimus igitur fingulos ac fingulariter univerfos habentes Zelum juftitiæ, quatenus prædictam fcultetiffam ac fuos amicos informent, & quicunque fe nobis in hoc benevolos exhibuerint, gratum nobis exhibent obfequium, quod nos intendimus promereri.

No. 4.

Monafterium in Nymzfcben accipit cenfum in Mizlatiz a dominis de Coldiz. 1297.

Nos fratres de *Colditz, Henricus, Volradus, Otto, Ulricus,* poffeffores caftri in *Wolckenberc* recognofcimus, & teno-

teriore præsentium proteſtamur, quod *Beatrix* mater
noſtra cenſum villæ *Mizlatitz,* quæ eſt dos ejus, ec-
cleſiæ ſanctimonialium in *Nymſchen* recipiendum
commiſit, donec inde perceperint decem & octo mar-
cas argenti, quibus perceptis, cenſus dictæ villæ erit
matris noſtræ, ſicut prius. Ne hoc factum aliquis
infringat, præſentem litteram ſigillo noſtro & pa-
trui noſtri domini *Henrici* de Coldiz raboramus.
Datum Wolckenberg anno domini MCCXCVII, in
die S. Bonifacii.

No. 5.

Fratres de Coldiz renuntiant omni juri in
Großboden. 1308.

Ne geſtarum rerum memoria proceſſu temporis—
noverint igitur univerſi, quod nos *Henricus* miles &
Wolradus frater noſter dicti de Coldiz in Wolcken-
berg reſidentes, cum ceteris fratribus noſtris ſcl.
Octone & Ulrico, villæ in Bathin cum omnibus pro-
ventibus & judicio ad eandem villam pertinente,
abrenunciavimus, omni dubio procul moto. Præ-
terea venerabilis domina Abbatiſſa clauſtri troni
S. Mariæ, circa Grimmis civitatem, totusque con-
ventus ejusdem clauſtri nobis ſummam octo marca-
rum de novo iterato tribuit & donavit, ut prædi-
ctus conventus nec a nobis nec a noſtris ſucceſſo-
ribus aliquam de cetero infeſtationem ſive calum-
pniam paciatur. Ne igitur hoc factum aut obli-
vio deleat, aut declivitas ingenii malignantis deſtru-
at & infringat, in hujus rei teſtimonium hoc ſcri-
ptum ad utilitatem ſive ad uſum ſæpe dicti clau-

Z 5 ſtri,

stri, noftri figilli & noftrorum fratrum munimine fecimus roborari. Teftes autem hujus rei funt dominus *Henricus* miles fenior dictus de Koldiz, & *Henricus* filius ejusdem, Henricus de Schellenberg, Ludolphus dictus de Mufele, Petrus de Sirowe, Gotfchalcus civis in Koldiz, & quatuor fratres fæpe dicti clauftri, fcl. frater Albertus pifcariator, frater Johann de Sconenbach, frater Conradus de Otirwas, frater Henricus Saxo. Acta & habita funt hæc anno domini MCCCVIII. in Koldiz feria V. in fefto Pentecoftes.

No. 6.

Fratres de Coldiz confirmant venditionem villæ Großboden. 1309.

Nos *Henricus* de Wolckenberg fenior, dictus de Koldiz, Tenore præfentium recognofcimus & publice proteftamur, quod nos pro fratre *Ulrico* & pro omnibus fratribus noftris videlicet *Volrado* & *Ottone* & omnibus fucceſſoribus eorum promittimus bona fide quod omnem jurisdictionem tam in proventibus, quam in aliis juribus in villa, quæ vocatur Batin, pro octo marcis penitus abrenunciavimus conditione tali, quod in fefto b. Johannis baptiftæ IIII. marcas, & in fefto beati Jacobi totidem fumus certitudinaliter recepturi, & quod dominæ in *Nemzen* clauftrales cum omni utilitate & tranquillitate, ficut nos & præceſſores noftri poſſedimus, fine omni impetitione debent ulterius poſſidere. Huius rei teftes funt dominus Henricus miles dictus de Schel-
lenberg,

lenberg, & Lutholdus de Mofela, miles, & Petrus de
Syrow & Gotzke de Grimme civis & Clevingus ad-
vocatus, & alii quam plurimi fide digni. Datum
Koldiz anno domini MCCCIX. in craftino octavæ
Johannis baptiftæ.

No. 7.

Teftimonium abrenuntiationis villæ Großboden.
1338.

Ego Theodericus dictus pincerna de Opolde, præ-
politus in Otenberch recognofco literarum præ-
fentium ferie lucidius & proteftor, quod *Volradus
de Koldiz* & filii fui *Nicolaus* & *Henricus* conftituti
coram me firmiter afferebant, quod ab omni actio-
ne, quam ad bona aliqua videlicet ad officium Scul-
teti & tabernæ in villa dicta Bathin movere inchoa-
verant, animo voluntario & non coacto deftitiffent
& defiftere vellent perpetualiter & ceffare. Ab re-
nuntiantes omnimode omni juri, quod ad talia ha-
buerant & habuiffe potuiffent, fine admixtione doli
cujuslibet, bona fide, promittendesque fideliter una
voce, quod nunquam aliquam dictorum bonorum
poffeffionem affectu vel effectu velint quomodolibet
impedire. In cujus feftionis & abrenunciationis
teftimonium prædicto *Volrado* & fuis filiis requiren-
tibus figillum meum his literis eft appenfum. Da-
tum anno domini M CCC XXXVIII. feria quinta
poft dominicam, qua cantator circumdederunt.

No. 8.

No. 8.

Excerpt. dipl. exemtionis monasterii in Nymzschen.
1337.

Fridericus Marchio monasterio in Nympzen omnes
precarias, exactiones, contributiones, subsidia, tal-
lias vel steuras in bonis ejusdem remisit, reservans
tamen sibi precariam generalem in festo S. Michae-
lis singulis omnis dari solitam. Dat Grymma 1337.
feria V. post exaltationem S. crucis, Testes *Wysego*
Ep. Misn. *Thymo* & *Henricus* fratres de Koldiz Hen-
ricus de Kunigesfeld, Arnold de Hersfeld, Henricus
marscalcus de Froburg.